피케티의 『21세기 자본』과 사회적 국가

분배 문제를 경제학의 중심으로

홍준기 지음

이 도서의 국립중앙도서관 출판예정도서목록(CIP)은 서지정보유통지원시스템 홈페이지(http://seoji.nl.go.kr)와 국가자료공동목록시스템(http://www.nl.go.kr/kolisnet)에서 이용하실 수 있습니다.
CIP제어번호: CIP2016011711(양장), CIP2016011712(학생판)

피케티의 『21세기 자본』과 사회적 국가

Piketty's *Capital in the Twenty-First Century* and the Social State

분배 문제를
경제학의 중심으로

홍준기 지음

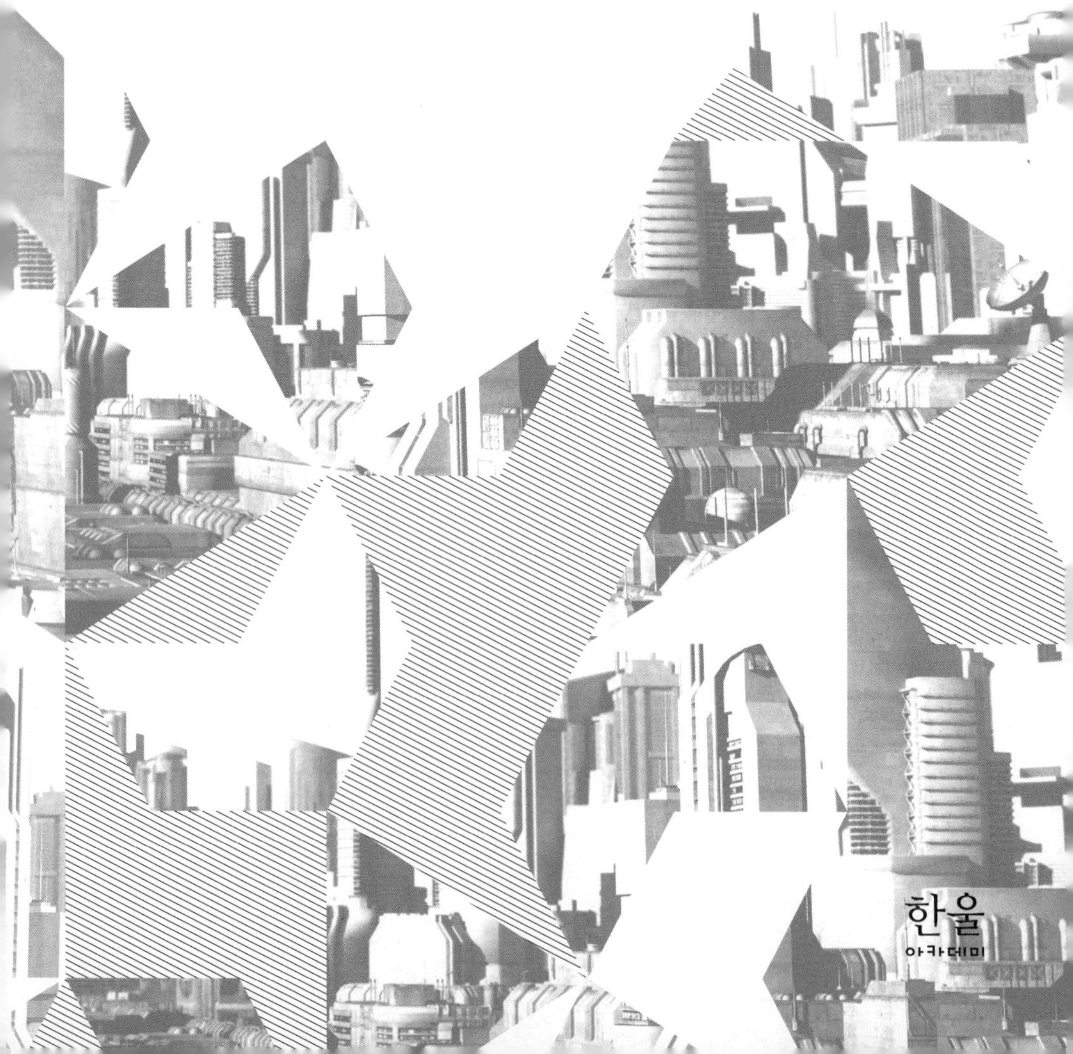

차례

제2부 $r>g$ 공식과 자본주의의 두 가지 근본법칙

제3부 왜 저성장 사회는 세습자본주의화하는가

일러두기

1. 토마 피케티의 『21세기 자본』(파주: 글항아리, 2014)에서 인용하거나 참조한 경우 본문의 괄호 속에 숫자로 그 인용 쪽수를 표기했다. 그 밖의 책에서 인용 또는 참고한 경우에는 각주에서 서지사항과 인용 쪽수를 밝혔다.
2. 인용문에서 대괄호([ ])로 넣은 내용은 정확한 의미 전달이나 매끄러운 번역을 위해 필자가 추가한 것이다.

서문과 서론

"사회적 차별은 오직 공익에 바탕을 둘 때만 가능하다."

1789년 프랑스혁명 당시 '인간과 시민의 권리에 관한 선언 제1조'

"모든 사회과학자, 모든 저널리스트와 논평가, 노동조합의 모든 활동가와 온갖 부류의 정치가, 특히 모든 시민은 돈과 그에 대해 대한 측정, 그를 둘러싼 사실들 그리고 그 역사에 진지한 관심을 기울여야 한다. 돈이 많은 사람들은 자신의 이익을 지키는 데 결코 실패하지 않는다. 숫자를 다루기를 거부하는 것이 가난한 이들의 이익에 도움이 되는 경우는 거의 없다."

토마 피케티

왜 주류 경제학자들은 공황장애에 빠졌는가

피케티의 『21세기 자본(Capital in the Twenty-First Century)』이 영어로 출간된 이후 피케티 이론에 대한 관심이 뜨겁다. 피케티의 이 책이 나온 이후 그의 이론과 통계자료 해석에 대한 주류 경제학자들의 비판이 있었고, 또 이 비판에 대해 피케티 자신은 물론 피케티에게 동조하는 경제학자들의 반비판이 진행되고 있다. 대표적인 진보 경제학자인 폴 크루그먼(Paul Krugman)은 피케티를 둘러싼 주류 경제학자들의 반응을 '피케티 패닉'이라고 불렀다. 카를 마르크스(Karl Marx)도 존 메이어드 케인스(John Maynard Keynes)도 모두 '물리치는 데' 성공한 주류 경제학자들이 '공황장애'에 빠진 것은 모두가 예상할 수 있듯이 피케티라는 괴물을 잠재우기가 결코 쉽지 않다는 것을 감지하고 있기 때문이다.

보수주의자 혹은 자유주의자들의 공황장애는 ≪파이낸셜타임스(Financial Times)≫에서의 '데이터 조작 파문'으로 그 병리적 증상을 드러냈다. 잘 알려

져 있듯이 영국의 유력 일간지인 ≪파이낸셜타임스≫의 경제 편집장 크리스 자일스(Chris Giles)는 피케티가 통계수치를 조작했다고 비판하고 나섰다. 자일스는 영국의 상위 10%가 차지하는 부의 비중은 피케티가 주장하듯이 71%가 아니라 실제로는 44%밖에 되지 않는다고 주장했다. 영국에서의 부의 집중은 피케티가 주장한 것처럼 그리 심각하지 않다는 것이다. 이는 피케티가 통계처리 과정에서 수치를 조작했다는 치명적인 비판을 함축하고 있는 주장인데, 피케티 자신과 그 밖의 논자들의 재반론을 통해 오히려 자일스가 의도적이든 비의도적이든 통계수치를 왜곡했다는 사실이 드러나면서 논쟁은 일종의 코미디처럼 막을 내렸다.

왜 주류 경제학자들이 '공황장애'에 빠진 것일까? 바로 주류 경제학이 '발설해서는 안 될 금기'로 간주하는 경제적 불평등의 문제를 피케티가 정면으로 다루었기 때문이다. 물론 미국의 진보적인 경제학자들, 예를 들면 앞서 언급한 폴 크루그먼이나 조지프 스티글리츠(Joseph Stiglitz)와 같은 논자들도 불평등에 대해 이야기했고, (신)자유주의의 영향으로 경제적 불평등이 극심해지자 심지어 (신)자유주의 경제 이론과 정책을 기조로 삼고 있는 IMF에서조차 극심한 불평등은 경제성장에 방해가 될 것이라는 전망을 내놓았다. 오늘날 세계의 불평등이 심각하다는 것은 이제 더 이상 비밀이 아니다. 물론 한국도 예외는 아니다. 한국의 경우는 부유한 국가 중 빈부 격차가 가장 큰 미국 못지않게, 아니 그 이상으로 불평등의 정도가 심각한 나라가 되었다. OECD 국가 중 복지지출은 최하위이지만 자살률, 노인 빈곤율 등 사회병리적 현상에서는 최상위의 위용을 자랑한다.

분배 문제를 경제학의 중심적 분석 대상으로 복원시키다

그렇다면, 지금까지 경제적 불평등을 말하던 진보 경제학자들, 그리고 최근 이에 대해 마지못해 겨우 이야기하기 시작한 일부 주류 경제학자들과 피케티의 진정한 차이점은 무엇인가? 우선 피케티가 '분배 문제'를 다시 경제학의 핵심적인 분석 대상으로 복원시켰다는 데 있다.

그는 불평등의 현실을 알리는 방식에서뿐만 아니라 분석 방식과 문제 해결을 위한 처방에서도 독보적이다. 그는 불평등의 현실을 '소일거리용 잡담 대상'이 아니라 반드시 해결해야 할 '진정한 문제'로서 학계와 대중 앞에 드러냈다. 대부분의 주류 경제학자들은 경제적 불평등 현실의 문제점에 대해 분명하게 이야기하지 않는다. 그저 그러한 경향이 있다는 식으로 얼버무리거나 막연하게 이야기한다. 불평등의 핵심이 무엇이고 불평등 정도가 어떠한지 잘 말하지 않으며, 말을 한다고 하더라도 그 해결책에 대해서는 말하지 않는다. 그런 말만 하면 무슨 소용이 있겠는가? 오히려 불평등한 현실을 이야기하면서 부유한 사람들은 더 만족감을 누릴 것이다. 그러나 피케티에게는 이러한 모호함이 없다.

경제적 불평등의 현실을 극복하기 위한 명확한 정책적 대안을 제시했다는 점에서도 피케티는 주류 경제학자들을 넘어섰으며, 이 점에서 피케티는 이 시대의 '진정한' 진보적인 경제학자로 평가받을 수 있다(하지만 그는 마르크스-레닌주의자는 아니다). 또한 피케티는 주류 경제학자들의 언어와 연구 방식을 철저하게 활용함으로써 그것을 넘어섰다는 점에서도 독보적이다. 피케티가 주류 경제학의 '엄청난 권위'를 두려워하지 않고 그것을 자유롭게 활용하고 넘어서며 창의적으로 재해석하는 깊은 자신감을 갖고 있다는 것을 보여주는 대목이다.

피케티가 제시하는 정책적 대안은 분명하다. 고율의 누진적 소득세, 그리고

자본세를 (다시) 도입해 강력한 재분배 정책을 실행해야 한다는 것이다. 그렇지 않으면 21세기에 자본소득과 노동소득의 격차, 그리고 부자와 빈자 사이의 경제적 불평등이 더욱 극심해지리라고 본다. 물론 이러한 진단은 1970년대 이후 지금까지 불평등이 심화된 것이 각 국가들이 서로 경쟁적으로 세율을 인하해왔기 때문이라는 구체적인 역사적 사실에 근거하고 있다. 주류 경제학자들 사이에서 사실상 금기시되고 있는 불평등의 문제를 직접적으로 다루었다는 점에서(그것도 자신감 넘치게 주류 경제학이 사용하는 방법론을 회피하지 않고 직접적으로 대면하면서) 피케티는 충분히 주류 경제학자 혹은 자유주의 경제학자들을 '공황장애'에 빠지게 할 만하다. 물론 자유주의 경제학자들도 불평등을 이야기하지만 대개의 경우 이는 '구색 맞추기용' 혹은 '언론 매체용'으로 언급되고 있을 뿐이다. 오늘날 자유주의 경제학자들은 피케티와 같은 이론적 정직함과 치열한 문제의식을 가지고 근본적으로 문제를 제기하지 않는다. 주류 경제학자들은 누군가가 불평등 문제의 해결을 위한 대안을 제시하면 당장 많은 것을 하지는 못해도 최소한 노력은 해야 하는데 그것은 현실성이 없다는 식으로 이 문제를 비껴간다. 이 점에서도 역시 피케티는 그들과 다르다.

주류 경제학자들에게 세계 경제는 '다소간 문제는 있지만' 여전히 '평등한 세계'이다. 피케티는 보수주의자와 자유주의 경제학자들의 이러한 위선과 자기기만, 허위의식에 커다란 충격을 주었으며 이는 앞으로도 여전히 그들의 공황장애의 주요 원인으로 남을 것이다.

『21세기 자본』은 반드시 읽히는 책이 되어야 한다

많은 이들이 감지하고 있듯이, 피케티의 『21세기 자본』은 불평등의 해소

를 위해 경제학자가 말할 수 있는 가장 솔직한 학문적 진단과 정책적·실천적 대안을 담고 있으며 읽을 만한 가치가 있는 경제학 분야의 마지막 책일지 모른다. 마지막이 아니라면 그것은 앞으로 나오게 될 읽을 가치가 있는 경제학 저작들의 진정한 분수령이 될 것이다.

명저가 출간되면 종종 사람들은 그것에 대해 "많이 팔렸으나 읽히지 않고 서가에 꽂혀 있는 책"이라고 말하곤 한다. 실제로 피케티의 『21세기 자본』도 그러한 책이 되었는지 알 수는 없다. 하지만 많은 사람들이 이야기하고 있듯이 피케티의 책이 읽기가 그렇게 수월하지 않은 것도 사실이다. 책의 두께 때문일 수도 있고, 주류 경제학의 기본 교리를 모르면 피케티가 하는 이야기의 정수를 놓쳐서 읽는 데 흥미를 잃어버릴 수 있기 때문일 수도 있다. 그러나 피케티의 책은 직관적으로 이해할 수 있는 친절한 설명과 역사적 사례와 통계자료를 제시하고 있다. 대중적 접근이 가능하면서도 학문적 통찰력이 넘치는 『21세기 자본』과 같은 책을 만나기는 쉽지 않다. 그렇기 때문에 『21세기 자본』은 반드시 읽혀야만 하는 책이 되어야 한다!

경제는 너무나 중요한 일이라 경제학자의 손에만 맡겨놓아서는 안 된다는 피케티의 말을 진지하게 받아들일 필요가 있다. 현대사회에서 경제정책의 중요성이 부각되기 시작하면서, 오늘날 주류 경제학자들의 이야기는 다른 사회과학과 인문학을 이끄는 지배적 학문과 같은 역할을 하게 되었다. 애덤 스미스(Adam Smith)의 '보이지 않는 손' 또는 완전경쟁시장과 같은 자유주의적 개념은 그 어떤 경우에도 거부해서는 안 되는 절대적 지위를 차지하고 있다. 그리하여 주류 경제학은 자신의 우위를 유지하기 위해, 그리고 다른 분야 전공자들의 접근을 막기 위해 자주 수학적 도구를 활용한다. 이런 방식으로 주류 경제학은 자신의 특권을 유지한다. 주류 경제학자들의 글은 종종 경제학도들만이 이해할 수 있는 특수한 언어나 수식, 그리고 개념으로 채워져 있어서 비경제학도들이 이를 이해하는 데 어려움이 있는 경우가 많다.

하지만 우리는 질문을 던져야 한다. 현실이라는 것이 수학과 과학적 방법만으로 분명하게 파악될 수 있는가? '수학을 잘하면 머리가 좋다는 편견'을 주류 경제학자들은 적극 활용한다. 그러나 주류 경제학이 수학을 사용하는 것은 현실을 설명하는 데보다는 오히려 은폐하는 데 훨씬 더 많이 기여한다. 피케티 역시 『21세기 자본』에서 주류 경제학은 현실 경제를 이해하지 못하도록 일부러 어려운 개념과 수식을 사용하고 있다고 비판하고 있다. 중세시대의 사제들은 신에 대한 지식을 독점하기 위해 평신도들이 성경을 읽을 수 없도록 했다. 성경을 라틴어로만 읽고 일상 언어로 번역하지 않음으로써 신에 대한 거룩한 지식은 사제들만이 소유할 수 있다는 편견을 끊임없이 양산했던 것이다. 피케티가 말하는 상황도 이와 유사하다. 그는 마틴 루터(Martin Luther)가 성경을 일상 언어로 번역했듯이 경제학을 대중의 언어로 번역하고 있는 것이다.

신고전파 경제성장 이론의 '안정성 신화' 비판

그러나 피케티가 주류 경제학을 인용할 때 정확히 그가 참조하는 주류 경제학의 입장과 내용이 무엇인지는 알기가 쉽지 않고, 이러한 것들이 피케티의 책을 통독하는 데 어려움을 주는 것도 사실이다. 물론 그것은 피케티의 잘못이 아니다. 『21세기 자본』을 좀 더 잘 이해하기 위해서는 독자 편에서의 노력이 필요하다. 피케티는 주류 경제학 입문서를 쓰고 있는 것이 아니기 때문이다. 피케티가 비판하는 신고전파 주류 경제학의 내용이 무엇인지 더 정확하게 알고 싶다면 조금 귀찮긴 하겠지만 몇몇 경제학 교과서들을 참조하면 될 일이다. 이러한 부분이 독자들로 하여금 피케티의 책을 읽을 때 어느 정도 어려움을 야기하는 것도 사실이다. 그 가운데 하나가 로버트 솔로(Robert

Solow)와 폴 새뮤얼슨(Paul Samuelson)의 경제성장 및 분배 이론이다. 솔로와 새뮤얼슨은 경제가 역동적으로 변화·발전해나가는 가운데서도 장기적으로 균형 상태를 유지할 수 있다는 견해를 지속적으로 이야기한 경제학자이다. 경제학에서는 이를 균형성장 경로(balanced growth path)가 존재한다고 말한다. 앞으로 이 책에서 더 상세히 설명하겠지만 이 이론은 다음을 말한다.

신고전파 경제성장 모형은 안정적 상태(steady-state, 경제학 문헌에서 보통 균제상태 또는 정상상태라고 번역)의 분석에 집중되어 있다. 경제가 균제상태에 있다는 것 또는 균형성장 경로를 걷는 것은 그 경제가 **장기적으로 안정**을 유지하면서 균형성장을 하고 있다는 것을 의미한다. 이때 경제 내의 **어떤 변수들은 장기적으로 일정한 값을 '유지'하고 어떤 변수들은 일정한 비율로 '성장'**하는 상태에 있게 된다. 즉 경제성장은 **동일한** 비율로(예컨대 3%)로 실현되는데, 이때 발생하는 국민소득은 해가 바뀌고 시간이 지나도 항상 **일정한** 비율로 분배된다. **자본소득과 노동소득의 비율**은 같은 값(예컨대 3 대 7의 비율)을 '유지'한다는 것이다. 주류 경제학은 얼핏 보기에도 현실성 없는 이러한 주장을 '수학적으로(즉 현실을 도외시한 채)' 증명하는 데 혼신의 힘을 쏟고 있다. 이때 그 경제는 또한 동태적 균형(dynamic equilibrium) 상태에 있다고도 말한다. 동태적 균형이란 경제가 변화하고 성장하지만 각 변수들 간에 안정적인 균형 상태가 유지된다는 것을 의미하는 것이다. 경제 내의 변수들의 값이 급격히 변한다면 경제는 불균형 상태에 빠질 수밖에 없으며, 심각할 때는 경제 전체가 교란되는 혼란과 충격의 상태에 빠질 수 있다. 신고전파 주류 경제학자도 경제가 불균형 상태에 빠질 수 있다는 것을 인정하지만, 이들은 **국가가 개입하지 않고 자연스럽게 시장에 맡겨두면 경제는 저절로 안정적인 균형 상태를 찾아간다고 주장한다.** 완전경쟁시장에서 작동하고 있는 '**보이지 않는 손**'이 그렇게 만들어준다고 그들은 믿고 있다. 다시 한 가지 예를 들어보자. 주류 경제학자들에 따르면 경제가 동태적 균형 상태에 도달하면 노동자 1인당

자본량은 안정적으로 증가하며, 이에 따라 경제도 안정적으로 성장한다. 경제가 성장함에 따라 자본투자가 이루어지고 기술진보가 진행됨에 따라 노동자 1인당 자본량이 증가하는 것은 당연한 일일 것이다. 하지만 문제는 주류 경제학자들이 경제가 성장하고 발전할 때 **자유로운 완전경쟁시장**이 소득분배의 안정성을 보장해준다고 주장하는 데 있다. 경제가 성장함에 따라 경제 내의 여러 변수들이 이렇게 **마법**처럼 동일한 비율로 성장한다는 것도 놀라운 주장이지만 더 놀라운 주장은 다음이다.

그들은 연간 발생하는 국민소득 중 자본소득과 노동소득의 분배 비율은 **같은 값으로 일정하게**, 즉 '평등하게' 유지된다고 주장하며, 이러한 주장이 수학적으로 입증될 수 있다는 것을 보이기 위해 혼신의 힘을 쏟는다. 이 책의 제4부에서 상세히 이야기하겠지만 바로 이러한 안정성 신화를 비판하고 극복하는 것이 『21세기 자본』의 핵심적 내용 중 하나이다.

피케티가 말하는 α, β란 무엇인가

본론에서 다시 상세히 이야기하겠지만 여기에서 피케티가 말하는 α, β 개념에 대해 간단히 언급하고 지나가고자 한다. 피케티는 연간 국민소득 중 자본이 차지하는 몫을 **알파**(α)라고 부른다. 한 나라의 연간 국민소득은 자본소득과 노동소득으로 나눌 수 있다. 연간 국민소득 중 자본소득이 차지하는 비율이 40%라면 피케티가 말하는 α값은 0.4(또는 40%)가 되는 것이다. 따라서 α값이 크면 클수록 직장인 또는 노동자가 가져가는 몫은 작아진다. 많은 연구자들이 지적하듯이 한국의 경우 IMF 이후 α값의 크기는 위험한 수준에 도달했다. 소득분배의 극심한 불평등은 일반 소비자들의 구매력 감소를 낳으며 경제를 장기적 불황에 빠뜨린다.

β는 한 국가가 소유하고 있는 자본의 총량을 연간 국민소득으로 나눈 값을 의미한다. 이를 달리 표현하면 자본(총량)/소득 비율이다. 어떤 나라에 현재 존재하는 자본의 총량이 300이고, 그 해 국민소득이 50이라고 할 때 β값은 300/50 = 6(= 600%)이 된다. 주류 경제학은 경제가 균형성장 경로를 따라 성장할 때 장기적으로 β값은 일정한 비율로 성장하고, 연간 국민소득 중 자본이 차지하는 몫인 α값은 동일하게 유지된다고 주장한다. 이것이 의미하는 바는 경제가 성장하고 자본축적이 심화되어도(그리하여 β값이 상승해도) 세계는 여전히 평등을 유지한다는 것이다. 어떤 경우든 국민소득 중 자본이 차지하는 몫 α는 예를 들면 30%로, 노동이 차지하는 몫$(1-\alpha)$은 70%로 동일하게 유지된다는 것이다. 신고전파 주류 경제학자들은 β값이 증가해도 연간 국민소득 대비 자본소득의 비율인 알파(α)값은 일정하거나 경우에 따라서는 낮아질 수도 있다고 주장한다. 이들은 한 국가 내에서 자본이 축적되는 것은 자연스러운 혹은 바람직한 현상이며, 이러한 자본축적이 결코 불평등을 야기하지는 않는다는 것을 보여주고자 한다.

이에 대해 피케티는 어떻게 대답하는가? 피케티 역시 자본축적 그 자체가 문제라고 생각하지는 않는다. 하지만 그는 경제를 시장에만 맡겨둔다면 자본이 축적됨에 따라 불평등은 심화될 수밖에 없다고 본다. 피케티는 『21세기 자본』에서 실증연구를 통해 실제로 1970년대 이후로 불평등은 점점 심화되어왔음을 보여주었으며, 21세기에도 불평등이 더욱 심화되어 마침내 '세습자본주의'가 도래할 수 있다고 전망한다.

피케티가 자신의 책에서 솔로와 새뮤얼슨이 퍼뜨린 '안정성 신화'를 강하게 비판하는 것은 결코 우연이 아니다. 소위 '신고전파 주류 경제학'의 대부에 해당하는 이들은 소득분배의 '안정성 신화'를 널리 알리는 데 크게 기여했으며 그러한 이유로 미국에서 상당한 인기를 누려왔다. 하지만 경제가 장기적으로는 안정적인 균형 발전을 이룰 수 있다는 것은 사실 입증되지 않았다. 정

확히 피케티가 주장하려는 것이 바로 그것이다. 경제는 안정적인 분배와 더불어 균형 발전을 하는 것이 아니라 끊임없이 불평등을 심화시키는 불안한 길을 걷고 있다고 말이다.

반면 솔로와 새뮤얼슨은 아름다운 수식과 그래프를 통해 균제성장의 존재와 그것의 안정성을 멋지게 입증했다. 그런데 그게 어쨌단 말인가? 정말 세계는 그렇게 안정적이고 아름답게 이루어져 있는가? 우리가 살고 있는 이 세계를 설명하고 변화시키기에 그것은 너무 무력하고, 또 '보수적인' 이론 아닌가? 물론 주류 경제학을 좋아하는 사람은 필자가 경제학을 제대로 알지도 못하면서 솔로와 같은 대가를 폄하한다고 분노할지도 모르겠다.

주류 경제학자들이 아무것에도 기여한 바가 없다는 말을 하고자 함이 아니다. 중요한 것은 현실이 정말로 그러한가라는 것이다. 아름다운 수식과 그래프로 이루어져 난공불락의 요새처럼 보이는 주류 경제학이 어떻게 극복될 수 있는지 우리는 피케티를 통해 배울 수 있다.

왜 경제학자들에게만 경제를 맡겨서는 안 되는가

경제학자에게만 경제를 맡겨서 안 되는 이유는 피케티의 책이 나온 후 곧 이어서 한국에서 출간된 『피케티의 '21세기 자본' 바로읽기』라는 책을 보면 다시 확인할 수 있다. 필자는 피케티에 대한 대표적인 보수적 비판서인 이 책이 얼마나 많은 오류를 범하고 있으며 우리의 사유와 정의감을 흐리게 만드는 데 전력을 다하고 있는지 종종 언급할 것이다.

이것에 앞장선 사람들은 물론 주류 경제학자다. 오늘날 국가의 역할이 비약적으로 증가하면서 경제학이 우리의 행동과 생각에 미치는 영향력은 생각하는 것 이상으로 매우 강력하다. 아무리 훌륭한 이야기를 해도 경제적으로

실현이 불가능하다고 주류 경제학자들이 이야기하면 많은 사람들이 손쉽게 그 말에 동의하는 경향이 있다. 경제전문가의 말이니 딱히 반론을 제기하기가 쉽지 않기 때문이다. 『21세기 자본』을 통해 피케티는 주류 경제학은 수많은 신화와 허위적인 이론으로 가득 차 있으니 이를 경계하고 이들의 문제점을 꿰뚫어봐야 한다고 역설한다. 피케티는 진정한 정치경제학의 대가로서 무엇이 문제인지, 주류 경제학의 감추어진 비밀이 무엇인지 우리에게 알려준다. 사실 그 비밀은 간단하다. 그것은 아무런 심오한 통찰도 없는 그 무엇에 복잡해 보이는 이론과 수학 공식으로 아우라(Aura)를 덮어씌운 데 지나지 않는다는 것이다. 현실에서는 많은 이들이 불평등으로 고통받고 있지만 주류 경제학자들은 자본소득과 노동소득의 비율이 항상 안정적으로 일정하게 유지된다는 것을 보여주는 경제모형을 의기양양하게 가르친다. 지금의 현실은 조금 문제가 있지만 경제가 더 성장하면 서민들의 삶이 나아질 것이라고 달래면서 말이다.

경제학 분야는 일관성 없는 '짜깁기'의 진정한 각축장이다. 어떤 경제학자는 본인은 스미스주의자이며 동시에 존 롤스(John Rawls) 철학의 신봉자라고 공언한다. 잘 알려져 있듯이 롤스는 현대에서 평등과 정의의 문제를 가장 심도 있게 분석한 『정의론(A Theory of Justice)』의 저자이며, 피케티가 『21세기 자본』에서 긍정적으로 인용하는 유일한 철학자이다. 더욱 놀라운 것은 장하성과 같은 경제학자가 애덤 스미스와 롤스를 옹호하면서 자신을 '진보적 자유주의'자라고 소개하지만, 정작 피케티 책에 대해서는 오류투성이라고 소리 높여 비판한다는 사실이다. 피케티 이론을 제대로 이해하지도 못하면서 말이다.[1] 그렇다면 장하성이 스스로 진보적 자유주의자이며 롤스 철학을 따르고 있다고 공언하는 것이 무슨 의미가 있겠는가? 만약 롤스가 다시 살아나

1 장하성의 피케티 이해의 문제점에 대해서는 이 책 제2장 및 부록 1 등을 참조하라.

이 진보적 자유주의자의 말을 들었다면 무척 당혹해 했을 것이 틀림없다.

대표적인 신자유주의자인 프리드리히 하이에크(Friedrich Hayek)나 밀턴 프리드먼(Milton Friedman)을 신봉하는 민경국은 자신을 사람들이 신자유주의자라고 부르는 것에 대해 무척 불쾌해한다. 신자유주의라는 것은 없고 다만 자유주의가 있을 뿐이라고 주장하면서, 그는 신자유주의라는 말은 이론적으로 성립할 수 없다고 목소리를 높인다. 그리하여 그는 자유주의 경제학의 원조인 애덤 스미스나 자유주의 철학의 진정한 대가인 존 스튜어트 밀(John Stuart Mill)을 신자유주의자인 하이에크나 프리드먼의 사상적 원조로 간주한다. 정작 그의 글을 읽어보면 그의 사상적 수준은 뉴라이트에 가까운데도, 자신은 뉴라이트는 아니라고 강변하는 것이다.

신자유주의라는 개념의 이론적 성립 여부에 대해 논쟁을 하고자 함이 아니다. 스스로를 자유주의자라고 부르는 사람들의 정치적·경제적 입장이 얼마나 모호한가를, 더 정확히 말하면 스스로 진보적이라고 주장하지만 그들은 사실상 대단히 보수적인 태도를 보이고 있다는 것을 말하고 싶은 것뿐이다.

앞에서 언급한 대표적인 보수적 비판서, 『피케티의 '21세기 자본' 바로읽기』의 저자들이 쓴 글을 보면 온갖 훌륭한 '자유주의적 발언'들을 쏟아내고 있지만 정작 반드시 해야만 할 중요한 이야기는 모두 생략되어 있다. 경제학을 전공하지 않은 사람들 눈에는 보이는 것들이 경제학을 전공하면 보이지 않는 것일까? 불행하게도 이러한 경제학자의 말이 진리라고 믿는 사람들도 많다.

또 어떤 사람들은 진보적인 자유주의 경제학자들의 글이나 보수적인 주류 경제학을 자신의 목적에 맞게 이용한다. 다른 분야를 공부하는 사람들, 예를 들면 사회과학자(사회과학도)나 인문학자(인문학도) 중에서 보수적인 사람들은 슬며시 이들 주류 경제학자들의 견해를 따라간다. 또 어떤 이들은 자신은 경제학자가 아니라 경제에 대해 알지 못하니 그저 이들의 이론을 따르는 것

뿐이라고 변명하기도 하고, 경우에 따라서는 진정으로 속기도 한다. 피케티가 경제를 경제학자들에게만 맡겨서는 안 된다고 말하는 것은 바로 이러한 상황과 결코 무관하지 않을 것이다. 경제를 경제학자들에게 맡겨두면 현실은 불평등해질 수밖에 없다는 것이 피케티가 신고전파 주류 경제학자를 그토록 성토하는 이유다. 경제학 분야는 모호하고 애매한 이야기로 가득 차 있는 진정한 '짜깁기의 각축장'이다.

여기에서 잠시 경제학에 대한 필자의 경험을 조금 언급하고 싶다. 필자는 대학에서 경제학을 부전공했으며 그 후 인문학으로 전공을 바꿨지만 특히 사회철학, 정치철학을 공부하는 과정에서 경제학에 대한 꾸준히 관심을 가져왔다. 하지만 대학시절 주류 경제학을 배우거나 그 분야의 책을 읽으면 읽을수록 오히려 미궁에 빠진다는 느낌이 들었다. 경제학을 공부해본 사람이라면 대부분 이러한 느낌을 받은 경험이 있을 것이다. 신고전파 주류 경제학의 논의는 형식논리적으로 앞뒤가 잘 맞아떨어지는 이야기인 것 같기는 한데 결정적인 무언가가 빠져 있다는 공허한 느낌, 혹은 '분노' 말이다. 그러나 주류 경제학자들은 그 수도 많고 이미 지배적 사상의 위치를 차지하고 있기 때문에 이를 반박하기는 쉽지 않다. 게다가 경제학자들 대부분이 신고전파 주류 경제학을 신봉하며 교과서에 있는 이야기를 앵무새처럼 반복하고 있을 뿐, 진지하게 문제제기를 하지 않는다. 이런 상황에서 신고전파 경제학 이론을 넘어선다는 것은 결코 쉬운 일이 아니다. 이러한 상황은 경제학 책을 처음 읽은 대학생 때나, 오랜 세월이 지난 지금이나 많이 변하지 않은 것 같다.

그런 점에서 피케티의 『21세기 자본』을 읽었을 때 많은 사람들이 그렇게 느꼈듯이 필자 역시도 이 책이야말로 이론과 실천의 측면 모두에서 실질적인 탈출구를 보여주는 놀라운 책이라는 생각을 하지 않을 수 없었다. 그래서 필자는 대학시절 틈틈이 경제학을 공부했던 경험을 바탕으로 알기 쉬운 개념 설명과 더불어 피케티의 『21세기 자본』의 핵심적 내용을 전달하고 독자들과

그 의미들을 나누고 싶다고 생각했다.

또한 결정적으로 중요한 문제에 대해 입을 다무는 주류 경제학자들의 침묵을 뚫고 이야기가 퍼져 나오기 위해서는 경제학 전공자가 아닌 사람들이 입을 열어야 한다는 확신도 이 책을 쓰게 된 동기가 되었다(물론 인문학을 공부하면 진보적이 된다는 말이 아니며 그 수는 매우 적지만 용기 있는 진정한 진보 경제학자들도 존재한다). 경제는 너무 중요한 문제라 경제학자들의 손에만 맡겨 두어서는 안 된다는 피케티의 말이 이 책을 쓸 수 있는 용기를 주기도 했다. 그들이 입을 다문다면 우리가 입을 열어야 한다는 용기 말이다.

『꿈의 해석(Die Traumdeutung)』을 완성함으로써 '무의식으로 이끄는 왕도'를 발견한 지그문트 프로이트(Sigmund Freud)는 고대 로마의 시인 푸블리우스 베르길리우스 마로(Publius Vergilius Maro)의 서사시 「아이네이스(Aeneis)」 제7절을 인용하면서 이렇게 말한 적이 있다. "천상의 세계를 움직일 수 없다면 지옥의 세계를 흔들어 놓으리라." 더 나아가 피케티가 경제학의 숨겨진 담론과 무의식을 파헤침으로써 경제라는 (천상의) 세계마저도 흔들어 놓았다고 말한다면 너무 지나친 비유일까?

『21세기 자본』을 읽고 재미 삼아 개인 블로그에 피케티에 대한 글을 조금씩 올리기 시작했는데, 글을 쓰다 보니 전부 게시하기에는 너무 많은 분량이 되어버려 이를 책으로 출간하기로 결정했다.

이 책은 총 5부(13장), 그리고 두 개의 부록으로 구성되어 있다.

제1부 '불평등의 구조와 그 역사적 현황: 피케티 이론 개요'에서는 피케티 이론의 전체 모습을 파악할 수 있도록 그의 이론의 뼈대를 정리해보았다. 피케티의 연구 방법론 및 태도, 그리고 그가 제시하는 불평등의 역사적 추이, 유럽과 미국의 불평등 현상의 유사점과 차이점, 그리고 자본소득과 노동소득의 의미, 피케티가 불평등 해소를 위해 제시하는 정책적 대안들과 그것을 총괄하는 '사회적 국가'에 대한 논의 등에 대해 일목요연하게 설명하고자 한다.

우선 이 책 제1부에서는 『21세기 자본』의 내용 중 기본적인, 하지만 핵심적으로 중요하다고 생각되는 내용들을 선택해 충실하게 요약·정리함으로써 그의 문제의식을 정확하게 전달하고 논평하고자 했다.

제2부 '$r>g$ 공식과 자본주의의 두 가지 근본법칙'에서는 피케티의 $r>g$ 공식과 두 가지 자본주의의 근본법칙($\alpha=r\times\beta$, $\beta=s/g$), 그리고 대체탄력성 개념에 대해 상세히 설명한다. 이는 피케티의 논제를 파악하기 위해 반드시 이해하고 넘어가야 할 중요한 내용이므로 이에 대해 알기 쉽고 상세하게 소개하면서 이 공식 또는 법칙이 도출될 수 있는 경제학적 근거와 그것이 가진 다양한 의미를 해설하고자 했다. 피케티 이론에 대한 비판들, 즉 보수적 혹은 자유주의적인 경제학자는 물론 마르크스주의 경제학자들의 피케티 비판도 주로 이 법칙 또는 공식과 관련해 주로 이루어지고 있으므로 제2부에서는 이러한 비판에 대한 피케티 그리고 피케티를 옹호하는 경제학자들의 대답이 무엇인지 설명하고자 했다.

제3부 '왜 저성장 사회는 세습자본주의화하는가'에서는 제2부에서의 설명을 바탕으로 피케티가 현대 자본주의를 분석하기 위해 사용한 개념과 법칙들이 서로 어떤 연관성을 갖고 있는지 해명하고자 한다. 그리고 왜 오늘날 저성장 사회가 세습자본주의화하며 그것을 극복할 수 있는 대안이 무엇인지 일목요연하게 설명함으로써 피케티의 핵심 화두에 대해 논의하고자 한다.

제4부 '경제성장과 소득분배: 주류 경제학의 '안정성 신화' 비판'에서는 특히 경제성장 모형과 관련해 피케티 이론을 설명한다. 『21세기 자본』을 좀 더 명확히 이해하기 위해서는 특히 해러드-도마-솔로의 경제성장 모형에 대해 어느 정도 공부할 필요가 있다. 하지만 피케티는 자신의 책의 가독성을 높이고자 경제학을 공부하지 않은 독자들도 충분히 이해할 수 있도록 의도적으로 복잡한 설명을 생략해 서술했다. 하지만 오히려 이 때문에 피케티의 책이 일반 독자들에게 더 어렵게 느껴질 수 있다. 어떤 책을 읽을 때 그 이론적 배경

을 알지 못하면 사실 그 책은 쉽게 썼어도 더 어려울 수 있는 것이다.

피케티 책을 독해할 때 생길 수 있는 이러한 어려움 해소를 돕기 위해 필자는 특히 제4부에서 『21세기 자본』에서 상세하게 소개하지 않는 경제성장 이론에 대해 알기 쉽게 설명해 피케티의 책을 더 깊이 이해할 수 있도록 도움을 주고자 했다. 이를 통해 독자들은 피케티가 말하는 공식 또는 법칙의 각각의 의미와 이것들이 맺고 있는 이론적 연관성, 그리고 더 나아가 이로부터 도출되는 정치경제학적 의미를 더욱 분명하게 파악할 수 있을 것이다. 그래서 제4부에서는 어쩔 수 없이 (초보적인) 수식을 어느 정도 사용할 수밖에 없었다. 수식에 조금 어려움을 느끼는 독자가 있다면 순서를 바꾸어 곧바로 제5부로 넘어가도 무방하다. 제5부를 읽은 후 다시 제4부로 돌아가면 될 것이다.

제4부에서는 또한 앞에서 언급한 바 있는 자본소득과 노동소득 사이의 평등한 분배라는 '안정성 신화'에 대한 피케티의 날카로운 비판과 논평을 설명할 것이다. 그리고 이에 대해 좀 더 분명하게 이해하기 위해 솔로의 경제성장 모형으로부터 어떻게 피케티의 $\beta = s/g$ 법칙이 도출되며, 이것이 갖는 경제학적 의미가 무엇인지 상세하게 설명할 것이다. 논의의 성격상 어쩔 수 없이 종종 수식을 사용해 설명하기 때문에 어려워 보일 수 있지만 조금만 집중해서 읽으면 누구나 이해할 수 있도록 평이하게 서술하기 위해 노력했다.

제5부 '피케티와 현대철학: 사회적 국가란 무엇인가'에서는 피케티가 말하는 사회적 국가의 정치철학적 의미, 그리고 그것의 역사적·사상사적 맥락에 대해 상세히 논의하고자 한다. 이와 더불어 피케티가 인용하는 사실상 유일한 철학자인 롤스에 대해 상세히 설명할 것이다. 피케티는 『21세기 자본』에서 (아마도 정치경제학적 문제에 집중하기 위해) 철학적 문제들을 거의 다루지 않는다. 롤스에 대해서도 길게 설명하지 않고 이름만 언급하는 정도로 지나간다. 그러므로 제5부에서 필자는 피케티가 건너뛰고 지나간 사상사적·철학적 관점과 맥락에서 '사회적 국가'에 대해 논의하고자 한다. 그러한 의미에서

제5부는 경제학과 인문학(특히 정치철학)의 대화, 또는 사회적 국가에 대한 필자 자신의 철학적 근거짓기의 시도라고 할 수 있다. '피케티와 현대철학: 사회적 국가란 무엇인가'라는 부제를 붙인 것도 그러한 이유에서이다. 오늘날 '국가'는 자유주의자는 물론 마르크스주의자에게도 인기 없는 개념이 되었다. 그런데 왜 피케티는 국가라는 '인기 없는' 개념을 붙잡아 다시 '사회적 국가' 혹은 복지국가의 필요성을 주장하는가? 제5부에서는 그 이론적 맥락을 살펴본 후 피케티의 사회적 국가론을 현대철학의 맥락에서 조명해보고자 한다.

또한 피케티가 직접 인용하지는 않지만 게오르크 헤겔(Georg Hegel)의 국가 개념에 대해서도 설명하고자 한다. 또한 근대정치철학의 역사를 재구성하면서 특히 헤겔의 국가론이 나오게 된 정치철학적 배경에 대해서도 간략히 언급하고자 한다. 그리고 더 나아가 헤겔은 국가사회주의자가 아니라 훗날 유럽에서 구현된 사회적 국가를 주장한 최초의 이론가였다는 것, 따라서 헤겔의 국가 이론은 피케티의 정치경제학과도 잘 접목될 수 있다는 것을 보여줄 것이다. 제5부의 마지막 부분에서는 무엇보다도 경제학자로서의 피케티가 왜 사회적 국가를 이야기하는지, 그리고 사회적 국가의 실현을 위해 그가 제안하는 정책과 그 이론적·현실적 배경이 무엇인지 설명할 것이다. 피케티의 사회적 국가론은 특히 유럽인으로서 유럽공동체가 나아가야 할 방향에 대한 이론적 근거를 제시한다는 장점이 있다. 특히 자본축적의 한계와 재정 적자 문제에 관한 피케티의 논의는 한국의 경제 및 복지정책이 어떤 방향으로 나아가야 할지 시사해주는 바가 매우 크다.

『21세기 자본』이 출간된 이후로 피케티에 대한 정당하지 못한 비판들이 많이 등장했다. 이를 접한 적이 있는 독자들이 피케티의 이론이 문제가 많다는 선입관을 가질 수 있기 때문에 필자는 이 책을 서술해나갈 때 그러한 비판에 대해서도 그때그때 간략히 언급하고 지나갈 것이다. 제1~5부에 걸쳐 이 책을 진행하는 동안 틈틈이 피케티 이론에 대한 다양한 비판들을 소개하면서

이에 대한 문제점을 지적했지만 부록 1 '피케티 비판의 유형 — 주류 경제학, 진보적 자유주의, 마르크스-레닌주의, 포스트모던 마르크스주의(지젝, 네그리)'에서는 본문에서 이야기하지 못한 내용들을 중심으로 다시 한 번 유형별로 정리해 소개·비판하고 그 비판들의 유사점과 차이점 등에 대해 정리할 것이다. 지금까지 제기된 피케티에 대한 비판은 크게 보수주의적 비판(신고전파 주류 경제학), 진보적 자유주의의 입장에서의 비판, (정통)마르크스주의자들의 비판, 그리고 딱히 어느 것으로 분류하기 어려운 다양한 비판이 있다. 네 번째 종류에 속하는 비판자들은 마르크스주의자일 수도 있고 아닐 수도 있다. 슬라보예 지젝(Slavoj Zizek)의 경우는 피케티에 대한 마르크스-레닌주의적 비판에 속한다고 볼 수 있으며, ≪한겨레≫에 기고한 김종철(≪녹색평론≫ 발행인)의 글은 피케티를 옹호하는 듯한 외양을 취하고 있지만 근본적으로는 안토니오 네그리(Antonio Negri)의 이론에 근거해 피케티를 비판하고 있다.

피케티는 추상적인 수학적 모형을 사용하는 신고전파 주류 경제학의 문제점에 대해 종종 언급했다. 하지만 여전히 주류 경제학자들은 마치 피케티의 글을 한번도 읽어본 적이 없다는 듯이 계속 수학적 모형을 이용해 피케티를 비판한다. 그런데 놀랍게도 그러한 주류 경제학자들이 피케티를 비판하기 위해 사용하는 수학이라는 것이 아주 단순한 경우가 많으며, 또는 그들이 신봉하는 솔로 모형 그 자체를 이해하지 못해 잘못 비판하는 경우도 발견된다. 부록 1에서는 주류 경제학자들의 이러한 비판들을 포함해 다양한 유형들의 비판에 대해 논평할 것이다.

부록 2 '정신분석적 접근: 불안 — 우리는 왜 "충분히 좋은 엄마" 또는 "사회적 국가"를 필요로 하는가'는 정신분석학적 관점에서 피케티나 롤스 또는 헤겔이 말하는 사회적 국가 이론에 대해 다시 한 번 논의한다. 이 책 전체를 마무리하는 일종의 에필로그 역할을 하는 에세이 형식의 짧은 글이다. 이 글을 통해 개인과 사회의 불안의 문제를 해결해주는 사회적 안전망으로서의 사

회적 국가가 왜 필요한지에 대한 정신분석학적 논의를 읽을 수 있을 것이다.

필자는 일차적으로 이 책이 피케티 이론에 대해 학문적으로 충실하면서도 동시에 독자들이 편하게 읽을 수 있는 가독성 높은 해설서가 될 수 있도록 노력했다. 하지만 『21세기 자본』이 워낙 두꺼운 책이라 나름대로의 관점을 가지고 내용을 취사선택할 수밖에 없었다. 피케티가 『21세기 자본』을 읽기 쉽게 대중적으로 썼다고는 하지만 그 책을 이해하는 데는 어느 정도 어려움이 뒤따르는 것도 사실이다. 이러한 어려움을 극복하고 독자들이 피케티 책을 끝까지 통독해 그것의 의미를 파악하는 데 도움이 될 수 있도록 피케티가 상세히 언급하지 않았거나 생략한 중요한 이론적 사항들을 일목요연하게 정리하고 전달하고자 애썼다.

특히 제5부에서는 사회적 국가에 관한 '정치철학적 논의'를 전개하고 이를 피케티의 국가 이론과 연결시켜 설명하고자 했다. 사실 롤스 자신도 사회적 국가에 대해 깊이 다루지 않았으므로 필자는 근대정치철학, 그리고 특히 헤겔의 『법철학』으로 거슬러 올라가 국가와 시민사회, 사회계약론의 의미를 추적했고 이를 바탕으로 사회적 국가론에 대한 철학적 근거를 마련해보고자 했다. 제5부 그리고 부록 1, 부록 2도 필자가 공들여 집필한 부분으로서 오늘날 정치철학 논의에서 사실상 빠져 있는 '사회적 국가'에 대해 철학적으로 심도 있게 논의했다는 의미가 있다고 자부하고 싶다.

이 책을 쓰는 과정은 필자에게 무척이나 보람 있고 즐거운 시간이었다. 철학자로서 경제학에 대한 책을 쓰는 일은 커다란 모험이었으며, 동시에 오늘날 인문학이 경제학과 어떻게 대화해야 하는지 보여주어야 한다는 어떤 사명감에 휩싸여 나 자신을 넘어서게 만든 경이로운 경험이었다. 이 책은 교양서로도 읽을 수 있고, 전문서적 또는 이론서로도 읽을 수 있다. 이 책에서 제시하는 경제학 논의가 조금 생소하다고 느끼는 독자들은 제1부와 제2부, 제5부 그리고 부록 1, 부록 2를 먼저 읽고 난 후 제3부와 제4부로 되돌아와도 무방

하다. 사실 제3부와 제4부의 내용 역시 수학이나 경제학 지식이 없는 일반교양서 독자들도 어려움 없이 읽을 수 있도록 알기 쉽게 풀어서 집필했으며 독서의 가독성을 높이기 위해 수식은 주로 보론이나 부록에 두었다. 수식의 상세한 내용을 생략하고 읽어도 전체의 흐름을 이해하는 데 전혀 지장이 없도록 책을 구성했다.

필자는 피케티의 『21세기 자본』은 단순히 서가에 꽂혀 있는 고전으로 끝나서는 안 된다고 확신한다. 그리고 이 책이 그렇게 되는 데 조금이라도 도움이 될 수 있다면 그것으로 소임을 다한 것이라고 믿는다.

끝으로 『21세기 자본』에서의 인용을 흔쾌히 허락해준 강성민 글항아리 대표님과 교정·교열 작업을 위해 애쓴 한울엠플러스(주)의 양혜영 님께 감사드린다.

2016년 5월

홍준기

• 제1부 •

불평등의 구조와 그 역사적 현황

피케티 이론 개요

제1장

분배 문제를 경제학의 중심으로 되돌리기

수학적 수식을 거의 사용하지 않는 경제학: 경제학에서 다시 정치경제학으로

피케티가 경제학 전반에 걸친 매우 광범위하고 어려운 주제를 다루고 있기는 하지만, 『21세기 자본』이 가진 무수한 장점 중 하나는 경제학자들의 전문용어를 모른다고 할지라도 그 책을 읽는 데 큰 어려움이 없다는 것이다. 피케티는 경제학사 전반을 관통하는 깊은 이야기를 하면서도 어려운 수식을 거의 사용하지 않는다. 피케티는 주류 경제학자들이 어려운 수학을 사용함으로써 경제학, 더 정확히 말하면 경제적 현실에 대한 일반인의 이해와 접근을 '의도적으로' 막고 있다고 믿는다. 말로 쉽게 설명하면 간단한 것을 경제학자들은 마치 대단한 무엇이 어려운 수식 속에 있는 것인 양 포장한다는 것이다. 그러나 실제로 경제학자들이 만들어낸 모델들, 즉 수식을 사용한 복잡해 보이는 모델도 알고 보면 그 내용이 아주 간단하다고 피케티는 꼬집는다.

서장은 그리 길지 않은 분량이지만 경제학자로서 피케티의 문제의식이 무

엇인지 여과 없이 드러난다. 그의 궁극적 관심사는 '분배 문제'를 경제학의 중심문제로 되돌려 놓는 것이다. 언급했듯이 서장에서부터 피케티는 경제학자들이 경제적 불평등이라는 현실을 제대로 바라보지 않고 "사소한 수학적 문제들"에 매달리고 있음을 비판한다. 주류 경제학자들은 현실을 설명하기 위해 어떤 경제 모델을 고안하고 이 모델의 범위 내에서 현실을 설명하거나 미래를 예측하는 것을 전형적인 경제학적 작업으로 간주한다. 하지만 모델을 구성하기 위해서는 몇몇 특정한 가정을 설정해야 하는데, 이미 이 가정 자체가 현실과 유리된 제한적이며 이데올로기적인 입장을 취하는 경우가 많다. 후생경제학에서 최고의 명제로 내세우는 '파레토 최적(Pareto optimum)'이라는 개념을 예로 들어 설명해보자. 피케티 또한 파레토 최적에 대해 언급하고 있다.

후생경제학의 주춧돌인 파레토 최적 개념에 대한 피케티의 비판

파레토 최적이란, 어느 누구에게도 손해가 가지 않으면서 어떤 사람에게 이득이 되도록 자원 혹은 부의 배분 상태를 변화시키는 것이 불가능한 상태를 말한다. 신고전주의적 복지경제학자들은 이러한 파레토 최적 상태를 복지경제학이 추구해야 할 최고의 상태로 간주한다. 그렇다면 파레토 최적이 이루어진 상태가 과연 분배가 제대로 구현된 상태인가?

무엇보다도 파레토 효율성 이론은 최초의 분배 상태를 전혀 고려하지 않는다는 근본적 한계를 갖는다. 이미 처음에 부가 극단적으로 불평등하게 분배되어 있다고 할지라도 파레토 최적 이론에 따르면 이 분배 상태를 바꾸기 위해 상위 1%의 효용을 조금이라도 감소시켜야 한다면, 그것은 효율적인 분배가 아니다. 피케티가 완전경쟁시장도 경제적 불평등을 결코 완화시키지 못

한다고 종종 말하는 것도 바로 이러한 이유에서이다. 파레토 최적 상태가 진정으로 유의미하기 위해서는 이미 처음에 부나 자원이 공정하게 분배되어 있어야 한다. 그렇지 않은 상태에서 완전경쟁이란 이미 무의미한 개념이 되는 것이다.

피케티에 따르면 두 차례의 세계대전 사이에 이탈리아의 파시스트들은 파레토의 이론을 채택해 이를 세상에 널리 알렸다. 이들이 빌프레도 파레토(Vilfredo Pareto)의 명성을 이용하려 한 것이겠지만 파레토 자신이 죽기 직전에 베니토 무솔리니(Benito Mussolini)의 집권을 지지한 것도 사실이다. 파레토는 경제적 불평등이 증가하고 있음을 보여준 사람이기도 하지만 동시에 그러한 사실을 의도적으로 숨기려고 했다(439).

놀라운 것은 후생경제학이라는 용어이다. 후생경제학은 영어로는 'welfare economics'이므로 복지경제학이라고 번역되는 편이 더 정확한, 경제학의 중요한 분야 중 하나다. 그런데 이 중요한 분야인 복지경제학이라는 이름으로 신고전주의 주류 경제학의 목표는 파레토 최적 상태를 유지하려는 것이다. 더 정확히 말하면 가능한 한 부유한 사람들의 효용을 감소시키지 않는 방식으로, 즉 부의 재분배를 가능한 허용하지 않는 방식으로 파레토 최적 상태를 유지하고자 한다는 것이다. 이쯤 되면 복지경제학이라는 이름을 갖고 있지만 차라리 반(反)복지 경제학이라고 바꿔 부르는 것이 더 솔직해 보인다.

피케티가 비판하고자 하는 것이 정확히 바로 이러한 주류 경제학자들의 태도이다. 주류 경제학은 부와 소득의 불평등이라는 엄연한 현실에 대해 말하지 않고 과학성이라는 미명하에 수학적 놀이만을 일삼으며, 납득할 수 없는 기만적인 태도를 고집하고 있다고 보는 것이다.

> 직설적으로 이야기하면 경제학 분야는 아직도 역사적 연구 및 다른 사회과학과의 협력을 등한시하면서 수학에 대한, 그리고 순전히 이론적이고 흔히 이념

> 적인 고찰에 대한 유치한 열정을 극복하지 못하고 있다. 경제학자들은 너무나 자주 자기들만 관심을 갖는 사소한 수학적 문제들에 매달리고 있다. 이처럼 수학에 집착하는 것은 우리가 살고 있는 세계가 던지는 훨씬 더 복잡한 문제에 대한 해답을 내놓을 필요가 없이 과학성의 겉치레를 손쉽게 입힐 수 있는 방법이다(46).

'수학을 잘 하면 머리가 뛰어나다'라는 편견을 이용해 마치 자신들이 대단한 과학을 하고 있는 양 사람들을 호도한다는 것이다. 주류 경제학자들은 현실과 무관한 경제 모델을 만들고 자기들끼리 그 모델이 정합적인가 그렇지 않은가 같은 식의 무익한 논쟁을 하면서 마치 경제학이 객관성을 담보하고 있는 대단한 과학인 양 행세한다. 처음부터 자신이 원하는 변수만을 고려하는 이러한 연구 방법론은 과학이 아니라 이데올로기이다. 굳이 과학철학자의 이론을 인용하지 않더라도, 부와 소득의 불평등한 분배를 이야기하지 않는 경제학이 높은 소득과 부를 가진 사람들을 위한 이데올로기에 지나지 않는다는 사실을 우리가 파악하는 것은 그다지 어렵지 않다.

그러므로 피케티는 비현실적인 '사소한 수학 문제'에 몰두하고 있는 경제학이라는 말보다 **정치경제학**이라는 표현을 사용할 것을 권한다. 정치경제학자 피케티가 『21세기 자본』을 집필한 궁극 목표는 경제적 불평등의 역사와 현실을 비판하고 이를 극복하기 위한 사회적 국가, 즉 복지국가라는 대안을 제시하고자 함이다. (신)자유주의자도 사회주의자(공산주의자)도 아닌 피케티가 제시할 수 있는 대안이 혁명이나 자유경쟁시장이 아니라 누진적 소득세와 자본세를 통한 재분배 정책과 자본 통제라는 것은 당연한 일이다. 피케티가 파레토 효율성 개념을 비판할 뿐만 아니라 완전경쟁시장도 경제적 불평등을 막지는 못할 것이라고 종종 언급하는 데서 볼 수 있듯이 말이다.

피케티의 대안: 바람직한 공공 정책의 수립 또는 사회적 국가

이미 언급했듯이 피케티는 고율의 누진적 소득세, 그리고 자본세와 상속세를 (다시) 도입해 효과적인 재분배 정책과 자본통제를 실행하지 않으면 21세기에 자본소득과 노동소득의 격차, 그리고 부자와 빈자 사이의 경제적 불평등이 더욱 극심해질 것이라고 진단 혹은 예언(?)하고 있다. 물론 이러한 진단과 예언은, 1970년 이후 지금까지 불평등이 심화된 것이 각 국가들이 서로 경쟁적으로 세율을 인하해왔기 때문이라는 구체적인 역사적 사실에 근거하고 있다.

피케티가 제시하는 정책적 대안을 한마디로 말하면 사회적 국가(복지국가)이다. 피케티는 적어도 『21세기 자본』에서는 복지국가보다는 사회적 국가라는 개념을 더 선호한다. 피케티가 복지국가라는 용어 대신 사회적 국가라는 표현을 사용하는 이유가 무엇이든 간에 분명한 것은 다음의 사실이다. 피케티는 국가가 고율의 누진적 소득세 부과를 통해 효과적인 재분배 정책을 관철시킬 수 있었던 1945~1975년 시기의 선진국이 역사적으로 가장 평등한 사회였음을 보여주었다. 그는 책 전체에 걸쳐 여러 차례 이 점을 강조하고 있으며, 그중 특히 북유럽 사회가 그 시기뿐만 아니라 지금도 여전히 가장 평등한 사회라는 점을 직간접적으로 언급한다. 물론 북유럽 사회도 여전히 불평등이 존재한다는 사실을 언급하는 것을 잊지 않으면서 말이다.

그리하여 어떤 독자들은 피케티의 책을 읽으면서 북유럽 사회도 별수 없이 불평등한 사회라는 비관적인 내용만을 읽어내기도 한다. 하지만 이는 피케티의 생각과 다르다. 그럼에도 불구하고 여전히 북유럽 국가들이 불평등 정도가 가장 낮은 나라라는 것을 그가 잊지 않고 언급한다는 사실에 주목해야 한다. 비록 최선은 아니지만 차선이 존재한다면 그 차선이라도 선택해야 한다는 것이 피케티의 생각이다. 그가 차선책이 아니라 불평등의 완전한 해

소, 즉 유토피아적 상태를 원했다면 마르크스 혹은 사회주의 이념을 주창했겠지만, 그는 오히려 그 반대의 입장을 취하고 있다.

> 나는 또한 공산주의 독재의 붕괴에 관한 소식을 들으면서 성년이 되었고 그런 체제나 소련에 대해 애정이나 향수를 털끝만큼도 느낀 적이 없는 세대에 속한다. 나는 반(反)자본주의의 관례적인 그러나 게으른 수사에 속아 넘어가지 않을 만큼의 예방접종은 받았다. …… 나는 불평등이나 자본주의 자체를 비난하는 데에는 관심이 없다. 더구나 사회적 불평등은, 그것이 정당화되기만 한다면, 다시 말해 1789년 프랑스혁명 당시의 '인간과 시민의 권리에 관한 선언 제1조'에서 주장하는 것처럼 사회적 차별이 '오직 공익에 바탕을 두는' 한, 그 자체로서 문제가 되지 않기 때문에 더욱 그러하다(45).

반대로 보수주의 경제학자 혹은 자유주의 경제학자들은 피케티가 "경제적 불평등이 경제발전의 원동력이라는 사실을 무시했다"고 성토한다. 불평등이라는 같은 단어를 바라보는 시각이 이렇게 정반대일 수 있다는 사실이 놀라울 뿐이다!

『21세기 자본』의 방법론

『21세기 자본』은 서장과 4부로 구성되어 있다. 서장은 이 책의 전체 내용을 미리 요약하면서 논의를 도입하며 기본 개념들을 소개한다. 많은 이들이 이야기하듯이 서장만 꼼꼼히 읽어도 피케티가 하고자 하는 이야기가 무엇인지 개략적으로 파악할 수 있다. 그리고 1·2·3·4부에서는 서장에서 언급한 내용을 상세하게 설명하며 논의를 심화시킨다. 피케티의 책의 내용을 충분히

즐기기 위해서는 물론 책 전체를 통독해야 한다.

피케티는 서장에서 자신이 제시하고자 하는 논제에 대해 개괄적으로 설명하면서 동시에 자신의 책을 활용하는 방법론과 이론적 배경 등에 대해서도 언급한다. 앞으로 상세하게 서술할 것이므로 여기에서는 『21세기 자본』이 채택한 방법론에 대해서만 언급하고 지나가기로 하자.

우선 피케티는 경제학이 데이터 없이 이론에만 머물러서는 안 된다는 점을 강조한다. 바로 여기에서 피케티는 신고전파 주류 경제학의 **안정성 신화**와 그 신화의 배경이 되었던 쿠즈네츠 곡선 이론을 비판한다. 사이먼 쿠즈네츠(Simon Kuznets)는 1913~1948년 미국의 소득불평등의 변화에 관해 실증적 연구를 수행했는데 이를 통해 그는 같은 기간 미국의 소득불평등이 급속하게 감소했다는 사실을 확인할 수 있었다(22). 피케티에 따르면 소득불평등 감소라는 낙관적인 이 연구가 자본과 노동 간의 소득분배의 안정성이라는 신고전파 경제 이론이 나오게 된 배경이 되었다.

그러나 이 기간에 미국을 포함한 모든 선진국에서 나타난 불평등의 감소는 쿠즈네츠가 제시한 논거와는 **다른 이유**로 생겨났다. 그것은 두 차례의 세계대전과 누진세율이라는 **외부 충격**에 기인한 현상이다. "이는 쿠즈네츠가 묘사한 산업부문 간 이동의 평화로운 과정과는 거의 관련이 없다"(25).

「경제성장과 소득불평등(Economic Growth and Income Inequality)」(1955)이라는 논문으로 출간된 바 있는 한 강연(1954)에서 쿠즈네츠는 자신의 과거의 연구 결과보다 더 낙관적인 이론을 제시했다. 이 이론에 따르면 모든 불평등은 벨 커브(Bell Curve)를 그린다. 초기에는 불평등이 커지다가 산업화와 경제발전이 진행되면서 불평등은 감소한다는 것이다. 그러나 불평등의 감소를 이야기하는 쿠즈네츠의 "황홀한 곡선 이론(벨 커브)"은 피케티에 따르면 상당 부분 잘못된 논거들로 이루어졌으며 그것의 실증적 논거는 취약했다.

하지만 피케티가 지적하고 있듯이 쿠즈네츠도 당시 미국의 불평등이 줄어

든 데에는 외부 충격이 명백히 중요한 역할을 했다는 것을 알고 있었다. 그럼에도 불구하고 쿠즈네츠는 정책적 개입이나 외부적 충격 없이 순수하게 경제 내부적 논리에 의해 불평등이 줄어들 수 있다고 시사했다. 그리하여 쿠즈네츠의 곡선 이론은 강력한 정치적 무기가 되었다. 쿠즈네츠는 자신의 이론이 상당 부분 추측에 근거한 것이라는 것을 알고 있었지만 학회 연설에서는 낙관적인 이론을 제시했던 것이다. 피케티는 쿠즈네츠의 곡선 이론이 갖는 정치경제학적 의미를 이렇게 요약한다.

> 그는 자신의 이론이 추측성이 짙다는 것을 잘 알았다. 그럼에도 불구하고 그는 미국 경제학자들의 중요한 학회에서 '학회장 연설' 형식으로 그토록 낙관적인 이론을 제시함으로써 커다란 영향력을 발휘하게 되리라는 것을 알았다. 청중은 그들의 명망 있는 동료가 전하는 복음을 믿고 또 전파하고 싶어 했다. 그래서 '쿠즈네츠 곡선이 탄생했다. 모든 사람이 문제의 핵심을 확실하게 이해하도록 하기 위해 쿠즈네츠는 또한 자신이 낙관적으로 예측하는 의도는 한마디로 저개발국들이 "자유세계의 궤도를 벗어나지 않도록" 잡아두려는 것임을 청중들에게 상기시키는 것을 잊지 않았다. 그렇다면 쿠즈네츠 곡선 이론은 대체적으로 냉전의 산물이었다(24~25).

그럼에도 피케티는 자신이 쿠즈네츠의 연구 방법론의 영향을 받았다는 것을 밝히면서 여전히 그의 학문적 업적을 치하하고 있다.[2]

---

2 피케티의 책이 한국에서 출간될 때 별책에서 해설을 쓴 이정우는 피케티의 쿠즈네츠 평가가 너무 부정적이라고 논평한 바 있다. "피케티는 책에서 쿠즈네츠를 너무 몰아세우고 있는데 그럴 필요는 없을 것 같다. 오히려 연구 방법상 동지적 측면을 부각시켜도 좋았을 것이다"[이정우, 「피케티 현상, 어떻게 볼 것인가?」, 『21세기 자본』의 별책(파주: 글항아리, 2014), 19쪽]. 하지만 우리는 역으로 이정우의 이러한 논평이 과연 공정한가라고 되물을 수 있다. 이정우는 피케티가 쿠즈네츠를 너무 몰아세웠다고 비판하면서 균형을 잡아야 할 필

> 내 연구의 많은 부분은 …… 소득불평등의 변화에 관한 쿠즈네츠의 혁신적이고 선구적인 연구를 공간적으로, 시간적으로 더 광범위하게 확장한 것에 불과하다. 이런 식으로 나는 …… 경제발전과 부의 분배의 관한 그의 낙관적인 견해에 근본적인 의문을 제기할 수 있었다(27).

쿠즈네츠가 활용한 자료는 오직 미국 한 국가의 1913~1948년의 기간을 다룬 것이지만 그의 연구 방법은 매우 중요한 기여를 했다. 그것은 19세기 경제연구가 다룰 수 없었던 **소득세** 자료와 쿠즈네츠 자신이 추정한 미국 **국민소득 자료**를 활용한 것이었기 때문이다. 이는 "사회적 불평등을 그토록 야심찬 규모로 측정하고자 한 최초의 시도"였던 것이다.

이렇듯 피케티는 쿠즈네츠의 방법론에 영향을 받아 소득세나 상속세 신고자료 등 **조세기록**과 **국민계정** 분석을 통해 소득불평등의 변화를 연구할 수 있었던 것이다. 경제학 연구에서는 데이터가 필요한데 특히 소득불평등 문제를

요성을 이야기하지만, 사실 피케티는 이미 쿠즈네츠와의 "동지적 측면"을 충분히 부각시켰을 뿐만 아니라 쿠즈네츠의 (강연 또는 논문이 아니라) 책, 『근대경제성장론(Modern Economic Growth)』에 대해서는 충분히 치하하지 않았던가? 피케티는 이렇게 말한 바 있다. "그의 책들을 읽어보면 (논문들과 달리) 그가 진정한 과학적 연구 윤리를 지켰다는 것을 명백히 알 수 있다"(25). 하지만 피케티가 쿠즈네츠를 비판하는 것도 사실인데, 이는 **강연** 또는 **논문**에서 이야기한 곡선이론의 실증적 토대가 취약했다는 것, 그리고 너무 낙관적으로 미래를 묘사함으로써 신고전파 안정성 신화의 빌미가 되었다는 데 그 이유가 있다. 전체적으로 피케티의 쿠즈네츠 평가는 적절해 보인다. 하지만 이정우는 피케티의 쿠즈네츠 비판이 과도하다고 주장하는데 필자가 보기에 이는 매우 모순적인 주장이다. 피케티가 통계에는 밝지만 이론에는 취약하다고 이정우가 '냉소적으로' 말하는 부분에서 더욱 그렇다. 왜 이정우는 피케티를 옹호하는 듯한 해설서를 쓰면서 동의하기 어려운 방식으로 피케티를 비판하는 것일까? 그것은 궁극적으로 이정우 역시 스스로를 진보적이라고 공언하지만 불평등 문제를 다룰 때 궁극적으로 어떤 틀을 넘어서지 못하는 한계를 갖고 있기 때문이 아닐까? 그 이유가 무엇이든 간에 이정우의 피케티 논평에 관해서는 조금 상세히 짚고 넘어가야 할 부분이 많아 보인다. 이에 대해서는 나중에 다시 언급하기로 하자(이 책 부록 1을 참조하라).

연구할 때는 조세자료와 잘 정비된 국민계정이 필요하다. 이러한 방법론을 활용함으로써 피케티는 신고전파 경제학자들의 추상적인 연구 방법론을 넘어설 수 있었다. 이를 통해 피케티는 수학적 모델에 과도하게 집착하는 경제학(경제과학)의 연구 경향을 비판하고 사회, 경제, 정치, 그리고 심지어 문화 및 심리적 현상까지도 동시에 고려하는 정치경제학으로의 전환을 다시 한 번 주장할 수 있었다. 그러한 의미에서 피케티는 고전파 경제학자들의 연구 방법을 따라간다고 할 수 있는데, 그렇다고 해서 그 말이 피케티가 고전파 경제학자라는 것을 의미하지는 않는다.

반면 국내외 소위 진보적인 자유주의 경제학자들이 신자유주의를 극복하기 위해 고전파 경제학, 특히 경제와 윤리를 종합적으로 고찰하고자 했던 애덤 스미스로 돌아갈 것을 천명하는 것이 눈에 띈다.[3] 실제로 애덤 스미스는 냉혹한 이기적인 인물은 아니었다. 그는 '도덕감정'의 중요성을 이야기했다. 그러나 동시에 자유로운 경쟁이 모두에게 이익을 가져다줄 것이라고 믿었다. 반면 피케티는 이러한 단순한 믿음을 갖고 있지 않다. 고전파 경제학이 일반

---

3 국내의 진보적인 자유주의 경제학자들의 예를 들면 장하성, 김상조 등이 그러하다. 애덤 스미스는 뛰어한 인물이었지만 그의 경제 이론은 사실 오늘날의 관점에서 보면 결코 진보적이라고 말하기 어렵다. 피케티가 완전경쟁시장이 확보된다고 해서 불평등이 사라지지 않는다고 말하는 이유도 여기에 있다. 반면 장하성이나 김상조는 명시적으로 애덤 스미스를 진보의 '아이콘'으로 삼으며, 자유주의의 진보적 측면을 강하게 옹호한다. 물론 중세적 신정주의와 비교할 때, 혹은 고대 심지어 근대의 절대군주제나 현대의 전체주의와 비교할 때 자유주의가 진보적인 측면을 갖고 있다는 것은 부정할 수 없는 사실이다. 그러나 이 시점에서 우리는 피케티가 제기했던 "어떤 시대적 상황과 경제적 조건하에서 심지어 진보적인 자유주의도 보수적 역할을 할 수 있는가"라는 질문을 던질 필요가 있다. 그런데 장하성은 자신의 최근 책 『한국 자본주의』에서 그러한 질문을 던지는 피케티를 격렬하게 비판한다. 필자는 장하성의 책이 갖고 있는 미묘하게 보수적이면서도 모호한 서술방식에 놀라기도 했지만, 특히 피케티를 비판하는 부분을 읽으면서는 더욱 당혹스러웠다. 학문적으로 어떤 이론가를 비판하는 것은 학자로서 당연히 해야 할 일이지만 장하성의 피케티 비판이 보수적인 주류 경제학자들의 입장과 별반 다르지 않다는 생각이 들었기 때문이다. 장하성의 피케티 비판에 대한 필자의 논평에 대해서는 이 책 부록 1을 참조하라.

적으로 신봉하는 '완전경쟁시장' 혹은 '보이지 않는 손'이 결코 경제적 불평등을 완화시켜주지 않는다는 것을 피케티는 그 누구보다도 잘 인식하고 있다.

앞으로 언급하겠지만 피케티는 자본주의의 근본법칙, 자본주의의 주요한 모순과 같은 표현을 사용하고 있다. 하지만 이것이 피케티가 자본주의를 지배하는 거역할 수 없는 **필연적 법칙**이 존재한다고 믿는다는 것을 의미하지 않는다. 하지만 그는 모든 것을 시장에 맡겨둘 때 부와 자원이 공정하면서도 효율적으로 배분될 것이라는 믿음을 갖고 있지도 않다. 그러한 의미에서 피케티는 고전파 경제학자와도 거리를 둔다.

역사적 데이터 이용에서 문제를 드러낸 것은 주류 경제학뿐만 아니라 마르크스의 경우도 마찬가지다. 이윤율 저하의 법칙과 관련해 자본주의의 붕괴를 예언한 마르크스를 비판하면서 피케티는 이렇게 말한다. "마르크스에게는 그의 예언들을 가다듬는 데 필요한 통계자료가 부족했던 것이 틀림없다. 아마도 그는 자신의 결론들을 정당화하는 데 필요한 연구에 착수하기 전인 1848년에 이미 그 결론들을 내렸다는 점 때문에도 어려움을 겪었을 것이다"(19).[4] 피케티는 서장에서 미리 자신의 정치적 입장이 무엇인지 분명히 밝히고 있다. 그는 마르크스주의자도 아니고 신고전파적(보수주의적) 혹은 진보적인 자유주의 경제학자도 아니다.

이제 다음에서 『21세기 자본』이 서술하는 불평등의 역사적·지리적 현황에 대해 개략적으로 소개하고자 한다.

4 이 책을 진행해나가는 가운데 필자는 주류 경제학자들과 마르크스주의 경제학자들, 그리고 진보적 자유주의자들의 피케티 비판과 이에 대한 피케티 입장에서의 반비판에 대해 자주 논의할 것이다. 그리고 부록 1에서 이 문제를 둘러싼 쟁점들을 다시 한 번 정리했다.

불평등의 원인: 자본소득과 노동소득의 불평등

불평등한 상황만큼 사람들을 좌절시키는 것은 없을 것이다. 그것은 심리적으로 인간을 고갈시키며 불안과 분노, 절망에 빠뜨리거나 공격적으로 만든다. 그것은 각 개인이 발전할 수 있는 모든 기회를 박탈한다. 최근 한국 사회에서는 흔히 성공을 위해서 진정으로 필요한 것은 노력이 아니라 '아버지를 잘 만나는 것'이라고 말한다. 요즘은 한술 더 떠 '할아버지를 잘 만나는 것'이라고 말하기도 한다. 우리는 이러한 말이 단지 우스갯소리가 아니라는 것을 잘 알고 있다. 『21세기 자본』은 이를 **세습자본주의**라고 부른다. 피케티는 서양의 부유한 국가들이 이미 완전한 세습자본주의가 되었다고 말하지는 않는다. 하지만 계속 이대로 간다면 21세기의 어느 시점에서 '완전한' 세습자본주의가 도래할 것이라고 전망한다. 한국은 어떠한가?

한국은 이미 세습자본주의화한 사회다. 미국 투자금융 회사 모건 스탠리(Morgan Stanley)는 한국을 대표적인 상속·세습형 국가로 분류한다. 잘 알려져 있듯이 한국에서는 100대 부자 중 약 85%가 상속을 통해 부유층이 되었다. '개천에서 용 나는' 시대는 지나갔다. 또한 한국의 최근 통계에 따르면 상위 10%에 속하는 부유층이 가져가는 몫은 세계 최고 수준이다.

피케티에 따르면 세습자본주의는 사실 결코 새로운 현상이 아니다.

> 유럽, 그리고 어느 정도는 전 세계가 이런 충격들을 이제 막 극복했다는 사실은 21세기 초에 번성하고 있는 세습자본주의가 새로운 현상인 듯한 인상을 준다. 하지만 세습자본주의는 여러 측면에서 과거의 반복이며, 19세기와 같은 저성장 환경에서 나타나는 특징이다(286).

이 인용문은 피케티가 전달하고자 하는 중요한 몇 가지 논제를 포함하고

있다. 세습자본주의는 19세기, 20세기 초까지 유럽 사회의 보편적인 사실이었으며, 특히 경제성장이 아주 느리거나 정체된 사회에서 주로 나타나는 현상이다. 경제성장이 활발한 사회, 취업과 능력 발휘의 기회가 많이 주어지는 사회에서는 스스로의 활동을 통해 돈을 벌 수 있기 때문에 유산이 그다지 중요한 역할을 하지 않는다. 여기에서 중요한 점은 피케티가 유럽과 미국과 같은 선진국이 벌써 완전한 세습자본주의가 되었다고 주장하지는 않는다는 것이다. 그럼에도 상속을 통한 불평등의 대물림이 심각한 문제가 되고 있다는 것도 틀림없는 사실이다. 여기에서 피케티는 빈부 격차를 낳는 두 가지 요인을 분석하고자 함을 알 수 있는데, 자본소득과 노동소득(혹은 임금)이 그것이다.

> 정의상 모든 사회에서 소득불평등은 이 두 가지 구성 요소, 즉 노동소득의 불평등과 자본소득의 불평등이 더해진 결과다. 이 두 구성 요소 각각이 더 불평등하게 분배될수록 전체적인 불평등도 커진다. 관념적으로는 노동소득 불평등이 심하고 자본소득 불평등은 낮은 사회, 혹은 그 반대의 사회를 상상할 수 있고, 마찬가지로 두 구성 요소 모두가 매우 불평등하거나 혹은 매우 평등한 사회를 상상할 수 있다(293).

자본소득은 다양한 형태를 취할 수 있다. 그것은 임대료, 배당금 이자, 특허권료, 이윤, 자본이득 등 법적으로 어떻게 분류되든 노동과 관계없이 자본의 소유로부터 얻어지는 모든 소득을 포함한다.

피케티의 자본 개념: "이자생활자의 안락사"

자본이란 무엇인가? '21세기 자본'이라는 책 제목이 암시하듯이 피케티는

자본 개념에 무언가 색다른 의미를 부여하고자 한다는 것을 추측할 수 있다. 물론 피케티가 사용하는 자본 개념이 전례 없이 새로운 것이 될 수는 없겠지만 우리는 적어도 그가 21세기라는 맥락에서 경제 현실을 분석하기 위해 가장 적절한 자본 개념을 제시하고 그것을 활용해 현실의 불평등 상황을 타개하고자 한다는 점을 읽을 수 있다.

무엇보다도 피케티가 자본 개념을 정의할 때 그것을 '좁은 의미의' 생산에 적용되는 개념으로 국한하지 않는다는 점이 중요하다. 그에게 자본은 생산자본, 금융자본, 부동산 등을 두루 포함하는 넓은 개념이다.

> 즉 이 책에서 자본은 시장에서 소유와 교환이 가능한 비인적자산(nonhuman assets)의 총계로 정의된다. 자본에는 온갖 종류의 부동산(거주용 부동산 포함)과 금융자본 그리고 기업과 정부 기관들이 사용하는 사업 자본(professional capital, 공장, 사회기반시설, 기계류, 특허권 등)이 포함된다(61).

달리 말하면 피케티에게 자본은 사실상 부와 동의어이다. 피케티는 노예사회가 아니라면 소유물처럼 매매가 불가능한 인적자본을 배제하지만 그렇다고 해서 자본을 '물적' 자본(토지, 건물, 사회기반시설, 기타 상품)에 한정하지 않는다. 그것은 비금융자산(토지, 주택, 상업용 재고, 기타 건물들, 기계류, 사회기반시설, 특허권, 그리고 직접 보유한 사업자산)과 금융자산(은행 계좌, 뮤추얼 펀드, 채권, 주식, 각종 금융투자상품, 보험증권, 연금기금 등)의 합에서 채무를 제한 값의 총체이다(64).

피케티의 논의에서 논란이 되고 흥미로운 부분은 특히 거주용 부동산을 포함해 부동산을 자본에 포함시킨다는 것이다.[5] 일반적으로 생산에 직접 투

5 물론 금융자본도 피케티의 주요 관심사에 속한다. 앞으로 유럽과 영미권 국가들의 불평등

입되지 않은 요소로서 부동산의 경우 자본의 한계생산성은 제로라고 말한다. 하지만 자본은 순수한 가치 저장의 수단으로서도 중요한 역할을 하며 그러한 이유로 피케티는 거주용 부동산도 자본에 포함시켜야 한다고 본다. 보석이나 장신구들도 그러한 의미에서 자본의 범주에 속할 수 있다. 피케티에 따르면 자본은 특히 두 가지 경제적 기능을 수행하는데 그중 하나가 주거서비스 창출 기능이다. 물론 가장 중요한 자본의 기능은 다른 상품을 만들어내는 과정에서 생산요소로서의 기능이겠지만 자본의 또 하나의 경제적 기능은 "주택을 제공"하는 데 있다.

하지만 많은 경제학자들이 피케티가 말하는 자본 혹은 자본소득 개념이 너무 광범위하거나 모호하다고 비판한다. 공교롭게도 주류 경제학자와 마르크스주의 경제학자는 피케티에게 엄밀한 자본개념이 부재하다고 생각한다는 점에서 의견이 일치한다.[6] 마르크스주의 경제학은 자본 혹은 생산을 자본주의 분석의 중심에 놓고 엄밀한 과학으로서의 경제학을 구성하고 싶어 한다. 마르크스주의 경제학자들의 이러한 태도 그 자체는 바람직하다고 할 수도 있겠지만 문제는 경제학의 과학성을 너무 강조하는 나머지 현실성 없는 이론 구성에 너무 매달린다는 것이다. 불평등과 분배 문제를 경제학의 핵심 주제로 복원해야 한다고 역설하는 피케티에 대해 마르크스주의 경제학자 김공회는 예를 들면 "생산이 빠진 분배 이론은 가능한가"[7]라고 질문을 던진다. 마르크스에 따르면 분배영역에서의 불평등은 "생산 영역에서 자본들의 위상을

현황을 비교할 때 다시 언급하겠지만 최상위층으로 올라갈수록 불평등 동학에서 금융자본의 비중이 부동산에 비해 더욱 중요한 역할을 한다.

6 김영용, 「자본 이론 없는 자본 분석은 현상을 오도할 뿐이다」, 안재욱·현진권 편저, 『피케티의 '21세기 자본' 바로읽기』(서울: 백년동안, 2014), 215쪽 참조.

7 김공회, 「99%를 위한 경제학인가, 9%를 위한 경제학인가」, 김공회 외, 『왜 우리는 더 불평등해지는가』(서울: 바다출판사, 2014), 43쪽.

반영"[8]하는 것인데 피케티는 이러한 사실을 고려하지 않는 비과학적인 방법론을 사용하고 있다고 비판하는 것이다.

주류 경제학자들도 피케티가 자본개념을 모호하게 혹은 너무 광범위하게 사용한다고 비판한다. 예를 들어 김영용은 자본이 얻는 순소득이라는 것은 없다고 피케티를 비판한다. 자본이 생산에 투입되면 이를 통해 얻는 순수입(제품을 판매해 얻는 총수입에서 생산하는 데 들어가는 총비용을 차감한 금액)은 노동에 대한 임금, 토지에 대한 지대 그리고 이자(그리고 이윤)로 분배되므로 자본의 순이익이라는 것은 없다는 것이다. 특히 김영용과 같은 주류 경제학자들에 따르면 이윤은 미래의 불확실성에도 불구하고 기업 활동을 행한 자본가에 대한 정당한 보상이다. 그러나 주류 경제학자들의 전형적인 이러한 논리가 마르크스주의 경제학자들의 논리만큼이나 공허하다는 것은 어렵지 않게 파악할 수 있다. 이자의 형태든 이윤의 형태든 자본가가 얻는 자본소득이 납득할 만한 어떤 합리적인 범위 내에 있다면 아무런 상관이 없을 것이다. 문제는 특히 신자유주의화한 현대사회에서 자본이 가져가는 몫이 도를 지나쳤다는 데 있다.

또한 김영용은 "피케티가 유무형의 자본재와 자산을 혼합한 것에 대한 소득을 자본소득으로 간주하는 것은 치명적 오류"[9]라고 말한다. 이 말도 '좁은 의미의 생산 영역'에 투자된 자본만을 자본으로 간주하자는 이야기와 다름없다. 따라서 예를 들면 부동산 임대료 수입, 금융투자를 통한 자본소득과 같은 것은 자본소득으로 간주해서는 안 된다는 뜻이다.

피케티는 정확히 주류 경제학자들과 마르크스주의 경제학자들의 이러한 협소한 자본 개념 혹은 '소위' 과학적인 자본 개념을 넘어서고자 하는 것이

8 같은 글, 44쪽.

9 김영용, 「자본 이론 없는 자본 분석은 현상을 오도할 뿐이다」, 『피케티의 '21세기 자본' 바로읽기』, 219쪽.

다.[10] 한편에는 피케티가 마치 생산의 영역을 전혀 고려하지 않고 오직 분배 문제만을 다룬다고 성토하는 마르크스주의자가 있고, 다른 한편에는 피케티가 생산의 영역을 다루기는 하지만 자본가의 이윤 혹은 이자에 대해 정당한 권리를 인정하지 않는다고 목소리를 높이는 주류 경제학자가 있다. 전자는 피케티가 자본주의를 너무 옹호한다고 주장하는 것이며, 후자는 피케티가 사회주의자 또는 공산주의자라고 말하고 싶은 것이다.

좀 더 현실성 있는 불평등 분석을 위해 피케티는 신고전파 주류 경제학이나 마르크스주의 경제학보다 더 넓은 개념으로 자본을 정의하며, 따라서 자본수익률 개념도 이에 상응해 달리 정의한다.

> 자본수익률은 법적 형태(이윤, 임대료, 배당금, 이자, 로열티, 자본이득 등)와 상관없이 해당 연도에 자본이 거둬들인 수익을 측정하며, 투자된 자본가치에 대비한 백분율로 나타낸다. 따라서 **자본수익률은 '이윤율'과 '이자율'을 통합한 개념이지만 전자보다 더 포괄적이며 후자에 비해서는 훨씬 더 포괄적인 개념이다**(69~70. 강조는 필자).

피케티는 예를 들면 석유, 가스 등 천연자원도 자본의 범주에 포함시키고자 한다. 인간의 개입에 의해 추가된 부가가치와 천연자원의 순수한 가치를 구분하기는 어렵다는 것이다. 생산과정에 직접 사용되지 않은 금은도 마찬가지다. 자본은 어떤 형태를 띠더라도 항상 **가치 저장과 생산요소**라는 두 가지 역할을 수행하므로 부와 자본 사이를 엄격히 구분하지 않는 편(63)이 더 현실적일 뿐만 아니라 학문적으로 유의미하다. 자본은 생산적 용도로만 사용되

10 피케티는 가브리엘 주크먼(Gabriel Zucman)과 함께 쓴 「자본이 돌아왔다(The Capital is Back)」라는 논문에서도 마찬가지의 방식으로 연구를 진행한 바 있다(http://piketty.pse.ens.fr/files/PikettyZucman2013WP.pdf).

지 않으며 비생산적 용도로 활용되어 기업가나 자본가의 노동이 전혀 혹은 거의 투입되지 않는 불로소득의 형태로 자본소득을 낳기도 한다. 피케티가 부동산 문제나 금융자산을 부각시키는 것도 바로 그러한 이유에서이다. 도시의 수많은 건물, 부동산에서 나오는 임대료와 금융자산으로부터 나오는 엄청난 수입을 생각해보라. 금융자산의 경우에는 그것이 비생산적 용도로 사용되어 불로소득을 낳을 때 오히려 더 문제가 된다. 그러므로 거꾸로 비생산적 자본을 자본으로 간주하는 것이 피케티의 문제라고 비판하는 것은 매우 역설적이다. 오히려 이런 것들을 자본소득에서 제외하고 불평등을 분석하는 것이 현실성이 떨어지는 분석 방법인 것이다.

피케티는 설령 생산을 목적으로 자본이 투여된다고 하더라도 현대에는 거대자본이 투여되는 자본 집약적 생산이 훨씬 더 높은 수익률을 낳을 수 있다는 사실 또한 지적하고 있다. 자본의 규모가 커진다고 해서 반드시 수익률이 체감하는 것은 아니라는 것이다. 이는 생산적 목적과 비생산적 용도의 투자가 혼용되어 있는 대표적인 분야인 금융자본의 경우도 마찬가지이다. 규모가 큰 자본은 사회의 평균 자본수익률보다 더 높은 이윤을 실현할 수 있다. 순수하게 생산과정에 사용된 것만을 자본이라고 정의하면 자본수익률은 피케티가 제시하는 수치보다 낮아질 수 있는데 이러한 방식으로는 불평등의 현실을 분석하는 데 제한이 생길 수밖에 없다.

그러나 그럼에도 피케티는 자본소득과 노동소득을 방법론적으로 엄격하게 분리한다. 피케티에 따르면 종종 주류 경제학자들이 기업가의 노동의 대가라고 말하는 것은 사실상 상당 부분 자본소득에 속하는 것이다. 자본가 혹은 기업가가 얻는 소득은 그의 노동과 창의력이 투여된 것이라고 할지라도 소득 전체를 기업가나 자본가의 노동에 대한 정당한 보수라고 설명하는 것은 설득력이 없다. 한 기업의 성공은 단순히 기업가 한 사람의 노동으로 된 것이 아니라 수많은 요인들이 결합해 이루어진 것이기 때문이다. 국가 인프라의 확

립, 항만, 도로, 에너지 비용 절감 혜택, 외교적·정책적 지원 등의 국가적 차원의 지원이 없다면 기업의 성공은 불가능했을 것이다. 기업이 자신의 사회적 책임을 자각해야 하는 이유도 여기에 있다. 그러한 의미에서 피케티 자신도 '공익'에 도움이 되는 한에서 불평등을 용인하며 자본가의 노동과 창의성의 성과도 인정하는 것이다.

그렇다고 해서 피케티가 자본소득만을 분석 대상으로 삼는 것은 아니다. 피케티 역시 임금소득과 관련된 불평등에 대해 지대한 관심을 갖고 있다. 하지만 『21세기 자본』은 노동시장, 임금투쟁, 비정규직 문제와 같은 주제를 집중적으로 다루지 않는다. 그렇기 때문에 소위 '진보적인 자유주의 경제학자'와 마르크스주의 경제학자들이 피케티가 저임금, 비정규직 문제 등을 분석에서 제외하고 오직 조세문제만을 다루고 있다고 비판하는 것은 정당하지 못하다고 할 수 있다.[11]

어쨌든 피케티는 노동소득의 불평등과 자본소득의 불평등을 구분하고 있으며, 곧 상세히 언급하겠지만 이러한 구분은 피케티의 논의에서 중요한 역할을 한다. 자신의 노동에 비해 과도한 연봉을 받는 "슈퍼경영자"도 마찬가지겠지만 특히 자본소득은 종종 노동이 투입되지 않는 불로소득의 형태로 실현될 수 있기 때문에 문제가 된다. 노동소득이 저축되어 금융자산 혹은 부동산 등으로 축적되었을 때 그것은 곧 자본소득을 낳으며 세습자본주의화에 기여한다. 세습자본주의 사회란 개인의 능력과 노력이 아니라 물려받은 재산으로 부를 축적하는 사회이므로 특히 이러한 사회일수록 자본소득이 중요한 역할을 한다. 케인스도 그의 책 『일반이론(General Theory of Employment, Interest, and Money)』에서 특히 "유산(遺産)에서의 불평등"에 대해 문제를 제기하며 고율의 상속세를 통해 "이자생활자의 안락사"[12]가 이루어지기를 기대했다.

11 이에 대해서는 후에 다시 상세히 논의할 것이다.

그러나 진보적인 학자였음에도 불구하고 자유주의적인 틀을 '충분히' 넘어서지 못했던 '위대한' 케인스보다 피케티는 훨씬 더 멀리 나아간다. 주류 경제학자나 마르크스주의 경제학자와 달리 피케티는 소득불평등 분석에서 노동소득, 상속된 부에서 얻는 소득, 차등적인 자본수익률로 얻는 소득 등 다양한 양상들을 고려하며 지금까지 어떤 경제학자도 할 수 없었던 자신만의 독자적인 이론을 개척했다. 피케티는 자신의 연구 방법론을 이렇게 요약한다.

> 소득의 불평등한 분배를 분석할 때는 불평등의 이런 다양한 측면과 구성 요소를 신중히 구별해야 한다. 이는 규범적이고 도덕적인 이유(불평등을 정당화하는 명분은 그것이 노동소득, 상속된 부에서 얻는 소득, 차등적인 자본수익률로 얻는 소득 가운데 무엇으로 인한 것이냐에 따라 매우 다르다) 때문이기도 하고, 관찰된 불평등의 변화 양상을 설명해줄 수 있는 경제적·사회적·정치적 메커니즘이 완전히 다르기 때문이기도 하다. 노동소득 불평등의 경우 이 메커니즘에는 다양한 기술의 공급과 수요, 교육제도의 상태, 노동시장과 임금 결정에 영향을 미치는 다양한 규칙과 제도가 포함된다. 자본소득 불평등의 경우 가장 중요한 과정은 저축 및 투자 행위, 증여와 상속 관련 법률, 부동산과 금융시장의 작용이다. …… 이런 지수들은 불평등의 여러 차원과 불평등에 영향을 미치는 다양한 메커니즘을 명확히 구분할 수 없다. 이 책에서는 이러한 요소들을 가능한 한 명확히 구별할 것이다(294).

이렇게 피케티의 자본 개념에 대해 장황하게 서술한 것은 어떻게 보면 피케티에 대한 모든 비판이 결국은 피케티가 자본과 부를 사실상 동의어로 사

12 존 메이너드 케인스, 『고용, 이자 및 화폐의 일반이론』, 조순 옮김(서울: 비봉출판사, 2012), 452쪽.

용하고 있다는 데서 연유하기 때문이다. 좁은 의미의 자본, 즉 생산에 투입되는 것만을 자본으로 간주다면 피케티가 말하는 불평등은 다소 약한 형태로 존재하게 될 것이다. 피케티가 신고전파 모델이 **자본의 다차원성**을 고려하지 못한다고 비판하는 것은 바로 이러한 이유에서이다.

불평등 현황의 역사적·지리적 개요

이제부터 피케티가 『21세기 자본』에서 제시하는 선진국의 불평등 상황에 대해 살펴보자. 피케티가 밝히고 있듯이 이 책은 미국, 영국, 프랑스, 독일, 일본, 스웨덴과 같은 선진국을 주요 분석 대상으로 삼고 있다. 그는 다른 동료 학자들과 협력해 약 20개국의 300년간의 역사를 분석했는데, 이는 선진국에서 역사적인 자료들이 더 잘 기록되어 있기 때문이라고 밝히고 있다. 가장 집중적으로 다룬 나라는 역사적 자료가 풍부한 프랑스와 영국이다. 다만 피케티는 프랑스에 관한 이야기를 많이 한다는 이유로 자신이 국수주의자로 비춰질지도 모른다는 우려를 표명하기도 했다.

피케티는 부유한 나라를 유럽 대륙과 영미권 국가로 나누어 각각의 특징을 비교·분석하면서 설명하는 방식을 취하고 있다. 그에 따르면 **현재 선진국 중 가장 불평등한 나라는 미국**이다. 1970년대 이후 후퇴하기는 했지만 사회적 국가 체제가 일정 정도 또는 상당 부분 유지되고 있는 유럽 대륙 국가들은 미국보다는 불평등 정도가 상당히 덜하다. 그럼에도 현재 유럽 대륙 국가들의 불평등 정도도 매우 심각한 상태이며, 따라서 향후 적절한 공공 정책과 조세정책이 시행되지 않는다면 불평등은 더욱 심화될 것이라고 피케티는 전망한다. 잘 알려져 있듯이 피케티가 불평등이 가장 심한 상황을 표현하는 개념은 **세습자본주의**다. 그는 적절한 공공 정책이 시행되지 않는다면 21세기에

유럽과 미국에도 세습자본주의가 번성하게 될 것이라고 경고한다. 이는 언뜻 세습자본주의가 마치 새로운 현상인 것 같은 인상을 줄 수도 있다. 하지만 피케티에 따르면 19세기 전체에 걸쳐, 그리고 20세기 초까지 유럽은 완전한 세습 사회였다. 유럽의 벨 에포크(Bell Epoche) 시대[13]와 미국의 도금시대(Gilded Age)[14]가 세습자본주의가 절정에 달한 시기다. 과거가 미래를 삼키는 어두운 반복의 역사를 되풀이하지 말자는 것이 피케티가 세습자본주의가 다시 도래하는 것을 경고하는 이유이다.

보트랭의 설교 또는 라스티냐크의 역설

벨 에포크 시대는 '아름다운 시기'라고 불리지만 정작 그 시대를 살고 있던 사람들에게 그 아름다운 시기는 아무리 노력해도 원하는 부와 지위에 도달할 수 없었던 가장 절망스러운 시대였다. 피케티는 오노레 드 발자크(Honore de Balzac)의 『고리오 영감(Le Pere Goriot)』(1835)을 인용하면서 '보트랭의 설교' 또는 '라스티냐크의 역설'이라는 이름으로 그 아름다움의 실상을 우리에게 알린다. 고리오 영감은 큰돈을 벌었지만 두 딸을 상류사회에 시집보내기 위해 자신이 가진 모든 것을 희생하고 허름한 하숙집에서 생활한다. 하숙집에서 고리오 영감은 법학을 공부하려고 파리에 온 라스티냐크라는 청년을 만

13 '아름다운 시대'라는 뜻이다. 19세기 말에서 20세기 초에 걸쳐 과거에 볼 수 없었던 풍요와 평화를 누렸던 프랑스 파리의 이 시기를 '벨 에포크'라고 부른다.

14 도금시대란 1865년 남북 전쟁이 끝나고 1873년에 시작되어, 불황이 오는 1893년까지 미국 자본주의가 급속하게 발전한 28년간의 시대를 말한다. 문학가 마크 트웨인(Mark Twain)과 찰스 더들리 워너(Charles Dudley Warner)가 쓴 동명의 소설 『도금시대(The Gilded Age)』에서 유래한 명칭이다[위키피디아 참조(https://ko.wikipedia.org/wiki/%EB%8F%84%EA%B8%88_%EC%8B%9C%EB%8C%80)].

난다. 라스티냐크는 가난의 굴욕을 떨치기 위해 파리에서 성공하고자 사교계로 뚫고 들어가지만 타락하고 비정한 그 세계에 환멸을 느끼게 된다. 고리오 영감의 딸은 자신의 신분 상승에만 집착해 아버지의 재산을 탕진했고 가난한 아버지를 부끄럽게 여긴다. 노인은 지독한 고독과 가난 속에서 비참하게 생을 마감한다.

피케티가 말하는 '라스티냐크의 역설'이란 라스티냐크가 직면한 도덕적 딜레마를 의미한다. 이것은 정체불명의 사악하고 냉소적인 보트랭이라는 사내가 라스티냐크에게 늘어놓는 설교에서 가장 노골적으로 표현된다. "보트랭은 라스티냐크에게 공부, 재능, 노력을 통해 성공을 얻을 수 있다는 생각은 본질적으로 환상이라고 설명한다"(288). 라스티냐크가 무엇을 공부하고 어떻게 노력하든 그는 보통 수준밖에 되지 않는 소득으로 평생 살아가야 한다. 피케티가 인용하는 보트랭의 냉소에 찬 설교는 다음과 같다.

> …… 라스티냐크 남작이 변호사가 되고 싶어 한다고? 굳이 그렇다면야 뭐 어쩌겠나! 자네는 매달 1000프랑씩 써가며 10년을 고생한 끝에 서재와 사무실을 얻고, 여러 모임에 바쁘게 뛰어다니고, 소송을 얻기 위해 서기에게 아부하고 법정 마루를 혀로 핥기까지 해야 될 거야. 이런데도 자네가 기어이 변호사가 될 작정이라면 나도 굳이 말리진 않겠네. 그런데 자네, 파리에서 나이 쉰 살에 연 5만 프랑 이상 버는 변호사 다섯 명의 이름을 댈 수 있겠나?(289).

그러므로 부자가 되는 방법은 특별히 예쁘거나 매력적이지는 않지만 부잣집 딸 "빅토린 양과 결혼"하는 것밖에 없다. 하지만 라스티냐크가 그녀와 결혼해 유산을 받기 위해서는 그녀의 오빠가 죽어야만 한다. 그러나 청부살인을 감당할 수 없었던 라스티냐크는 살인을 포기한다. 그리고 그는 마치 돈키호테처럼 파리 사교계와의 싸움을 선언한다. "이제 우리 둘의 대결이다."

역사상 경제적 불평등이 가장 완화되었던 시기: 1914~1975년

이제 피케티가 공들여 실증조사한 선진국에서의 부의 분배의 역사적 추이와 현황에 대해 자세히 살펴보자. 피케티의 논의가 흥미로운 점은 단순히 통계자료를 나열하는 것으로 끝나는 것이 아니라 뛰어난 이론적 통찰력을 가지고 불평등의 역사 그리고 불평등의 완화와 재심화의 역사를 철저하게 재구성해주기 때문이다. 피케티는 단순히 마르크스주의 시각으로 불평등의 현실을 설명 또는 비판하는 것이 아니라, 신고전파 경제학과 대화하지만 동시에 이들의 문제점을 비판하고 극복할 수 있는 이론적 대안을 제시하면서 논의를 진행한다. 여기에서 방대한 자료를 보유한 『21세기 자본』의 모든 내용들을 언급할 수 없으며, 또 그럴 필요도 없으므로 다음에서는 중요하다고 생각되는 부분을 간추려 논의를 진행하고자 한다.

언급했듯이 벨 에포크 시대, 도금시대에 자본주의는 세습화했고 불평등이 극에 달했다. 피케티에 따르면 세습자본주의는 새로운 현상이 아니라 과거의 반복이다. 세습자본주의가 벨 에포크 시대, 도금시대의 반복이라는 피케티의 설명은 단순히 비관적인 전망만을 내포하고 있는 것은 아니다. 곧 다시 그것이 반복될 것이라고 우리를 위협하지만 적어도 역사의 일정 시기에 불평등 역사에도 단절이 존재했다는 희망의 메시지를 담고 있다. 피케티는 역사의 어느 시기에 불평등과 세습 사회의 흐름이 단절된 사례가 있다는 것을 우리에게 보여주고 싶어 하는 것이다.

인류의 역사는 불평등의 역사였다. 피케티가 그의 책에서 집중적으로 다룬 것은 미국, 프랑스, 독일, 영국, 스웨덴, 일본, 캐나다, 호주 등 부유한 국가들의 3세기 동안의 역사이지만 충분히 그렇게 확대해 말할 수 있을 것이다. 하지만 역사적으로 불평등이 견딜 만한 수준으로 감소한 시기가 있었다. 보수적인 주류 경제학자들을 추종하는, 예컨대 복거일과 같은 많은 스펜서

(Herbert Spencer)류의 사회 진화론자들이 이야기하는 것처럼 불평등은 필연적인 '자연(과학)법칙'이 아니다. 피케티는 바로 그러한 사실에 우리의 희망이 있음을 말하고자 한다.

극단적으로 불평등했던 서구 사회에서 그나마 빈부 격차가 조금이라도 줄어든 것은 19세기 후반부 혹은 19세기의 마지막 1/3에 해당하는 시기에서였다. 노동운동의 영향으로 임금이 상승했기 때문이다. 그 이전까지 노동자들의 임금은 매우 낮은 수준으로 정체되어 있었다. 마르크스는 이러한 절대적 불평등과 빈곤이라는 시대적 상황에서 출현했던 것이다.

> 엄청난 산업의 성장을 이루었음에도 대중의 삶은 여전히 비참하다면, 그리고 8세 미만 어린이들의 공장노동을 금지하는 것이 입법자들이 할 수 있는 일의 전부라면, 산업 발전은 무엇을 위한 것이며 이 모든 기술 혁신과 이 모든 노역과 인구 이동은 도대체 무엇을 위한 것이란 말인가?(17).

피케티에 따르면 19세기 말경에 임금이 일정 정도 상승했지만 여전히 극단적인 불평등이 세계를 지배했다. 제1차 세계대전 이전까지는 구조적 불평등이 결코 줄어들지 않았다. 상위 1%가 부의 거의 전체를 차지하고 있는 극단적인 경제적 불평등은 20세기 초까지 지속되었다. 하지만 두 번에 걸친 세계대전의 충격으로 특히 유럽 국가들에서 자본이 파괴됨으로써 역사상 처음으로 빈부의 격차가 완화되기 시작했다. 1914~1945년 세계 경제를 뒤흔든 충격적인 사건들은 1950년대에 소득에서 자본이 가져가는 몫을 역사상 최저 수준으로 낮춰놓았다(56).

피케티에 따르면 대부분의 선진국에서 1914년에서 1975년 사이에 경제적 불평등이 역사상 가장 낮은 수준으로 유지되었는데, 이는 두 번에 걸친 전쟁과 그것의 충격을 극복하기 위해 채택한 정책들이 불러온 결과이다. 제1차 세계

대전 이후에 선진국들은 **고율의 누진세 정책**을 채택했으며, 또한 전후 시기의 이례적인 경제성장의 결과로 경제적 불평등이 가장 낮은 수준으로 유지될 수 있었다. 이 점이 매우 중요한데, 1945년부터 1975년까지의 시기에 **사회적 국가** 혹은 **복지국가** 체제가 북유럽과 서유럽에서 상당히 잘 유지되었다는 사실을 함축하고 있기 때문이다.

그러나 불행하게도 **미국**은 북유럽이나 서유럽적 의미의 보편적 복지국가 체제를 만들지 못했다. 하지만 1919~1922년 사이 70% 이상의 높은 세율을 시도한 최초의 국가가 미국이었다는 사실(604)은 우리를 놀라게 한다. 1930년대 대공황이 미국을 강타한 후 1933년 프랭클린 루스벨트(Franklin Roosevelt) 대통령이 취임했을 당시 미국 인구의 1/4이 실업 상태였다. 많은 사람들이 경제·금융엘리트들이 국가를 파탄으로 이끌면서 자신들의 배만 불린다고 비판했다. 주로 **주식**에서 얻는 자본이득으로 1920년대 후반부에 미국의 국민소득에서 최상위 계층이 차지하는 몫이 최고조에 달했기 때문이다.

이러한 상황에서 1933년 최고세율은 63%로, 그리고 1937년에는 79%로 인상되었으며 1942년에는 88%로, 1944년에는 각종 부가세로 인해 다시 94%까지 치솟았다. 1932~1980년을 통틀어 미국의 최고 연방세율은 평균 81%였다(606). 상속세의 경우도 마찬가지다. 1930년대부터 1980년대까지 미국의 최고 상속세 고율은 70~80%였다(606~607). 하지만 이렇게 장기간 고율의 누진세제를 실시했음에도 현재 미국이 선진국 중 가장 "빈약한 사회적 국가"(614), 불평등이 가장 심한 나라로 남아 있다는 사실 또한 놀라운 일이 아닐 수 없다. 왜 그렇게 되었을까? 자유주의 경제 이론에 내재해 있는 고유한 한계로 인해 무상교육과 의료, 주거, 퇴직 연금 및 기초노령연금 등과 관련해 **사회적 권리**(사회권)를 보장해주는 보편적 복지체제를 제도화하는 데 실패했기 때문이다.

그 어느 나라보다도 자유주의에 대한 강한 선호를 가진 영미권 국가들이

적어도 1980년대 이전까지는 유럽 국가들보다 더 고율의 누진세 정책을 채택했다는 사실이 생소하게 느껴질 수도 있을 것이다. 이것이 자유주의라는 틀 속에서 가능한가? 피케티에 따르면 20세기 초 미국인들은 개척자들의 이상주의를 여전히 유지하고 있었으며, 따라서 그들은 미국 내에서 심화되고 있는 경제적 불평등에 대해 깊이 우려하고 있었다. 그리하여 미국 사회는 자유주의적 틀을 유지하면서도 그것의 한계를 극복하고 사회적 정의를 실현할 수 있는 가장 좋은 방법으로 고율의 누진세를 도입했던 것이다.

> 그러므로 누진적인 과세는 언제나 비교적 자유주의적인 방식으로 불평등을 줄이는 것이다. 자유로운 경쟁과 사적 재산을 인정하면서도 사적인 유인이 잠재적으로 급진적인 방식으로 수정되지만 언제나 민주적 토론에서 충분히 토론된 원칙에 기초한다는 의미에서 말이다. 따라서 누진세는 사회적 정의와 개인의 자유 사이에 이뤄진 이상적인 타협을 나타낸다(604. 강조는 필자).

이 인용문에서 피케티는 이 시기의 미국 사회가 자유주의적 경제체제를 유지하면서도 동시에 그것의 폐해를 극복할 수 있는 정책적 대안을 발견했다고 말한다. 그러나 미국 사회는 사회적 국가 체제 혹은 복지체제를 정비하는 데 성공하지 못했으므로 선진국 중 불평등이 가장 극심한 나라로 전락하고 말았다. 반면 유럽 대륙 국가는 더욱 직접적으로 혼합경제의 길을 모색했다.

> 반면에 유럽 대륙의 국가들, 특히 프랑스와 독일은 제2차 세계대전 이후 기업의 국유화와 경영진 보수의 직접적 제한 등과 같은 [미국과는] 다른 길을 모색하기도 했다[혼합경제체제]. 이러한 수단들은 민주적인 토론을 통해 결정되었는데 어떤 점에서는 누진세를 대체하는 역할을 했다(605).

유럽에서 누진세율이 미국보다 낮았던 것은 사회적 합의를 거쳐 유럽 국가들이 미국과는 다른 방식의 경제 및 복지체제를 채택했기 때문이라는 것이다. 유럽의 혼합경제 모델과 관련해 피케티는 특히 독일의 사회적 소유 모델 혹은 라인 자본주의 모델을 높이 평가한다. 그것은 영미 방식의 시장자본주의나 '주주 모델'이 아니라 다양한 이해관계자, 즉 지방정부, 소비자 단체, 환경보호 단체의 대표까지 포함하는 이해 당사자 자본주의라고 불리는 것이다(176). 이에 대해서는 후에 다시 언급하기로 하자.

제2장

노동소득과 자본소득에서의 불평등

언제나 노동보다 불평등하게 분배되는 자본

불평등 문제를 연구할 때 폭넓게 통계자료를 활용할 뿐만 아니라 그것이 갖는 의미를 정확히 파악해야 한다는 것이 피케티의 지론이다. 그리고 그는 불평등 상황에 대해 다양한 기준을 가지고 연구해야 한다고 역설한다. 그렇지 않으면 누락되거나 간과되는 측면이 반드시 생겨날 수밖에 없다. 그리하여 우선 피케티는 **소득원**을 자본소득과 노동소득으로 나누며 연구를 시작한다. 또한 그는 소득불평등을 측정할 때 항상 자본과 관련된 불평등이 노동과 관련된 불평등보다 크다는 특징이 존재한다는 사실을 강조한다. 이를 통해 자본 소유와 자본소득의 분배는 항상 노동소득의 분배보다 더 집중되어 있다는 점을 명확히 드러낼 수 있기 때문이다(294). 이러한 접근 방식을 통해 피케티가 밝혀낸 자본소득과 노동소득에서의 불평등의 차이점은 다음과 같다.

우선 **노동소득** 상위 10%는 일반적으로 전체 노동소득의 25~30%를 차지하고, 하위 50%가 받는 노동소득의 비중은 1/3~1/4 정도로서 이는 상위

10%가 받는 몫과 비슷하다.

자본소득 상위 10%는 항상 전체 부의 50~60% 이상을 소유한다. 이러한 패턴은 물론 미리 정해진 것은 아니지만 자본과 관련된 불평등이 노동과 관련된 불평등보다 항상, 그리고 모든 국가에서 더 심각하다는 어떤 규칙성을 드러낸다. 피케티에 따르면 어떤 규칙성이 존재한다는 사실은 자본축적과 부의 분배의 동학을 결정하는 경제적·사회적 과정들의 특징이 존재한다는 것을 시사한다. 극단적인 경우에는 상위 10%가 심지어 90% 이상을 소유하는 경우도 있다(295). 프랑스, 독일, 영국, 이탈리아의 경우 가장 부유한 10%가 전체 자산의 60% 정도를 소유하고 있다. 미국은 상위 10%가 국부의 72%를, 하위 50%는 고작 2%를 차지하고 있다(309). 〈표 2-1〉과 〈표 2-2〉는 각각 시

〈표 2-1〉 시대별·지역별 노동소득의 불평등

서로 다른 집단들이 총노동소득에서 차지하는 비율	낮은 불평등 (스칸디나비아 1970~1980년대)	중간 정도의 불평등 (유럽 2010년)	높은 불평등 (미국 2010년)	매우 높은 불평등 (미국 2030년?)
상위 10% ('상류층')	20%	25%	35%	45%
상위 1% ('지배층')	5%	7%	12%	17%
다음 9% ('부유층')	15%	18%	23%	28%
중간 40% ('중산층')	45%	45%	40%	35%
하위 50% ('하류층')	35%	30%	25%	20%
해당되는 지니계수 (종합적 불평등 지수)	0.19	0.26	0.36	0.46

주: 노동소득 불평등이 비교적 낮은 사회(1970~1980년대의 스칸디나비아 국가들)에서는 최상위 10%가 총노동소득의 약 20%를 받는다(노동소득 하위 50%는 약 35%, 중간 40%는 약 45%를 받는다). 이에 해당되는 지니계수(0에서 1까지의 값을 취하는 종합적인 불평등 지수)는 0.19다.
자료: piketty.pse.ens.fr/capital21c

〈표 2-2〉 시대별·지역별 자본 소유의 불평등

서로 다른 집단들이 총자본에서 차지하는 비율	낮은 불평등 (관찰되지 않음. 이상적인 사회?)	중간 정도의 불평등 (스칸디나비아 1970~1980년대)	중간 정도보다 높은 불평등 (유럽 1910년)	높은 불평등 (미국 2010년)	매우 높은 불평등 (유럽 1910년)
상위 10% ('상류층')	30%	50%	60%	70%	90%
상위 1% ('지배층')	10%	20%	25%	35%	50%
다음 9% ('부유층')	20%	30%	30%	35%	40%
중간 40% ('중산층')	45%	40%	35%	25%	5%
하위 50% ('하류층')	25%	10%	5%	5%	5%
해당되는 지니계수 (종합적 불평등 지수)	0.33	0.58	0.67	0.73	0.85

주: 자본 소유의 불평등이 '중간 정도'인 사회(1970~1980년대 스칸디나비아 국가들)에서는 가장 많은 부를 소유한 상위 10%가 전체 부의 약 50%를 소유한다(하위 50%가 약 10%, 중간 40%가 약 40%를 소유한다). 이에 해당되는 지니계수는 0.580이다.
자료: piketty.pse.ens.fr/capital21c

대별·지역별 노동소득과 자본 소유의 불평등 정도를 보여준다.

1970년에서 1990년 사이의 스칸디나비아 국가의 경우에서는 노동소득 상위 10%가 임금의 20% 정도를 차지하며, 하위 50%가 35%를 가져갔다(307). 이는 스칸디나비아 국가들이 다른 유럽 대륙 국가들과 비교했을 때 상대적으로 평등한 국가임을 보여준다. 상위 10%의 노동소득이 전체 노동소득의 20%를 차지한다는 것은 상위 10%에 속하는 개인은 국민 전체 평균 소득의 2배의 노동소득을 얻는다는 것을 의미한다. 스칸디나비아 국가의 경우 하위 50%가 노동소득의 35%를 차지한다는 것도 이 국가들의 임금소득이 매우 평등한 상태를 유지한다는 것을 보여준다.

하지만 하위 50%는 자본을 거의 혹은 전혀 소유하지 않으며, 따라서 자본

과 관련된 불평등은 어디에서나 항상 극심하다는 것을 알 수 있다. 다른 유럽 대륙 국가나 영미권 국가에 비해 상대적으로 양호하지만 스칸디나비아 국가에서도 자본과 관련된 불평등은 노동소득에서의 불평등에 비해 상대적으로 크다. 하위 50%가 전체 부에서 차지하는 비중은 일반적으로 5% 이하로 항상 아주 낮았고 스웨덴에서도 10%를 넘은 적은 없었다(416).

불평등 평가 방법: 지니계수가 아니라 구간 단위별로 측정해야

이러한 일반적인 설명을 제시한 후 피케티는 자본과 관련된 불평등과 노동소득에서의 불평등의 문제를 어떤 방식으로 다루어야 하는지 좀 더 상세하게 설명한다. 노동소득분배의 상위 10% 혹은 하위 50%는 부의 분배의 상위 10% 혹은 50%와 개념적으로 다르다. 전통 사회에서는 자본소득자들이 노동을 하지 않으므로 자본소득의 상위 계층은 노동소득에서는 종종 하위에 위치했다. 하지만 현대사회에서 이는 다양한 형태로 나타난다. 일반적으로 **현대사회에서 노동소득과 자본소득의 관계는 양의 상관관계**에 있는데, 물론 항상 그런 것은 아니다. 그러므로 불평등을 분석할 때는 노동소득에서 상위 1%인가 10%인가, 아니면 자본소득에서 상위 1%인가 10%인가, 혹은 심지어 0.1%인가 0.01%인가를 명확히 할 필요가 있다. 그리고 **총소득**을 말할 때는 자본소득과 노동소득 계층을 종합하는 방식으로 사회계층을 정의해야 한다. 그렇지 않으면 데이터가 갖는 의미들이 불분명해지기 때문이다(305~306).

연방준비은행의 최근 조사에 따르면 미국의 경우 상위 10%가 전체 **부**(자본 또는 자산)의 72%를 소유하고 있는데 이는 이 계층에 속하는 개인이 국민 전체 평균 자산액의 7.2배를 갖고 있다는 것을 의미한다(309). 그리고 가난한 하위계층 50%가 2%의 부를 소유하고 있는데, 이는 이 계층에 속하는 사람들

이 전체 자산 평균의 1/25만을 갖고 있다는 뜻이며, 또 〈표 2-2〉에 제시된 수치보다 불평등 정도가 더 심하다는 것을 의미한다. 그리고 미국에서 지난 수십 년간 존재해온 노동소득의 편중화가 앞으로도 계속 심화된다면 2030년에는 하위 50%가 상위 10%가 차지하는 노동소득의 절반밖에 되지 않게 될 수도 있다(〈표 2-1〉 참조).

또한 부의 구성요소도 집단마다 크게 차이가 난다. 상위 10%에 속하는 거의 모든 사람은 자택을 소유하고 있지만 부의 계층구조에서 위로 올라갈수록 부동산의 중요성은 급격히 줄어든다. 유럽에서 상위 10% 중 하위 9%는 평균 약 100만 유로의 부를 갖고 있는데 이 중 부동산이 절반을 차지한다. 반면 상위 1% 집단에서는 금융자산과 사업자산이 부동산보다 분명하게 두드러진다(312).

최상위 등급으로 갈수록 그 집단이 한 경제에서 차지하는 의미가 달라지고, 특히 최상위 계층으로 갈수록 그 계층이 경제에 미치는 영향력이 커지기 때문에 피케티는 어떤 불평등 측정 방법을 사용하는가라는 문제도 매우 중요하다는 점을 강조한다. 예를 들어 오늘날 빈부 격차를 측정하기 위해 많이 활용되고 있는 지니계수는 지나치게 단순해서 섞지 말아야 할 요소들을 혼합하고, 정확한 계층별 정보를 포함하고 있지 않다는 문제가 있다. 지니계수는 "불평등을 너무 추상적이고 단조롭게 보여주며 사람들이 동시대의 계층구조에서 자신의 위치를 파악하기 어렵게 만든다"(321). 지니계수는 소득분포의 정확한 의미를 알려주지 않는다는 것이다. 불평등을 측정하는 방법 중 지니계수보다는 십분위, 백분위 단위 혹은 천분위 단위[1]로 나누어 측정하며, 소득원에 따라 측정하는 것이 바람직하다(344). 이러한 방식을 통해 각 구간에

1 토마 피케티, 『불평등 경제』, 유영 옮김(서울: 마로니에북스, 2014) 참조. 여기에서 피케티는 자신이 제안하는 이러한 방식으로 유럽, 특히 프랑스의 소득 변화를 상세히 분석한다.

속하는 집단의 몫의 크기를 정확히 제시할 수 있기 때문이다. 또한 불평등 연구에서 소득원(노동소득 또는 자본소득)을 분명히 해야 할 뿐만 아니라 소득원을 아주 세분화해 파악할 필요가 있다.

특히 피케티는 경제학자들이 종종 상위 1%에 대한 정보를 전달하지 않는다는 사실을 비판한다. 경제력을 바탕으로 한 국가 내에서 커다란 정치적 영향력이 있는 이 집단에 대한 정확한 정보가 매우 중요한데도 피케티에 따르면 종종 경제학자들은 데이터에 이상이나 모순이 존재한다는 사실, 또는 데이터에 종종 최상위 1%에 관한 정보가 빠져 있다는 사실을 은폐한다.

총소득의 불평등: 불평등의 두 유형

자본소득과 노동소득의 불평등을 합쳐놓은 것이 총소득의 불평등이다. 이제 이 두 개의 세계를 합쳐보자. 피케티에 따르면 벨 에포크 시대와 비교할 때 이것은 현재 유럽에서는 감소했다.

총소득의 관점에서 평가한다면 오늘날 미국은 1910년대 유럽, 즉 벨 에포크 시대의 유럽만큼 불평등하다. 상위 10%가 총소득에서 차지하는 몫은 유럽의 경우 35%, 미국은 50%이다. 여기에서 피케티는 불평등이 발생하는 두 유형에 대해 이야기한다. 〈표 2-3〉은 한 사회의 총소득이 대단히 불평등하게 분배되어 있다는 메시지를 분명하게 전달하고 있다. 가장 불평등한 미국의 경우 상위 1%가 총소득의 약 20%를, 상위 10%가 50%를 차지하고 있다.

그런데 피케티에 따르면 불평등은 두 가지 방식으로 존재한다.

하나는 '초세습 사회', 즉 자본소득자의 사회인 경우이다. 앙시앵 레짐(구체제, ancien regime) 프랑스와 벨 에포크 시대의 유럽이 그러하다. 이런 사회는 상위 10%가 일반적으로 전체 부의 90%를, 상위 1%가 50%를 차지한다.

〈표 2-3〉 시대별·지역별 총소득(노동소득과 자본소득)의 불평등

서로 다른 집단들이 총소득(노동+자본)에서 차지하는 비율	낮은 불평등 (스칸디나비아 1970~1980년대)	중간 정도의 불평등 (유럽 2010년)	높은 불평등 (미국 2010년, 유럽 1910년)	매우 높은 불평등 (미국 2030년?)
상위 10% ('상류층')	25%	35%	50%	60%
상위 1% ('지배층')	7%	10%	20%	25%
다음 9% ('부유층')	18%	25%	30%	35%
중간 40% ('중산층')	45%	40%	30%	25%
하위 50% ('하류층')	30%	25%	20%	15%
해당되는 지니계수 (종합적 불평등 지수)	0.26	0.36	0.49	0.58

주: 소득불평등이 비교적 낮은 사회(1970~1980년대 스칸디나비아 국가들)에서는 소득이 가장 많은 상위 10%가 총소득의 약 25%를 가져간다(소득 하위 50%는 약 30%를 가져간다). 이에 해당하는 지니계수는 0.26이다.
자료: piketty.pse.ens.fr/capital21c

두 번째는 비교적 새로운 현상으로 최근 수십 년 동안 미국에서 나타난 '초능력주의 사회(super-meritocratic society)'가 그것이다. 이러한 특징을 보여주는 미국에서는 물려받은 부보다는 노동소득에서의 불평등이 더 큰 역할을 한다. 물론 이 두 유형은 양립 가능하다(319). 피케티에 따르면 현재 미국에서의 불평등은 주로 노동소득에서의 차이에 기인한다. 그렇다고 해서 그것이 미국의 자본소득에서의 불평등이 (유럽에 비해) 더 작다는 것을 뜻하지는 않는다. 그 점은 매우 중요하다. 슈퍼경영자로서 고액의 연봉을 받는 사람은 그 고액의 연봉의 상당 부분을 저축할 수 있으며 이를 통해 손쉽게 자본소득자가 될 수 있기 때문이다.

피케티의 이러한 설명은 약간 혼란을 줄 수 있는데, 이를 다시 정리하면 다음과 같다. 미국의 불평등은 주로 노동소득에서의 차이에 기인하는데, 이

러한 노동소득의 차이가 결국은 자본 소유 혹은 자본소득의 불평등을 낳는다. 오늘날 미국에서의 자본 소유 혹은 자본소득의 불평등이 유럽에 비해 더 크다는 사실은 바로 미국의 극심한 노동소득 불평등에 그 원인이 있다는 것이다. 오늘날 미국의 임금소득 불평등은 역사상 유래 없는 기록적인 숫자를 보여주고 있다. 미국의 자본소득 불평등은 전통 사회나 1900~1910년 사이 유럽에서 관찰되는 불평등보다는 낮지만 현재 유럽에서의 자본소득 불평등보다는 훨씬 높다. 오늘날 미국 사회는 이러한 불평등과 '초능력사회'에서의 임금불평등이 결합해 극심한 불평등을 낳았다는 것이다.

피케티가 상위 1%에 관심을 갖는 것은 이 집단이 사회적 지형과 정치적·경제적 질서에서 중요한 영향력을 행사하기 때문이다. 경제적으로 우위에 있는 최상위층은 자신의 경제력을 활용해 국가의 민주주의를 훼손하며 이를 통해 부당한 이익을 얻는 경우가 종종 일어난다. 이러한 이유로 피케티는 (상위 1%, 10%에 속하는 상위층의 소득 상황에 대해 이미 언급했지만) 상위 1%의 소득 상황을 좀 더 세분해 살펴보고자 한다. 이제 다음에서는 피케티의 설명 순서를 따라 유럽 국가와 미국의 불평등 구조 및 그 변화 양상에 대해 좀 더 상세히 살펴본 후 이어서 상위 1%의 상황과 특징에 대해 언급하고자 한다.

유럽, 특히 프랑스에서의 소득 변화 양상(벨 에포크 시대~현재)

언급했듯이 유럽 대륙에서는 전쟁의 충격으로 자본이 파괴되었고 1914~1975년까지 불평등은 감소되었다. 피케티는 특히 프랑스의 상황에 대해 언급하며 두 가지 특징을 지적한다.

첫째, 벨 에포크 시대 이후 프랑스에서는 소득불평등이 크게 줄었다. 상위 10%의 총소득(노동소득과 자본소득)이 국민소득에서 차지하는 비율이 제1차

〈그림 2-1〉 프랑스의 소득불평등(1910~2010)

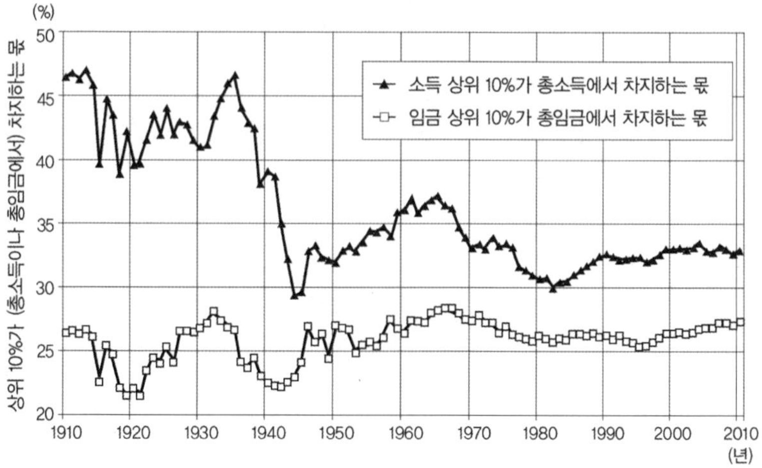

주: 20세기 프랑스에서는 총소득(노동소득과 자본소득)의 불평등은 감소한 반면 임금불평등은 동일하게 유지되었다.
자료: piketty.pse.ens.fr/capital21c

〈그림 2-2〉 프랑스 자본소득자들의 몰락(1910~2010)

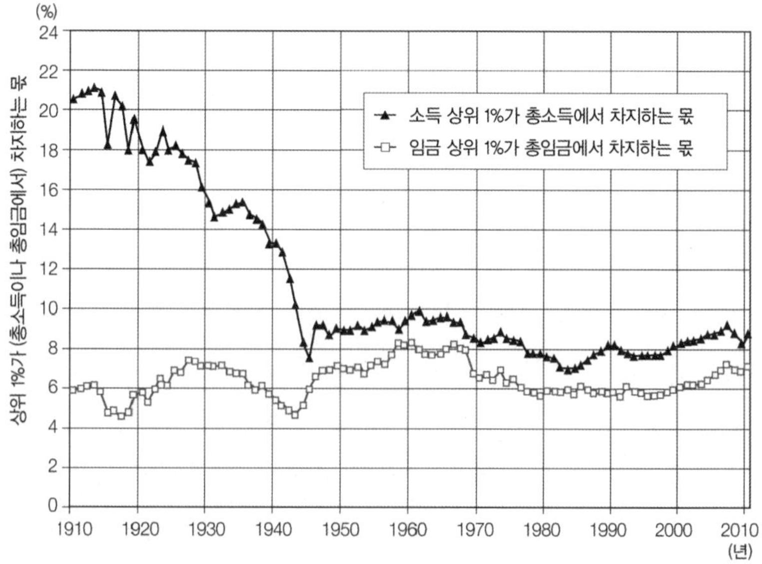

주: 1914년에서 1945년 사이에 프랑스에서 상위 1%(소득이 가장 높은 1%)가 총소득에서 차지하는 몫이 감소한 것은 최상위 계층의 자본소득의 감소 때문이다.
자료: piketty.pse.ens.fr/capital21c

세계대전 직전 45~50%에서 오늘날 30~35%로 줄어들었다.

둘째, 제1차 세계대전 이후 20세기에 소득불평등이 줄어든 것은 자본소득에서 최상위 소득이 줄어든 데 기인한 것이다(328). 그러나 임금불평등은 장기적으로 안정되어 있음을 볼 수 있다. 임금 고소득 상위 10%는 전체 임금의 25%를 차지해왔다. 반면 보수가 가장 적은 하위 50%는 총임금의 25~30%를 받았다.

여기에서 우리는 임금불평등이 미국만큼은 아니지만 유럽 사회에서도 중요한 역할을 한다는 것을 알 수 있다. 이제 피케티는 상위 1%에 속하는 집단을 최상위 0.1%, 1%, 그리고 1~10%로 나누어 살펴보고 있다. 결론적으로 말하면 과거에는 상위 1%에서 자본소득이 결정적 역할을 했지만 오늘날은 상위 0.1%에서만 자본소득이 큰 비중을 차지한다(335). 자본소득이 결정적으로 영향을 미치는 것은 상위 0.1%, 0.01% 집단에서라는 것이다.

프랑스의 최상위 소득 구성

〈그림 2-3〉, 〈그림 2-4〉는 상위 1% 전체에 미치는 자본소득의 영향이 과거에 비해 크지 않다는 사실을 말하고 있다. 이는 유럽 사회가 변화했다는 것을 의미한다. 과거 벨 에포크 시대에는 상위 1%가 자본소득자들이었지만 지금은 상위 1%가 높은 보수의 노동소득으로 생활하는 사회로 바뀌었다.

피케티가 상위 1%, 0.1% 또는 심지어 0.01%에 관심을 갖는 것은 이들이 한 사회에 미치는 정치적·경제적 영향력 때문이다. 그는 이 집단이 민주적 과정을 훼손하고 불평등을 심화시키지 않도록 민주적으로 통제해야 할 필요성을 강조한다. 상위 1%는 "어느 사회에서나 매우 중요한 위치를 차지하며, 경제적·사회적 지형을 만들어내는 집단"이다(332). 피케티가 글로벌 자본세

〈그림 2-3〉 2005년 프랑스의 최상위 소득 구성

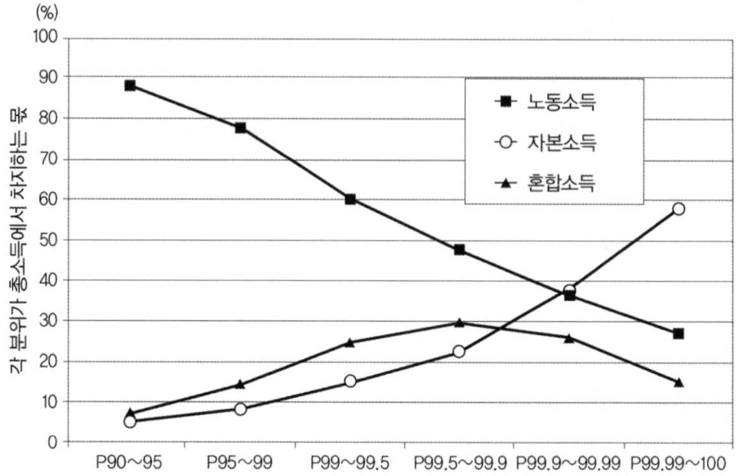

주: 1932년의 프랑스에서는 자본소득이 상위 0.5% 집단의 소득에서 지배적인 비중을 차지한 반면 2005년에는 상위 0.1%의 소득에서 우위를 차지한다.
자료: piketty.pse.ens.fr/capital21c

〈그림 2-4〉 1932년 프랑스의 최상위 소득 구성

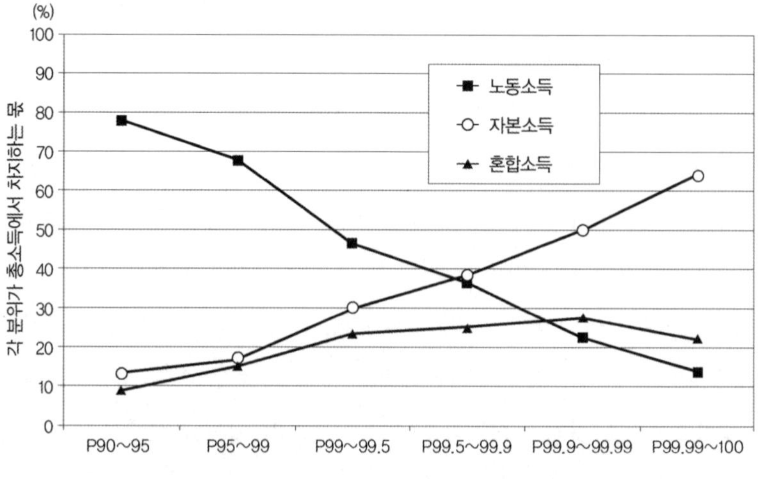

주 : 1) 총소득의 상위 10% 집단 내에서 위쪽으로 갈수록 노동소득의 중요성이 점점 더 낮아진다.
2) 'P90~95'에는 90~95번째 백분위에 속하는 개인들, 'P95~99'에는 그 위의 4%에 속하는 개인들, 'P99~99.5'에는 그 위의 0.5%에 속하는 개인들이 포함된다.
3) 노동소득: 임금, 상여금, 연금; 자본소득: 배당금, 이자, 임대료; 혼합소득: 자영업자의 소득.
자료: piketty.pse.ens.fr/capital21c

의 도입을 제안하는 것도 바로 그 때문이다. 피케티가 누진적 소득세, 상속세와 더불어 특히 자본세 도입의 필요성을 강조하는 것은 세수 증가의 목적보다는 주로 최상위층의 막대한 자본이 사회에 미치는 영향력을 통제하기 위해서이다. 이에 대해서는 추후 언급하기로 하고 계속해서 소득불평등의 구조에 대해 살펴보자.

상위 10%의 소득구조

더 나아가 피케티는 상위 10%에서의 자본소득과 노동소득의 분포 양상을 다음과 같이 정리한다. 상위 10% 내에서 위로 갈수록 자본소득이 점점 더 큰 비중을 차지한다(335). 상위 1%에서는 노동소득이 조금씩 부수적이 되고 자본소득이 점점 더 주요한 소득 원천이 된다(338). 10% 중 하위 5%는 노동에 대한 보상으로 살아가는 진정한 경영자의 세계다. 그 위의 4%로 올라가면 노동소득의 비율이 조금 줄어들지만 노동소득이 총소득의 70~80%를 차지한다(335).

상위 10%에서 1%를 제외한 9%의 집단은 민간부문의 경영자와 기술자, 그리고 공공부문의 고위 공무원이나 교수로 구성되어 있다. 이 집단이 받는 보수는 평균임금의 2~3배 정도이다. 이는 미국에 비해 낮은 수치이다. 의사, 변호사, 성공한 상인 등 그 외의 자영업자들도 이 범주에 포함되어 있다(336).

이러한 수치는 전쟁으로 인해 상위 10% 중 하위 9%에서 자본소득자들이 경영자들에게 뒤처지게 되었다는 중요한 변화가 일어났다는 사실을 말해준다. 1914~1945년 사이에 전쟁으로 인해 자본소득자가 붕괴했기 때문인데, 그렇다고 해서 그것이 자본의 영향이 사라졌다는 것을 의미하지 않는다. 하지만 아직까지 자본소득자들이 과거 벨 에포크 시대만큼 강력하게 재기하지

못한 것은 전쟁 이후의 유럽 사회에 형성된 '사회적 국가'의 존재 때문이기도 하다. 피케티는 이렇게 말한다.

> 제2차 세계대전 이후 부의 집중을 제한하고 제1차 세계대전 직전에 존재했던 초자본소득자 사회의 부활을 지금까지 막아온 구조적 요인의 하나로서 분명하게 말할 수 있는 것은 매우 누진적인 소득세와 상속세의 도입이다(이 세금들은 1920년 전에는 대개 존재하지 않았다)(334~335).

프랑스의 경우 1950년부터 1967년 사이에는 다시 소득불평등이 급격히 증가했지만 1968년 파리 학생운동을 계기로 다시 임금불평등이 감소되었다. 1968년 5월의 사건은 임금 문제와 관련이 없는 학생들의 불만과 문화적·사회적 문제들에 뿌리를 둔 것이었지만 그것은 최저임금을 올리는 데 공헌했다. 그리하여 1968년에서 1983년까지 최저임금을 받는 사람들의 구매력이 130% 증가함으로써 임금불평등이 크게 축소했다. 그러나 프랑수아 미테랑(Francois Mitterrand) 대통령이 집권한 이후 정부는 재정 긴축으로의 전환을 결정하고 임금이 동결되었고, 최저임금을 매년 인상하는 정책은 폐기되었다. 그리하여 임금불평등은 다시 증가했다.

언급했듯이 전쟁 이후 자본이 차지하는 몫이 회복되기 시작했고, 1967년까지 자본이 차지하는 몫이 증가했다. 자본소득에 기업이윤뿐만 아니라 임대료까지 포함시키면 1990년대와 2000년대에 국민소득에서 자본이 차지하는 몫이 상당히 증가한 것을 볼 수 있다.

피케티에 따르면 1980년대 이후 불평등의 증가를 설명하기 위해서는 두 가지 측면을 동시에 봐야 한다. 소득불평등뿐 아니라 자본의 번창을 동시에 살펴봐야 한다는 것이다. 1990년대에 프랑스에서는 대기업과 금융기관의 최고 경영자들의 보수가 엄청나게 높아졌다. 상위 1%의 임금 비율은 1980년대

와 1990년대에는 6%에 못 미쳤지만, 1990년대 말 증가하기 시작해 2010년 초에는 총임금의 7.5~8%를 차지한다. 그뿐만 아니라 불평등 심화에서 자본/소득 비율(β)의 증가도 중요한 역할을 했다. 자본소득 신고는 누락되는 경향이 있으므로 자본소득의 역할은 종종 과소평가된다. 하지만 실제로 자본소득은 불평등 심화의 중요한 원인이다. 특히 상속받은 부의 중요성이 회복되기 시작했다(349).

지금까지 살펴보았듯이 노동소득 이외에도 **자본소득**이 불평등 동학에 미치는 영향이 매우 크다는 것을 알 수 있다. 그렇다면 자본/소득 비율(β)의 증가가 자본이 차지하는 몫(α)의 변화에 어떤 영향을 미치며, 이것이 불평등에 미치는 효과는 무엇인가? 이를 경제학적으로 어떻게 설명할 것인가? 이에 대해서는 이 책 제2부에서 상세히 설명할 것이다.

미국에서의 불평등 변화 양상: 미국과 유럽 비교

이제 미국에서 불평등은 어떤 변화를 겪어왔는지 살펴보자. 언급했듯이 프랑스(또는 유럽)와 미국의 차이는 다음과 같다. 20세기 초에는 미국이 유럽보다 더 평등했지만 20세기가 진행되면서 미국은 프랑스, 그리고 전체적으로 유럽보다 더 불평등해졌다(351). 1900~1910년 상위 10%가 미국에서는 국민소득의 40% 정도, 프랑스에서는 40~45%를 차지했는데, 그 이유는 자본/소득 비율(β), 그리고 국민소득 중 자본이 가져가는 몫(α)이 미국보다 유럽이 더 높았기 때문이다(352).

물론 20세기 초 미국이 평등한 사회였다는 뜻은 아니다. 이 당시에도 이미 미국은 불평등한 사회였으며, 오늘날 유럽보다 훨씬 더 불평등했다. 그리고 2010년 미국은 20세기 초의 유럽만큼 불평등해졌다. 그러나 유럽과 미국의

〈그림 2-5〉 미국에서의 상위 10%의 분해(1910~2010)

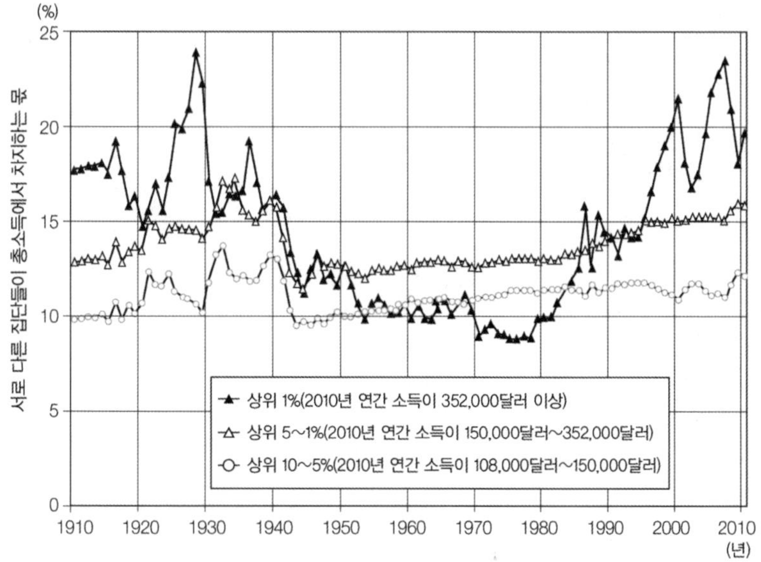

주: 1970년 이후 상위 10%가 총소득에서 차지하는 몫이 상승한 것은 주로 상위 1% 때문이다.
자료: piketty.pse.ens.fr/capital21c

불평등 구조는 상이하다.

〈그림 2-5〉에서 보듯이 대공황 직전인 1920년대에 미국의 불평등은 절정에 달한다. 상위 10%가 차지하는 몫이 국민소득의 50%를 넘었다(353). 이는 같은 시기 유럽보다 더 높은 수준이다. 그러나 대공황과 제2차 세계대전 시기에 불평등은 상당히 축소했다. 전쟁으로 인한 피해는 없었지만 대공황의 충격이 컸고, 1930~1940년대 연방정부의 대폭적인 세율 인상도 불평등 완화에 큰 역할을 했다. 그리하여 미국에서도 1950~1980년 사이에 불평등이 최저 수준으로 떨어졌다. 피케티가 말하듯이 "적어도 백인 미국 시민에게는 그랬다"(354). 소득 계층의 상위 10%가 차지하는 몫이 30~35%였으며 이는 오늘날의 프랑스 수준이다.

요약하면 미국의 불평등은 제1차 세계대전 이전에는 유럽보다 좀 낮았지

〈그림 2-6〉 미국의 소득불평등(1910~2010)

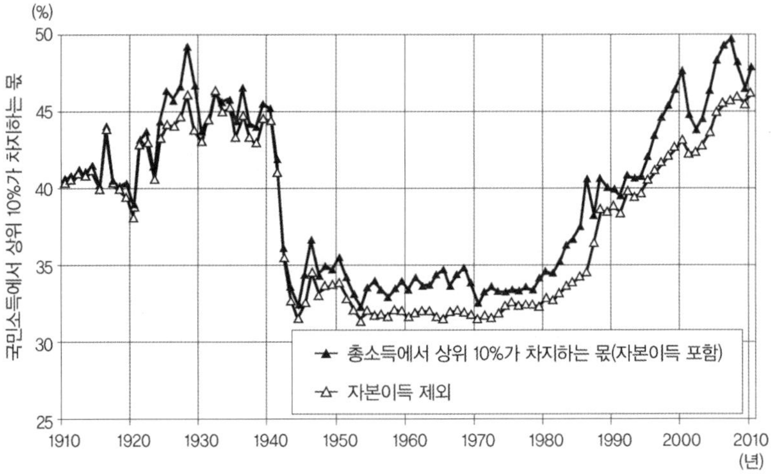

주: 상위 10%가 국민소득에서 차지하는 몫은 1970년대에 총소득의 35% 이하에서 2000년대와 2010년대에는 거의 50%로 상승했다.
자료: piketty.pse.ens.fr/capital21c

만 제2차 세계대전이 끝난 후에는 유럽의 불평등보다 높아졌다. 이는 1914~1945년 유럽에서 자본소득자 사회가 파멸했지만 미국에서는 그러한 일이 나지 않았던 것에 기인한다(353). 그리고 〈그림 2-6〉에서 우리는 미국에서도 증시가 급등했던 1920년대에 상위 소득에서 자본이득이 중요한 역할을 했다는 것을 알 수 있다(353). 이것은 유럽 사회에서 임금불평등이 적지 않은 역할을 하고 있듯이 미국에서도 자본이득이 어떤 역할을 하고 있다는 것을 의미한다. 그러나 〈그림 2-6〉에서 볼 수 있듯이 그 이후 자본이득이 미국의 구조적 불평등에 큰 영향을 미친 것은 아니다. 하지만 자본이득을 무시해도 상위 10%가 차지하는 몫이 증가해 1970년에는 32%, 2010년에는 46%로 증가했다(355). 이러한 추세라면 2030년에는 상위 10%가 국민소득의 60%를 차지하게 될 것이다(354).

미국에서의 노동소득 불평등은 '능력'의 결과인가

언급했듯이 미국의 경우에는 임금불평등이 계층 간의 불평등을 심화시키는 결정적 요인이다. 그러나 유럽과 마찬가지로 미국에서도 상위로 올라갈수록 자본소득이 중요해지는 경향을 발견할 수 있다. 〈그림 2-7〉, 〈그림 2-8〉에서 볼 수 있듯이 1929년에는 상위 1%에 속하는 계층에서 자본소득(배당금과 자본이득)이 노동소득을 초과했지만 2007년에는 상위 0.1%까지 올라가야 이러한 양상이 나타난다.

미국의 대기업에는 상위 1%(2010년에 35만 2000달러 이상), 그리고 심지어 상위 0.1%(150만 달러 이상)의 보수를 받는 경영자가 기업당 다섯 명을 훨씬 넘는다. 이는 미국에서의 소득불평등은 슈퍼경영자의 등장으로 설명할 수 있다는 것을 의미한다. 특히 미국에서 금융산업은 전체 GDP의 10%밖에 되지 않지만 금융전문가들이 소득 상위 0.1%에서 차지하는 비중은 20%이다. 특

〈그림 2-7〉 1929년 미국의 최상위 소득 구성

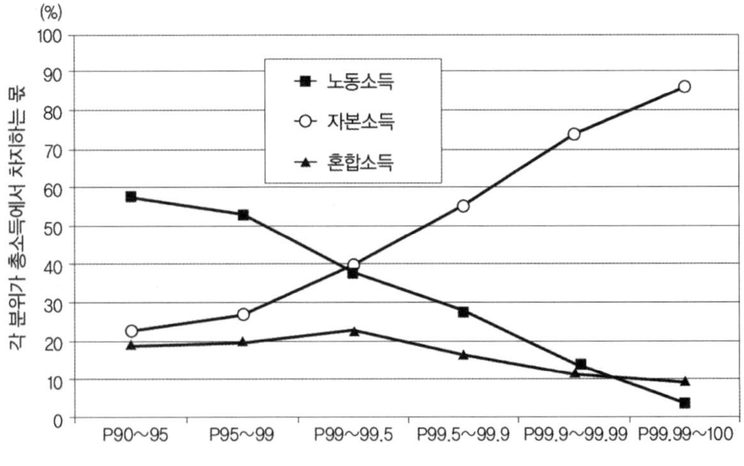

주: 소득 상위 10% 이내에서 위쪽으로 올라갈수록 노동소득의 중요성이 점점 낮아진다.
자료: piketty.pse.ens.fr/capital21c

〈그림 2-8〉 2007년 미국의 최상위 소득 구성

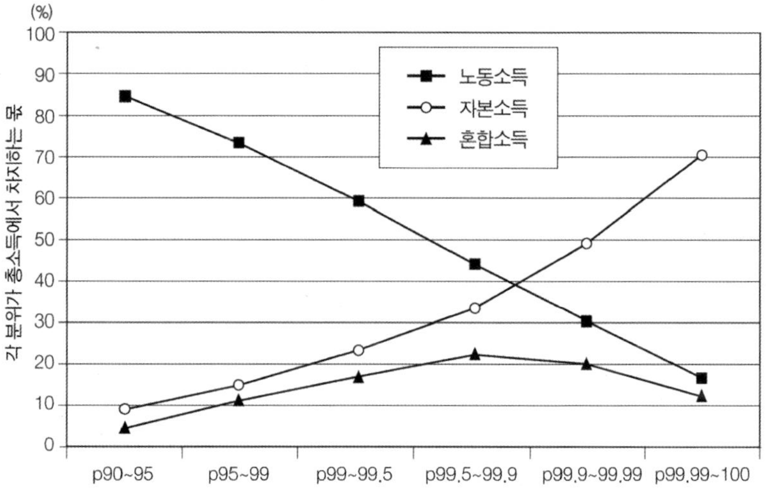

주: 2007년에는 상위 0.1% 수준에서 자본소득이 지배적이었는데, 이는 1929년에 상위 1% 수준에서 그랬던 것과 대조적이다.
자료: piketty.pse.ens.fr/capital21c

히 금융전문가들이 최상위 소득에서 차지하는 비중이 매우 높다는 것을 알 수 있다. 하지만 전체적으로 본다면 최상위 소득계층의 80%는 금융업에 속하지 않는 대기업 최고위 경영자로 구성되어 있다. 반면 운동선수, 배우 등 슈퍼스타의 비중은 상위 0.1%에 속하는 집단의 5%를 차지한다(364).

슈퍼경영자의 부상으로 인한 임금불평등 심화는 주로 영미권 국가에서 나타나고 있는 현상이다. 영국은 유럽 대륙 국가보다는 미국의 패턴에 가까우며, 유럽과 일본에서는 고액 연봉자의 수가 아직은 미국에 비해 제한되어 있다. 유럽 대륙과 일본의 경우, 지난 20년간 상위 1%가 차지하는 몫은 2~3% 증가한 반면, 미국에서는 이보다 5~7배 높은 10~15% 정도 높아졌다(384).

유럽 대륙 국가들에서는 자본소득에 기인하는 불평등도 문제지만 노동소득 격차에 의한 불평등도 마찬가지로 심각한 문제를 야기한다. 그리고 특히 자유주의 담론이 우세한 미국과 영국의 경우 심각한 임금불평등조차 '능력의

차이'에 기인하는 것이라고 쉽게 정당화하는 경향이 있다. 앞서 살펴보았듯이 미국의 경우 슈퍼경영자들은 평균 노동소득의 50~100배를 받는다. 그리하여 "이런 고임금의 지지자들은 이렇게 하지 않으면 많은 재산을 상속받는 사람들만 진정한 부를 얻을 수 있으므로"(498) 고액 연봉은 불가피하다고 주장한다.

이러한 주장이 정당화될 수 없다는 것은 분명하다. 피케티가 지적하듯이 그것은 "매우 심한 임금불평등을 정당화하기 위해 종종 능력을 중시하는 가장 열렬한 신념을 동원"(497)하는 것에 지나지 않기 때문이다. 이들은 "슈퍼경영자들에게 지급되는 수백만 혹은 수천만 달러가 사회정의를 높이는 데 기여한다"(498)고 말하지만 이들이 옹호하는 극단적인 능력주의는 사실 사회정의와 아무런 상관이 없다. 능력주의 예찬은 "슈퍼경영자들과 자본소득자들 간의 경주로 이어질 수 있고, 이는 양쪽 어디에도 속하지 않는 사람들에게 피해를 준다"(498).

그렇다고 해서 피케티가 극단적인 평등주의를 주장하는 것은 결코 아니다. 그 역시도 불평등을 옹호한다. 그러나 "임의적인 우연성이 아니라 합리적이고 보편적인 원칙에서 사회적 불평등이 발생하도록 하는 것이 중요하다"(504)는 중요한 단서를 붙이는 것을 잊지 않는다. 바로 여기에서 피케티는 프랑스 혁명에서 선포된 '인간과 시민의 권리에 관한 선언 제1조', "사회적 차별은 오직 공익에 바탕을 둘 때만 가능하다"는 선언을 상기시킨다. 이는 자본소득과 노동소득 불평등 모두에 적용될 수 있다.

또한 이와 유사한 맥락에서 피케티는 『정의론』의 저자인 롤스를 언급한다. 이는 피케티의 정치경제학적 입장이 롤스의 정의론과 (완전히 일치하지는 않는다고 할지라도) 매우 유사하다는 것을 보여준다. 잘 알려져 있듯이 롤스는 사회적·경제적 불평등이 최소 수혜자에게 최대의 이익이 되도록 편성되어야 한다는 맥스민(maxmin) 원리, 즉 사회적 약자인 최소 수혜자에게 최대의 이

익이 돌아가는 경우에만 불평등을 옹호할 수 있다는 정의의 원리를 제시한 정치철학자다.[2]

임금불평등과 극단적인 능력주의를 옹호하기 위해 신고전파 경제학자들은 한계생산성 이론을 제시한다. 그러나 피케티에 따르면 극심한 임금불평등은 한계생산성 이론이나 수요공급의 원리로 결코 설명될 수 없다. 임금불평등은 수학적이고 추상적인 관념에 의해서가 아니라 다양한 사회적·정치적 요인들을 다층적으로 작용한 결과로 생겨나는 것이다.

> 임금불평등이라는 좁은 맥락에서 한계생산성 이론의 주된 문제는…… 서로 다른 시기의 서로 다른 국가들에서 관찰한 다양한 임금분포 양상을 설명하지 못한다는 것이다. 임금불평등의 동학을 이해하려면 각 사회 노동시장의 작동을 지배하는 제도와 규칙 같은 다른 요인들을 끌어들여야 한다. 노동시장은 자연적이고 불변적인 메커니즘과 확고한 기술적 요인들에 의해 전적으로 결정되는 수학적이고 추상적인 관념이 아니라 특정한 규칙과 타협에 근거한 하나의 사회적 구조이며 이러한 특징이 다른 시장들보다 훨씬 더 강하다(370).

한계생산성 개념으로 노동소득의 불평등을 설명할 수 있는가

좀 더 구체적으로 피케티는 다음과 같이 설명한다. 제1차 세계대전, 제2차 세계대전 기간 중 예를 들면 프랑스와 미국에서 임금불평등이 줄어든 것은 공공부문과 민간부문에서 급여체계에 대한 협상이 이루어졌기 때문이다. 최저임금의 예를 들면, 미국에서는 프랑스보다 거의 20년이나 앞서 1933년에

2 롤스의 정의론에 대해서는 이 책 제5부에서 상세히 설명할 것이다.

연방 최저임금제가 되었지만 그 후 구매력 기준으로 최저임금은 하락했다. 미국의 경우 최저임금은 1969년에 시간당 1.60달러였는데(이는 2013년 화폐 가치로는 10달러이다) 그 후 결코 유의미하게 증가하지 않았다. 로널드 레이건(Ronald Reagan)과 조지 부시(George W. Bush)가 집권한 1980년에서 1990년까지 연방최저임금은 3.55달러에서 동결되었다. 1990년대 빌 클린턴(Bill Clinton) 정부하에서는 5.25달러로 상승했다. 버락 오바마(Barack Obama) 정부에서 몇 차례 인상되어 최저임금은 2013년 시간당 7.25달러(거의 6유로)가 되었는데, 이는 프랑스 최저임금의 2/3 수준에 지나지 않는 수치다(371). 독일과 스웨덴은 각 산별 노조가 고용주들과 최저임금뿐만 아니라 임금체계 전체를 협상하는 방식을 취해왔기 때문에 최저임금제는 존재하지 않았다. 하지만 이 두 나라의 2013년 최저임금은 약 10유로로 최저임금을 도입한 나라들보다 오히려 높았다. 그 후 독일에서도 변화가 일어나 최근 8.5유로의 최저임금제를 도입했다. 약 8.05유로인 영국은 미국보다는 높고 프랑스(9.53유로), 독일(8.5유로)보다는 낮다(373). 프랑스와 독일의 최저임금은 한국 최저임금의 약 두 배 정도에 해당한다.

극심한 임금불평등의 옹호자들은 한계생산성 이론에 근거해 능력주의를 강조한다. 하지만 한계생산성 이론은 무엇보다도 한계생산성을 측정하는 것이 어렵다는 문제가 있다(373, 396, 399). 피케티에 따르면 그것은 궁극적으로 측정이 불가능하다. 반복이 가능한 작업일 경우에는 1명의 직원을 더 투입했을 때 실현되는 '한계생산량'을 대략적으로 추정할 수 있을 것이다. 그러나 그렇지 않은 경우 한계생산성을 측정하는 일은 현실적으로 많은 오차를 낳을 수밖에 없다. 불완전한 정보와 가설을 바탕으로 획일적인 경제모델을 적용해 한계생산성을 측정한다는 것은 매우 위험한 발상이며 불공정한 결과를 낳을 개연성이 매우 높다. 예컨대 고위 경영자의 한계생산성은 1년에 2억 달러일까 아니면 5억 달러, 아니면 10억 달러일까?

불확실한 정보와 측정의 어려움 때문에 실제로 하층 직원들의 보수는 계층구조의 상급자들이 정하고 최고위층의 급여는 임원들 자신이 정하는 경우가 일반적이다. 그러므로 노동자(직원)의 경우에는 고용주가 노동자의 한계생산성보다 낮은 임금을 주는 경우가 자주 발생한다. 그리하여 피케티는 "고위 경영진에게 '기업의 돈을 훔친다'고 하는 것은 과도한 비난일 수 있지만 아마도 애덤 스미스가 말한 시장의 '보이지 않는 손'의 비유보다는 더 적절할 것"(398)이라고 냉소적으로 말하기도 한다. 임금은 '보이지 않는 손'이 결정하는 것이 아니라 숨겨져 있어 잘 보이지는 않지만 자신의 임금을 높이고 노동자의 임금은 가능한 한 삭감하고자 하는 '고위 경영진의 손'이 결정한다. 고용주는 피고용자보다 권력적으로 우위에 있으므로 그들의 임의적인 결정으로부터 노동자를 보호하기 위해 피케티는 최저임금제와 고정된 임금체계를 옹호한다.

여기에서 왜 피케티가 노동문제보다는 조세정책과 재정정책에 특히 더 관심을 많이 갖는지에 대해 잠시 언급하고 지나가겠다. 한국에서도 자유주의자 경제학자들과 마르크스주의 경제학자들은 피케티가 노동문제(비정규직 또는 임금 문제 등)에 대해 이야기하지 않고 오직 조세정책만을 이야기한다고 종종 비판하는데, 이러한 주장은 피케티의 논지를 심각하게 왜곡할 위험이 있다. 많은 경제학자들이 의도적으로 피케티의 논지를 흐리기 위해 그러한 방식으로 비판하고 있다. 대표적인 논자가 오늘날 한국에서 대표적인 진보적 자유주의자로 간주되고 있는 장하성이다.

하지만 지금까지 살펴보았듯이 『21세기 자본』을 편견 없이 읽어본 사람이라면 모두 동의할 수 있겠지만 피케티는 그의 책에서 자신의 일차적 관심사가 노동문제가 아니라 자본이라는 점을 분명히 하고 있다는 점을 잊어서는 안 된다. 피케티는 프랑스의 예를 들면서 왜 자신이 고율의 소득세, 상속세, 자본세 등 조세정책에 대해 집중적으로 논의하는지 그 이유를 분명하게 설명

한다. 프랑스의 경우 앞에서 보았듯이 평균임금이나 한계생산성에 비해 최저임금이 상대적으로 높은 편이므로, 프랑스 같은 국가에서는 최저임금 인상을 정당화하는 것이 (예컨대) 미국보다 더 어렵다. 따라서 피케티에 따르면 프랑스 같은 경우에는 저임금 노동자들의 구매력을 높이려면 기술 향상을 위한 훈련에 투자하거나 세제 개혁과 같은 수단을 사용하는 것이 더 효과적이다 (376).[3]

좋은 일자리를 창출하는 것이 불평등을 완화할 뿐만 아니라 경제를 성장시키는 데 필수적이라는 사실을 부인할 사람은 아무도 없을 것이다. 하지만 좋은 일자리를 만들어야 한다는 주장을 근거로 피케티 이론을 비판하는 것은 논리적인 비약이며 경우에 따라서는 피케티가 옹호하는 사회적 국가(보편적 복지국가)의 건설에 장애물이 될 수 있다는 사실을 놓쳐서는 안 된다.

피케티는 모두가 높은 임금을 받는 좋은 일자리를 만드는 것이 현실적으로 불가능하거나 지연될 때 이를 극복하기 위한 방법으로 조세정책과 재분배정책이 반드시 필요하다는 점을 강조하는 것이다. 특히 저성장 및 고실업의 시대에는 조세 및 재정정책을 통해 빈부 격차를 가능한 한 극소화시키며, 빈곤으로 인해 교육·의료 및 주거 혜택에서 결정적으로 소외되는 일이 발생하지 않도록 노력해야 한다. 피케티가 말하는 조세정책은 일자리 창출 또는 임금 향상이라는 목표와 결코 모순되는 것이 아니다. 좋은 일자리 창출을 위한 재원 마련과 자본에 대한 효과적 통제를 위해서도 적절한 조세정책은 반드시 필요하기 때문이다. 올바른 조세 및 재정정책이 없다면 좋은 일자리를 만들고 이를 지속적으로 유지하는 일도 사실상 불가능해질 것이다.

3 피케티는 다른 곳에서 좀 더 이론적인 용어로 이에 대해 논의한 바 있다. 대체탄력성이 1보다 크기 때문에 노동운동이 큰 어려움에 봉착한 경우 또는 임금수준이 충분히 높은 경우에는 임금투쟁보다 재정정책이 더 유리할 수 있다는 것이다. 피케티 이론에서 중요한 역할을 하는 대체탄력성 개념에 대해서는 이 책의 제2부 제5장을 참조하라.

요약: 유럽과 미국에서의 자본소득 및 자본 소유에서의 불평등

지금까지 살펴보았듯이 피케티는 자본소득과 노동소득에서의 불평등, 유럽 대륙 국가와 영미권 국가의 차이 등 다양한 관점에 따라 불평등을 설명했다. 피케티의 논의의 흐름을 보면 국가별로는 주로 영미권과 유럽 대륙으로 나누고, 좀 더 세분해서 서유럽 또는 남유럽과 북유럽을 비교하면서 불평등 문제를 논의하고 있다. 우리는 북유럽 국가들은 영미권 국가는 물론 다른 유럽 대륙 국가들에 비해서도 상대적으로 평등하다는 것을 확인할 수 있었다(382). 물론 피케티는 북유럽 국가들도 불평등이 과거에 비해 더 심해졌다는 것을 비판하기를 잊지 않는다(380). 이는 피케티가 계속 강조했듯이 1980년대 이후 전 세계적으로 세율이 인하되었기 때문이다. 피케티를 포함해 거시경제학자들은 신자유주의라는 표현을 잘 사용하지 않지만, 이는 우리에게 신자유주의라는 개념으로 더 익숙하게 알려져 있는 경향이 있다.

『21세기 자본』의 제10장에서, 이제 피케티는 많은 논란의 대상이 되었던 '유명한' $r > g$ 공식에 대해 본격적으로 설명하기 시작한다. 필자는 제2부에서 피케티가 자신의 책 제10장에서 설명하는 이론적인 문제들($r > g$ 공식 및 자본주의의 제1근본법칙, 제2근본법칙 등)에 대해서 본격적으로 언급하려고 한다.

이제 지금까지의 논의를 요약하고 한국의 상황에 대해 간략히 언급한 후 이 장을 마치고자 한다.

유럽 국가들에서 노동소득의 격차는 장기적으로 비교적 안정적 경향을 유지해왔다. 따라서 유럽에서 소득불평등이 1914~1945년에 급격히 줄어든 것은 **자본소득**의 감소 때문이다. 그러나 1950년 이래로 자본/소득 비율(β)이 상승하고 있다. 오늘날 유럽 사회에서의 불평등은 **자본 소유(부)** 또는 **자본소득**에서의 불평등과 다시 밀접한 연관성을 갖게 되었다.

제1차 세계대전 이전까지 프랑스 파리에서 상위 1%에 속하는 계층은 19

세기 초에 국부의 55%를 차지했고 이 비율은 제1차 세계대전 직전에는 70%로 높아졌다(408~409). 영국의 경우는 프랑스보다 더 높았다. 19세기 초에서 중반까지는 55~60%였다가 제1차 세계대전 때는 거의 70%까지 상승했다(412). 스웨덴도 불평등하지만 그래도 여전히 가장 낮은 불평등 수준을 보여준다(414).

미국에서는 현재 노동소득의 격차가 불평등 심화의 중요한 원인이다. 하지만 상위 0.1%에서는 자본소득에서의 불평등이 주요 요인이며 따라서 미국의 경우에도 자본소득에서의 불평등의 변화와 추이를 상세히 관찰·연구해야 할 필요가 있다. 피케티는 미국과 유럽에서의 자본 소유(부)에서의 불평등 상황을 요약해주는 〈그림 2-9〉를 제시한다(419).

〈그림 2-9〉 유럽과 미국의 부의 불평등 비교(1810~2010)

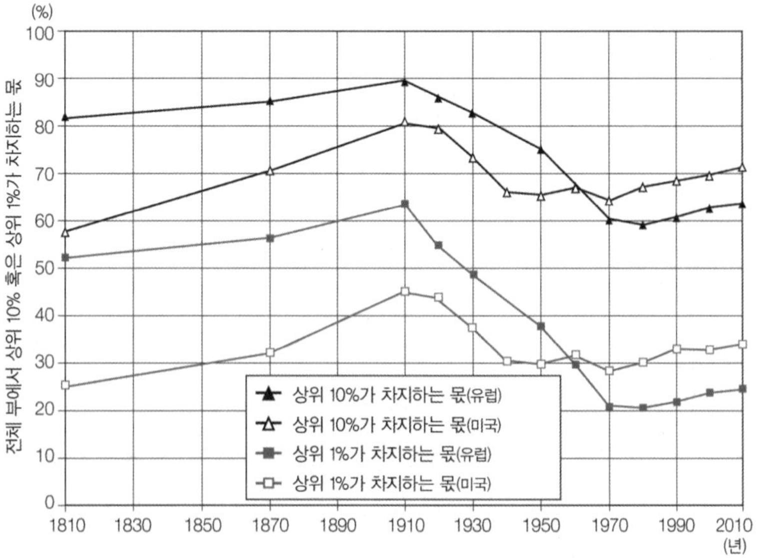

주: 20세기 중반까지는 유럽이 미국보다 부의 불평등이 높았다.
자료: piketty.pse.ens.fr/capital21c

지금까지의 논의를 정리해보자.

① 1800년경 미국에서의 자본의 불평등은 1970~1980년 스웨덴보다 그리 높지 않았다. 신대륙으로 이주했기 때문에 미국인의 경우 자산이 없다는 것은 놀라운 일이 아니다.

② 19세기가 흘러가면서 부가 집중되었다. 1910년에 미국의 자본 소유(부)에서의 불평등은 매우 높았지만 유럽보다는 낮았다. 상위 1%가 전체 자본의 45%를, 상위 10%가 전체 부의 약 80%를 차지했다(〈그림 2-9〉 참조). 유럽의 경우 당시 상위 1%가 부의 50%, 상위 10%는 90%를 차지했다(〈표 2-2〉를 또한 참조하라).

③ 도금시대라고 부르는 19세기 말 일부 기업가와 금융가들, 즉 존 록펠러(John Rockefeller), 앤드류 카네기(Andrew Carnegie), 존 모건(John Pierpont Morgan)이 전례 없이 어마어마한 재산을 축적하자 미국인들은 선구자들의 평등정신을 잃고 있다는 두려움에 사로잡혔다. 피케티에 따르면 유럽을 닮아가고 있다는 이러한 두려움이 1910~1920년대에 미국이 선구적으로 누진적 소득세·상속세를 도입한 것에 대한 부분적인 설명이 될 수 있다. 하지만 오늘날의 관점에서 보면 이러한 상황은 놀라운 일이다. 오늘날 미국인은 불평등을 오히려 기업가 정신이라고 자랑하고 있다(418).

④ 1910~1950년 미국에서는 소득불평등과 마찬가지로 부(자본 소유)의 불평등도 완화되었다. 그러나 유럽보다는 완화 정도가 훨씬 덜했다. 1980년대를 지나면서 불평등이 급격히 심화되어 마침내 2010년에는 상위 10%가 차지하는 부는 전체 부의 70%를 넘었고 상위 1%의 몫은 35%에 가까운 불평등 국가가 되었다(〈그림 2-9〉, 〈표 2-2〉 참조). 현재 유럽에서는 상위 1%가 차지하는 부는 25%이며, 상위 10%는 60%를 차지한다.

⑤ 노동소득과 자본소득을 합한 총소득에서 유럽과 미국의 불평등 추이는 다

〈그림 2-10〉 유럽 대륙의 국가들과 일본의 소득불평등(1910~2010)

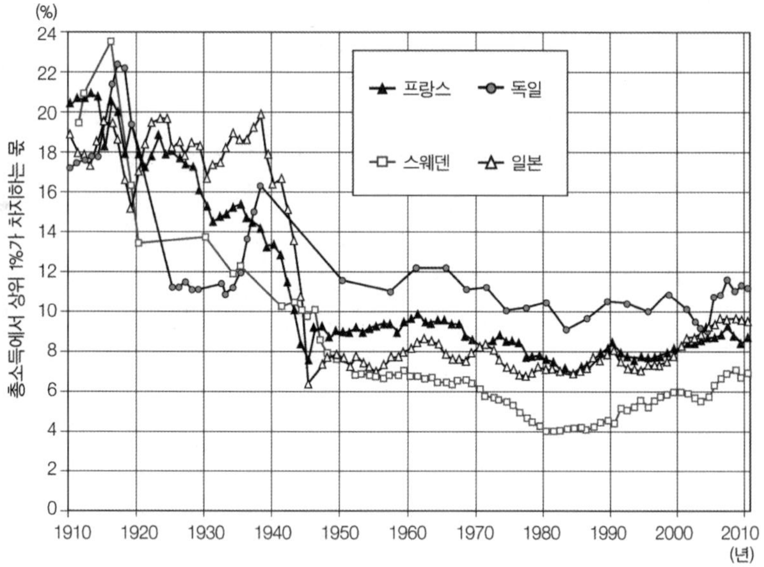

주: 영미권 국가들에 비하면 유럽 대륙의 국가들과 일본에서는 총소득에서 상위 1%가 차지하는 몫이 1970년대 이후 거의 증가하지 않았다.
자료: piketty.pse.ens.fr/capital21c

음과 같다. 1970년대 말 영미권 국가에서 상위 1%가 차지하는 몫이 6~8% 정도였는데, 2010년 미국에서는 거의 20%에 달한다(380). 유럽의 경우 2010년 현재 상위 1%가 차지하는 몫을 살펴보면, 독일은 11%, 프랑스는 9%, 스웨덴의 경우 7%이다(〈그림 2-10〉 참조). 전체적으로 유럽 국가들에서는 지난 20년 동안 상위 1%가 총소득에서 차지하는 몫이 2~3% 높아졌다. 영미권의 경우 미국에서는 소득 상위 1%가 차지하는 몫이 영국과 캐나다보다 거의 2배, 호주와 뉴질랜드보다 약 3배 정도 높아졌다. 매우 비슷한 국가들 간에 왜 이렇게 큰 차이가 생겼는지는, 달리 말하면 미국의 슈퍼경영자들이 왜 그렇게 높은 연봉을 받아야 하는지는 피케티에 따르면 순전히 기술과 한계생산력과 관련된 현상으로는 결코 설명할 수 없다(379).

〈그림 2-11〉 유럽과 미국에서 소득 상위 10%가 총소득에서 차지하는 몫(1900~2010)

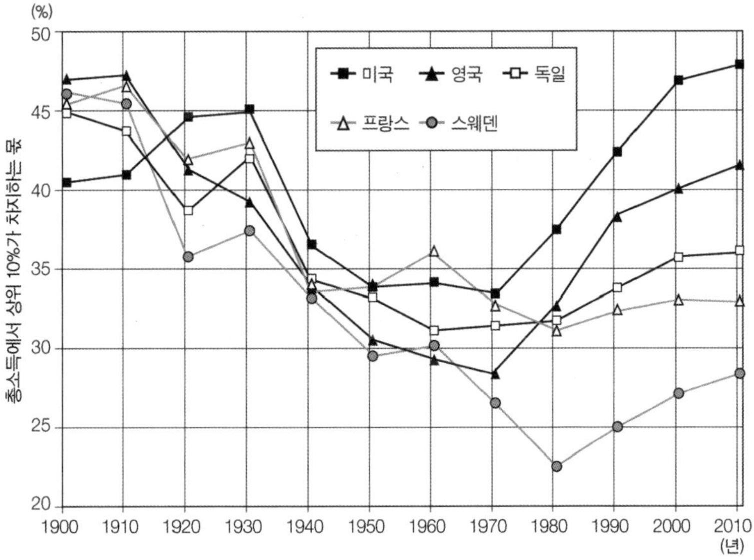

주: 1950~1970년 유럽에서 소득 상위 10%가 총소득에서 차지하는 몫은 미국과 마찬가지로 30~35%였다.
자료: piketty.pse.ens.fr/capital21c

〈그림 2-11〉에서 볼 수 있듯이 상위 10%가 총소득에서 차지하는 몫은, 2010년 미국의 경우 48%, 프랑스는 33%, 독일의 경우 37%, 스웨덴의 경우 28%이다.

⑥ 유럽은 20세기를 지나면서 불평등이 현저히 완화되었다. 그러나 미국에서의 부의 불평등 감소는 상당히 제한적이었다. 전체 부에서 상위 10%가 차지하는 몫이 미국에서는 80%(1920년대)에서 70%(현재)로 떨어진 반면 유럽에서는 90%에서 60%로 떨어졌다. 유럽과 미국의 차이는 분명하다. 20세기를 지나면서 유럽에서는 제1차 세계대전까지 엄청나게 높았던 부의 불평등이 전례 없이 낮은 수준으로 떨어졌다. 이러한 현상은 1945~1975년까지 유럽에 엄청난 낙관주의를 불러일으켰다. 유럽인들은 평등한 사회를 이루었다고 생각할 정도였다(419).

⑦ 그러나 미국은 20세기가 사회정의를 향한 대약진과 동의어가 아니었다(420). 20세기 초 미국이 유럽에 비해 상대적으로 평등한 나라였다. 하지만 그것이 당시 미국이 평등한 사회였다는 것을 의미하지 않는다. 당시의 미국은 오늘날 유럽보다 훨씬 더 불평등했으며, 2010년 미국은 20세기 초의 유럽만큼 불평등해졌다. 미국의 경우는 제2차 세계대전 이후가 아니라 건국 시기에 평등한 나라였던 것이다.

⑧ 유럽의 경우에도 불평등은 점점 심화되고 있지만, 부의 집중이 아직 과거 수준으로 회귀하지 않았다.[4]

4 한국의 경우는 어떠한가? 피케티의 연구 방법론을 도입해 연구를 수행한 김낙년과 김종일의 논문에 따르면 한국의 경우 소득 상위 10%가 전체 소득의 약 45%, 상위 1%는 12%를 차지하는 것으로 나타난다. 김낙년의 논문은 피케티가 구축한 '세계 최상위소득 데이터베이스(World Top Incomes Database: WTID)'에서 찾아볼 수 있다. 『21세기 자본』과 WTID에서의 다른 나라들의 자료와 한국의 경우를 비교해보면, 한국의 경우 소득 상위 10%가 차지하는 몫이 북유럽 국가는 물론 서유럽 및 남유럽 국가의 수치보다 훨씬 크다는 것을 알 수 있다. 상위 1%에 속하는 최상위 계층의 소득의 경우에도 유럽 대륙 국가들의 수치를 훨씬 넘어서며 영국과 캐나다와 비슷하다. 미국과 비교하면 상위 1%가 차지하는 몫은 아직 미국에 비해 낮은 편이지만 상위 10%의 경우에는 미국에 거의 근접한 수치를 보이고 있다. 한국의 경우에는 잘 알려져 있듯이 1990년대 중반 외환위기 이후 소득격차가 급속도로 커졌다. 김낙년의 연구를 통해 우리는 한국의 소득불평등 수준이 미국에 근접하고 있다는 것을 알 수 있다. 미국보다도 더 심각한 것은 아직 미국은 피케티가 말하는 세습자본주의 사회에 진입했다고 말할 수는 없는 상황이지만, 한국의 경우는 이미 세습자본주의화한 사회라는 점이다. 한국은 100대 부자 중 약 85%가 상속을 통해 부유층이 되는 세습 사회다. 그리고 언급했듯이 한국의 경우 10%에 속하는 부유층이 가져가는 몫이 미국에 버금가는 세계 최고 수준의 수치를 기록하고 있다. 게다가 IMF 이후 국민소득 중 자본가가 가져가는 몫의 비율도 40%로 높아졌다. 복지체제는 물론 심지어 형식적인 민주주의 체제조차 제대로 정착되지 않았다는 점을 고려하면 한국의 불평등 정도는 진정으로 심각한 상황에 놓여 있다고 할 수 있다. Nak Nyeon Kim and Jongil Kim, "Top Incomes in Korea, 1933~2010: Evidence from Income Tax Statistics," *WTID Working Paper* (2014.2)를 참조하라.

제3장

왜 글로벌 자본세인가

/

유럽형 복지국가론자로서의 피케티

1914~1945년 유럽에서는 자본이 파괴되었고, 전후부터 1975년까지 복지국가체제가 잘 갖추어져 매우 평등한 사회가 도래할 수 있었다. 그러나 미국에서는 고율의 누진세가 도입되었음에도 불구하고 20세기 전반에 걸쳐 유럽에 비해 부(자본 소유)의 불평등이 매우 높았다. 이것이 제2장에서 우리가 확인한 내용인데 이제 피케티는 한 걸음 더 나아가 중요한 이론적 문제를 제기한다. 전통적인 농경 사회에서 그리고 제1차 세계대전 이전의 사회에서 왜 부의 집중이 일어났는가? 그리고 어떤 근거에서 향후 자본주의도 그렇게 전개되리라고 예상할 수 있는가? 자본수익률(r)과 경제성장률(g)은 어떤 관계가 있는가? $r>g$라는 공식은 무엇을 의미하는가? **왜 성장률이 더 높은 사회보다 저성장 사회에서 부의 집중이 더 심화되기 쉬운가?**

『21세기 자본』이 대답하고자 하는 이러한 핵심적인 질문에 답하기 위해서는 피케티가 "자본주의의 중심적 모순"이라고 부르는 $r>g$ 공식과 두 가지 자본주의의 근본법칙($\alpha=r\times\beta$, $\beta=s/g$)에 대한 논의가 필요하다. 피케티 이론에서 중심적 역할을 하는 이 세 가지 공식의 내용과 의미에 대해서는 제2

부에서 상세히 설명할 것이다. 이에 대해 논의하기 전에 불평등을 완화하기 위해 피케티가 제시하는 정책적 대안이 무엇인지 먼저 살펴보자.

왜 글로벌 자본세인가

피케티가 말하는 글로벌 자본세는 최상위 0.1%, 또는 0.01%에 해당하는 계층의 소득이 주로 자본소득이라는 사실로부터 논리적으로 귀결되는 대안이다. '영업의 자유'를 통제하는 것을 극도로 싫어하는 신고전파 주류 경제학자들이나 그들의 영향을 받은 사람들은 자본세라는 개념 그 자체에 대해 염증을 느끼며 이에 대해 극히 비판적이거나 냉소적인 태도를 갖고 있다. 하지만 우리는 다시 역으로 이렇게 물을 수 있다. 왜 자본에 세금을 부과해서는 안 되는가? 자본에 세금을 부과하지 않는다면 도대체 어디에서 세금을 걷을 수 있다는 말인가? 물론 자본 말고도 다양한 대상에 세금을 부과할 수 있다. 그래서 최근 한국은 가장 역진적인 효과를 낼 수밖에 없는 소비세(간접세)를 통해 부족한 세수를 메우는 공정하지 못한 방식을 채택했다. 하지만 많은 양식 있는 사람들이 말하듯이 오늘날 금융위기와 불평등의 진정한 원인이 자본의 논리만을 존중해주는 (신)자유주의에 놓여 있다는 사실을 염두에 둔다면 피케티가 말하는 자본세라는 대안이 (신)자유주의의 전횡을 막음으로써 불평등 심화를 저지할 수 있는 사실상 가장 본질적 수단일 수 있다는 사실을 받아들여야 한다. 피케티가 왜 자본세를 주장하는지 좀 더 자세히 살펴보자.

우선 피케티에 따르면 자본세는 기본적으로 **세수 증가를 위한 목적이 아니라**(물론 약간은 그러한 목적에 기여할 수는 있겠지만) 최상위 부유층, 예컨대 상위 1%, 0.1%, 혹은 0.01%가 자신이 갖고 있는 자본의 힘으로 행사하는 막대한 영향력 통제하기 위해 필요하다. 그것은 한마디로 **자본주의를 규제하는 목**

적을 갖는다.

> 자본세의 주요 목적은 사회적 국가의 재원을 조달하는 것이 아니라 자본주의를 규제하는 것이다. 첫 번째 목적은 부의 불평등이 끝없이 증가하는 것을 막는 것이고 두 번째 목적은 금융 및 은행 제도의 위기를 피하기 위해 금융과 은행 시스템에 효과적인 규제를 가하는 것이다(621).

이러한 목표 달성을 위해서는 "우선 **민주적 투명성**과 **금융 투명성**을 확보해야 한다. 즉 누가 전 세계에 어떠한 자산을 소유하고 있는지가 명확해야만 한다"(621. 강조는 필자). 오늘날 금융시스템은 너무 복잡해졌기 때문에 효과적인 통제가 사실상 불가능해진 상황이 되었다. 최근 미국발 금융위기에서 우리가 경험했듯이 규제를 벗어나 고삐가 풀린 채 무차별적으로 자기 증식하는 금융자본이 글로벌 경제위기의 근본 원인이라는 사실이 드러났다. 피케티가 순자본 총액에 일괄적으로 부과되는 세금인 자본세를 제안하는 것은 바로 그러한 목적에서이다. 금융자산이 산출하는 자본소득이 정확히 얼마인지 파악조차 불가능할 정도로 금융시스템이 복잡해졌을 뿐만 아니라, 잘 알려져 있듯이 조세피난처를 통해 다국적 기업은 아주 손쉽게 조세를 회피할 수 있으며, 각국의 정부는 종종 이를 묵인해준다.

물론 현재 대부분의 국가에서 재산세를 부과한다. 그러나 이것은 주로 부동산에만 과세한다는 점에서 피케티가 말하는 자본세와는 근본적인 차이가 있다. 피케티가 말하는 자본세는 부동산, 금융자산, 사업용 자산 등 모든 자산 유형을 포함한다. 그리고 스위스, 스페인 등 일부 유럽 국가에서 전체 부에 대한 누진세, 즉 부유세가 존재하는데(스웨덴, 독일, 프랑스는 폐지) 피케티는 바로 이러한 유형의 세금이 자신이 제안하는 자본세와 유사하다고 말한다(620).

그 의미가 많이 퇴색되고, 폐지되기는 했어도 부유세 또는 재산세 등의 형태로 자본세는 여전히 존재해왔다. 그럼에도 피케티가 다시금 자본세를 제안하는 것은 투명하고 간명한 조세제도가 필요하기 때문이다. 현대에는 조세제도가 너무 복잡해 이에 대한 통제가 쉽지 않고 따라서 정의로운 과세를 유지하는 것이 사실상 불가능해졌다.

일반적으로 세금은 소득세, 자본세, 소비세(간접세)로 구분된다. 그러나 피케티에 따르면 나라마다 차이는 있겠지만 이러한 분류는 애매모호하고 경계가 분명하지 않다는 문제가 있다. 예를 들면 소득세는 원칙적으로 노동소득뿐만 아니라 **자본소득**에도 부과되므로 그것은 결국 자본에 대한 세금이기도 하다. 이렇듯 소득세와 자본세가 중첩되고 경계가 모호한 상황에서는 과세에서 누락되는 경우가 발생하는데, 더 큰 문제는 그것이 일반적인 상황이 되고 말았다는 점이다. 특히 최상위 계층의 사람들이 자본소득의 극히 일부, 예컨대 1%나 10%만 신고할 때 이를 근거로 소득세를 부과한다면 심지어 98%의 세율로 소득세를 물린다고 할지라도, 그것은 자본 통제는 물론 세수의 증가에도 거의 아무런 도움을 주지 못한다.

피케티가 자본세를 제안하는 것은 우선 이러한 문제를 해결하기 위해서다. 이 문제를 해결하기 위한 방법으로 피케티는 자본세는 일반적으로 자본 총량의 가치에 대한 세금(부동산세, 상속세, 부유세 등)뿐 아니라 자본으로부터 나오는 소득에 부과되는 세금(법인소득세 등)도 포함해야 한다고 제안한다(591). 금융자산으로부터 발생하는 소득의 경우 개인이나 법인이 소득 내역을 정확히 신고를 하지 않고 누락시킬 때 과세할 수 있는 현실적인 방법이 없어지기 때문이다.

그러므로 피케티는 좀 더 간편하고 투명한 해법으로 소득보다는 **자산**에 근거해 세금을 산정하자고 제안하는 것이다. 물론 투자신탁, 지주회사, 그리고 합자회사에 투자한 부분까지 포함해 개인의 **모든 소득**을 철저히 조사해 과

세하는 방법이 있지만 피케티가 제안하는 좀 더 간편한 해법은 자산 총액에 과세하는 것이다. 즉 자산에 근거해 **연간 수익률**을 적용해 **자본소득**을 추정하고 이에 누진적 자본세를 적용한다는 논리다. 자본세는 누락이나 탈세 없이 공정하게 모든 자본소득에 적절한 세금을 부과할 수 있는 좋은 방법이라는 것이다.

적절한 자본세율은 어느 정도인가

그러면 피케티가 제안하는 적절한 세율은 어느 정도인가? 그는 이상적인 자본세의 세율 체계가 무엇인지를 결정해주는 수학 공식 같은 것은 없고 이 결정을 위해서는 민주적인 논의가 필요하다고 말하며 다음 수준의 세율을 제안한다. 많은 사람들이 예상하는 것과 달리 사실 **피케티가 제안하는 자본세의 세율은 그리 높지 않다.**

> 20만 유로 이하의 순자산에 대해서는 0.1%, 20만 유로와 100만 유로 사이의 경우에는 0.5%의 세율이라면 적절할 것이다. 이 제도는 대부분의 나라에서 재산이 어느 정도 있는 중산층에 부과하는 부유세와 다름없는 재산세를 대체할 것이다. 또한 이 새로운 조세제도에서는 부동산뿐만 아니라 모든 자산이 과세 대상이 되며 또한 투명한 데이터와 주택담보대출을 제외한 부동산의 순시장 가치에 기초하기 때문에, 더 공정하고 더 효과적인 제도가 될 것이다. 이런 종류의 세금은 상당 부분 개별 국가 단독으로 쉽게 실행할 수 있다(635).

또는 다른 곳에서는 이렇게 제안한다. "그러면 세율을 얼마로 할 것인가? 순자산이 100만 유로 이하인 경우에는 0%, 100만~500만 유로는 1%, 500만

유로 이상은 2%의 세율을 생각해볼 수 있다"(609). "또한 그리 많지 않은 평균 수준의 부에는 최소한의 세율을 매기는 것이 유리할 수도 있다(예를 들면 20만 유로 이하는 0.1%, 20만~100만 유로는 0.5%를 부과할 수 있다)"(620).

다만 **큰 규모의 부**에 대해서는 훨씬 **가파른 누진제**를 적용할 것을 제안한다. "예컨대 10억 유로를 넘는 자산에 대해서는 5%나 10%를 매길 수도 있다"(619~620. 강조는 필자).

또 다른 곳에서는 이렇게 말한다. "유럽과 전 세계에서 대규모 자산에 대한 실질 수익률이 6~7% 혹은 그 이상이기 때문에 **1억 유로** 또는 **10억 유로** 이상의 자산에 대해서는 **2%가 훨씬 넘는 세율**을 적용해 과세한다고 해도 과도한 것이 아니다"(635. 강조는 필자).

그리고 "부의 분배에서 격차가 확대되는 것, 즉 상위 1% 또는 0.1%가 차지하는 몫이 계속 증가하는 상황을 피하는 것은 그 자체로 바람직한 최소한의 목표로 보이는데, 이를 위해서는 **최대 규모의 자산**에는 약 **5%**의 세율로 과세할 필요가 있을 것이다. 좀 더 야심찬 목표를 선호한다면, 예컨대 부의 불평등을 오늘날보다 더 낮은 수준으로 감소시키고자 한다면 **억만장자들**에게는 10% 혹은 그 이상의 세율을 생각해볼 수 있다"(636. 강조는 필자).

자본세와 소득세의 관계

노동소득에 대해 부과하는 **소득**세의 경우 피케티가 제안하는 **최고** 한계세율은 80%이다. 앞에서 살펴보았듯이 미국의 경우 슈퍼경영자의 등장으로 임금불평등은 매우 심각한 상황에 도달했다. 피케티에 따르면 슈퍼경영자들이 자의적으로 자신의 임금을 부당하게 상승시키는 것을 막기 위해서라도 고율의 누진소득세는 필요하다. 최고 한계세율이 높다면 슈퍼경영자들이 다른 이

들의 임금을 삭감하면서까지 굳이 자신의 임금을 높일 이유가 없어질 것이다.

다시 자본세에 관한 이야기로 되돌아가자. 네덜란드의 경우처럼 현실적으로 몇 %의 자본수익률을 적용할지 결정하는 데 어려움을 겪는다면 어떻게 되는가? 이러한 경우에는 피케티에 따르면 또 다른 해법으로 개인의 **재산 총액**, 즉 부채를 제외한 **순자산** 총액에 **직접 누진세를 적용하는 방법**이 있다. 언급했듯이 바로 이것이 피케티가 자본세를 제안하는 핵심적 이유이다. (최상위층의 소득 중 많은 부분이 자본소득으로부터 나오기 때문에) 종종 산정하기 어려운 소득세보다는 특히 부유층에 대해서는 자본소득을 자본세에 포함시켜 과세하는 것이 더 투명하고 조세정의에 부합한다는 것이다(631). 이렇듯 피케티는 주로 **노동소득**에 부과되는 **누진적 소득세**, 재산 총액에 부과되는 자본세, 그리고 역시 일종의 자본세(부유세)인 상속세를 제안하고 이것들을 **상호 보완적이고** 투명한 방식으로 정비해야 할 필요성을 역설한다.

피케티와 그의 동료들은 『조세 혁명을 위하여(Pour une révolution fiscale)』라는 책에서도 조세제도를 "더 간명하고, 더 공평하며 더 파악하기 쉽도록"[1] 정비해야 할 것을 역설한다. 오늘날 많은 사람들이 증세에 반대하는 것은 조세제도가 너무 복잡해서 파악하기 어려울 뿐만 아니라, 더 중요한 것은 국가가 세금을 정의롭게 부과하고 그것을 공정하게 사용하고 있다고 확신할 수 없기 때문이다. 실제로 많은 설문조사 결과를 보면 세금이 국민의 복지 향상을 위해서 사용된다는 것을 확신할 수 있다면 증세에 반대하지 않는다고 대답한 사람이 과반수나 된다. 이는 시사하는 바가 크며 조세제도는 단지 기술적인 문제와만 관련되는 것이 아니라는 사실을 알 수 있다. 이와 관련해 피케티는 이렇게 말한다.

---

1 Camille Landais, Thomas Piketty and Emmanuel Saez, *Pour une révolution fiscale* (Paris: Seuil, 2011), p.7.

> 그것은 철저하게 정치적이고 철학적인 문제다. …… 조세가 없다면 공동의 운명과 집합적 행위 능력도 존재하지 않는다. …… 앙시앵 레짐은 혁명가들이 귀족들과 성직자들의 조세 특권 폐지를 결정하고 보편적이고 근대적인 조세 정책을 수립했을 때 사라졌다. …… 미국 혁명도 영국 식민지 신민들이 자신의 고유한 조세권을 확보하고 자신의 운명을 스스로의 손에 넣고자 하는 의지로부터 탄생한 것이다(대표 없이는 과세도 없다!).[2]

하지만 피케티의 자본세 제안에 대해 심지어 소위 진보적인 자유주의 경제학자들조차도 냉소적인 입장을 종종 취하는 것을 볼 수 있다. 피케티도 인정하고 있듯이 자본세를 실현하기 위해서는 국제적인 공조가 있어야 하는데 이는 현재 단계에서 불가능하다는 것이다. 사실 피케티 역시 자신의 제안이 당장 실현될 수 있으리라고 생각하지 않는다. 하지만 그럼에도 왜 피케티는 글로벌 자본세를 제안하는가? 그것은 자본세 제안이 당장 실현되지 않는다고 할지라도 앞으로 생겨날 수 있는 다른 대안들을 평가하는 중요한 준거점이 될 수 있기 때문이다.

> 가까운 장래에 이러한 이상과 닮은 제도가 실행되지 않는다고 할지라도 그것은 다른 대안을 평가할 수 있는 **유용한 준거점**이 될 수 있다(618. 강조는 필자).

바로 그 점에서 피케티는 자유주의 경제학자들보다 한 걸음 더 나아가는 것이다. 자유주의 경제학자들은 진보적인 입장을 취하는 것 같지만 결국은 자유주의적으로 허용될 수 있는 한계를 미리 설정하고 '너무나 고집스럽게도' 더 이상 앞으로 나가려 하지 않는다. 피케티가 제안하는 방식 그대로는

2 같은 책, pp.10~11.

아닐지라도 지금보다는 훨씬 더 효과적으로 불평등을 억제할 수 있는 제도를 만들자는 이 제안을 자유주의자들이 그렇게까지 강하게 거부하는 이유가 무엇인가?

언급했듯이 피케티가 글로벌 자본세를 제안하는 가장 중요한 이유는 자본의 통제에 있다. 하지만 역으로 (신)자유주의에 고착되어 있는 사람들은 자본의 국제적인 이동이 자유로운 오늘날과 같은 글로벌 시대에 누진적 자본세 정책은 자본 유출을 유발할 뿐 결코 성공할 수 없다고 항상 입버릇처럼 이야기한다. 어떤 건설적인 제안을 하면, 보수적인 사람들은 마치 기다렸다는 듯이 그것은 현실성이 없다고 비난한다. 이러한 비판이 갖는 의미는 분명하다. 그것은 오늘날 세계에 존재하는 불평등을 교정하려고 하지 말고 이대로 아무 일도 일어나지 않았다는 듯이 불평하지 말고 조용히 살자는 이야기이다.

피케티의 자본세 제안은 정말 현실성이 없는가? 이에 대한 대답은 사실 간단하다. 자본 통제의 필요성에 동조하는 민주시민, 학자, 공무원, 정치가 들이 많아지면 이러한 여론과 합의를 바탕으로 각국의 대표들이 자본 통제를 위한 어떤 국제적 합의에 도달할 수 있을 것이며 피케티의 제안은 실현될 것이다. 잘 알려져 있듯이 피케티 이외에도 많은 사람들이 오늘날 더 이상의 파국과 불평등을 막기 위해서는 국제적 합의를 통해 자본을 통제할 수 있는 길을 찾아야 한다고 주장한다. 예컨대 **스티글리츠**가 『스티글리츠 보고서(The Stiglitz Report)』에서 제시한 것들이 대표적인 예이다. "금융시장이 세계화되었기 때문에 규제 역시 세계적 공조가 반드시 필요하다. 한 나라의 규제 실패가 다른 나라에 지대한 영향을 끼칠 수 있다."[3] 스티글리츠는 좀 더 구체적으로 현재의 금융, 경제위기를 해결하기 위해서 국제전문가 자문단의 도움을

3 조지프 스티글리츠, 『스티글리츠 보고서: 세계 경제의 대안을 말하다』, 박형준 옮김(파주: 동녘, 2010), 227쪽.

받는 "세계경제협력이사회"[4]를 창설해야 한다고 주장한다. 반면, 많은 사람들이 불평등을 감수하고 그대로 살겠다고 생각한다면 피케티(또는 다른 진보적 인사들)의 제안은 실현될 수 없을 것이며 그것은 현실성이 없는 제안이 되고 만다. 그것이 현실성이 있는지 없는지는 피케티가 말하듯이 이론적·관념적 토론이 아니라 우리 자신들의 의지와 행동에 달려 있다.

조세회피를 막고 글로벌 자본세를 부과하기 위해서는 국제적인 공조가 필요한데, 이 문제에 대해서는 니컬러스 색슨(Nicholas Shaxson)의 『보물섬(Treasure Islands)』이라는 책이 우리에게 많은 것을 가르쳐준다. 이 책에서 우리는 조세회피의 구체적인 방법과 사례들, 즉 금융자본주의의 '검은 100년의 역사'를 읽어볼 수 있다. 이 책은 다국적 기업들이 어떻게 조세를 회피하는지, 그리고 특히 이러한 문제를 해결할 수 있는 대안이 무엇인지 분명하게 보여준다. 한 가지 예를 살펴보자. 세계 무역의 60%는 다국적 기업의 내부에서 발생하는데, 다국적 기업들은 비용은 고세율 국가로 넘기고 이윤은 영세율 또는 저세율 국가로 이전시키는 인위적인 서류상의 거래를 통해 세금을 격감시킨다. 현재 통용되는 회계 규칙에 따라 다국적 기업들은 여러 다른 나라들에서 달성한 이윤, 차입, 조세 납입 등과 같은 재무적 결과를 보고할 때 대부분의 경우 광역 단위로 분류해 공시한다. 특정 국가에서 기록한 이윤을 따로 공시하지 않아도 되기 때문에 그 다국적 기업이 실제로 이익을 올린 국가에 대해서는 어떤 책임도 지지 않아도 되는 것이다. 즉 그 다국적 기업이 그 국가의 지역사회에서 일자리를 만들어내고 있는지, 또는 세금은 제대로 내고 있는지 등은커녕 그 기업이 자국 내에서 어떤 활동을 하고 있는지조차 제대로 파악할 수 없다.[5]

---

4 같은 책.

5 니컬러스 색슨, 『보물섬』, 이유영 옮김(서울: 부키, 2011), 476쪽.

저자 니컬러스 색슨은 이러한 문제를 해결하기 위한 대안으로 **국가별** 재무 공시 제도를 실시해야 하며 각국 정부는 자국 내에서의 소득과 자산 정보를 공유해야 한다고 주장한다. 현재 가장 주도적인 OECD의 기준에 따르면 정보는 어떤 나라가 그것을 '요청할 때 제공'하게 되어 있다. 저자에 따르면 이러한 규정은 물론 매우 기만적이다. 그것은 어떤 국가가 타국에 정보를 요청하기 전에 이미 자국에 필요한 정보가 무엇인지 알아야 한다고 규정하고 있기 때문이다. 따라서 색슨은 피케티처럼 **국가 간의 자동적 정보교환 방식**이 더 나은 대안이라고 말한다. 각국은 정보 제공 요청을 받지 않아도 자국 납세자의 소득과 자산 정보를 다른 나라에 알려야 한다는 것이다. 색슨에 따르면 이미 유럽에 이러한 체계가 있으며 현재 잘 시행되고 있고 정보 유출의 사례도 없다.[6] 정부가 과세 및 규제 수준을 강화하고 투명성 제고 요청을 할 때 기업이나 개인들은 역외 피난처로 이전하겠다고 협박하며, 그럴 때마다 정부는 부유한 자본 소유자들이 원하는 것을 건네는 경우가 많다. 하지만 색슨은 이러한 기만적인 행위에 속지 말아야 한다고 강조한다.

> 기업들은 결코 옮기려는 것이 아니고 그저 협박을 하는 것이다. 이것은 물질적 이익을 위해 자행되는 일종의 기만행위다. 이는 제대로 된 이름인 '사기'라고 불러야 한다. 리더십을 통해 이에 맞서야 하며 위축되지 말아야 한다.[7]

피케티도 『21세기 자본』에서 유사한 자본 통제 장치를 제안한다. **자동 정보 공유 시스템**을 통해 **정보의 투명성**을 확보할 수 있어야만 탈세와 자본 유출을 막을 수 있다. 이러한 맥락에서 피케티는 탈세 및 조세회피에 대한 좀

6 같은 책, 477쪽.
7 같은 책, 484쪽.

더 효과적이고 실제적인 규제의 한 사례를 제시한다. 오바마 행정부가 추진한 해외금융계좌신고법(Foreign Account Tax Compliance Act: FATCA)이 그것이다. 그것은 2010년에 채택되었으며 2014년과 2015년에 단계적으로 시행될 예정이라고 한다(626).

피케티는 여기에서 금융정보의 투명화가 이루어지면 각국의 정부가 그 정보를 남용할 것이라는 보수적인 또는 자유주의 경제학자들의 전형적인 논리를 다시 한 번 꼬집고 지나간다. 하지만 색슨이 지적했듯이 유럽에서 정보 유출 사례는 발견되지 않았다. 그리하여 피케티는 (신)자유주의 경제학자와는 달리 이렇게 말한다.

> 조세피난처가 은행 비밀을 지키려는 가장 그럴듯한 이유는 고객이 납세 의무를 피할 수 있도록 해주어, 조세피난처가 그 이익을 공유하는 데 있다. 이는 시장경제원리와는 아무 상관이 없다. 자신의 세율을 정할 권리는 누구에게도 없다. 또한 개개인이 자유무역과 경제통합으로 더욱 부유해지고 단지 이웃을 희생시킨 대가로 이익을 챙기는 것은 옳지 못하다. 그것은 한마디로 도둑질이다(625~626).

지금까지 살펴보았듯이 자본 통제와 공정한 과세를 위한 국제적 협력과 공조는 원천적으로 불가능하다는 기만에 속아서는 안 될 것이다. 우리는 국제적 협력 그 자체가 원천적으로 불가능한 것이 아니라는 사실을 강하게 인식할 필요가 있다. 그것은 결국 집단적 의지에 달린 문제이지 원천적으로 불가능한 이야기는 아니라는 것이다. **다른 많은 문제에서 국제적으로 공조하는 나라들이 왜 이 부분에서만 무조건 공조하지 않을 것이라고 단정하는가?** 국제적 공조에 대한 회의적 입장을 표명하는 것도 사실은 자본세를 결코 도입해서는 안 된다는 당위적인, 즉 보수적인 입장을 유지하기 위한 핑계에 지나지

않는다. 많은 이들이 피케티의 이러한 제안은 비현실적이라고 비난하지만 피케티가 지적하듯이 실제로 이러한 방향으로의 움직임이 존재하는 것도 사실이라는 것을 염두에 둘 필요가 있다.

피케티가 꿈꾸는 사회적 국가 혹은 복지국가는 어떤 모습인가

그렇다면 피케티가 추구하는 사회적 국가란 무엇일까? 피케티는 현재 혹은 과거 유럽 국가들에 존재하는 불평등을 가차 없이 비판하지만 그럼에도 여전히 피케티는 유럽식 사회모델에 희망을 걸고 있다. 미국 사회와 달리 적어도 유럽 사회에는 의료, 교육, 연금 등과 관련된 기본적인 사회적 권리(사회권)에 대한 폭넓은 합의가 여전히 존재한다.

> 20세기의 선진국들이 보여주었던 사회적 국가의 현대적 재분배는 교육, 의료 및 퇴직연금과 관련된 기본적인 사회적 권리들에 기초하고 있다. 오늘날 이런 조세제도 및 사회적 지출이 직면한 한계와 도전이 무엇이든 간에, 이것들은 역사적인 측면에서 거대한 일보를 내디뎠었다고 할 수 있다. 정파적인 갈등을 제외한다면 이런 사회제도의 바탕에는 폭넓은 합의가 형성되어 있다. 특히 유럽에는 '유럽식 사회 모델'로 볼 수 있는 것들에 이런 합의가 깊이 내재되어 있다(573).

20세기 초 미국 사회는 개척자들의 이상주의를 유지하고 있었다. 미국 내에 부의 극단적인 불평등이 점점 심해지고 있으며, 불평등한 유럽 사회를 닮아가고 있다는 우려 속에서 미국은 유럽 국가를 능가하는 고율의 누진세를 도입했다(605). 하지만 오늘날 특히 영미권 국가들은 앞장서서 규제된 자유

주의의 고삐를 다시 풀어놓기 시작했다. 1979년 마거릿 대처(Margaret Thatcher), 1980년 레이건의 집권과 더불어 자유주의는 자본과 더불어 적나라한 모습을 다시 드러냈고, 궤변과 위선으로 가득 찬 하이에크와 프리드먼 등의 책들이 경제의 바이블로 추앙받았다. 마침내 1990년대에는 금융의 세계화와 탈규제화가 진행되었다. 유럽과 미국에서 20년대 전반기에 시작된 정치적·경제적 변화는 완전히 정반대의 방향으로 선회했다. 2007~2008년에 금융위기가 발생했지만 2010년에 자본은 1913년 이후 경험해보지 못한 수준으로 번창했다(56).

노동소득 불평등을 줄이기 위해서는 교육에 투자해야 한다: 복지체제 정비의 필요성

앞에서 우리는 **노동소득**에서의 불평등에 대한 피케티의 논의를 살펴본 바 있다. 임금불평등과 관련해 그는 어떤 정책적 대안을 제시하는가? 그는 특히 임금불평등 문제를 해결하기 위해서는 교육과 기술에 투자해야 한다고 조언한다. 슈퍼경영자들이 교육 수준이 높아서 많은 임금을 받는 것은 결코 아니라는 말을 덧붙이면서 말이다. 슈퍼경영자의 경우는 한계생산성을 훨씬 웃도는 임금을 받는다. 이들은 자신이 기업에 행사하는 영향력을 통해 높은 연봉을 받고 있을 뿐이다. 피케티가 고율의 **누진적 소득세**가 필요하다고 말하는 것도 바로 그러한 사실과 연관되어 있다. 최고소득세율이 낮다면 고위 경영자들은 자신의 영향력을 행사해 연봉을 높이고 싶은 유혹을 받기 때문이다.

피케티 또한 노동자들의 교육 수준이 높아지면 임금불평등이 완전히 없어질 것이라고 순진하게 믿지 않는다. 하지만 교육을 통해 어느 정도 불평등을 해소할 수 있는 것도 사실이다. 오늘날 대학을 졸업해도 취직이 되지 않는 상

황이 지속되어 많은 사람이 고등교육의 중요성이 사라졌다고 생각할 수 있다. 하지만 여전히 많은 학생들이 대학교육을 원하며, 대학 졸업 이후에도 다양한 이유로 재교육을 원하는 사람들이 많은 것도 사실이다.

그러므로 무료로 또는 최소한의 비용으로 대학교육이나 재교육을 받는 시스템이 갖추어져 있지 않다면 결국은 가난한 계층의 사람들이 교육에서 소외될 것이며 이로 인해 불평등이 더욱 심화될 것이라는 점도 어렵지 않게 예상할 수 있다. 물론 교육만이 복지에서 유일하게 중요하다는 말이 아니다. 피케티는 적어도 노동소득에서의 불평등 문제를 해결하기 위해서는 공적 교육제도의 강화가 필요하다고 말하는 것이다.

의료, 주거, 노동 등에 대한 권리도 우리 모두가 누려야 할 기본적인 사회적 권리에 속한다. 교육 역시 그러한 맥락에서 이해될 수 있다. 돈이 없어서 대학을 다니지 못하거나, 다닌다고 하더라도 등록금을 버느라고 제대로 공부하지 못한다면 이는 개인에게 커다란 불이익이 될뿐더러 국가적으로도 커다란 손실이다. 특히 대학 등록금이 비싸다는 것은 결국은 부유한 계층에 속하는 사람들만 교육에서 더 많은 혜택을 누릴 수 있다는 것을 의미한다. 교육 그 자체가 불평등을 완전히 없애주는 것은 아니지만 그럼에도 교육은 자신의 사회적 권리를 실현할 기회를 제공하는 중요한 수단이며 그 자체로 중요한 목적이기도 하다.

피케티는 대학 졸업과 고등학교 이하의 학력 사이의 임금격차가 커진 것은 분명한 사실이라는 점을 상기시킨다(378). 소득불평등은 자본 소유의 불평등 등 다양한 요인들을 함께 고려해 설명해야 하지만 교육 기회의 박탈로 인해 생겨나는 불평등 역시 결코 무시할 수 없다는 것이다. 피케티가 임금불평등을 해소하는 대안으로 교육투자를 자주 제안하는 것은 바로 그러한 이유에서이다.

한국의 경우 대학교육에 대한 가계의 부담이 매우 높다는 점을 생각할 때

적어도 서유럽이나 북유럽처럼 대학 등록금을 받지 않거나 매우 적은 액수만 받도록 (당장 실현하는 것이 불가능하므로) 장기적으로 노력할 필요가 있다. 물론 한국에서는 의료보험, 국민연금, 기초연금 등 다른 중요한 복지 문제도 해결해야 한다. 하지만 피케티는 (다른 복지 분야를 무시해서가 아니라) 상대적으로 이러한 것이 잘 정비되어 있는 선진국 국민으로서 특히 임금불평등과 관련해 교육투자의 필요성을 강조한다. **노동소득 불평등을 줄이고, 또한 노동력의 평균 생산성과 전체적인 성장률을 높이기 위해서는 궁극적으로 교육에 투자해야 한다.**

> 궁극적으로 노동과 관련된 불평등을 줄일 뿐 아니라 노동력의 평균 생산성과 전체적인 경제성장률을 높이려면 교육에 투자해야 한다는 것이다. 한 세기에 임금의 구매력이 5배 증가했다고 했다면 이는 노동력의 기능 향상이 기술 발전과 결합하여 1인당 생산을 5배 증가시켰기 때문이다. 장기적으로 봤을 때 교육과 기술은 임금수준을 결정하는 결정적인 요인이다. …… 모든 징후는 스**칸디나비아 국가들의 임금불평등이 다른 지역보다 심하지 않은 데에는 교육제도가 비교적 평등하고 포용적이라는 사실이 큰 몫을 했음을 알려준다**(368~369. 강조는 필자).

서유럽·북유럽 국가에서는 대학에서도 등록금을 받지 않지만 엄청난 학비를 지불해야 하는 영미권 국가의 경우, 그리고 한국의 경우에는 교육에서의 기회 불균등이 반드시 생겨날 수밖에 없다. 가난한 학생들은 대학을 다닌다고 할지라도 많은 시간을 아르바이트를 하는 데 보내야 한다. 이런 상황에서는 같은 대학교육을 받아도 그 교육 수준은 저하될 수밖에 없다. 최근 독일에서 집권 기민당이 대학등록금을 다시 도입하려고 했을 때 독일 대학생들은 격렬하게 항의시위를 했으며, 결국 헌법재판소는 등록금 도입은 위헌이라고

판결했다. 대학교육을 받을 수 있는 권리 역시도 헌법적 권리에 속한다는 것, 즉 국가가 심지어 대학교육에 대해서도 책임을 져야 한다는 것을 다시 한 번 천명한 독일은 비싼 등록금이 부모와 학생들 모두를 좌절시키고 있는 한국의 현실에서 다시 한 번 새겨볼 만한 중요한 사례다.

교육 및 재교육 분야에서도 가장 훌륭한 복지체제를 갖춘 스칸디나비아 국가에서 임금불평등 수준이 다른 유럽 국가들과 비교할 때에도 훨씬 양호한 것은 결코 우연이 아니다. 전 국민의 교육 수준이 높다면(대학 학비를 받지 않으며, 재교육 비용도 국가가 상당 부분 부담한다면) 임금불평등이 상대적으로 줄어들 수밖에 없기 때문이다.

높은 교육 수준은 궁극적으로 수준 높은 정치의식을 가진 민주시민들을 길러내는 데도 크게 기여할 것이다. 그리하여 이들은 정치적 참여(예컨대 여론 조성 및 시위나 선거 등)를 통해 불평등을 완화시키는 정책을 시행하도록 정치가와 기업가들에게 압력을 가할 것이다. 교육은 단순히 취업 교육만이 아니라 높은 수준의 '정치교육'도 포함한다. 시민들의 높은 정치의식은 임금불평등 완화와 사회적 국가 건설을 위해 반드시 필요한 전제 조건이 아니겠는가? 정치의식이 낮은 권위적인 사회에서 창의적인 사유를 하는 것은 사실상 불가능하다. 최근 한국에서도 예를 들면 '성추행'에 관한 집중적인 홍보와 교육으로 인해 과거에 비해 여성 비하적인 발언이나 성추행 '관행'이 많이 사라졌다. 정치의 경우도 마찬가지다. '돈벌이', '경영합리화' 등과 같은 신자유주의적 이데올로기만 가르칠 것이 아니라 사회적 국가, 정의, 평등, 연대, 복지 등 인간이 살아가는 데 필요한 중요한 정치적·사회적 가치를 지속적으로 이야기하고 들을 수 있는 장(정치교육의 장)도 마련해야 한다. '힐링 열풍' 또는 막연한 '인문학 강좌'만으로는 부족하다. 민주적 가치를 공유할 수 있도록 해주는 수준 높은 정치교육이 존재할 때에만 우리는 민주시민으로서 부패한 고위관료들과 대기업이 민주주의를 파손하며 불평등을 심화시키는 것을 막을

수 있다. 우리를 민주시민으로 성숙시키는 진정한 정치교육이 존재할 때에만 언젠가 우리는 한국에 지극히 만연해 있는 부정부패와 불평등의 원인인 '검은 커넥션'과 탈세, 권력과 자본의 결탁을 근절시키고 이를 바탕으로 사회적 국가를 건설할 수 있을 것이다.

유럽형 복지국가론자로서의 피케티

피케티가 증명했듯이 인류 역사상 경제적 불평등이 가장 작았던 시기가 세계대전 시기와 전후의 '사회적 국가', 즉 복지국가의 전성시대였다는 사실은 매우 중요한 의미를 갖는다. 자본주의 시대 이전의 엄청난 경제적 불평등은 논외로 한다면, 자본주의 시대에서 경제적으로 가장 평등했던 때는 양차 세계대전 시기와 전후 30년간의 시기다. 전쟁으로 인해 자본이 파괴되고 이로 인해 자본량이 감소해 불평등이 줄어든 현상 그 자체를 바람직한 것으로 간주할 수는 없으므로 결국 우리는 불평등이 유의미하게 감소한 제2차 세계대전 이후의 시기에 특히 큰 의미를 부여하지 않을 수 없다. 피케티가 사회적 국가라고 부르는 복지국가의 개입과 정책이 커다란 역할을 했던 1945~1975년의 시기 말이다.

피케티 자신은 가난한 사람들에 대한 연민이 없다는 식으로 '위악적인' 발언을 하기도 하므로 피케티가 보편적 복지국가에 무관심하다고 단정하면서 '안심하는' 사람도 있을 것이다. 하지만 그의 생각은 사실 정반대이며 그의 정책 대안도 분명하다. 누진적 소득세와 자본세의 도입을 통해, 여전히 문제는 많지만 그럼에도 불평등을 완화시키는 유럽형 복지국가를 재건해야 한다고 말한다. 피케티는 스칸디나비아 국가에도 많은 관심을 갖고 있지만 『21세기 자본』에서 피케티의 모국인 프랑스, 그리고 서유럽과 미국, 영국을 주요 연

구 대상으로 삼고 있어 스칸디나비아 국가들의 다양한 제도들에 대한 풍부한 분석을 찾아볼 수 없다는 점은 안타까운 일이다. 그럼에도 불구하고 그는 이렇게 말하고 있다.

> 예를 들어 노동소득 불평등과 관련해 우리는 1970~1980년대의 스칸디나비아 국가들처럼 가장 평등한 사회(그 이후 북유럽에서 불평등이 늘어나긴 했지만 이 국가들은 여전히 가장 덜 불평등하다)에서의 분배가 대략 다음과 같다는 것을 발견했다. 성인 인구 전체를 살펴보면 노동소득이 가장 높은 10%가 총 노동소득(현실에서 이 소득은 본질적으로 임금이다)의 20%를 가져가고, 노동소득이 가장 낮은 50%가 총 노동소득의 약 35%를 차지한다. 따라서 중간의 40%는 총 노동소득의 45%를 얻는다. 이는 완전한 평등은 아니다. …… 그러나 적어도 다른 국가나 다른 시대에 관찰되는 불평등과 비교하면 …… 우리가 여기서 본 이 정도의 불평등은 그렇게 극단적이지는 않다(297~299. 강조는 필자).

『불평등 경제(L'économie des inégalités)』에서도 피케티는 직접적인 임금 상승이든 혹은 재정적 재분배라는 수단을 사용하든 불평등을 교정해야 할 필요성을 역설하고 있다는 점에서 우리는 그를 '전통적인[게르하르트 슈뢰더(Gerhard Schröder)나 토니 블레어(Tony Blair) 등에 의해 파손되지 않은]' 사회민주주의적 복지국가론자로 간주할 수 있다. 필자가 아는 한 피케티는 『21세기 자본』에서 사회민주주의라는 용어를 2번, 즉 서장과 마지막 부분의 주에서 사용했다. 그럼에도 그의 책 전체의 흐름을 보면 그를 전통적인 사회민주주의자로 단정하지 않을 이유가 없다. 신자유주의화한 현재의 사민주의가 아니라[8] 북유럽의 경우에는 1930년대에 이미 현실적 모습을 갖추었고 제2차 세

8 그러나 불행하게도 오늘날 유럽공동체는 단일통화 지역을 창출하는 과정에서 과거 사회적

계대전 이후 대부분의 유럽 국가들에 등장해 불평등을 역사상 최저 수준으로 유지시켰던 사민주의 좌파 말이다.

> 공산주의 혁명은 실제로 일어났지만 유럽에서 가장 낙후된 국가인 러시아에서 발생했다. 유럽의 가장 발전한 국가들이 (그 국가의 국민에게는 다행스럽게도) 사회민주주의라는 다른 길을 모색하고 있을 때 러시아에서는 산업혁명이 거의 시작도 되지 않은 상황이었다(18~19. 강조는 필자).

『21세기 자본』의 마지막 부분에서는 피케티는 또한 이렇게 말한다.

> 실제로 자본세(또는 공적 소유)는 그토록 많은 자본을 축적할 필요가 없이, 국민소득 가운데 민간자본의 (세후) 소득으로 돌아가는 비율을 저축률보다 낮게 만든다.[9] 이것이 전후 사민주의의 이상이었다. 즉 이윤이 주주의 고급스러운 삶을 위한 재원이 아니라 투자의 재원이 되어야 한다는 것이다. 독일의 전 수상 헬무트 슈미트(Helmut Schmidt)의 말처럼 오늘날의 이윤은 내일의 투자이자 모레의 일자리다. 자본과 노동은 협력한다는 것이다. 하지만 이런 상황은 (전례 없는 수준으로 자본축적이 이루어진 상황이 아니고서는) 조세제도와 공적 소유와 같은 제도에 기초하고 있음을 이해하는 것이 중요하다(791: 주 43. 강조는 필자).

국가가 지향한 중요한 원칙과 이념들을 망각하고 말았다. 유럽공동체의 통화 및 재정정책에 대한 비판과 그것을 극복하기 위한 피케티의 제안에 대해서는 이 책 제5부 제13장을 참조하라.

9 이는 이 책 제2부와 제3부에서 설명하게 될 자본수익률(r)과 경제성장률(g), 저축률(s)과의 관계를 통해 잘 이해할 수 있다.

물론 피케티는 1945~1975년에 나타났던 낙관적인 상황이 앞으로 손쉽게 다시 재현될 수 있다는 맹목적인 믿음을 갖고 있지는 않지만 그렇게 비관적이지만도 않다. 물론 그렇게 되기 위해서는 대중과 정책 결정자들의 치열한 노력, 국제적인 공조, 민주적인 토론과 합의 그리고 결단이라는 지난한 과정을 성공적으로 거쳐야 할 것이다.

그렇다고 이것이 **특정 국가**의 어떤 특정한 제도를 그대로 받아들여야 한다는 의미는 아니다. 전체적으로는 북유럽에서의 불평등 정도가 가장 낮지만 그럼에도 어느 한 국가의 제도가 무조건 옳다고 말할 수는 없기 때문이다. 피케티가 '실용적 접근'을 중시하며 각 국가별로 자신의 상황에 맞는 정책을 수립해야 한다고 강조하는 이유도 여기에 있다. 그럼에도 피케티가 자유주의 경제모델 혹은 주식회사 모델이 아니라 (특히 전후 30년간 존재했던, 그리고 지금도 다행스럽게도 완전히 사라지지는 않은) 유럽의 **혼합경제 모델**과 **노동과 자본의 타협**을 강조하는 것은, 궁극적으로는 이러한 체제를 통해서만 불평등 정도를 최대한 낮출 수 있다고 믿기 때문이다. 제도나 구체적인 정책은 상황에 따라 변할 수 있다. 하지만 혼합경제[10]와 고율의 누진세 정책을 유지하는 것, 즉 사회적 국가를 건설하는 것만이 불평등을 완화하는 가장 좋은 방법이라고 피케티는 확신하고 있다. 그는 어떤 특정한 나라의 특정 제도를 지지한다기보다는 이러한 **보편적인 원리**를 실현하는 구체적인 방법에 관심을 갖는다. 그는 스칸디나비아 국가 이외에도 사회적 국가의 보편적 원리를 실현한

10 전후 독일의 라인 자본주의 경제모델과 복지모델, 그리고 현재에 이르기까지의 그 역사적 변천 과정에 대한 연구로는 황규성, 『통일 독일의 사회정책과 복지국가』(서울: 후마니타스, 2011)를 참조하라. 피케티가 상세히 언급하지는 않지만 민주적 사회국가의 진정한 선구자는 북유럽, 특히 스웨덴과 노르웨이다. 이들 국가는 1930년대에 이미 사회적 국가의 기반을 마련한 놀라운 역사를 갖고 있다. 북유럽 복지국가의 형성 과정에 대한 논의와 복지국가 정치이념 및 철학에 대해서는 프랜시스 세예르스테드, 『사회민주주의의 시대』, 유창훈 옮김(파주: 글항아리, 2015)을 참조하라.

국가 모델을 프랑스, 그리고 특히 독일에서 발견한다. 그는 독일 모델을 "라인 자본주의와 사회적 소유" 또는 "혼합경제 모델"이라고 단적으로 표현한다. 혼합경제 또는 사회적 국가 모델에 적합한 예로서 피케티는 독일의 (주주 자본주의가 아니라) **이해당사자 자본주의**, 또 자본과 노동의 타협의 바람직한 형태로서 **공동결정 제도**를 높이 평가한다. 그리고 지금은 대부분 민영화되었지만 전후 프랑스와 독일에서 국·공영 기업의 비중이 높았다는 사실에도 주목한다. 피케티는 '라인 자본주의와 사회적 소유'의 특징을 다음과 같이 인상적으로 요약한다.

> …… 독일 기업의 낮은 시장가치는 종종 '라인 자본주의'나 '이해관계자(stakeholder) 모델'이라 불리는 경제모델의 특징을 반영한다는 것만 알아두자. 이는 기업들이 주주뿐만 아니라 노동자들의 대표(주주가 아니더라도 독일 기업의 이사회 구성원으로서 단순한 협의 기능이 아니라 적극적인 심의 기능을 수행한다)에서부터 지방정부, 소비자 단체, 환경보호 단체 등의 대표까지 포함한 이해관계자라고 알려진 집단들에 의해 소유되는 경제모델을 일컫는다. 여기서 요점은 나름의 한계를 지니고 있는 이 사회적 공동소유 모델을 이상적으로 그리는 것이 아니고, 그것이 적어도 영미 방식의 시장자본주의나 '주주모델(비록 현실은 언제나 더더욱 복잡하지만 이론적으로는 모든 권력이 주주에게 있다는 모델)'만큼 경제적으로 효율적일 수 있음을 주목하는 것이다. 그리고 특히 이해관계자 모델이 필연적으로 낮은 시장가치를 의미하는 것은 사실이지만 반드시 낮은 사회적 가치를 의미하지는 않는다는 데 유의해야 한다 (175~176).

경제법칙보다 집단적 사유와 선택이 더 중요하다

따라서 그는 사회를 단순한 경제적 변수로 설명할 수 있다고 생각하는 경제학자들에 동의하지 않는다. (앞으로 설명할 피케티의 자본주의의 제2법칙에 따르면) 저성장 사회에서 불평등이 급격하게 심화되지만, 경제가 성장한다고 해서 자연스럽게 불평등 문제가 해결되는 것도 아니다. 소위 완전경쟁시장이 확보된다고 해도 마찬가지다. 적절한 정책과 제도를 만들고 이를 관철시키는 사회적 국가의 개입이 없다면, 진보적 자유주의자들이 그토록 중시하는 '완전경쟁시장'도 불평등을 결코 완화시켜줄 수 없다. 피케티가 국가의 정책과 다양한 행위자들의 집합적 선택, 즉 정치의 역할을 중시하는 것은 바로 그러한 이유에서이다.

> 부와 소득의 불평등에 관한 어떤 경제적 결정론도 경계해야 한다는 것이다. 부의 분배의 역사는 언제나 매우 정치적인 것이었으며, 순전히 경제적인 메커니즘으로 환원될 수는 없다. 1910년에서 1950년 사이에 불평등이 줄어든 것은 무엇보다 전쟁의 충격을 극복하기 위해 채택한 정책들이 불러온 결과다. 이와 비슷하게 1980년 이후 불평등이 다시 커진 것은 대체로 지난 수십 년간 나타난 정치적 변화, 특히 조세 및 금융과 관련한 변화에 따른 것이다. 불평등의 역사는 경제적·사회적·정치적 행위자들이 무엇이 정당하고 무엇이 부당한지에 대해 형성한 표상들, 이 행위자들 사이의 역학관계, 그리고 이로부터 도출되는 집합적 선택들에 의존한다. 불평등의 역사는 관련되는 모든 행위자가 함께 만든 합작품이다(32).

피케티는 과학이라는 이름을 빌려 추상적이고 '기만적인' 경제원리를 제시하는 것이 아니라 공정하고 정의로운 경제체제가 형성되는 데 실질적으로 기

여하고자 한다.

> 아무리 대단치 않은 것일지라도 나는 사회를 조직하는 최선의 방법에 관한, 그리고 공정한 사회질서를 이루기 위한 가장 적절한 제도와 정책들에 관한 토론에 기여하는 데 관심이 있다. 더욱이 나는 모든 사람에게 평등하게 적용되고 민주적 토론을 통해 보편적으로 받아들여지는 법의 지배 아래 정의가 실질적으로 실현되는 것을 보고 싶다(45).

피케티의 연구와 진단 및 예측을 둘러싼 논쟁이 무척 흥미로운 것은 불평등이 심화되리라는 피케티의 비관적인 예언(?)이 오류임이 드러날 때 피케티를 둘러싼 논쟁은 끝을 볼 것이라는 역설적인 사실 때문이다. 주류 경제학자들이 피케티의 견해가 옳다는 것을 인정하는 날은 예상컨대 결코 오지 않을 것이다. 따라서 주류 경제학자들이 피케티가 틀렸음을 증명할 수 있을 때에만 논쟁이 끝날 것이다. 그런데 공교롭게도 다름 아닌 바로 그 순간이 피케티의 이론과 정책 대안에 공감하는 사람들이 바라는 순간이기도 하다. 경제적 불평등이 만족할 만한 수준으로 저하될 때에만 피케티의 주장이 오류(?)임이 드러날 것이기 때문이다.

피케티는 21세기에 불평등이 심화될 것이라고 예측하고 있지만 그 반대가 될 수도 있다는 사실을 부정하지 않는다. 경제학은 엄밀한 과학이 아니며, 행위자들의 집단적 선택에 의해 미래의 방향은 바뀔 수 있다. 세계는 경제적 변수에 의해서만 결정되는 것이 아니다. 우리의 세계는 그것을 살아가는 대중의 정치적·윤리적 결정에 따라 변화할 수 있다. 이를 잘 알고 있다는 점에서 피케티는 진정으로 균형 잡힌 탁월한 사상가이기도 하다. 그러므로 우리는 피케티의 책을 필연적인 역사적 과정에 대한 과학적 예언으로 읽어서는 안 될 것이다.

우리는 피케티를 **문자적으로** 읽어야 한다. 하지만 피케티처럼 상상력을 발휘해 종종 피케티의 문자를 **넘어서** 읽을 수도 있어야 한다. 피케티를 비판하는 주류 경제학자들이나 마르크스주의 경제학자들은 자신 스스로도 이러한 상상력이 부족했을뿐더러, 독자들을 '무사유의 늪'으로 끌고 가기 위해 노력한다.

피케티의 메시지는 어떤 면에서는 간단하다. 집단적 행위자들의 바람직한 결정에 따라 훌륭한 정책이 수립되면 불평등은 완화될 수 있다는 것이다. 그렇다면 21세기에 불평등이 더 심화되리라는 피케티의 예측은 오히려 틀리면 좋은 것이고 틀리지 않는 것이 더 불행한 일이다. 피케티는 자신의 예언(?)이 오류로 판명되기를 기대하는 매우 특이한 이론을 설파하고 있는 셈이다.[11]

11 피케티 및 현대철학에서의 사회적 국가에 관한 계속적인 논의를 위해서는 이 책 제5부를 참조하라.

• 제2부 •

$r>g$ 공식과 자본주의의 두 가지 근본법칙

제4장

자본주의의 중심적 모순($r>g$)

들어가는 말: $r > g$ 공식에 대하여

제1부에서 우리는 피케티가 불평등을 자본소득과 노동소득에서의 불평등으로 구분하고 이를 바탕으로 부유한 나라들의 불평등 구조의 역사를 설명하는 것을 살펴보았다. 그리고 전쟁의 충격과 고율의 누진세의 영향으로 1914~1975년 사이 선진국에서 불평등이 가장 줄어들었다는 사실에 대해 언급했다.

이제 좀 더 이론적 측면을 살펴보자. 논의가 진행되면서 더욱 상세히 설명하겠지만 피케티는 『21세기 자본』에서 자신의 이론을 이끌어가는 세 가지 가장 중요한 공식 혹은 법칙을 제시한다. 피케티는 과도하게 수학적 문제에 집착하는 주류 경제학자들을 비판하며 자신은 가능한 수식을 사용하지 않고 논의를 진행하지만 '어쩔 수 없이' 최소한의 공식 혹은 수식을 제시한다고 말한다. 이는 『21세기 자본』에서 개진된 피케티 이론 전체를 파악하는 데 중요한 역할을 하는 공식이므로 약간의 수고를 들여 이해할 필요가 있다.

우선 언급할 것은 피케티가 "자본주의의 가장 중요한 모순"(689)이라고 부

피케티의 주요 공식

r : 자본수익률

g : (경제)성장률

$r > g$: 느리게 성장하는 경제에서는 자본수익률이 성장률보다 더 커지면서 부의 분배에서 양극화 위험이 더 커진다는 것을 말하는 부등식

르는 $r > g$ 공식이다. 그리고 자본주의의 제1근본법칙($\alpha = r \times \beta$)과 제2근본법칙($\beta = s/g$)이 있다. $r > g$ 공식과 나머지 두 개의 자본주의 근본법칙은 각각 무엇을 의미하며 이 세계의 공식은 서로 어떤 연관성을 맺고 있는가? 먼저 $r > g$부터 논의를 시작하자. 제1근본법칙, 제2근본법칙의 의미, 그리고 그것들과 $r > g$ 공식과의 관계 등에 관한 문제는 논의를 진행해나가면서 계속 설명할 것이다.

우선 그는 서장에서 $r > g$ 공식을 소개한다. 피케티가 "이 공식이 어떤 면에서는 『21세기 자본』의 논리를 전체적으로 요약한다"라고 말할 만큼 이것은 피케티 이론에서 가장 중요한 위치를 차지한다. 여기에서 r은 자본수익률, g는 (경제)성장률을 의미한다. 앞에서 자본 소유에서의 불평등에 대해 이야기할 때 언급한 바 있지만 피케티에게 $r > g$라는 부등식은 느리게 성장하는 경제에서는 자본수익률이 성장률보다 더 커지면서 부의 분배에서 양극화 위험이 더 커진다는 것을 말한다.

$r > g$ 공식은 한국판에서는 "자본주의의 가장 중요한 모순"(689)으로 번역되어 있는데 영어로는 "the central contradiction of capitalism"이다. 그러므로 직역하면 '자본주의의 가장 중요한 모순'보다는 '자본주의의 중심적 모순'이 될 것이다. 이 책의 서문과 서론 그리고 제1부에서 필자는 틈틈이 피케티의 『21세기 자본』이 출간된 이후 이 책에 대해 논자들이 제기한 비판들을

소개하고 그 비판들이 갖고 있는 문제점에 대해서도 언급해왔다. 여기에서도 $r>g$ 공식에 대해서 본격적으로 설명하기에 앞서 피케티의 이 공식에 대한 주류 경제학자들의 비판에 대해 언급할 필요가 있을 것 같다.

피케티의 새 논문: 도대체 피케티가 어떤 오류를 인정했다는 것인가

피케티가 『21세기 자본』에서 제시하는 여러 공식(법칙) 또는 논제 중 $r>g$ 공식이 가장 많은 논란의 대상이 되었고, 많은 비판자들이 $r>g$ 공식에 대해 회의적인 반응을 내보였다. 이에 따라 피케티는 특히 $r>g$ 공식에 대한 자신의 입장을 다시 정리하고 설명하는 논문인 「분배 문제를 경제학의 중심으로 되돌리기: '21세기 자본'에 관한 고찰(Putting Distribution Back at the Center of Economics)」[1]을 발표했다. 피케티가 발표한 이 새 논문으로부터 논의를 시작해보자.

그동안 피케티 이론에 대한 여러 가지 비판들이 있었지만 피케티가 '자본주의의 중심적 모순'이라고 부른 이 공식에 비판이 가장 많이 집중되었다. 대표적 논자는 그레고리 맨큐(Gregory Mankiw)이다. 「그래, $r>g$가 맞다. 그런데 그게 어때서?(Yes, $r>g$. So what?)」[2]라는 맨큐의 논문 제목이 말하듯이 비

1 Thomas Piketty, "Putting Distribution Back at the Center of Economics: Reflections on *Capital in the Twenty-First Centry,*" *Journal of Economic Perspectives,* Vol.29, No.1 (2015). http://piketty.pse.ens.fr/files/Piketty2015JEP.pdf 이후 상세히 설명하겠지만 이 논문에 따르면 피케티는 "자본주의의 가장 중요한 모순(the central contradiction of capitalism)"이라는 표현을 철회했다고 말할 수 있다. 하지만 여전히 피케티에게 $r>g$ 공식은 (노동이 아니라) 자본의 불평등 동학을 연구하는 데 유일하지는 않더라도 상당히 중요한 역할을 한다. 이하에서 「'21세기 자본'에 관한 고찰」이라고 줄여서 인용할 것이다.

판의 핵심은, 이 공식은 불평등과 아무 상관 없는 공허한 것에 지나지 않는다는 것이다. $r > g$라는 공식은 자본주의 사회에서 당연하게 성립하는 공식이며 따라서 그것은 불평등 그 자체를 설명할 수 있는 것이 아니다. 하지만 피케티는 이 공식을 가지고 터무니없이 불평등을 이야기하면서 커다란 오류를 범하고 있다는 것이다.

그렇다면 맨큐 그리고 추후 다시 언급하겠지만 맨큐와 유사한 반론을 제기하는 그 밖의 다른 비판자들은 피케티를 정확하게 논박한 것일까? 우선 염두에 두어야 할 것은 피케티 자신도 『21세기 자본』에서 $r > g$ 공식만으로 불평등의 현실을 전부 설명할 수 있다고 주장한 적이 없다는 것이다. 피케티는 이 공식과 함께 『21세기 자본』에서 많은 다른 법칙들과 이론적·실증적 논의들을 제시했으며, 이 책 제1부에서 언급했듯이 무엇보다도 공공 정책과 제도들과의 연관성 속에서 이 공식이 갖는 의미를 상세히 설명하고자 노력했다는 사실을 염두에 두어야 한다.

하지만 비판가들은 이러한 문맥을 빼버리고 피케티가 오직 $r > g$ 공식만 가지고 불평등 동학을 모두 설명하고자 했다고 비판하는 오류를 범하고 있다. $r > g$ 공식에 대한 논의를 처음 시작하는 이 시점에서 이 모든 문제를 한 번에 다 설명할 수 없으므로 논의를 진행해나가는 가운데 피케티의 그 공식이 의미하는 바가 무엇인지 단계적으로 설명할 것이다.

먼저 살펴볼 것은 언론의 반응이다. 피케티가 앞에서 언급한 새 논문, 「'21세기 자본'에 관한 고찰」을 발표했을 때 2015년 3월 11일 자 ≪헤럴드경제≫는 피케티가 자신의 중대한 오류를 인정했다는 내용의 기사를 보도했다.

2 Gregory Mankiw, "Yes, $r > g$. So what?" *The American Economic Review*, Vol.105, No.5(2015).

> 『21세기자본』의 저자인 토마 피케티 파리경제대학 교수가 책의 오류를 인정했다. ≪월스트리트저널(The Wall Street Journal)≫은 8일(현지 시간) 피케티 교수가 자신의 책에서 계산 실수를 범했고, 새로 발간될 책에서는 여기서 비롯된 오류를 수정할 것이라고 보도했다. 영국 일간 ≪파이낸셜타임스≫ 또한 피케티가 원 자료를 인용하는 과정에서 계산 실수를 범했고 의도적 자료 가공도 있었다며 이론에 오류를 지적했다. …… 그는 책에서 "자본수익률(r)이 경제성장률(g)을 항상 앞서기 때문에 부의 불평등은 갈수록 심해질 수밖에 없다"고 주장해 큰 반향을 일으킨 바 있다.[3]

우선 이 기사는 사실 관계 자체를 왜곡하고 있다는 데 문제가 있다. 피케티가 의도적으로 자료를 가공했다는 ≪파이낸셜타임스≫의 비판은 오히려 그 비판자의 계산 실수가 드러나면서 피케티의 압승으로 끝난 논쟁인데, ≪헤럴드경제≫는 아주 오래전 이야기를 다시 꺼내면서 심지어 사실을 왜곡해 보도한다. 그리고 이 기사는 피케티가 자신의 오류를 인정했다고 보도하고 있지만 도대체 무슨 오류를 인정했는지에 대해서는 아무런 언급이 없다.

도대체 피케티가 자신의 새 논문에서 무슨 오류를 인정했다는 것인가? 이미 언급했듯이 그 핵심 내용은 $r > g$ 공식이 불평등을 설명할 수 없으며 피케티도 그것을 인정했다는 것이다. 이러한 종류의 편파적인 기사가 자주 회자되고 있으므로 독자들은 본의 아니게 혼란에 빠질 수 있다. 그러므로 논의를 시작하는 이 자리에서 피케티가 도대체 무슨 이야기를 했는지 미리 언급하고 지나갈 필요가 있을 것 같다.

피케티의 새 논문의 내용은 무엇인가? 이를 요약하면 다음과 같다. 그는 불평등의 현실을 $r > g$ 공식만으로 모두 설명할 수 있다고 주장한 적이 없다.

---

3 "피케티 오류 인정, '21세기 자본에 틀린 부분 있어…'", ≪헤럴드경제≫, 2015년 3월 11일 자.

이미 『21세기 자본』에서도 불평등 현실을 분석하기 위해 $r>g$ 공식뿐만 아니라 다양한 관점을 동시에 활용했다. 그리고 더 중요한 것은 보수적 경제학자나 언론의 주장과 달리 피케티는 $r>g$ 공식을 결코 포기하지 않았다는 사실이다. 이를 보이기 위해 새 논문에서 피케티는 자본수익률과 성장률의 차이($r-g$)가 조금만 벌어져도 그 차이가 불평등에 미치는 영향은 매우 크다는 사실, 즉 『21세기 자본』의 제10장에서 이미 언급한 사실을 다시 한 번 환기시키고 있다.[4]

또한 보수 언론이나 이론가들이 "자신의 오류를 인정했다"고 주장하지만 정작 피케티는 새 논문에서 자신은 『21세기 자본』에서 결코 경제주의적 관점을 취한 적이 없다는 것을 상기시킨다. 오히려 피케티 비판자들이 『21세기 자본』을 편협하게, 즉 $r>g$만으로 모든 것을 설명하고자 하는 책으로 잘못 읽고 있다고 반비판한다. 다음은 「'21세기 자본'에 관한 고찰」의 구절이다.

> 참으로, 역사적 서사(historical narrative)의 중요한 결론은 그 책[『21세기 자본』] '서장'에 다음과 같이 진술되어 있다. 즉 '부와 소득의 불평등과 관련해 어떠한 경제적 결정론도 조심해야 한다. …… 부의 분배의 역사는 항상 대단히 정치적인 것이었고 따라서 순수하게 경제적인 메커니즘으로만 환원될 수 없다. 부의 분배의 역사는 경제적·사회적, 그리고 정치적 행위자들이 정의로운 것, 그리고 정의롭지 않은 것이 무엇인지를 바라보는 방식에 의해, 그리고 이들 행위자들의 상대적 힘과 그것으로부터 귀결되는 집단적 선택에 의해 형성된다.'[5]

4 Thomas Piketty, "Putting Distribution Back at the Center of Economics: Reflections on *Capital in the Twenty-First Centry,*" p.82.

5 같은 글, p.69.

아마도 「'21세기 자본'에 관한 고찰」을 읽지 않았어도 『21세기 자본』을 꼼꼼히 읽은 독자라면 모두 알고 있는 내용일 것이다. 필자 역시 이 책의 원고 대부분을 썼을 때 아직 피케티의 새 논문을 읽지 않은 상태였지만, 피케티가 $r > g$ 공식으로 모든 것을 설명하고자 했다는 생각은 단 한번도 해본 적이 없으니 말이다. 어쨌든 『21세기 자본』과 「'21세기 자본'에 관한 고찰」에서 피케티가 무슨 이야기를 하는지는 앞으로 계속 이 책에서 설명해나갈 것이다.

필자가 보기에 문제가 될 수 있는 사실상 **유일한** 부분은 "자본주의의 중심적 모순(the central contradiction of capitalism)"이라는 피케티의 **표현**이다. 맨큐는 앞서 언급한 논문에서 피케티의 이 표현을 특별히 강조하며 피케티를 비판한다. 사실 이러한 비판을 한 사람은 맨큐만이 아니다. 피케티는 새 논문에서 맨큐나 그 밖의 비판자들의 이름을 직접 언급하지는 않으면서, 『21세기 자본』의 내용을 조금 다른 각도에서 보충 설명한다. 그리고 너무 $r > g$ 공식에만 매달리지 말고 『21세기 자본』 **전체를 살펴볼** 것을 권한다. 그 책을 전체적으로 독서한다면 자신(피케티)이 결코 $r > g$ 공식만으로 불평등을 설명하고자 하지 않았다는 것을 손쉽게 확인할 수 있을 것이라고 반박한다. 어쨌든 피케티가 자신의 **용어상의 표현**('자본주의의 중심적 모순'이라는 표현)이 너무 강했다는 점을 인정하는 것은 사실이지만 그것은 단지 용어 표현에 관한 문제일 뿐이라는 것을 기억해야 한다. 『21세기 자본』의 논지가 오류였음을 인정하는 것과는 아무런 상관이 없는 이야기라는 것이다. 그는 이렇게 말한다.

> …… 나는 $r > g$를 20세기에 소득과 부의 변화를 고찰하기 위한, 그리고 21세기에 소득과 부의 불평등 경로를 예측하는 유일한 혹은 심지어 기본적인 수단으로 간주하지 않는다. …… 게다가 나는 $r > g$를 노동소득에서의 불평등 증가를 논의하기 위한 좋은 도구라고 믿지 않는다.[6]

이 인용문의 요지는 $r > g$ 공식만으로 설명 가능한 역사는 제1차 세계대전 이전이며, 그 이후의 역사와 21세기(미래)는 이 공식과 더불어 다양한 요인들, 정치적 행위, 제도, 공공 정책 등 다양한 외부적 요인들을 동시에 고려할 때에만 설명 또는 예측 가능하다는 것이다. 이에 대해서는 충분히 이야기했으므로 더 이상 언급하지 않겠다. 그러나 피케티가 $r > g$라는 공식이 무의미하다고 주장하는 것은 아니라는 사실을 잊어서는 안 된다. 이제 다음에서는 이 공식이 무엇을 의미하는지 살펴보자.[7]

어떻게 성장률이 낮은 사회에서 높은 자본수익률을 유지할 수 있는가

느리게 성장하는 경제에서 자본수익률이 성장률보다 더 커지면서($r > g$) 부의 분배에서 불평등 정도가 심화되는 것은, 느리게 성장하는 경제에서는 이미 축적된 과거의 부가 현재의 자본소득에 비해 훨씬 더 중요한 역할을 하기 때문이다.

---

6 같은 글, p.67. 그리고 다른 곳에서도 피케티는 이렇게 말한다. "다시 한 번 $r > g$가 성립함을 알 수 있다. 그러나 이것은 불평등에 대해 아무것도 말해주지 않는다." 같은 글, p.74.

7 위 인용문에서 또한 피케티는 $r > g$가 노동소득에서의 불평등을 다루는 데 적합한 도구가 아니라고 설명한다. 이 역시도 『21세기 자본』에서 $r > g$를 가지고 노동소득의 불평등을 설명하려고 했던 오류를 범했다고 인정하는 대목이 아니다. 이미 『21세기 자본』이나 『불평등 경제』에서 언급했던 내용을 다시 한 번 분명하게 확인하는 것뿐이다. 피케티는 처음부터 『21세기 자본』은 기본적으로 부의 동학에 관한 책이지 노동소득 또는 노동운동 등에 관해 집중적으로 서술한 책이 아니라는 것을 분명히 했다. 그렇기 때문에 또 역으로 마르크스주의자들이나 자유주의 경제학자들은 또한 피케티가 노동운동, 혹은 임금투쟁의 필요성을 무시했다고 비판한다. 하지만 『21세기 자본』에서 피케티가 부와 조세 등 재정·조세정책에 초점을 둔 것은 사실이지만 그렇다고 해서 그가 노동운동이나 노동정책의 필요성을 부정한 적은 없다는 점을 결코 잊어서는 안 될 것이다.

서두에서 언급한 이 내용을 상기해보자. $r > g$라는 부등식은 느리게 성장하는 경제에서는 자본수익률이 성장률보다 더 커지면서 부의 분배에서 불평등 정도가 심화된다는 것을 말하는 공식이다.

우선 자본수익률과 성장률의 역사적 추이에 대해 살펴보자. 피케티에 따르면 역사적으로 자본수익률은 2~3% 이하로 떨어진 적은 없고 일반적으로 (세전) 4~5%를 유지했다(429). 〈그림 4-1〉에서 볼 수 있듯이 긴 역사적 과정에서 아주 오랫동안 세계는 거의 정체 상태에 있었고 급속히 성장하기 시작한 것은 비교적 최근의 일이다. 일반적으로 자본수익률은 4~5%를 유지해왔으며 3.5~4%의 성장률을 보인 20세기 후반에 자본수익률과 성장률의 차이는 크게 줄어들었다. 그리고 피케티는 향후 장기적 성장률이 1.5%에서 안정

〈그림 4-1〉 글로벌 자본수익률(세전)과 성장률 비교(고대~2100)

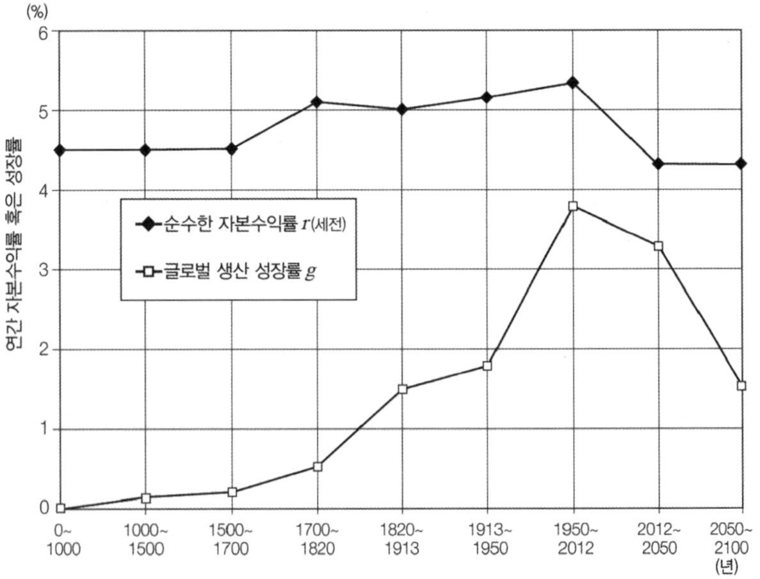

주: 자본수익률(세전)은 항상 세계의 성장률보다 높았지만 20세기에 그 격차가 줄어들었고 21세기에 다시 차이가 벌어질 수 있다.
자료: piketty.pse.ens.fr/capital21c

될 것으로 보며(282), 자본수익률은 다양한 요인이 작용한 결과로 4~5%를 유지할 것으로 전망한다.

자본수익률과 성장률에 대해 이야기하면서 피케티가 제시하는 핵심적 논제는 우리들의 추측 혹은 직관과는 상당히 다를 수 있는 내용이다. 그에 따르면 오히려 성장률이 아주 낮은 사회에서 자본수익률이 성장률보다 훨씬 더 높을 수 있다. 어떻게 이것이 가능한가? 경제성장이 정체되면 자본수익률도 자연스럽게 감소하지 않을까?

이것이 경제학자들을 포함해 많은 사람들이 갖고 있는 일반적인 생각일 텐데 피케티는 이러한 추측과는 반대되는 과감한 주장을 전개한다. 예를 들어 설명해보자.

피케티에 따르면 19세기 프랑스는 성장률이 1%이고 자본수익률이 5%인 사회였다. 그리고 이 시기 프랑스의 자본 총액이 연간 국민소득의 7배라고 하자. 이는 당시 연간 국민소득이 100이라면 그 당시 존재하는 자본 총액(부의 크기)이 700이라는 것을 의미한다.[8] 이러한 사회에서는 자본소득의 4/5를 소비하고 1/5만 저축해도, **이전 세대로부터 물려받은 자본**은 성장률(1%)만큼 증가한다(421). 왜 그럴까? 이 당시 자본 소유자들이 갖고 있는 자본 총액이 700이므로 5%의 자본수익률을 적용하면 연간 자본소득자가 얻는 총자본소득은 35이다. 그중 1/5인 7을 저축한다면 총자본의 크기는 700에서 707로 상승하게 된다. 당시 사회에 존재하는 자본 총액이 700이므로 자본 증가분은 성장률과 같은 비율인 1%가 되는 것이다.

한편, 성장률이 3%이고 자본수익률이 5%인 사회를 생각해보자. 이 사회에서 자본소득의 4/5를 소비하고 1/5을 저축하는 경우, 자본 소유자들이 가

8 한 국가 내에 존재하는 전체 자본의 크기와 연간 국민소득의 비율이 피케티가 말하는 β, 즉 자본/소득 비율(capital to income ratio)이다. 이에 대해서는 곧 자세히 논의할 것이다.

지고 있는(혹은 물려받은) 자본은 1% 증가하므로 성장률 3%에 미치지 못한다. 이 두 간단한 예의 비교를 통해서 알 수 있듯이 전자의 경우, 즉 느리게 성장하는 경제에서는 이미 축적된 과거의 부가 훨씬 더 중요한 역할을 한다는 것을 알 수 있다. 성장률과 비교할 때 전자가 후자의 경우보다 자본이 상대적으로 훨씬 더 빨리 증가했기 때문이다. 저성장 사회에서는 자본 소유자가 자신의 새로운 저축을 조금만 투입해도 새로운 부의 총량을 꾸준히 그리고 크게 늘릴 수 있다.[9]

부를 소유하지 못한 노동자와 달리 자본 소유자는 자본소득을 바탕으로 특권적인 생활을 누릴 수 있다. 특히 성장률이 낮은 사회에서는 일반적으로 임금수준이 낮으므로 자본을 소유하지 않은 계층의 사람들은 소득이 없거나 적어서 생활에 어려움을 겪는다. 하지만 이러한 사회에서도 자본 소유자 계급은 높은 자본수익률을 바탕으로 자신의 생계 이외에 다른 일에 몰두할 수 있다. 고대 그리스에서 귀족 계급이 학문과 정치에 몰두할 수 있었던 것도 바로 이 때문이다. 물론 이는 현대에서도 마찬가지로 타당한 이야기다. 생계비를 버느라 시간이 없다면 공부는 물론 취미 생활도 할 수 없으며 정치에도 관심을 가질 여유가 없다. 소스타인 베블런(Thorstein Veblen)이 『유한계급론(The Theory of the Leisure Class)』에서 말했듯이 노동자는 종종 자신의 계급 이익에 반하는 투표를 한다. 어떻게 그러한 일이 가능할까? 생계유지를 위해 노동자는 일하는 데 많은 시간을 보낸다. 그래서 자신은 물론 사회문제에 대해 생각할 수 있는 여유가 없고, 따라서 정치에 대해 잘못된 판단을 내릴 가

---

9 좀 더 이론적으로 말하면 피케티에 따르면 $r > g$라는 공식은 다음 사실을 함축한다. r과 g의 차이는 직관적으로 볼 때 자본소득을 전혀 소비하지 않고 모두 자본에 재투자했을 경우 자본소득과 평균 소득 간의 격차를 의미한다(436). 자본수익률은 높은데 성장률이 낮다는 것은 한 경제에서 발생하는 소득이 주로 노동자가 아니라 자본 소유자에게 귀속된다는 것을 의미한다. r과 g의 격차가 갖는 정치경제학적 의미에 대해서는 이 책의 제3부, 제5부에서 좀 더 상세히 언급할 것이다.

능성이 많다. 뚜렷한 정치의식을 갖고 있다고 할지라도 정치에 개입하고 참여해 그것을 바꿀 수 있는 시간과 정신적 여유가 없다. 반면 자본 소유자는 자본소득을 바탕으로 정치나 학문·유희·취미 등 다양한 활동에 종사할 수 있는 여유가 있다. 경제력에 바탕을 둔 이러한 여유가 자본 소유자가 노동자에 비해 자신의 정치적·경제적 이해관계를 실현할 수 있는 현실적인 힘이 되는 것이다.

$r > g$라는 공식에 대한 피케티의 설명(저성장, 높은 자본수익률)에 대해 신고전파 경제학자들은 통상적으로 다음과 같은 반론을 제기한다. 경제성장률이 낮은 국가에서 어떻게 자본수익률이 높게 유지될 수 있는가? 경제성장이 둔화된다는 것은 자본수익률도 낮다는 것을 뜻하지 않는가? 자본축적이 진행될수록 자본의 한계생산성은 체감하고 따라서 자본수익률도 감소하지 않겠는가?

잘 알려져 있듯이 한계생산성 이론은 신고전파 주류 경제학을 지탱해주는 주춧돌과도 같은 이론이다. 이에 따르면 각 생산요소(자본과 노동)는 생산에 기여한 만큼 보수를 받는다. 신고전파 경제학의 한계생산성 이론에 따르면 자본수익률은 자본이 생산에 기여한 몫이고 임금은 노동이 생산에 기여한 몫이다. 예를 들면 1억 원을 투자해 연간 500만 원만큼의 상품 생산을 증가시킬 수 있다면 이때 1억 원의 투자에 대한 자본의 한계생산성은 5%이다. 완전경쟁 상황에서라면 자본수익률도 5%로 결정된다.

그런데 어떤 사업가가 투자자에게 5% 이하의 자본수익률만 보장해준다고 하면 아무도 이 사업에 투자하려 하지 않을 것이다. 반면 어떤 사업에서 5% 이상의 자본수익률을 얻을 수 있다고 하자. 그렇다면 이 경우 수익률이 평균수익률보다 유리하므로 이 사업에 투자자가 몰릴 것이다. 하지만 완전경쟁시장에서는 투자자들이 쇄도해 자본수익률이 결국 하락하게 될 것이며 마침내 자본수익률은 5%에서 균형을 이루게 된다.

또한 한계생산성 체감의 법칙이라는 것이 있다. 한계생산성 체감의 법칙은 생산요소의 투입을 늘려나가면 그 요소의 한계생산성은 궁극적으로 감소한다는 것을 의미한다. 경제에서 자본량이 많아지면 자본의 한계생산성은 체감하며 따라서 자본이 생산 혹은 소득에 기여한 보수인 자본수익률도 체감한다는 것이다. 보수적인 신고전파 경제학자들은 이러한 '법칙'의 권위에 의존해 피케티가 $r > g$ 공식으로 말하고자 하는 정치경제학적 논제(자본축적이 심화되고 경제성장률이 낮아져도 자본수익률이 높게 유지될 수 있다)를 신랄하게 비판한다.

하지만 피케티는 오히려 규모가 큰 자본은 수익률이 더 높다는 현상에 주목하며 한계생산성 이론에 맞선다. 조금만 생각해봐도 신고전학파의 가장 핵심적 가정이라고 할 수 있는 한계생산성 이론은 비현실적인 허구적 가정이라는 것을 어렵지 않게 알 수 있다. 모든 사람이 정보를 공유하며 자원의 이동이 자유로운 완전경쟁시장은 사실상 존재하지 않는다. 정보를 독점한 권력과 결탁하고 있는 대자본가는 오히려 대규모의 자본을 바탕으로 더 큰 협상력과 정보 등을 가질 수 있고 따라서 평균 수익률보다 더 높은 수익률을 올릴 수 있다. 자본이 다양한 형태로 활용되고 있는 복잡한 현실 경제에서 자본의 한계생산성은 신고전파 경제학자들의 주장처럼 명확하게 산정될 수 있는 것이 아니다. 더욱이 대규모의 자본은 금융전문가의 도움을 받아 수익률이 가장 높은 곳에 투자할 수 있다. 자본시장은 신고전파 경제학자들이 가정하듯이 한계생산성 원리 또는 한계생산성 체감의 법칙이 철저히 지켜지는 완벽한 시장이 아니다. 특히 대규모 금융자본은 그 규모가 커질수록 정보와 권력을 더욱 독점할 수 있으므로 오히려 평균 수익률보다 더 높은 수익을 얻을 수 있다.

신고전파 주류 경제학이 이야기하는 한계생산성 이론에 대한 피케티의 비판에 관해서는 이후 다시 언급하기로 하자. 우선, $r > g$ 공식과 관련해 피케티가 강조하는 것은 축적된 부와 상속재산이다.

$r > g$라는 공식은, 앞의 예에서 보았듯이 자본수익률이 성장률을 크게 웃돌 때는 논리적으로 상속재산이 생산이나 소득보다 더 빨리 늘어난다는 것을 의미한다. 물려받은 재산이 많은 사람의 경우에는 자본에서 얻는 소득의 일부만 저축해도 성장률보다 더 빠른 속도로 자본을 늘릴 수 있기 때문이다. 따라서 이러한 주장은 물려받은 자본이 많은 사람은 경제성장률에 비해 훨씬 높은 자본수익률을 낼 수 있다는 주장을 함축한다. 이러한 상황에서는 상속재산이 노동으로 평생 쌓은 부를 압도할 수 있다(39). 저성장 사회에서는 이미 축적된 부와 그것의 상속이 이미 존재하는 경제적 불평등을 더욱 심각하게 만든다는 것이 $r > g$라는 부등식으로 피케티가 말하고자 하는 핵심적 내용 중 하나이다. 저성장 사회에서는 r과 g가 조금만 차이가 나도 커다란 효과를 발휘한다는 것이다.

그러나 오해를 피하기 위해 언급하고 지나가야 할 것이 있다. 피케티가 현재 유럽과 미국에 (물론 그러한 징후가 강하게 등장하고 있는 것은 사실이지만) 이미 완전한 세습자본주의 사회가 도래했다고 주장하는 것은 아니라는 점이다. 지금까지의 논의를 정리하면, $r > g$ 공식은 r과 g의 차이가 클수록 불평등이 심화된다는 것을 말한다. 저성장 사회에서 자본수익률이 높아질수록 노동소득은 감소하고 자본소득이 증가하기 때문이다. 일반적으로 고성장 사회가 저성장 사회보다 불평등이 완화되는 것은 고성장 사회에서 r과 g의 격차가 저성장 사회에 비해 상대적으로 작아지기 때문이다.

저성장 사회에서는 자본 소유자가 조금만 저축해도 자신의 부의 총량을 급속도로 늘릴 수 있다. 여기에서 볼 수 있듯이 $r > g$ 공식의 의미에 대해 설명하는 가운데 자본의 증가와 저축률, 그리고 성장률 등의 개념이 등장한다. 저축률과 성장률, 그리고 자본량 증가는 어떤 관계가 있는가라는 문제를 좀 더 이론적으로 해명하기 위해서는 피케티가 말하는 자본주의의 제2근본법칙 ($\beta = s/g$), 그리고 그것과 관련된 다양한 논의를 살펴봐야 한다. 그렇지 않으

면 마치 피케티가 $r>g$ 법칙으로 모든 것을 설명하고자 한다는 인상을 받을 수 있기 때문이다. 앞에서 잠깐 언급했듯이 β는 자본/소득 비율인데 β는 저축률(s)을 성장률(g)로 나눈 값으로 정의된다. 따라서 $r>g$ 공식을 더 잘 이해하기 위해서는 우선 자본주의의 제2근본법칙에 대한 논의가 필요하다. 이에 대해서는 이후 상세히 설명할 것이므로 여기에서는 $r>g$ 공식에 대해서 좀 더 살펴보자.

앞에서 언급했듯이 맨큐 등 대부분의 보수적인 신고전파 주류 경제학자는 $r>g$ 공식이 불평등에 대해서 아무것도 말해주지 않는 중립적인 공식, 달리 말하면 자본주의 사회에서 당연히 성립하는 제약식에 지나지 않는다고 비판한다. $r>g$는 항상 성립할 수밖에 없는 일종의 제약식이므로 $r>g$ 공식이 성립해도 그 사회가 반드시 불평등한 사회는 아닐 수 있다는 것인데, 이제 이러한 비판에 대해 자세히 살펴보자.

$r>g$는 단순한 제약식에 지나지 않는가

이러한 비판을 하는 논자로는 맨큐 이외에도 드브라지 레이(Debraj Ray), 그리고 안재욱과 조동근 등이 있다. 이들에 따르면 $r>g$ 공식은 이미 경제학자들에게 잘 알려진 법칙이며, 자본주의 경제체제에서 항상 성립할 수밖에 없는 일종의 제약식(항상 성립할 수밖에 없는 조건을 보여주는 수식)이다.[10]

피케티가 국내에 소개된 이후 보수주의적 혹은 자유주의적 경제학자들은

---

10 Debraj Ray, "Nit-Piketty: A Comment on Thomas Piketty's *Capital in the Twenty First Centry.*" http://www.econ.nyu.edu/user/debraj/Papers/Piketty.pdf; 안재욱, 「가난으로 인도하는 피케티의 '21세기 자본」, 106쪽; 조동근, 「신화와 열병의 '21세기 자본'」, 139쪽. 이 두 논문 모두 안재욱·현진권 편저, 『피케티의 '21세기 자본' 바로읽기』에 실려 있다.

『피케티의 '21세기 자본' 바로읽기』라는 책을 출간해 이에 대해 재빠르게 대응했다. 「가난으로 인도하는 피케티의 '21세기 자본'」 같은 논문 제목에서 볼 수 있듯이 우리는 그 책 속에서 '전형적인' 보수적 혹은 자유주의적 비판을 읽을 수 있다. 이 책에서 제시되는 비판 중 하나가 바로 $r > g$는 (항상 성립할 수밖에 없는) 일종의 제약식이라는 것이다. 이러한 보수주의적인 비판은 공교롭게도 종종 마르크스주의자들에게서도 발견된다.[11] 하지만 비판의 방향은 정반대이다. 마르크스주의 경제학자들은 $r < g$가 성립해도 평등한 사회가 되지 않을 수 있다면서 피케티를 비판한다. 여기에서도 우리는 주류 경제학자들과 마르크스 경제학자들의 비판이 방향은 다르지만 피케티가 말하는 $r > g$ 공식을 파편적이고 기계적으로 이해한다는 공통점이 있다는 흥미로운 사실을 다시 한 번 확인할 수 있다.[12]

드브라지 레이 혹은 안재욱과 조동근은 로이 해러드(Roy Harrod)의 경제성장 모형[13]로부터 $r > g$를 도출하고 이 부등식은 일종의 제약식에 지나지 않음을 지적한다. 이들 주류 경제학자들에 따르면 $r > g$는 자본주의 사회에서는 어떤 경우든 어쩔 수 없이 성립할 수밖에 없는 제약식이며, 따라서 이 부등식이 반드시 불평등의 현실을 말하는 것은 아니다. 이들 비판자들은 $r > g$ 상태에서도 나름대로 평등한 사회가 가능하며, 따라서 $r > g$ 상황에서도 현실은 그다지 불평등하지 않을 수 있다고 주장하고 싶은 것이다. 또는 어느 정도는 불평등해도 어쩔 수 없으니 이를 받아들여야 한다고 말하고 있는 것이다.

11 김공회, 「99%를 위한 경제학인가, 9%를 위한 경제학인가」, 『왜 우리는 더 불평등해지는가』, 41쪽.

12 마르크스주의자들의 피케티 비판에 대한 논의에 대해서는 이 책 제10장, 부록 1 등을 참조하라.

13 피케티 이론을 명확히 이해하기 위해서는 경제성장 이론에 대해 어느 정도 알 필요가 있다. 해러드 경제성장 모형을 포함한 경제성장 이론과 이에 대한 피케티의 수용 및 비판에 대해서는 제4부에서 상세히 언급할 것이다.

드브라지 레이는 특히 피케티가 $r > g$ 공식이 이미 경제학자들 사이에 잘 알려져 있다는 사실을 알지 못하고 있다고 비판한다. $r > g$는 당연히 성립하는 공식인데도 피케티는 $r > g$를 하나의 '대단한' 법칙으로 승격시키고 불필요한 이야기를 너무 많이 한다고 빈정대는 것이다. 하지만 과연 그럴까? 『21세기 자본』을 읽어보면 피케티가 그러한 사실을 알고 있었다는 것에는 의심의 여지가 없다. 피케티 비판자들이 그의 책을 제대로 읽지 않고 그를 비판한다는 '소문'은 사실인 것 같다. 드브라지 레이 역시 피케티의 책을 제대로 읽었다면 적어도 그러한 종류의 비판을 할 수 없다는 것을 알았을 것이다.

피케티 역시 $r > g$ 사회에서 발생하는 불평등의 정도가 사회마다 다를 수 있다는 것을 물론 알고 있다. 앞에서 살펴보았듯이 $r > g$라고 할지라도 성장이 빠른 사회와 그렇지 않은 사회는 차이가 있다고 이야기하지 않았던가. 그러나 $r > g$ 공식으로 피케티가 말하고자 하는 핵심적인 내용은 r과 g의 차이가 큰 사회, 즉 '성장이 느린 사회'에서는 r이 커지면 불평등이 매우 심화된다는 것이다. 드브라지 레이는 피케티의 이러한 논의를 처음부터 이해할 의사가 조금도 없는 것이다.

처음부터 주류 경제학자들은 피케티가 $r > g$ 공식을 제시하면서 강조하는 핵심 쟁점을 의도적으로 간과하고 있다. 피케티는 $r > g$ 공식을 어떤 관점에서 받아들이는가? 그는 이 공식을 어떤 경우든 성립하는 단순한 제약식, 혹은 **필연적 법칙으로 간주하지 않는다**. 반면 주류 경제학자들은 경제성장 이론가인 해러드 혹은 다른 경제학자들의 경제모형으로부터 $r > g$를 도출할 수 있고 따라서 이는 전혀 새로운 법칙이 아닌, 일종의 제약식이라고 주장한다.

달리 말하면 이 공식을 통해 피케티는 오히려 주류 경제학자들의 모형 도출 방식과 (현실을 외면하는) **추상적 모형의 공허함을 비판**하고자 한 것이다. 피케티 역시 $r > g$ 공식이 하나의 제약식으로 경제학 이론 속에 존재한다는 것을 잘 알고 있다(어떻게 피케티처럼 뛰어난 경제학자가 그것을 몰랐겠는가). 피

케티는 주류 경제학자들이 아무런 문제의식 없이 기계적으로 쓰고 활용하는 $r>g$ 공식을 가져다가 그들이 은폐하고 싶은 불평등의 현실을 구체적으로 들춰내기 위해 매우 창의적인 방식으로 이를 활용하고 있을 뿐이다. 반면 드브라지 레이는 $r-g$의 격차가 가져오는 엄청난 현실, 즉 자본수익률이 높고 성장률이 낮은 사회에서는 자본 소유자들이 조금만 저축을 해도 그들의 부가 크게 늘어날 수 있을 것이라는, 사실 조금만 생각해봐도 너무나 당연한 이야기를 부정하느라 열심히 수학식을 이용하고 있다.

레이는 $r>g$ 공식에서 r은 자본소득의 수준(level)을 말하는 것이지 얼마만큼 자본이 늘어났는지를 이야기하는 것이 아니라고 피케티를 비판한다. $r>g$ 공식만 따로 떼어놓고 생각하면 레이의 말이 옳다고 할 수 있다. 하지만 $r>g$ 공식에 다른 공식, 예를 들면 $\beta=s/g$ 공식과 피케티가 활용하는 다양한 이론들을 접합시키면 자본이 얼마만큼 늘어났는지를 이야기할 수 있게 된다. 레이는 이 점을 전혀 이해하지 못하고 있다. 앞으로 상세하게 설명하겠지만 피케티는 자본주의 제2법칙($\beta=s/g$)과 그 밖의 다양한 분석도구를 가지고 자본수익률과 성장률의 차이, 그리고 그것이 자본 크기에 미치는 효과들을 실제로 분석한다. 피케티가 저성장 사회에서 자본 소유자들이 자신의 자본량을 어떻게 그리고 얼마만큼 증가시킬 수 있는지를 설명하기 위해, 앞에서 필자가 제시한 간략한 예를 상기하라.

레이는 이러한 점을 전혀 언급하지 않는다. 그는 해러드 모형 등으로부터 $r>g$를 도출하는 방식을 통해 $r>g$ 부등식이 제약식임을 증명하고자 한다. 그러나 이는 순환논리에 근거한 증명이다. 해러드 모형 자체가 이미 처음부터 $r>g$를 전제하고 있는 경제모형이기 때문이다. 처음부터 $r>g$를 전제하고 있는 모형으로부터 $r>g$를 도출하는 것은 제대로 된 논리적 증명이 아니다. 게다가 레이 그리고 조동근이 피케티를 비판하기 위해 활용하는 '수학적 증명'이라는 것 자체가 매우 단순한 산수[14]에 지나지 않는다는 점까지 고려하

면 레이의 피케티 비판은 거의 코미디에 가깝다고 말할 수 있다. 과연 그들이 '정말로' 그렇게 간단한 산수로 피케티의 복잡한 논의를 모두 뒤집을 수 있다고 믿었을까? 그들이 진정으로 믿었다고 해도 믿지 않았다고 해도 모두 문제라고 말할 수밖에 없다.

왜 피케티는 잘 알려져 있는 $r>g$ 법칙을 이용해 작업을 진행하는가? 바로 이렇게 주류 경제학자들이 현실을 보지 않고 수학적 문제에만 몰두하는 것을 꼬집기 위해서다. 그는 오히려 주류 경제학자들의 논의 방식이 "데이터 없는 토론"(8)에 지나지 않는다고 비판하고 싶은 것이다.

$r>g$ 공식은 논리적 필연성이 아니라 역사적 사실이다

> 과거에 세후 $r<g$가 성립한 시기가 있었다. 피케티에 따르면 적절한 제도의 정비(누진적 조세제도)가 이루어진다면 앞으로도 (세후) $r<g$ 가 성립할 수 있으며, 이에 따라 (세전) $r-g$의 격차도 감소할 수 있다

피케티는 드브라지 레이와 달리 $r>g$라는 부등식을 "논리적 필연성이 아니라 역사적 사실로 이해"하고자 한다(421. 강조는 필자). 〈그림 4-1〉과 〈그림 4-2〉에서 볼 수 있듯이 $r>g$부등식은 항상 성립하는 논리적 사실이 아니다. 20세기 초에서 21세기 초까지는 오히려 $r<g$라는 예외적인 현상이 나타났다.

피케티에 따르면 "$r>g$가 역사적 사실이라는 것을 납득시키는 가장 확실한 방법"은 공허한 경제모형에 집착하는 것이 아니라 현실을 들여다보는 것이다. $r>g$ 부등식 자체는 제약식일지라도 일정한 조건이 갖추어졌을 때, 예

14 이에 대해서는 이 책의 부록 1을 또한 참조하라.

〈그림 4-2〉 글로벌 자본수익률(세후)과 성장률 비교(고대~2100)

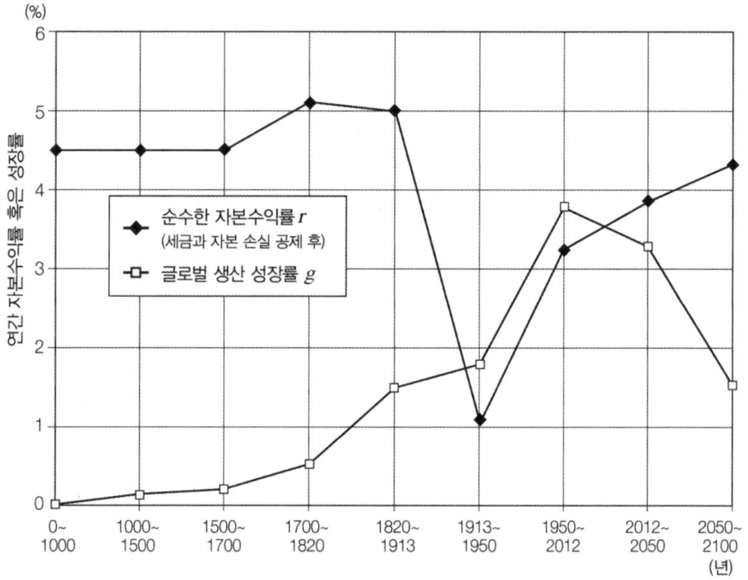

주: 20세기 동안 자본수익률(세금과 자본 손실 공제 후)이 성장률보다 낮아졌으며, 21세기에 다시 더 높아질 수 있다.
자료: piketty.pse.ens.fr/capital21c

를 들면 세율이 낮아져서 (세후) $r > g$가 성립할 때, r과 g의 차이는 자본소득에서의 불평등을 심화시킨다. 주류 경제학자들과 달리 피케티는 $r > g$를 불변의 경제법칙이 아니라 (실제로 성립할 수도 있고 성립하지 않을 수도 있는) 역사적 사실로 간주하는 것이다.

> 요약하자면 제1차 세계대전 직전까지 인류 역사상 대부분의 기간 분명 $r > g$라는 부등식이 성립했고, 아마도 21세기에 다시 그렇게 될 것이다. 그러나 이러한 예측이 사실이 될지의 여부는 자본이 받을 충격뿐만 아니라 자본과 노동 간의 관계를 규제하기 위해 어떤 공공 정책과 제도가 실행될지에 달려 있다(428. 강조는 필자).

피케티에 따르면 역사적으로 자본수익률은 4~5%로 유지되었으며, 1914~1950년에는 1~1.5%로 급감했다(세후). 전쟁으로 인한 파괴, 그 충격으로 가능해진 누진세 정책 그리고 제2차 세계대전 이후 30년 동안의 이례적인 경제성장으로 인해 역사상 전례 없는 일이 나타났다. 그러나 오늘날의 자본수익률은 3~4%이고, 21세기가 진행되면서 4% 정도를 유지하다가 결국 21세기의 어느 시점이 되면 r은 g보다 커질 것이며, 마침내 수익률과 성장률의 차이가 19세기 수준으로 회귀할 것이라고 전망한다(250, 427). 그는 향후 장기 성장률이 1.5%에서 안정될 것으로 보고(282), 자본수익률은 다양한 요인이 작용한 결과 4~5%를 유지할 것으로 예측한다. 지금까지의 설명을 통해 드러났듯이 피케티는 저성장 사회나 고성장 사회에서 모두 장기적으로 자본수익률이 주어진 범위 내에서 안정된다는 가정하에 『21세기 자본』의 논의를 이끌어가고 있다.[15]

『21세기 자본』에서는 물론 「'21세기 자본'에 관한 고찰」에서도 강조했듯이 정책적 개입과 행위자의 집단적 선택을 중시하며 경제 현상에 대한 다차원적인 접근을 시도하는 피케티는 $r > g$ 공식을 다양한 방식으로 해석한다. 이는 $r > g$만이 불평등을 설명하는 유일한 공식이 아니라는 것을 의미한다. 이 공식의 의미를 명확히 파악하기 위해서는 아직은 설명하지 않았지만 자본/

15 제2부의 결론 부분에서 다시 상세히 논의할 예정이지만 미리 언급하면, 피케티는 이것이 자신이 선호하는 해석이며, 『21세기 자본』은 이러한 가정 위에 서 있다고 명시적으로 말한다. 일반적인 경제적 추론에 따르면 빠르게 성장하는 경제에서 성장률이 높으면 높은 자본수익률을 낳는다고 본다. 하지만 빠르게 성장하는 시기에 자본을 재배치해 더 높은 수익률을 얻기 위해서는 더 많은 노동을 필요로 한다. 이때 노동이 과도하게 투입될 수 있으며 따라서 측정된 실제 자본수익률은 하향 조정되어야 하므로 실제 자본수익률은 저성장 사회에서의 자본수익률(예컨대 이자, 임대료 등)에 근접할 수 있다. 그러므로 저성장 사회에서는 자본 소유자들이 자본의 재배치가 상대적으로 용이한 금리생활자가 되는 경향이 커진다. Thomas Piketty, "Putting Distribution Back at the Center of Economics: Reflections on *Capital in the Twenty-First Centry*," p.82 참조.

소득 비율(β)의 상승에 따른 자본수익률(r)의 변화, 저축률과 성장률과의 상관관계 등 중요한 다른 여러 문제들에 대해 면밀히 검토할 필요가 있다. 그리고 자본축적이 심화되고 기술진보가 진행됨에 따라 자본은 노동을 얼마만큼 대체하며(대체탄력성 문제), 이에 따라 국민소득에서 자본이 차지하는 몫(α)은 얼마만큼 증가(혹은 감소)하는가, 그리고 r과 g의 차이는 정확히 무엇을 의미하는가 등의 문제에 대해서도 논의해야 한다.

먼저 r과 g의 관계에 대해 살펴보자. 이 관계는 세전인가 세후인가에 따라 달라질 수 있다. 〈그림 4-1〉에서 볼 수 있듯이 세금을 공제하지 않은 순수한 자본수익률은 항상 성장률보다 크다. 이는 $r > g$ 부등식이 일종의 제약식이라는 것을 피케티 또한 알고 있었음을 보여주는 대목이기도 하다. 하지만 피케티에게 더욱 중요한 것은 세후 $r < g$가 성립한 시기가 있었다는 사실이다. 피케티에 따르면 적절한 제도의 정비(누진적 조세제도)가 이루어진다면 (세후) $r < g$가 성립할 수 있으며, 이에 따라 성장률이 증가해 (세전) $r - g$의 격차도 감소할 수 있다.

새 논문, 「'21세기 자본'에 관한 고찰」을 참조하며 지금까지의 논의를 요약해보자. 피케티는 하나의 경제적 법칙($r > g$)으로 모든 역사를 설명하려는 경제주의자가 아니다. 하지만 그의 $r > g$ 공식은 외부적 충격의 효과가 비교적 미미했던 제1차 세계대전 이전 시기의 유럽 국가들의 불평등 동학을 명료하게 설명한다. 그것은 제1차 세계대전 직전까지의 과거 역사를 설명하는 탁월한 도구라는 것이다. 그러므로 그 공식은 제1차 세계대전 이전까지 왜 유럽이 미국보다 상대적으로 불평등 정도가 높았는지를 이해할 수 있게 해준다. 당시의 유럽에 비해 미국은 성장률이 높은 사회였다. 미국은 신대륙 국가였기 때문에 자본/소득 비율(β)이 유럽에 비해 낮았고 상대적으로 평등한 나라였다. $r > g$ 공식은 성장이 느리지만 높은 자본수익률을 유지했던 유럽 국가들이 왜 미국에 비해 상대적으로 더 불평등한 사회가 될 수 있었는지를 잘

설명해주는 좋은 도구다. 그러나 피케티에 따르면 20세기와 21세기(미래)의 불평등 동학에 관해서는 $r > g$ 공식만으로는 설명 또는 예측이 불가능하다. 그 추이를 설명 또는 예측하기 위해서는 다양한 **외부적 충격들** — 전쟁, 조세제도, 정치 운동 등 — 을 동시에 고려해야 한다.[16]

「'21세기 자본'에 관한 고찰」에서의 이러한 설명이 『21세기 자본』에서의 설명과 근본적으로 충돌하는 부분은 전혀 없다. 지금까지의 논의와 2015년 3월 11일 자 ≪경향신문≫의 기사를 비교해보자.

> 이미 온라인에 공개된 이 책에서 피케티는 '나의 공식은 극단적이고 지속적인 부의 불평등이 있었던 제1차 세계대전 이전의 상황을 설명하는 데 도움이 되지만, 지난 100년에 대해서는 많은 것을 말해주지 않는다'며 '앞선 시기의 불평등 변화를 설명하기 위한 이 공식을 미래 예측의 기본 도구로 사용해서는 안 된다'고 썼다.

이 기사 역시 피케티의 의도를 명확히 전달하지 못하거나, 의도적으로 전달하지 않을 뿐 아니라, 마치 『21세기 자본』의 내용이 모두 오류투성이인 것 같은 인상을 준다. 이 기사를 쓴 기자는 제1차 세계대전 이후 **다양한 요인들**로 인해 r과 g의 격차가 좁혀짐으로써 불평등이 완화되었다는 피케티의 핵심적 메시지는 여전히 같다는 사실을 전혀 파악하지 못하고 있다. 『21세기 자본』에서도 피케티는 21세기의 경제적 상황을 예측하기 위해 단지 $r > g$ 공식만을 사용하지 않았다. 이하에서 상세히 설명하겠지만 피케티는 성장률 둔화, 기술 변화(그리고 그와 관련한 대체탄력성), 대규모 금융자본, 도시 부동산 등 다양한 요인들이 다층적으로 작용해 앞으로 불평등이 심화될 수 있으며,

16 같은 글, p.78.

따라서 불평등 완화를 위해서는 적절한 제도와 공공 정책, 특히 글로벌 자본세 등 누진적 조세제도의 도입이 필요하다고 역설했다. 적절한 공공 정책이 시행되지 않을 경우 r과 g의 격차가 커져 불평등이 심화되고, 지금과 같은 방식으로 불평등이 누적된다면 성장률이 둔화되는 21세기의 어느 시점에 마침내 세습 사회가 다시 도래할 수 있다고 경고하고 있는 것이다. 많은 보수 언론들이 피케티가 자신의 오류를 인정했다고 보도했지만 실제로 「'21세기 자본'에 관한 고찰」의 설명은 『21세기 자본』의 내용과 본질적으로 다르지 않고, 사실상 『21세기 자본』의 내용을 좀 더 명확하게 다시 설명하고 보충 논의를 덧붙였을 뿐이다.[17] 앞으로 논의가 진행됨에 따라 필자는 피케티가 새 논문에서 무엇을 덧붙였는지 상세히 설명할 것이다.

$r>g$ 공식, 세습자본주의, 한계생산성 이론

앞서 언급했듯이 역사적으로 자본수익률은 4~5%를 유지했다. 피케티에 따르면 18세기부터 20세기 초까지 프랑스와 영국의 자본수익률은 연 4~5%, 좀 더 일반적으로는 3~6%를 오갔다. 장기적으로 뚜렷한 상향 추세나 하향 추세는 나타나지 않았다. 피케티는 오노레 드 발자크나 제인 오스틴(Jane Austen) 등 19세기 소설가의 작품에서도 이러한 사실에 대한 흥미로운 예증을 발견한다. 발자크나 오스틴은 자신의 소설 속에서 어떤 사람이 연간 5만 프

17 같은 글, pp.78~79. 「'21세기 자본'에 대한 고찰」에서도 피케티는 21세기의 불평등 동학에 영향을 미치는 요소들로서 성장률 둔화, (자본 집약적) 기술 변화, 그리고 대규모 금융자본의 (평균 수익률)보다 높은 수익률 등과 같은 요인들을 제시한다. 『21세기 자본』은 이러한 상황들에 대해 상세히 논의하고 있다. 이 책에서는 앞으로 이러한 부분에 대해 계속해서 상세히 설명할 것이다.

량의 자본소득을 얻기 위해서는 국채든 토지든 또는 어떤 다른 형태의 투자처든 상관없이 100만 프랑의 자본을 갖고 있어야 한다는 사실을 당연한 것으로 전제하고 있었다.

하지만 이 이야기가 개별 자본 간에 수익률의 차이가 없다는 것을 의미하는 것은 아니다. 자본의 종류와 규모에 따라 자본수익률은 차이가 난다. 예컨대 1년에 10%가 넘는 수익률을 올리는 회사도 있고 파산하는 회사도 존재한다. 피케티에 따르면 많은 국가에서 장기적 주식투자 수익률은 평균 7~8% 정도이고 부동산과 채권투자 수익률은 보통 3~4% 정도이다. 사업에 투자된 자본은 위험이 훨씬 더 크므로 평균 수익률은 6~8% 정도이다(70, 72). 이렇듯 자본의 규모와 종류에 따라 개별 자본의 수익률은 차이가 나지만 평균 자본수익률은 일정 수준을 유지하는 경향이 있다.

그렇지만 주류 경제학자들이 '철의 법칙'으로 간주하는 **한계생산성 이론**에 따르면 축적된 자본량이 많고 경제성장률이 둔화된 선진국에서 세전 $r > g$는 당연히 성립하지만 세후 $r > g$의 법칙은 결코 성립할 수 없다. 자본의 한계생산성이 낮으므로 자본수익률(r)이 성장률보다 커지는 일은 결코 일어나지 않는다는 것이다. 하지만 피케티는 이 부등식을 통해 주류 신고전파 경제학이 중시하는 한계생산성 이론에 오히려 문제가 있음을 보여주고자 한다. 사실 한계생산성 이론에 대해 비판을 제기한 것은 피케티가 처음이 아니다. 한계생산성 개념은 조앤 로빈슨(Joan Robinson), 니컬러스 칼도(Nicholas Kaldor), 루이지 패시네티(Luigi Pasinetti) 등 영국 케임브리지 대학의 경제학자들과 폴 새뮤얼슨, 로버트 솔로 같은 미국 MIT 대학의 경제학자들 사이의 논쟁에서 중요한 토론 주제 중 하나였다. MIT 대학의 소재지도 케임브리지이므로 경제학의 역사에서 유명세를 떨친 이 논쟁을 '두 케임브리지 논쟁'이라고 부른다.

로빈슨의 한계생산성 이론에 대한 비판의 핵심적 내용은 다음과 같다. 자

본은 단일하지 않으며 이질적이고 다양하게 구성되어 있는데, 주류 경제학자들은 마치 자본이 단일한 하나의 실체인 것처럼 간주한다. 또한 이질적인 자본을 하나의 단일한 자본인 것처럼 집계하기 위해서는 이미 다양한 자본의 가치(예컨대 이자율 혹은 수익률)를 알고 있어야 한다. 하지만 신고전학파는 미리 단일한 자본을 전제한 후 한 단위의 자본이 갖는 한계생산성에 근거해 자본의 가치(이자율 혹은 수익률)를 도출한다. 로빈슨은 신고전학파 경제학의 한계생산성 이론은 이러한 순환논리에 근거한 이론이라고 비판하는 것이다.

그뿐만 아니라 로빈슨에 따르면, 신고전파 경제학자들은 자본을 원하는 크기의 노동량과 항상 결합 가능한 "말랑말랑한(malleable)" 것으로 간주하는 오류를 범하고 있다.[18] 신고전파 경제학자들은 자본을 어떤 크기의 노동과도 별 문제 없이 잘 결합할 수 있는 매우 신축성 있는 것으로 간주한다는 것이다. 또한 자본가는 노동자 수에 맞춰 혹은 적절한 분배가 가능하도록 자본 크기를 조정하거나, 과도한 자본투자가 이루어졌을 때에는 자본량을 쉽게 줄일 수 있다고 생각한다. 하지만 정말로 자본은 이들이 말하는 것처럼, 효율적이고 안정적인 성장과 분배가 이루어질 수 있도록 쉽게 조정이 가능하고 '말랑말랑'하며 안전한 것인가?

여기에서 로빈슨이 염두에 두고 있는 또 하나의 중요한 점은, 신고전파 경제학자들의 가정과 달리 한계생산성 이론이 노동과 자본 사이의 공정한 분배를 보장하지 않는다는 것이다. 한계생산성 이론에 따르면 자본의 한계생산력에 따라 자본의 가격인 수익률 혹은 이자율이 결정되고, 임금은 노동의 한계생산력에 따라 결정된다. 자본과 노동 모두 한계생산력에 의해 가격이 결정된다는 것은 자본소득과 노동소득으로의 분배가 공정하다는 것을 함축한다.

18 G. C. Harcourt, *Some Cambridge Controversies in the Theory of Capital* (Cambridge: Cambridge University Press, 1972), p.18 이하 참조.

하지만 로빈슨에 따르면 한계생산성이라는 개념 자체가 모호하므로 소득분배가 공정하리라는 보장도 없다. 자본소득과 노동소득의 크기는 반드시 한계생산성에 의해서 결정되는 것이 아니라 사회적·정치적 역학관계나 법률적·사회적 제도에 의해 크게 영향받는다.

피케티는 『21세기 자본』 여기저기에서 한계생산성 이론에 대해 비판적 입장을 취하고 있다. 피케티 역시 영국 케임브리지 학파의 견해에 근본적으로 동의하고 있음을 알 수 있다. 이미 언급했듯이 피케티는 서장에서 규모가 큰 자본은 규모가 작은 자본에 비해 오히려 수익률이 높다는 점을 지적한 바 있다. 예컨대 100억 달러는 1억 달러보다 더 높은 자본수익률을 누릴 수 있다. "개인이 물려받은 재산이 많으면 많을수록 자본의 평균 수익률이 더 높을 수 있다"(39). 이렇듯 피케티는 『21세기 자본』에서 신고전파 주류 경제학의 금과옥조인 한계생산성 이론에 대해 공세를 취하고 있다. 또한 피케티는 이렇게 말한다.

> 더 정확히 말해 나는 다음과 같은 결론을 제시할 것이다. 자본수익률이 현저하게 그리고 지속적으로 경제성장률보다 높은 경우, 거의 필연적으로 (과거에 축적된 자산의) 상속이 (현재 축적되는 자산인) 저축을 압도한다. 논리적으로만 생각하면 그 반대가 될 수도 있지만, 이 방향으로 향한 힘들이 극도로 강력하다. 어떤 의미에서 부등식 $r > g$는 과거가 미래를 잡아먹어 버리는 경향이 있다는 것을 뜻한다. 노동을 하지 않고도 과거에 만들어진 자산이 자신의 노동을 통한 저축으로 만들어진 자산에 비해 자동적으로 더욱 빠르게 성장한다. 거의 필연적으로 이는 과거에 만들어진 불평등, 즉 상속을 더 지속적이고 과도하게 중요한 것으로 만드는 경향이 있다(452. 강조는 필자).

피케티는 이 점을 명확하게 설명하기 위해 미국 대학기금의 예를 제시한

다. 그것은 '자본의 규모의 경제'가 반드시 상속재산에만 국한되는 이야기가 아니라는 것을 보여주는 예이기도 하다. 하버드, 예일, 프린스턴 대학 등 기금 총액이 큰 대학들은 고도로 다각화된 포트폴리오 구성을 통해 연간 10%에 육박하는 실질 수익을 얻는다. 이는 기금이 적은 대학들 평균 수익률의 2배에 해당한다(535). 물론 피케티에 따르면 $r > g$의 현상이 나타나기 위해서 수익률이 반드시 10%로 올라가야 할 필요는 없다. 상속재산이 점점 더 중요한 역할을 하는 사회에서는 r과 g의 작은 차이만으로도 불평등이 심화될 수 있기 때문이다. 대규모의 자본 소유자는 별로 이익을 챙기지 못하거나 종종 손해를 보는 소액주주들에 비해 훨씬 높은 자본수익률을 보증받을 수 있으며, 이는 r의 하락을 상쇄하는 힘으로 작용한다.[19]

지금까지의 논의를 요약해보자. $r > g$가 자본주의의 중심적 모순을 보여주는 공식이라는 말의 의미는 다음과 같다. r과 g의 격차가 크다는 것은 특히 저성장 사회에서 불평등이 심해진다는 것을 의미한다. 상위 1% 미만의 부유한 최상위층의 주요 소득 원천은 자본소득이다. 반면 특히 저성장 사회에서는 노동소득만으로 살아가는 사람들은 소득을 얻을 수 있는 기회가 매우 제한되어 있으므로 불평등이 심화될 수밖에 없다. 저성장 사회에서 자본소득자는 자신의 소득을 조금만 저축해도 부가 급격히 증가할 수 있으며 상속재산의 중요성이 점점 커진다. 금융위기 이후 한국에서 불평등 격차가 커진 현상도 $r > g$ 공식을 통해 상당 부분 설명될 수 있다(누진세 정책 등 다른 외적 충격

19 한국의 영향력 있는 한 시민단체는 소액주주 보호 운동을 시민운동의 차원으로 승격시키고 이를 한국의 경제민주화의 핵심 목표 중 하나라고 간주한다. 하지만 투자할 능력이 있는 사람들의 배당금을 높여주는 일을 시민운동의 목표로 설정하고 이를 오랫동안 주장해왔다는 것은 매우 불행한 일이다. 소액주주 보호는 당연히 해야 할 일이다. 하지만 소액주주의 권익보호를 시민운동의 핵심적 목표로 설정하는 것은 납득하기 어렵다. 왜 이 시민단체는 대기업 또는 대주주의 횡포를 막는 일과 소액주주 운동이 결합되어야 할 어떤 사회적·논리적 이유가 없다는 것을 알지 못하는 것일까?

이 없었으므로).

그러나 주류 경제학자들은 저성장 사회에서는 높은 저축률이 유지될 수 없다고 피케티를 비판한다. 이 점은 『21세기 자본』이 출간된 이후 피케티 이론에 제기된 대표적인 비판이다. 신고전파 이론에 따르면 저축률과 성장률이 상관관계를 가지므로[20] 저성장 사회에서는 높은 저축률을 유지하는 것은 불가능하다. 하지만 피케티에 따르면 저성장 사회에서도 최상위 부자는 저축이 가능할 뿐만 아니라 오히려 바로 그러한 이유로 자본 소유자는 자신의 자산을 더욱 빠르게 늘릴 수 있다. 소득의 일정 부분만 저축해도 높은 자본수익률을 바탕으로 부를 막대하게 축적하면서 정치적·사회적·경제적 영향력을 행사할 수 있다.

피케티의 자본 개념은 주류 경제학이나 마르크스 경제학자들이 이야기하는 자본의 개념보다 넓은 의미를 갖고 있다. 주류 경제학이나 마르크스 경제학에서는 자본 개념을 주로 생산자본에 국한시키지만 피케티는 그것을 이자소득, 주식 배당소득, 임대료 등을 포함하는 광범위한 의미로 해석한다. 이것이 갖는 의미에 대해서는 앞으로 계속 논의할 것이다. 자본수익률을 설명할 때 피케티처럼 자본을 넓은 의미로 해석하면 특히 대규모 자본의 경우 한계생산성 체감의 법칙이 적용되지 않을 수 있으며 따라서 장기적으로 r이 하락하지 않을 수 있다. 그러한 이유로 저성장 사회에서도 r과 g의 차이는 커질 수 있다.[21] 이러한 상황이 가능하다는 것을 좀 더 이론적으로 설명하기 위해

20 이에 대해서는 이 책 제3부에서 상세히 논의할 것이다.

21 피케티에 따르면 불평등은 자본수익률과 경제성장률의 차이($r-g$)의 "가파르게 증가하는 함수"이다. r과 g의 차이가 커질수록 불평등은 더욱 심화된다는 것이다. "실제로 일단 자본수익률이 성장률보다 지속적으로 훨씬 더 높으면 부의 축적과 상속의 동학이 자동적으로 매우 심각한 부의 집중을 낳고, 이때 형제자매 간의 평등한 분배는 별로 영향을 미치지 않게 된다. …… 아주 간단한 수학적 모형을 활용하면 이런 유형의 충격들이 발생하는 일정한 틀 안에서 부의 분배는 장기적으로 균형을 향해 나아가는 경향이 있으며, 불평등의 균

피케티는 자본주의의 두 가지 근본법칙($\alpha = r \times \beta$, $\beta = s/g$)을 제시한다. $r > g$ 공식은 이 두 법칙들과 연결시켜 설명할 때 의미가 더 분명해진다. 이제 이에 대해 살펴보자.

형 수준은 자본수익률과 성장률의 차이, 즉 $r-g$의 증가하는 함수라는 사실을 입증할 수 있다"(435). 이에 대한 피케티의 수학적·기술적 논의를 보려면 『21세기 자본』, 제10장 및 인터넷 부록, 그리고 피케티의 새 논문, 「'21세기 자본'에 대한 고찰」, 73쪽 이하를 참조하라. 이 책 제3부의 부록에서 필자는 피케티가 어떻게 파레토 계수를 이용해 r과 g의 차이가 불평등 증가에 미치는 영향을 수학적으로 설명하는지 핵심적인 내용을 요약해두었다. 그 부분도 참고하기 바란다.

제5장

자본주의의 제1근본법칙과 제2근본법칙

피케티가 말했듯이 $r > g$는 자신의 책 전체의 논리를 요약하는 공식인데, 이를 좀 더 구체적으로 설명하기 위해 그는 두 개의 자본주의의 근본법칙을 제시한다.

자본주의의 제1근본법칙

자본주의의 첫 번째 근본법칙은 다음과 같다.

$$\alpha = r \times \beta$$

여기에서 α는 국민소득에서 자본소득이 차지하는 몫(비율)을 의미한다. 연간 발생하는 국민소득은 크게 본다면 자본소득과 노동소득으로 구분된다. 그렇다면 연간 국민소득 중 자본에 돌아가는 몫이 30%, 노동에 돌아가는 몫이

자본주의의 제1근본법칙: $\alpha = r \times \beta$

α : 연간 국민소득 중 자본이 차지하는 몫 혹은 비율

β : 자본/소득 비율(capital to income ratio), 연간 국민소득 대비 자본의 총량, 달리 말하면 자본총량을 연간 국민소득으로 나눈 값

▶ β값이 크면 클수록 그 시점에서 국민소득 대비 총자본량이 많다는 것, 즉 자본축적도가 높다는 것을 의미한다.

r : 자본수익률

▶ 자본/소득 비율(자본축적도) β와 자본수익률 r이 클수록 국민소득에서 자본이 차지하는 몫 α도 커진다.

70%라고 할 때 α값은 30%가 되는 것이다. α값이 높을수록 자본과 노동 사이의 불평등이 큰 사회가 된다.

r은 자본수익률을 뜻한다. β는 자본/소득 비율(capital to income ratio)이다. 자본/소득 비율은 연간 국민소득 대비 자본의 총량, 달리 말하면 자본총량을 연간 국민소득으로 나눈 값을 의미한다. 어떤 나라의 연간 국민소득을 100이라고 하고, 그 국가 내에 존재하는 자본의 총량을 700이라고 한다면 이때 그 나라의 β값은 700%가 된다. 자본총량이 600인 경우라면 β값은 600%가 될 것이다. 따라서 β값이 높다는 것은 그 나라의 자본축적의 정도가 높다는 것을 의미한다.

β는 연간 국민소득을 기준으로 보았을 때 그 나라가 기준 시점에서 소유하고 있는 총자본량을 나타내는 수치이다. 즉 β는 어느 주어진 시점(예컨대 2015년 12월 31일)에 그 나라가 보유하고 있는 총자본량을 당해 연도 국민소득 크기로 나눈 값이다. 따라서 β값이 크면 클수록 그 시점에서 국민소득 대비 총자본량이 많다는 것, 즉 자본축적도가 높다는 것을 의미한다.

α는 그 나라가 보유하고 있는 전체 자본으로 인해 발생하는 연간 자본소득

과 연간 국민소득을 비교하는 개념이다. α는 일정한 기간, 예를 들면 2015년 한 해 동안의 국민소득 중 자본소득이 차지하는 비율을 측정하는 개념이다.

β가 6(=600%)이라는 것은 어느 한 시점에서 한 국가 내에 국민소득의 6배의 가치를 갖는 자본이 (해당 시점에) 존재한다는 것을 의미한다. β는 국민소득의 크기에 대한 자본축적량의 상대적 크기 혹은 자본축적의 정도를 말하는 개념인 것이다. 달리 말하면 그것은 국민 1인이 소유하고 있는 자본량이다. 현재 유럽의 자본/소득 비율은 6배에 가까우며 미국은 4배를 약간 넘는다(200, 그리고 이 책 제6장의 〈그림 6-1〉 참조). 주주 자본주의가 아니라 기업의 사회적 책임을 중시하는 '이해당사자 자본주의'가 유지되고 있는 독일의 자본/소득 비율은 4배를 조금 넘는다. 주주 자본주의란 기업이 오직 주주만의 이익을 보장하기 위해 존재하는 자본주의를 말한다. 반면 이해당사자 자본주의란 주주뿐만 아니라 지역 시민, 환경, 노동자, 사회적 약자 등의 이익을 모두 고려하는 자본주의를 의미한다. 따라서 주주 자본주의는 주주의 이익을 위해서 필요하다면 언제든지 공격적으로 투자하는 체제이므로 그것의 자본축적도 이해당사자 자본주의에 비해 훨씬 높을 수밖에 없다.

피케티의 연구 방법을 적용해 한국의 β값을 조사한 정태인의 연구에 따르면 한국은 7배에 해당한다. β값의 크기에 영향을 미치는 요인은 무엇이며, 유럽이 미국에 비해 상대적으로 β값이 높은 이유가 무엇인지 등, 제2법칙과 관련된 문제들에 대해서는 이후에 상세히 언급하기로 하자.

다시 제1법칙으로 돌아가자. 이미 언급했듯이 α값이 크다는 것은 자본소득이 국민소득에서 차지하는 비중이 높다는 것, 따라서 자본과 노동 사이의 불평등이 심각하다는 것을 뜻한다. 피케티에 따르면 산업혁명 초기, 즉 1800년에서 1860년에 걸친 시기에 국민소득에서 자본이 차지하는 몫이 증가했다. 18세기 후반에서 19세기 초반에 걸쳐 α값은 35~40%였으며, 마르크스가 『자본론』을 쓰기 시작할 시기인 19세기 중엽에는 약 45~50%로 급증했다. 자본

가의 몫은 노동자들이 자신들의 권리를 위해 투쟁하기 시작한 시기인 1870~1900년에 감소했다가 1900~1910년에 다시 높아졌다. 제2차 세계대전 이후 자본이 차지하는 몫은 세 국면을 거쳤다. 1945~1968년까지 이윤은 가파르게 증가했고 이어 1968~1983년까지는 현격히 감소했다가, 1983년 이후에 다시 매우 급격하게 증가했다. 1990년 이후 이윤이 차지하는 몫이 안정되었지만 1945년 이후 임대료가 국민소득에서 차지하는 몫이 꾸준히 증가하고 있음을 상기한다면 이는 자본의 몫이 전체적으로 상승했다는 것을 의미한다(271~274).

자본주의 제1법칙은 법칙이라기보다는 순수한 회계적 항등식이다. 순수한 회계적 항등식이라는 것은 이 공식이 시대에 무관하게 모든 사회에 적용되는 당연한 사실을 말하고 있다는 것을 의미한다. 예를 들어 $\beta=600\%$이고, $r=5\%$이면, $\alpha=r\times\beta=30\%$가 된다. 즉 한 나라에 존재하는 자본총량이 국민소득 총액의 6배인 경우, 자본총량이 5%의 자본수익률로 투자되면 국민소득의 30%에 해당하는 자본소득이 발생한다. 예컨대 국민소득이 200이고, β값이 600인 경우 그 나라의 자본 총액은 1200이다. 이 1200이라는 자본 총액이 5%의 수익률로 투자되면 60의 수익이 발생한다. 한 해 국민소득이 200이라고 가정했으므로 이 경우 자본소득이 전체 국민소득에서 차지하는 비율, 즉 α값은 60/200=30%가 되는 것이다. 이 30%라는 자본소득 비율은 $\alpha=r\times\beta$ 공식을 통해서도 도출될 수 있으며, 이 공식은 **항상 성립하는** 항등식이다.

이 항등식을 도출하는 것은 어렵지 않다. 이 공식은 항등식이므로 직관적으로 이해할 수 있다. 자본소득은 자본수익률과 자본량을 곱한 값이므로 국민소득 중 자본의 몫이 차지하는 비율(α)은 다음과 같다.

$$\alpha = \text{자본소득}/\text{국민소득} = \text{자본수익률}(r) \times \text{자본량}/\text{국민소득}$$

그리고 β는 자본/소득 비율, 즉 '**자본량/국민소득**'이므로 다음의 $\alpha = r \times \beta$ 공식이 도출된다.

α = 자본수익률(r) × **자본량/국민소득** = $r \times \beta$

$\alpha = r \times \beta$로부터 우리는 β, 즉 자본/소득 비율(자본축적도)과 r이 클수록 국민소득에서 자본이 차지하는 몫(α)도 커진다는 것을 알 수 있다

자본주의의 제2근본법칙

자본주의의 제2근본법칙: $\beta = s/g$

β : 자본/소득 비율

s : 저축률

g : (경제)성장률

▶ 이 공식은 저성장 사회에는 자본 소유자들이 조금만 저축해도 β의 크기가 커진다는 것, 그리하여 국민소득에서 자본이 차지하는 몫 α의 크기가 커져 불평등이 심화된다는 것을 의미한다.

피케티가 말하는 자본주의의 제2근본법칙은 다음과 같다.

$$\beta = s/g$$

여기에서 s는 저축률, g는 (경제)성장률을 의미한다. 이 법칙은 "저축률이 높고 성장률이 낮을수록 자본/소득 비율은 높다"(73)는 것을 의미한다. 이 공

식을 우선 직관적으로 파악해보자. 이 공식이 의미하는 바는 논의가 진행됨에 따라 더욱 분명해질 것이다.[1]

1 $\beta = s/g$는 다음과 같이 도출할 수 있다. 저축이 다음 연도에 모두 투자된다고 가정하면 다음 등식이 성립한다.

$$\text{올해 저축량} = \text{내년 자본량} - \text{올해 자본량} \text{ -- (1)}$$

한 국가의 산출(량)(output)은 (국민)소득에 다름 아니다. 그렇다면 등식 '내년 산출량 = 내년 국민소득, 올해 산출량 = 올해 국민소득'이 성립하고, 따라서 (1) 식의 우변은 다음과 같이 변형될 수 있다.

$$\text{내년 자본량} - \text{올해 자본량} =$$

$$\frac{\text{내년 자본량}}{\text{내년 산출량}} \times \text{내년 국민소득} - \frac{\text{올해 자본량}}{\text{올해 국민소득}} \times \text{올해 산출량} \text{ -- (2)}$$

이제 우리는 (2) 식에 등장하는

$\frac{\text{내년 자본량}}{\text{내년 산출량}}$ -- (3) 식과 $\frac{\text{올해 자본량}}{\text{올해 국민소득}}$ -- (4) 식이 동일한 값을 갖는다고 가정할 수 있다.

그 이유는 다음과 같다. 산출과 국민소득은 정의상 동일한 크기이다. 그리고 (3) 식은 피케티가 말하는 β값, 즉 내년의 자본/소득 비율이고, (4) 식은 올해의 자본/소득 비율이다. 또한 단기간에는 자본/소득 비율이 변하지 않는다고 가정해도 무방하므로 우리는 (3) 식과 (4) 식을 (연도와 무관하게) 같은 것(동일한 크기의 자본/소득 비율)으로 간주할 수 있다. 그렇다면 이제 (2) 식을 다음과 같이 고쳐 쓸 수 있다.

$$(2) = \text{저축량} = \text{자본/소득 비율} \times (\text{내년 산출량} - \text{올해 산출량}) \text{ -- (5)}$$

저축률(s)은 저축량을 산출량(=국민소득)으로 나눈 값이므로 아래 등식에서 저축량에 (5) 식을 대입하면 이로부터 우리는 제2법칙 $\beta = s/g$를 유도할 수 있다.

$$\text{저축률}(s) = \frac{\text{저축량}}{\text{올해 산출량}} = \text{자본/소득 비율} \times \frac{(\text{내년 산출량} - \text{올해 산출량})}{\text{올해 산출량}}$$

$$= \text{자본/소득 비율} \times \text{산출의 성장률} = \beta \times g$$

피케티에 따르면 이 공식이 전달하는 메시지는 매우 분명하며 중요하다. 앞에서 우리는 피케티가 $r > g$라는 공식을 통해 성장이 느리고 자본수익률이 높은 사회일수록 불평등 정도가 커진다는 것을 말하고 있음을 보았다. 피케티는 이를 더 명확하게 설명하기 위해 자본/소득 비율(β) 개념을 도입하고 이것을 성장률(g) 및 저축률(s)과의 관계와 연관시켜 논의하는 것이다. 우선 $r > g$ 공식과 $\beta = s/g$ 법칙에 공통으로 존재하는 변수가 g라는 것을 주목하자.

불평등의 정도는 α값으로 측정된다($\alpha = r \times \beta$). 그렇다면 $r > g$ 공식의 의미를 명확히 파악하기 위해서는 α, r, β라는 세 변수의 관계는 물론 β값의 크기를 결정짓는 s와 g의 상관관계에 대해서도 살펴봐야 한다. 좀 더 구체적으로는 다음 문제들을 고려해야 한다.

- β값은 어떻게 결정되는가? 저성장 사회에서 β값을 증가시키는 저축률은 어떻게 높게 유지될 수 있는가?
- 저축률과 성장률은 어떤 관계를 갖고 있는가?
- 자본/소득 비율(β)은 한 사회가 얼마나 자본 집약적인지를 측정하는 수단이다. 자본주의의 일반적 경향이라고 할 수 있는 자본 집약도의 상승은 필연적으로 자본이 차지하는 몫(α)을 증가시키는가? 달리 말하면 α값과 β값은 어떤 관계에 있는가?
- β와 r은 어떤 관계가 있는가? 자본축적의 심화(β값의 상승)는 어떤 메커니즘을 거쳐 r과 α값에 구조적 영향을 미치는가?

이러한 질문에 대해 정확히 답하기 위해서는 $\beta = s/g$ 법칙에 대한 설명과 더불어 많은 논의가 필요하다. 우리는 앞에서 r과 g의 격차가 큰 사회에서는 자본 소유자가 조금만 저축을 해도 그들이 갖고 있는 부의 총량이 늘어나고 불평등이 커진다는 것을 살펴보았다. 이러한 사실을 고려할 때 우리는 자본

주의 제2법칙, $\beta = s/g$는 다음 사실을 의미하는 것으로 이해할 수 있다. 저성장 사회에서도 저축률이 높게 유지됨으로써 자본 집약도(β)가 상승할 수 있으며, 이를 통해 불평등이 심화될 수 있다. 이는 성장이 정체된 사회일수록 자본축적의 규모(β)가 커지며, 따라서 과거에 축적되어 물려받은 자본의 역할(즉 상속재산을 통한 저축)이 매우 커진다는 것을 의미한다. 그리하여 $\beta = s/g$ 법칙은 저성장 사회에는 자본 소유자들이 조금만 저축해도 β의 크기가 커진다는 것, 그리하여 국민소득에서 자본이 차지하는 몫 α의 크기가 커져 불평등이 심화된다는 사실을 의미한다.

물론 그렇게 말하기 위해서는 단서가 더 필요하다. β가 증가해도 r이 더 빨리 감소한다면, 즉 β값이 커질 때 자본수익률(r)이 더 높은 비율로 감소한다면 α값이 반드시 증가하지는 않을 것이다. r의 더 빠른 감소가 β의 증가를 상쇄할 수 있다는 것이다(제1법칙은 $\alpha = r \times \beta$임을 상기하라). 피케티에 비판적인 대부분의 주류 경제학자들은 자본축적이 심화된다고 해도, 달리 말하면 β값이 상승해도 r은 β의 상승을 상쇄할 수 있을 만큼 빠른 속도로 하락하므로 한 경제 내에서 자본의 몫(α)이 반드시 커지지는 않는다고 주장한다.

과연 그럴까? 피케티는 오히려 반대로 β값이 상승함에 따라 r값이 하락한다고 할지라도 β값의 증가를 상쇄하지는 않을 만큼만 하락할 수 있으며 이 경우에는 α값이 증가해 불평등이 심화될 수 있다고 응수한다. 다음 인용문이 보여주듯이 피케티도 신고전파 경제학자들처럼 자본축적이 진행됨에 따라 r이 감소한다는 사실을 받아들인다(한계생산성 체감의 법칙). 하지만 피케티에게 중요한 것은 "얼마나 빨리" 감소하는가이다.

> 흥미로운 질문은 자본총량이 증가할 때 자본의 한계생산성이 빨리 감소하느냐 안 하느냐가 아니라(감소는 명백한 사실이다) 얼마나 빨리 감소하느냐 하는 것이다(260).

피케티는 21세기에는 점차적으로 r의 하락이 β의 상승을 상쇄하지 못하는 상황이 우세해지고 따라서 자본이 가져가는 몫이 더욱 커지는 일이 발생할 것이라고 전망하는 것이다(적절한 공공 정책을 통해 그 경향을 막지 않는다면).

자본주의의 제2법칙을 통해 피케티가 강조하는 것은 저성장 사회에서 저축률이 조금만 증가해도 β는 급속도로 증가할 수 있다는 사실이다($\beta = s/g$이므로). 하지만 주류 경제학자들은 g가 하락하면 s도 하락할 것이므로 저성장 사회에서 β가 증가하는 일은 일어나지 않을 것이라고 비판한다. 저성장 사회에서 어떻게 저축률이 증가할 수 있는가? 저성장 사회에서는 저축률도 0으로 내려가지 않겠는가? 주류 경제학자들은 피케티가 성장률과 저축률의 상관관계를 고려하지 않았다고 비판하는 것이다. 하지만 피케티에 따르면 이는 현실에서 자본 소유자의 실제 행위 방식을 고려하지 않는 매우 공허한 이야기일 뿐이다. 주류 경제학자들의 이러한 단순한 수학적·형식논리적 비판에 대해 피케티는 명쾌한 대답을 준비하고 있다. 저성장 사회에도 자본 소유자는 저축할 수 있는 여력이 있으며, 오히려 저성장 사회이기 때문에 이들의 저축이 고성장 시기에서보다도 그들의 자본과 부를 더 빨리 증가시킬 수 있다.

그리고 언급했듯이 β값이 상승할 때 r이 하락한다고 해도 그것은 β값 증가를 상쇄할 만큼 빠른 속도로 하락하지 않는다. 게다가 큰 규모의 자본은 높은 수준의 자본수익률을 유지할 수 있어 저성장 사회에서도 $r-g$의 격차는 커질 수 있다.

(자본과 노동 간의) 대체탄력성 개념: r과 β의 관계

자본주의의 제1법칙과 제2법칙의 상관관계를 명확히 이해하기 위해서는, 노동과 자본 간의 대체탄력성 개념에 대해 알 필요가 있다. 주류 경제학자뿐

- 대체탄력성이 1보다 큰 경우: 임금이 1% 인상될 때 자본가는 노동량을 1% 이상 감소시키고, 대신 자본을 추가로 투입할 수 있음 → α값이 증가, 자본 집약적 기술진보
- 대체탄력성이 1보다 작은 경우: 임금이 1% 인상되고 자본가는 노동량을 1% 미만으로 감소시킬 수밖에 없는 경우 → α값이 감소, 노동 집약적 기술진보
- 대체탄력성이 0인 경우: 노동과 자본 간의 대체가 불가능한 상황, 노동을 아무리 많이 추가적으로 투입해도, 그리고 반대로 자본을 아무리 추가적으로 더 투입해도 생산량의 변화가 없거나 심지어 오히려 감소하는 경우 → 현실적으로 존재하지 않음
- 대체탄력성이 무한대인 경우: 노동과 자본 간의 무한한 대체가 가능한 상황, 전 공정이 자동화되어 있고 로봇이 인간을 완전히 대체할 수 있는 경제 → 현실적으로 존재하지 않음

만 아니라 피케티에게도 대체탄력성 개념은 매우 중요하다. 대체 탄력성이 무엇인지 상세히 살펴보자.

제1공식 $\alpha = r \times \beta$에 따르면 β값이 증가하거나 r값이 증가할 때 α값, 즉 자본소득 비율의 크기도 증가한다. 그렇다면 자본축적이 점점 심화될 때 이로부터 발생하는 소득을 자본이 더 많이 가져가는가 아니면 노동이 더 많이 가져가는가라는 문제가 발생한다. 한 국가에서 자본축적도 β값이 증가할 때(즉 점점 더 많은 자본이 투자될 때) 이로부터 발생하는 소득을 자본이 더 많이 가져가느냐 노동이 더 많이 가져가느냐라는 매우 중요한 문제는 누가, 어떻게 결정하는가?

$\alpha = r \times \beta$ 공식에서 볼 수 있듯이 α값은 r과 β의 변화에 의해 결정된다. β값이 증가할 때(이는 성장하는 경제의 일반적 경향이다) β의 증가 폭보다 r의 감소 폭이 더 작거나(또는 오히려 r이 더 증가한다면) 자본이 가져가는 몫(α)은 이전보다 증가할 것이다. r의 감소 폭이 β의 증가 폭보다 더 크다면 자본이 가져

가는 몫은 감소한다. 그렇다면 r의 변화에 영향을 미치는 요인은 무엇인가? 한 국가에서 β값이 증가할 때 r은 증가하는가 감소하는가? 이것을 설명하는 개념이 바로 대체탄력성이다. β값의 변화에 따른 **자본수익률**의 변화는 **결국** 대체탄력성의 크기에 의해 결정된다는 것을 의미한다. 따라서 이는 **국민소득에서 자본이 차지하는 몫(α)의 변화는 결국 대체 탄력성의 크기에 달려 있다는** 것을 의미하게 된다.

피케티는 복잡한 수학적 설명을 피하기 위해 직관적인 방식으로 대체탄력성 개념에 대해 설명하고자 한다. 『불평등 경제』에서 피케티는 **대체탄력성이 크다는** 것은 노동으로 자본을 대체하거나 반대로 자본으로 노동을 대체하는 것이 용이하다는 것을 뜻한다고 말한다.[2] 이해하기 쉽게 자본가의 입장에서 이야기해보자. 임금이 인상된다면 자본가는 노동을 해고하고 그 대신 상대적으로 저렴해진 자본을 생산에 투여하고자 할 것이다. 임금이 1% 상승했을 때 가능한 비용을 절감하고자 노력하는 자본가가 할 수 있는 일은 상대적으로 비싼 노동보다는 저렴한 자본으로 노동을 대체하는 것이다. 이것이 용이한 경우에 대체탄력성이 높다고 말하고 기술 여건상 또는 정치적 상황 때문에 그것이 용이하지 않은 경우 대체탄력성이 낮다고 말한다.

대체탄력성이 1보다 큰 경우를 좀 더 자세히 살펴보자. 임금이 1% 인상될 때 자본가는 노동량을 1% 이상 감소시키고, 그 대신 자본을 추가로 투입할 수 있다. 이렇게 노동력을 절감함으로써 자본가가 과거보다 더 큰 몫을 얻을 수 있는 기술적 혹은 재정적 여건이 존재한다면 자본가는 대부분 이러한 방식으로 생산과정을 개편하려고 할 것이다. **이 경우가 피케티가 말하는 α값이 증가하는 상황이다.** α값이 증가해 자본가가 가져가는 몫이 더 많아지는 것은 임금이 1% 인상되었지만 노동은 1% 이상 감소했기 때문이다. 따라서 노동

2 토마 피케티, 『불평등 경제』, 64쪽 이하 참조.

자가 가져가는 전체 몫이 줄어든다.

α값이 증가한 것은, 자본을 추가적으로 더 투여함으로써 β값이 증가했지만 그럼에도 (노동자를 해고했으므로 노동 비용이 많이 줄어들어) 자본수익률(r)이 조금만 하락했기 때문이다. 노동자를 해고했으므로 임금으로 지출되는 비용이 줄어들기 때문에 자본수익률은 조금만 하락한다. 자본투자가 증가함으로써 자본의 한계생산성은 감소했지만 자본이 가져가는 소득의 **총액**은 증가해 전체적으로 자본이 차지하는 몫(α)이 증가하게 된다는 것이다. 즉 β가 증가함에 따라 r이 하락하는 것이 일반적 경향인데('이윤율 하락의 법칙' 또는 '자본의 한계생산성 하락'의 법칙), 그럼에도 r이 대폭 하락하는 것이 아니라 조금 하락해서 자본가의 **총소득**은 증가한 것이다. 물론 경우에 따라서는 오히려 r이 상승 — 자본의 한계생산성이 상승 — 할 수도 있다. 이러한 기술적·정치적·사회적 상황이 존재할 때 대체탄력성이 1보다 크다고 말하는 것이다. 이를 달리 표현해 **자본 집약적 기술진보**가 발생했다고도 말한다.

대체탄력성이 1보다 작은 경우에는 임금이 1% 증가할 때 노동량은 1% 미만으로 감소하게 된다. 이 경우 노동의 몫은 증가하는 반면, 총소득에서 **자본이 차지하는 몫(α)이 감소**한다. 기술적 여건상 이러한 방식으로밖에 기술진보를 달성하거나 생산과정을 개편할 수 없는 상황을 가리켜 대체탄력성이 1보다 작다고 말하는 것이다. **노동 집약적 기술진보**가 일어나는 경우이다.

대체탄력성이 0인 경우란 노동과 자본 간의 대체가 불가능한 상황이다. 예를 들면 기술적 여건상 노동을 추가적으로 아무리 많이 투입해도, 그리고 반대로 자본을 아무리 추가적으로 더 투입해도 생산량의 변화가 없거나 심지어 오히려 감소하는 경우를 말한다. 이 경우에는 '기계당 n명의 노동자'라는 현재 주어진 기술적 여건(고정계수)을 따를 수밖에 없다. 노동자 1명을 추가로 고용해도 생산량은 더 이상 증가하지 않으며(오히려 감소할 수도 있다), 1명을 해고하면 생산량이 감소한다. 이 경우가 대체탄력성이 0인 경우인데, 물론

장기적으로 대체탄력성이 0인 경우는 실제적으로 존재하지 않는다. 사회경제적·인구적·기술적 상황이 변하면 노동자를 더 많이 고용하거나 자본을 더 많이 투자할 때 생산량의 변화가 일어날 수 있기 때문이다.

대체탄력성이 무한대일 때에는 노동과 자본 간의 무한한 대체가 가능하다. 이 경우 노동 가격이 상승하면 자본가는 노동자를 해고하고 가능한 자본만을 투입해 생산하고자 할 것이다. 전 공정이 자동화되어 있고 로봇이 인간을 완전히 대체할 수 있는 경제가 이에 해당할 것이다. 노동 없이 자본과 기술만으로도 생산한다는 것인데, 대체탄력성이 0인 경우와 마찬가지로 대체탄력성이 무한대인 사회도 실제로는 존재하지 않는다. 이와 관련해 피케티는 대체탄력성이 0인 경우는 "상상력이 결여되어 있으며, 무한대인 경우에는 과도한 기술 낙관주의의 오류를 범하고 있다"고 흥미롭게 표현한 바 있다.

그렇다면 현실적으로 중요한 경우는 대체탄력성이 1보다 크거나 작은 경우이다(262). 『불평등 경제』에서는 대체탄력성과 r, β의 관계에 대해 충분히 설명하지 않으므로 이를 살펴보기 위해서는 다시 『21세기 자본』으로 되돌아와야 한다. 우선 피케티의 핵심 논제를 다시 정리해보자.

- 자본주의의 제1근본법칙($\alpha = r \times \beta$)은 국민소득에서 자본이 차지하는 몫이 r과 β에 달려 있음을 말한다. 그리고 β값과 α값은 장기적으로 증가한다.
- 자본주의의 제2근본법칙($\beta = s/g$)에서 β는 국민 혹은 노동자 1인당 자본량을 의미한다. 이는 한 국가 내의 자본축적의 정도를 보여주는 개념이다. β는 그 사회가 얼마나 자본 집약적인지를 측정하는 수단으로(73), 이를 측정하기 위해서는 특히 저축률과 성장률 개념을 도입해야 한다. 자본주의의 제2근본법칙은 저축률이 높고 성장률이 낮을수록 자본/소득 비율(β)은 높아진다는 것을 말하고 있다.

자본/소득 비율(β) 그 자체는 그 국가의 불평등에 대해 아무것도 말해주지 않는다

- 주류 경제학의 입장: 대체탄력성은 결코 1보다 클 수 없다. 이들은 대체탄력성이 1인 생산함수, 코브-더글러스(Cobb-Douglass) 생산함수를 통해 α의 값이 안정적으로 유지된다는 신화를 발전시켰다.
- 피케티의 입장: 대체탄력성이 1보다 클 경우 β의 증가가 r의 하락을 상쇄할 수 있기 때문에 β값이 증가하면 α값도 증가해 불평등이 심화된다. 그러므로 β값 자체가 불평등에 관해 아무것도 말해주는 것이 없다고 해도 β값은 중요하다.

하지만 "한 국가의 자본/소득 비율 그 자체는 그 국가의 불평등에 대해 아무것도 말해주지 않는다"(68)는 사실을 잊어서는 안 된다. 대체탄력성 개념이 중요한 이유도 여기에 있다. β값이 증가해도 대체탄력성이 1보다 작으면 자본이 차지하는 몫은 오히려 감소하기 때문이다. 또한 β값이 크다고 해도, (현실적으로 이렇게 될 가능성은 없지만) 상위 1%부터 하위 1%까지 자본이 비교적 고르게 분포되어 있다면 이 사회는 무척 평등한 사회일 것이다. $\alpha = r \times \beta$이라는 공식에서 α값이 크다는 것은 불평등 정도가 높다는 것을 의미한다. 따라서 불평등을 말하기 위해서는 β만이 중요한 것이 아니라 β과 r의 관계를 반드시 고려해야 한다. β값이 크다고 할지라도 r이 낮다면 그 사회가 반드시 노동자에게 불리한 사회라고 말할 수 없는 것이다.

피케티가 반복해서 말했듯이 미국의 β값은 유럽의 그것보다 더 낮지만 그럼에도 불평등 정도는 미국이 훨씬 더 심각하다. 또한 자본축적의 정도가 비슷한 나라들이라고 해도 자본과 부가 상위 1%에 집중되어 있느냐 아니면 10% 혹은 20%로 분산되어 있느냐에 따라 각 나라의 불평등 정도는 다르다. 비슷한 이야기이지만 예컨대 상위 0.1%가 전체 소득에서 차지하는 몫(자본소득이

든 노동소득이든 상관없이)이 매우 크고 하위 50%의 몫이 아주 작은 사회와 그렇지 않은 사회가 있을 수 있다. β값이 크다고 해도 그 사회가 갖고 있는 부의 총량이 국민 전체에 고루 분포되어 있다면 이러한 사회는 상당히 평등한 사회이다. 유럽이 미국보다 더 평등한 사회인 이유는 유럽의 β값 미국보다 더 높지만 소득과 부가 상대적으로 더 평등하게 분포되어 있기 때문이다. 제2장에서 살펴보았듯이 미국은 유럽에 비해 노동소득의 불평등과 자본 소유(부)의 불평등이 더 크다.

피케티는 자본량이 증가할 때 한계생산성이 감소할 수 있다는 것(즉 자본수익률, r이 하락할 수 있다는 것)을 인정한다. 하지만 그는 주류 경제학자들과 달리 자본/소득 비율(β)의 증가가 r의 하락을 상쇄할 수 있다는 점을 강조한다. 피케티가 β값 자체는 불평등에 관해서 아무것도 말해주는 것이 없다고 말하면서도 β값을 중시하는 이유가 바로 그것이다. 대체탄력성이 1보다 큰 경우에 이러한 일이 일어나는데, 이 경우 β값이 증가하면 α값도 증가해 불평등이 심화된다. 피케티는 대체탄력성이 1보다 클 수 있는 이유에 대해 다음과 같이 간략하게 논평한다. "자본은 장기적으로 다양한 용도가 있으므로 대체탄력성이 1보다 클 것"이며, 이 경우에는 자본수익률이 "반드시 상당히 하락하지는 않을 것이다"(281). 자본의 종류나 용도는 다양할 수 있으므로 자본가는 더 높은 수익률을 보장해주는 곳에 자신의 자본을 선별적으로 투자할 수 있다. 특히 자본의 규모가 크거나 노동에 대한 자본의 권력 또는 협상력이 강할 때 더 높은 자본수익률을 얻을 수 있다.

주로 토지의 형태로만 자본이 존재했던 전통적 농경 사회에서 대체탄력성이 1보다 작은 이유도 논리적으로 설명될 수 있다. 자본이 노동을 대체할 수 있으려면 자본이 다양한 형태로 존재해야 한다. 하지만 토지 자본만 존재하는 전통 농경 사회에서 토지가 노동을 대체하는 것은 한계가 있다. 토지의 크기가 일정한 한도를 넘으면 토지의 한계생산성은 급격히 감소한다. 상대적으

로 토지 자본이 풍부함에도 불구하고 자본/소득 비율로 측정한 미국 토지의 가치가 유럽보다 낮은 이유, 즉 β값이 신대륙이 구대륙보다 낮은 이유도 바로 이것으로 설명된다(268).

대체탄력성의 크기를 둘러싼 논쟁은 피케티 이론의 진위를 평가에서 결정적으로 중요한 역할을 한다. 주류 경제학자들이 주장하듯이 대체탄력성이 항상 1보다 작다면 피케티의 이론 전체가 그 근거를 상실하게 된다. 그러한 상황에서는 자본가가 가져가는 몫이 오히려 작아지기 때문이다. 이 문제에 대해서는 후에 상세히 다시 논의하기로 하자.

정리하면, 자본/소득 비율(β)과 자본수익률(r), 그리고 국민소득 중 자본의 몫(α)이 차지하는 비율의 관계를 논의하기 위해서는 다음 세 경우를 고려해야 한다(260~262).

- **대체탄력성이 0과 1 사이인 경우**

  자본총량이 증가하면(그리하여 β도 이에 상응해 증가할 때) 자본의 한계생산성은 "충분히" 감소한다. 이때 β의 증가율보다 r의 감소율이 충분히 더 크므로 β가 증가할 때 국민소득 중 자본소득이 차지하는 몫($\alpha = r \times \beta$)은 하락한다.

- **대체탄력성이 1보다 큰 경우**

  대체탄력성이 1보다 클 때 β의 증가는 자본의 한계생산성을 "제한적으로" 감소시켜 α값을 증가시키는 결과를 초래한다. 자본의 한계생산성이 그다지 많이 감소하지 않으므로 r도 크게 하락하지 않으며 따라서 α값이 증가한다.

- **대체탄력성이 1인 경우**

  r과 β의 효과가 서로 상쇄되어 α값의 크기는 변하지 않는다.

지금까지의 설명으로 알 수 있듯이 피케티에 대한 **주류 경제학자들의 비판의 핵심은 대체탄력성이 1보다 큰 경우는 없다**는 것으로 요약될 수 있다. 그런데 주류 경제학자들도 일반적으로 국민소득에서 자본이 차지하는 몫이 작아진다고는 말할 수 없다는 것을 잘 알고 있다. 따라서 이들은 α**의 값이 안정적으로 유지된다는** 신화를 발전시켰다. 피케티에 따르면 이는 특히 미국의 대표적인 신고전파 경제학자인 폴 새뮤얼슨에 의해 널리 전파되었으며, 미국 사회에서 가장 인기 있는 경제 이론으로 자리 잡았다. 코브-더글러스 생산함수가 정확히 대체탄력성이 1인 생산함수이다.[3]

- **신고전학파 경제성장 모형**에서는 대체탄력성이 항상 1보다 작거나 같다고 가정한다. 왜 그러한 가정이 필요할까? 대체탄력성이 1보다 작거나 같다고 해야만 자본가가 자본을 계속 축적해도 '이론적으로' 불평등이 심화되지 않는 사회라고 말할 수 있기 때문이다.
- 피케티의 실증적 연구 결과: 대체탄력성은 역사적 자료에 따르면 1.3~1.6으로 추정된다.
- 현대사회에는 엄청난 양의 자본이 존재하며, 발달된 기술의 도움으로 (장기적으로) 자본가는 노동절약적 방식으로 생산방식을 변화시킬 수 있다. 또한 자본은 **여러 용도로 활용**될 수 있다는 점도 중요하다. 특히 **부동산**이나 **금융**에 투자된 대규모의 자본은 엄청난 수익을 창출할 수 있다.

  그리하여 이 맥락에서 또한 피케티는 **물량효과가 가격효과를 능가할 수 있다**는 사실을 지적한다. 이는 자본수익률이 조금 떨어져도 투자된 자본의 양이 자본수익률의 하락을 상쇄할 만큼 충분히 크다면 α는 상승할 수 있다는 것(대체탄력성이 1보다 크다는 것)을 의미한다.

3 코브-더글러스 생산함수는 대체탄력성이 항상 1이며 따라서 자본의 몫도 불변이라는 속성을 갖고 있다. 이러한 속성으로 인해 코브-더글러스 생산함수는 미국에서 안정성 신화의 확산에 중요한 역할을 했다. 안정성 신화와 코브-더글러스 함수에 대해서는 이 책 제4부의 보론에서 상세히 설명할 것이다.

이제부터 대체탄력성은 결코 1보다 클 수 없다는 주류 경제학자들의 주장에 대해 살펴보고자 한다. 이 문제는 중요하므로 상세히 다룰 필요가 있다.

대체탄력성이 1보다 클 수 있는가

주류 경제학자들은 대체탄력성은 결코 1보다 클 수 없다고 주장한다. 주류 경제학에도 정통한 학자로서 피케티는 신고전파 경제학자들이 이러한 반론을 제기하리라고 예상하고 있었다. 아니 예상했다기보다는 그가 대체탄력성은 1보다 작다는, 신고전파 경제학이 결코 포기할 수 없는 핵심 교리에 대해 선제공격을 시도했다고 말하는 편이 더 정확할 것이다. 피케티는 대체탄력성 논쟁을 '자신 있게' 끌어들임으로써 신고전파경제학 이론 그 자체의 문제점을 적나라하게 드러내는 전략을 사용한 것이다. 그렇다면 피케티가 말하는 대체탄력성의 크기는 얼마일까?

> 21세기에 노동에 대한 자본의 대체탄력성이 1을 넘어 얼마나 더 커질 수 있을 것인지를 예측하는 것은 분명 매우 어려운 일이다. 역사적 자료에 따르면 1.3~1.6으로 추정할 수 있다 …… 만약 21세기에 성장이(특히 인구성장) 둔화된다면, β의 상승세는 세계 곳곳으로 확산될 수 있다. 또한 이런 추세는 아마도 국민소득에서 자본이 차지하는 몫인 α를 지속적으로 증가시킬 것이다. 분명히 자본수익률 r은 β가 증가함에 따라 하락할 가능성이 크다. 하지만 역사적 경험에 따르면 결국 **물량효과**가 가격**효과**를 능가할 가능성이 훨씬 더 높다. 이는 **자본축적의 효과가 자본수익률 하락의 효과를 능가할** 것임을 의미한다(267. 강조는 필자).

여기에서 볼 수 있듯이 피케티는 대체탄력성이 1.3~1.6일 것이라고 추정한다. 여기에서 피케티는 또한 이에 대한 근거로서 **물량효과가 가격효과를 능가한다**는 점을 지적한다. 이후에 다시 상세히 언급하겠지만 이는 심지어 자본수익률이 조금 떨어져도 투자된 자본의 양이 자본수익률의 하락을 상쇄할 만큼 충분히 크다면 α는 상승할 수 있다는 것(대체탄력성이 1보다 크다는 것)을 의미한다.

신고전학파 경제성장 모형에서는 대체탄력성이 항상 1보다 작거나 같다고 **가정**한다. 왜 그러한 가정이 필요할까? 대체탄력성이 1보다 작거나 같다고 해야만 자본가가 자본을 계속 축적해도 '이론적으로' 불평등이 심화되지 않는 사회라고 말할 수 있기 때문이다. 하지만 피케티는 현실은 그 반대라고 지적하면서 이에 응수한다. 현대사회에는 엄청난 양의 자본이 존재하며, 발달된 기술의 도움으로 (장기적으로) 자본가는 노동절약적 방식으로 생산방식을 변화시킬 수 있다. 또한 자본은 **여러 용도로 활용**될 수 있다는 점도 중요하다. 특히 **부동산**이나 **금융**에 투자된 대규모의 자본은 엄청난 수익을 창출할 수 있다.

> 왜냐하면 노동에 대한 자본의 **장기적** 대체탄력성이 1보다 명백히 크기 때문이다. 이것이 지금까지 이 연구의 가장 중요한 교훈이다. 현대의 기술은 여전히 엄청난 양의 자본을 사용하며, 더 중요한 것은 자본이 여러 용도로 활용된다는 점이다. 따라서 자본가는 자본수익률을 제로로 만들지 않으면서 어마어마한 자본을 축적할 수 있다. 이 같은 상황에서는 비록 기술이 상대적으로 노동에 유리한 방식으로 변한다 할지라도 장기적으로 자본소득이 감소할 이유는 없는 것이다(270. 강조는 필자).

자본수익률은 (임금과 마찬가지로) 반드시 한계생산성에 따라 결정되는 것

이 아니다. 자본수익률의 크기는 각국의 정치적·경제적 제도와 권력관계 등 다양한 요소에 의해 영향을 받으므로 자본의 규모가 커진다고 해도 반드시 자본수익률이 하락하지는 않는다. 신고전파 경제학은 자본이 완전경쟁시장이라는 공간에서 수익이 실현된다는 허구적 이론에 집착하므로 자본이 권력관계를 이용해 높은 수익을 올릴 수 있다는 사실은 아예 처음부터 논의에서 제외한다.

오늘날 세계화된 시대에는 노동에 대한 자본의 협상력이 매우 강화되었기 때문에 α는 지속적으로 상승할 수 있다. 자본이 마음대로 이동할 수 있는 글로벌화한 세계에서 대규모 자본은 미숙련 노동자를 희생하며 최대의 자본수익을 올릴 수 있는 곳으로 자유롭게 이동한다. 특히 더 큰 규모의 자본은 전 세계를 무대로 더 유리한 곳에 투자됨으로써 오히려 평균 자본수익률보다 더 높은 수익률을 얻을 수 있다. 게다가 조세피난처를 통해 실현되는 탈세와 불법적 이익의 규모가 천문학적이라는 것을 감안할 때, 특히 거대자본의 자본수익률은 대단히 높을 것이라는 주장이 단순한 추측일 수만은 없다. 완전경쟁시장이 확보된다고 해도 상황은 달라지지 않는다. 보수주의자나 자유주의 경제학자들의 주장과 달리 자유경쟁시장은 자본소득의 지속적인 상승을 막을 수 있는 메커니즘을 갖고 있지 않다. 조세피난처를 이용하는 기업들이 진정으로 원하는 것이 다름 아닌 '규제 없는' 자유로운 시장인 것이다.

> 사실 이용 가능한 자료들은 1970~2000년에 가장 부유한 국가들에서 자본/소득 비율이 증가한 만큼 국민소득 중 자본소득이 차지한 몫이 증가했다는 것을 보여준다(〈그림 5-1〉 참조). 그러나 이러한 상승은 대체탄력성이 1보다 크다는 사실뿐만 아니라 자본의 이동성이 높아지고 투자를 유치하기 위해 국가 간의 경쟁이 격화된 과거 수십 년 사이 노동에 대한 자본의 협상력이 강화된 사실과도 일치한다는 점에 주목해야 한다. 이 두 가지 효과는 최근 수십 년간 서로

〈그림 5-1〉 부유한 국가들에서의 자본소득 분배율(1975~2010)

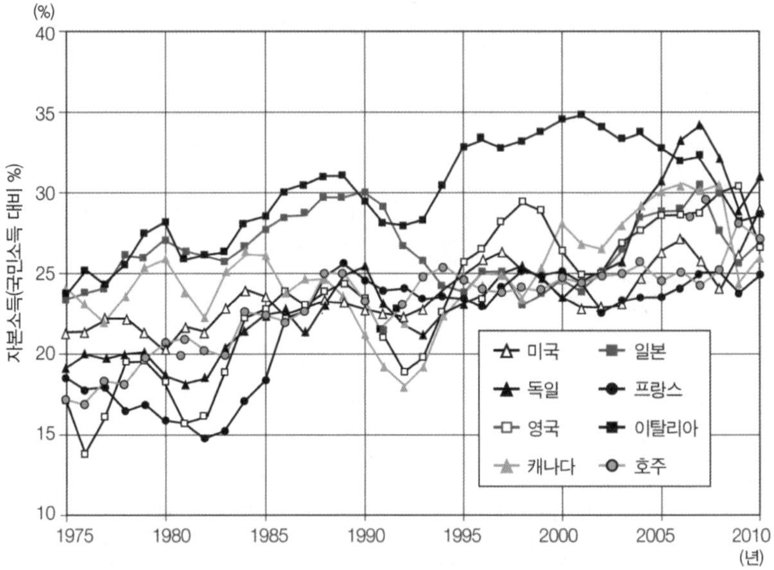

주: 부유한 국가들의 국민소득에서 자본소득은 1975년에는 15~20%를, 2000~2010년에는 25~30%를 차지했다.
자료: piketty.pse.ens.fr/capital21c

를 강화했고, 이런 현상은 미래에도 지속될 가능성이 있다. 어쨌든 α의 지속적인 상승과 함께 꾸준히 증가하는 β의 상승을 막을 자기 조정 메커니즘이 없다는 점을 지적하는 것이 중요하다(267. 강조는 필자).

지금까지 살펴보았듯이 피케티를 둘러싼 대체탄력성 논쟁에서 핵심은 대체탄력성의 크기는 이론이 아니라 역사적 사실과 데이터를 통해 결정되어야 한다는 사실이다.

신고전파 경제학자들의 비판

- 신고전파 경제학자들이 대체탄력성이 1보다 작다고 주장할 수 있었던 이유는 개별적 기업의 단기적 경향(미시적 차원)과 전체 경제의 장기적 경향(거시적 차원)을 구별하지 않은 것에서 연유한다.
- 피케티에 따르면 미시적 차원에서는 대체탄력성이 1보다 작지만, 장기적으로는 대체탄력성이 1보다 크다.

대체탄력성은 결코 1보다 클 수 없다고 피케티를 비판한 논자로는 매슈 롱리(Matthew Rognlie)[4]와 로런스 서머스(Lawrence Summers)[5]가 있다. 하지만 마셜 스타인바움(Marshall Steinbaum)에 따르면, 이들이 대체탄력성이 1보다 작다고 주장할 수 있었던 것은 개별적 기업의 단기적 경향(미시적 차원)과 전체 경제의 장기적 경향(거시적 차원)을 구별하지 않은 데에서 연유한다.[6] 앞의 인용문에서 보았듯이 피케티 역시 단기적으로는 대체탄력성이 1보다 작을 수 있다는 것을 알고 있다. 피케티가 대체탄력성이 1보다 크다고 말할 때 그는 **장기적 경향**을 염두에 두고 있는 것이다.

개별 기업이 노동을 대체할 수 있는 **단기적** 대안을 갖는다는 것이 쉬운 일은 아니므로 단기적 대체탄력성이 1보다 작다는 것이 오히려 더 자연스럽고 상식에 부합한다. 하지만 장기적으로 경제는 노동을 해고하고 자본 사용을

---

4 Matthew Rognlie, "A note on Piketty and diminishing returns to capital"(2014.6). http://www.mit.edu/~mrognlie/piketty_diminishing_returns.pdf

5 Lawrence H. Summers, "The Inequality Puzzle: Piketty Book Review"(2014.5). http://larrysummers.com/2014/05/14/piketty-book-review-the-inequality-puzzle/

6 Marshall Steinbaum, "Piketty's Theory of Inequality and its Critics: A White Paper," *Washington Center for Equitable Growth*, September 2, 2014. http://equitablegrowth.org/wp-content/uploads/2014/09/Piketty-explainer-WP1.pdf 참조.

증가시키는 방식으로 경제구조를 조정할 수 있다. 하지만 신고전파 경제학자들은 개별 기업의 단기적 경향을 전체 경제의 장기적 경향에 적용하는 오류를 범하고 있다. 스타인바움은 롱리의 주장이 역사적 경험과 사실에 맞지 않다고 반론을 제기한다. 경험적으로 볼 때에도 지난 40년간 대체탄력성은 롱리나 서머스가 말한 것과는 다르다(〈그림 5-1〉 참조). 롱리나 서머스는 자신들이 논거로 삼은 것이 단기 데이터임에도 이를 장기에 적용해 별다른 근거 없이 대체탄력성이 낮아질 것이라고 주장하고 있다는 것이다.

그러므로 스타인바움에 따르면 롱리나 서머스가 장기적으로 대체탄력성이 상승했다는 명백한 역사적 데이터를 반박하기 위해서는 장기적 대체탄력성이 단기적 대체탄력성보다 더 낮아질 것이라고 주장해야 한다. 이미 장기적으로 높아진 대체탄력성이 현저하게 다시 낮아지지 않는 한 단기적 대체탄력성이 낮다고 주장할 수 없을 것이기 때문이다.

보수적 경제학자 타일러 코웬(Tyler Cowen)도 미시적 차원에서는 대체탄력성이 1보다 낮다는 롱리의 견해에 동의하지만, 장기적으로는 대체탄력성이 1보다 높다는 피케티의 견해에 동의한다. 그러나 예상할 수 있듯이 코웬이 그렇게 주장하는 것은, 피케티와는 정반대로 불평등이 필연적이고 심지어 유익하다는 이유에서이다. 코웬은 경제에서의 '슈퍼스타'란 혁신과 효율성을 통해 경제성장을 이끌어가는 사람이므로 이들의 창의성을 제한하는 정책을 실행해서는 안 된다고 주장한다.[7]

7 같은 글.

부동산 문제

부동산과 관련된 논쟁도 궁극적으로는 신고전파 경제학의 기본적인 방법론과 태도 그리고 가정과 관련된 문제다. 다음 예를 생각해보자.

어떤 사람은 집을 소유하고 있고, 어떤 사람은 그렇지 않다고 하자. 집이 없는 사람은 월세나 전세 이자 등을 통해 주거비용을 지불해야 하고, 집 소유자는 그렇게 하지 않아도 무방하다. 이 경우 주택 소유자는 어떤 의미에서는 돈을 벌고 있는 것이다. 하지만 신고전파 경제학자들은 주택 소유자가 무주택자에 대해 갖는 이익, 즉 주거비 절감을 결코 소득이라는 개념으로 생각해서는 안 된다고 주장한다. 이는 신고전파 경제학이 결국은 자본(여기에서는 주택) 소유자만을 위한 경제학이라는 것을 잘 보여주는 사례라고 할 수 있다. 주택이 없어 지출하는 이자 혹은 월세 그리고 잦은 이사 때문에 생기는 제반 비용은 모두 당연한 지출이고, 주택 소유자가 주거비용을 절감함으로써 얻는 혜택은 이득이 아니라는 논리가 깔려 있는 것이다. 피케티에 따르면 가장 중요한 자본의 기능은 생산요소로서의 기능이겠지만 "주택을 제공"하는 것, 즉 "주거서비스"의 제공도 자본의 중요한 기능에 속한다.

> 주거서비스의 가치는 동등한 주택의 임대가치에 의해 측정되며, 밖에서 자는 것에 비해 집안에서 잠자고 생활함으로써 발생하는 안락함의 증가분이라고 정의될 수 있다(257).

피케티가 주거서비스 기능을 제공하는 자본으로서 부동산을 강조하는 것은, 특히 도시의 부동산을 논의에서 제외할 경우 자본축적의 추이와 불평등의 현실적 모습을 제대로 분석할 수 없기 때문이다.

어떤 사람이 담보대출을 통해 주택을 구입한 경우 이자를 지불해야 할 뿐

만 아니라 언젠가 원금도 상환해야 하므로 장기간 상환해야 할 부채나 비용을 제외한 후의 순자산 총액은 얼마 되지 않는 경우가 종종 있다. 이런 경우 주택 소유자를 자본 소유자로 간주하고 무주택자와 완전히 다르다고 말할 수 있는가라는 질문이 생길 수 있다. 물론 피케티는 주택 소유자라고 하더라도 부채가 많아 오히려 갚아야 하는 이자가 더 많은 경우에 그에게는 자본소득이 없다고 본다. 피케티가 말하는 자본세는 **순자산**에 적용되는 것이지 부채를 포함한 자산 총액에 부과되는 것이 아니다.

주거용으로 주택을 소유하는 것이 아니라 가치 저장이나 임대료 수입을 목적으로 주택을 소유하는 경우를 생각해보면, 부동산을 자본소득의 원천에서 제외해야 한다고 주장하는 것은 더욱 설득력이 없다. 신고전파 경제학자들은 피케티가 부동산을 자본에 포함시켜 계산하기 때문에 β값을 높게 계산했으며, 따라서 부동산을 제외한 자본의 경우에는 β값이 상승하지 않았다고 주장한다. 또한 거주용 부동산은 자본에 포함시켜서는 안 된다고 주장한다. 그러나 앞에서 설명했듯이 거주용 부동산을 무조건 제외해야 할 이유가 없다. 그것은 자본 개념을 협소하게 설정하는 것에 근거한 논리다.

이렇듯 주류 경제학자들은 피케티가 대체탄력성 논쟁에 부동산을 끌어들인 것이 커다란 오류라고 비판한다. 이 문제에 대해서도 스타인바움이 피케티의 생각을 다시 잘 정리해주고 있으므로 그의 논의를 따라 이 문제를 살펴보자.[8] 피케티를 인용해 스타인바움은 20세기에 나타난 독특한 현상으로 '세습 중산층'의 부상을 지적한다. 상위 50~90%의 집단에 속하는 중산층은 과거와 달리 주로 **부동산**의 형태로 **자산**을 소유하고 있다. 그런데 스타인바움에 따르면 부동산을 계산에서 제외할 경우 오히려 피케티의 주장이 더욱 강

8 Marshall Steinbaum, "Is Piketty's treatment of housing an excuse to ignore him?" *Washington Center for Equitable Growth*, June 24, 2014. http://equitablegrowth.org/research/pikettys-treatment-housing-excuse-ignore/

화된다. 상위 1%, 더 정확히 말해 상위 1% 미만의 부유층이 가지고 있는 자산은 주로 금융자산이므로 중산층이 소유하고 있는 부동산을 제외한다면 자본 소유자의 자본소득의 몫은 더욱 커질 것이기 때문이다. 이는 피케티가 묘사한 것보다 훨씬 더 불평등한 사회의 모습이다.

주류 경제학자들은 부동산은 기계나 공장, 혹은 농지와 같은 "생산적" 자본이 아니라고 주장한다. 이에 대해 우리는 주택 소유자는 임대료를 지불하지 않으므로 추가의 소득이 생겨난다고 반론을 제기할 수 있었다. 소위 생산적 자본이 아닐지라도 무주택자에게는 생기지 않는 소득이 발생하기 때문에 이를 자본소득으로 간주할 수 있다. 그리고 무엇보다 오늘날 도시 연구에서도 주목하는 현상, 즉 대도시의 중심부나 인구가 밀집한 번화한 장소의 부동산의 가치가 높다는 현상을 고려해야 한다. 도시 부동산 가격에 관한 한 연구[9]에 따르면 도심이나 인구 밀집 지역에서 토지와 부동산을 소유하고 있는 사람이 얻는 임대료 수입은 결코 무시할 수 있는 것이 아니다. 자본 소유자는 심지어 해외에 부동산의 형태로 투자한다. 부동산은 가치를 저장하고 소득을 올릴 수 있는 효과적 수단임에 틀림없다. 부동산 가격 상승은 거품이라고 하지만, 특정한 시대를 제외하고 특히 대도시에서 전체적으로 부동산 가격은 상승하는 경향이 있다. 피케티 역시 『21세기 자본』에서 이러한 점에 대해 간략하게나마 언급한 적이 있다.

또한 부동산이 노동자를 대체하는 것은 아니므로 부동산 형태의 자산은 대체탄력성을 높이지 않는다는 반론도 있다. 부동산 때문에 노동자들이 직장을 잃을 염려는 없다는 것이다. 부동산의 경우에 자본과 노동의 대체탄력성이 낮다는 것, 즉 부동산이 노동을 손쉽게 대체할 수 없다는 것은 추가적인

9 Klaus Desmet and Esteban Rossi-Hansberg, "Spatial Development." http://www.econstor.eu/bitstream/10419/43442/1/640305709.pdf

〈그림 5-2〉 주택 및 토지 실질 가격지수(1980 = 1)

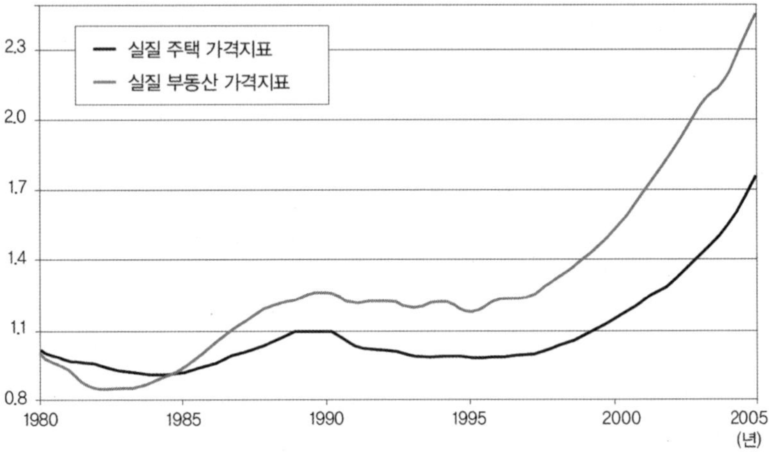

자료: Klaus Desmet and Esteban Rossi-Hansberg, "Spatial Development." http://www.econstor.eu/bitstream/10419/43442/1/640305709.pdf

부동산(자본)이 상대적으로 무용하다는 것을 의미한다. 이렇듯 신고전파 경제학자들은 한계생산성 이론에 따라 부동산 자본의 가격이 부동산의 양이 증가함에 따라 하락한다고 주장한다. 하지만 스타인바움에 따르면 부동산의 대체탄력성이 낮다고 주장하는 것은 이론적으로 앞뒤가 맞지 않는다. 한계생산성 체감의 법칙은 특히 부동산의 경우에 잘 들어맞지 않기 때문이다. 부동산은 마치 보석과 같은 것인데, 주류 경제학자들은 부동산에 적용될 수 없는 대체탄력성 개념을 잘못 적용하고 있다. 이는 신고전파 경제학이 부동산 형태로 축적된 자산의 의미를 평가할 수 있는 이론을 가지고 있지 않다는 것을 뜻한다. 아니 그들은 오히려 그러한 이론을 만들기를 원하지 않는다고 말하는 편이 더 정확할 것이다.

주택 공급을 늘리면 부동산 가치가 하락한다는 비판도 있다. 이러한 비판은 매우 역설적이다. 실제로 부동산 공급을 늘리지도 않으면서, 그런 상황이 벌어진다면 피케티가 틀렸다는 주장이 되기 때문이다. 만약 부동산 공급이

늘어나서, 그것도 공공주택이 늘어난다면 부동산 자본의 탄력성은 현재 피케티가 예상하는 것보다는 감소할 것이다. 하지만 이것은 오히려 피케티가 바라는 일이 아니겠는가. 하지만 불행하게도 그런 '좋은' 일은 일어나지 않았다.

스타인바움에 따르면 자본 일반이 그렇듯이 부동산 자본도 노동보다 협상력이 강하다. 추상적인 모형으로 사유하는 신고전파 경제학에는 이러한 것을 분석할 수 있는 이론이 없다. 바로 그러한 이유에서 피케티는 현실을 구체적이고 정확하게 분석하는 정치경제학으로 복귀해야 한다고 주장했던 것이다. 요컨대, 우리는 대체탄력성 개념도 피케티의 것과 신고전학파의 것이 유사한 것 같지만 매우 다르다는 것을 알 수 있다. 피케티는 생산적 자본이 아닌 부동산과 금융자산도 자본에 포함시킴으로써 다양한 현실적 상황과 권력관계들을 종합적으로 고려해 대체탄력성 개념을 활용하고 있다. 지금까지 논의한 주류 경제학자들에 대한 스타인바움의 비판은 크게 세 측면으로 요약할 수 있다.[10]

- 한계생산성 이론의 무분별한 적용
- 미시적 분석을 거시경제에 무비판적으로 확대
- 대표적 행위자 설정의 문제: 경제모형을 구성할 때 대표적 행위 주체를 협소하게 설정

10 Marshall Steinbaum, "Piketty's Theory of Inequality and its Critics: A White Paper."

• 제3부 •

왜 저성장 사회는 세습자본주의화하는가

제6장

자본주의의 제2근본법칙의 의미

자본/소득 비율(β) 변화의 역사적 추이

> 1914~1950년에는 두 차례의 세계대전과 **누진소득세로 인해 β값이 줄어드는 일이 발생했다**. 그러나 그 후 자본/소득 비율은 꾸준히 증가했으며, 21세기에 대규모 전쟁과 같은 비극적인 사건이나 바람직한 정책이 생겨나지 않는 한 β값은 지속적으로 증가할 것이다.

지금까지 언급한 내용을 간략히 요약해보자. 피케티에 따르면 자본주의의 제2법칙은 저성장 사회일수록 자본/소득 비율(β)이 커지며, 따라서 과거에 축적되어 물려받은 자본이 엄청난 역할을 하게 된다는 것을 말하는 법칙이다. β값 그 자체는 불평등에 대해 아무것도 말해주지 않는다. 하지만 현실적으로 β값이 지속적으로 상승할 때 바람직한 공공 정책이 실행되지 않는다면, 즉 재분배를 수행하는 '정의로운' 사회적 국가 체제가 존재하지 않는다면 불평등은 계속 심화될 것이다.

주류 경제학자들은 성장률이 낮은 사회에서 저축률이 높아질 수 없다는 논리를 가지고 피케티의 이론을 비판한다. 저축률이 성장률의 함수라면, 저성장 사회에서는 결코 β값이 높아질 수 없다는 것이다. 하지만 피케티는 주류 경제학자들이 이러한 비판을 할 것이라고 마치 예상이라도 한 듯 이미 이에 대한 대답을 준비하고 있다. 저성장 사회라고 할지라도 혹은 오히려 저성장 사회이기 때문에 최상위 부유층은 저축할 수 있는 여유가 있다. 따라서 국민소득 대비 자본량의 크기는 최상위 자본 소유자들이 조금만 저축해도 상당히 증가할 수 있다. 성장이 완전히 멈추거나 후퇴해 자본의 대부분이 무용지물이 되거나 파괴되지 않는다면 말이다.

실제로 피케티에 따르면 1914~1950년에는 전쟁으로 인해 그리고 누진소득세로 인해 β값이 줄어드는 일이 발생했다. 그 후 자본/소득 비율은 꾸준히 증가했으며, 21세기에 그런 비극적인 사건이나 바람직한 정책이 생겨나지 않는 한 β값은 지속적으로 증가할 것이다.

현재 영국과 프랑스의 경우 자본/소득 비율은 500~600% 정도인데, 이는 18세기와 19세기 그리고 제1차 세계대전 직전까지 집계된 수준(600~700%)보다 약간 낮다. 그리고 1950년 이후에 자본/소득 비율은 다시 꾸준히 크게 증가해왔다(199). 하지만 언급했듯이 1975년 정도까지는 '사회적 국가'가 잘 유지되었으므로 불평등의 정도는 이 시기에도 역사상 가장 낮은 수준을 기록했다.

특히 독일의 경우 자본/소득 비율은 400%를 조금 넘는다. 이는 영국과 프랑스와 비교할 때 매우 낮은 수준이다. 피케티에 따르면 이는 일시적인 현상일 수도 있지만 이렇게 된 데에는 몇 가지 이유가 있다. 우선 독일은 유럽의 다른 국가들에 비해 부동산 가격이 낮다. 이는 통일의 효과로 값싼 주택이 시장에 많이 나왔다는 사실로 일부 설명될 수 있다. 하지만 장기간에 걸쳐 지속된 이 차이를 설명하기 위해서는 독일의 엄격한 임대료 통제와 같은 더 지속적인 요인을 고려해야 한다. 피케티에 따르면 주택자본이 저평가되었다는 사

실보다 더 중요한 것은 독일 기업 주식의 시장가치가 저평가되어 있다는 점이다. 그러나 주식의 시장가치가 아니라 누적된 투자가치에서 부채를 뺀 장부가치를 사용해 계산하면 독일의 자본/소득 비율은 프랑스와 영국의 수준으로 상승한다. 피케티는 이러한 **독일의 상황을 매우 긍정적으로 평가한다**. 기업의 시장가치가 낮다고 해서 그것의 사회적 가치가 낮은 것은 아니며, 효율성이나 경쟁력에서 뒤처지는 것도 아니라는 이유에서다.

독일 기업은 모든 권력을 사실상 주주에게만 부여하는 '주주 모델'을 따르지 않는다. 피케티는 '**이해당사자 자본주의**'를 추구하는 독일 모델을 '**라인 자본주의**'라고 부르기도 한다. 독일에서 기업은 주주뿐만 아니라 노동자, 소비자, 지방정부, 환경보호 단체 등 다양한 당사자들을 포괄할 수 있는 '**사회적 공동소유 모델**'을 따른다. 심지어 주주가 아니더라도 **노동자 대표가 독일 기업의 이사회 구성원으로 참여**해 적극적인 심의 기능을 수행할 수 있다. 피케티는 자본주의의 다양한 모델에 관한 논의가 다시 살아나기를 기대하면서 구체적이고 모범적인 예로서 (비록 과거에 비해서는 상당히 퇴색했지만 여전히 긍정적인 모델로 기능할 수 있는) 독일의 '혼합경제 모델'에 대해 상당히 길게 언급하고 있다.

미국의 경우는 어떠한가? 1914~1945년의 전쟁의 충격으로 1920년대부터 1980년대까지 유럽의 자본/소득 비율은 미국보다 낮았다. 그러나 전쟁 기간과 그 충격으로 인해 영향을 받은 시기를 제외하면 유럽의 자본/소득 비율은 미국보다 항상 높았다. 19세기와 20세기 초에도 유럽의 소득 대비 자본의 크기는 6~7배였지만 미국은 4~5배였다. 20세기 후반부와 21세기 초반부에도 유럽의 자본/소득 비율은 미국보다 더 높다.

현재 유럽의 자본/소득 비율은 6배에 가까우며 미국은 4배를 약간 넘는다 (200).

여기에서 볼 수 있듯이 피케티는 적절한 재분배 정책이 시행되지 않는다

〈그림 6-1〉 유럽과 미국의 국민총자본(1870~2010)

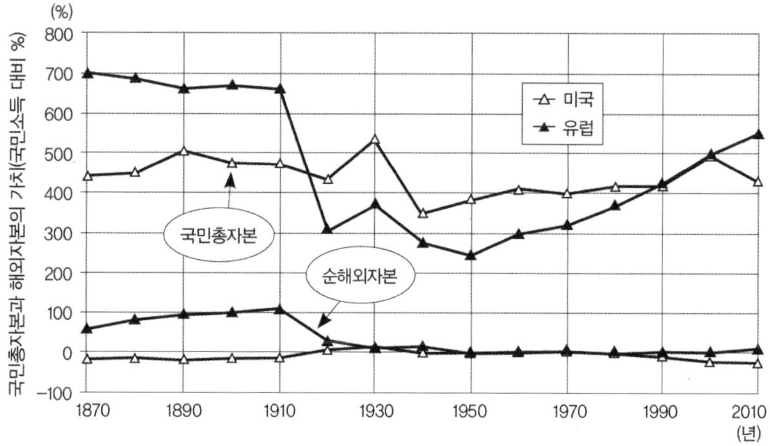

주: 1910년에 국민총자본(민간+공공)의 가치는 유럽에서 국민소득의 6.5배, 미국에서는 국민소득의 4.5배에 상당했다.
자료: piketty.pse.ens.fr/capital21c

〈그림 6-2〉 부유한 국가들의 민간자본(1970~2010)

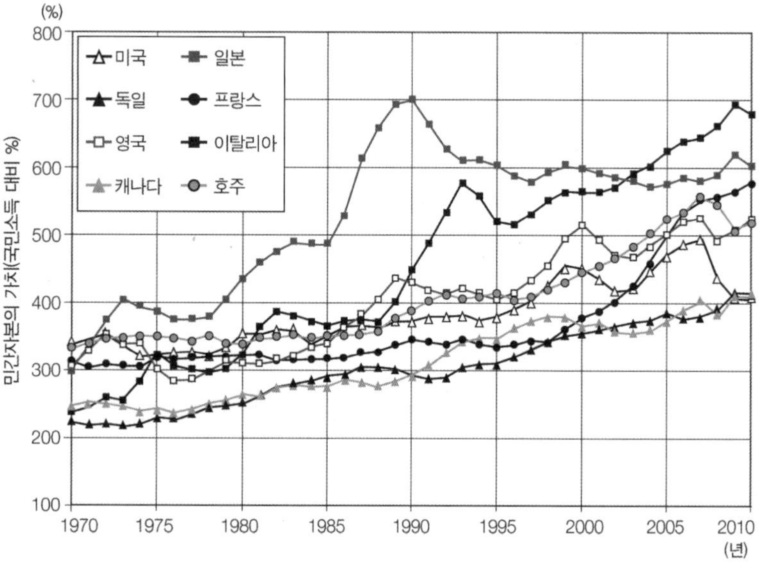

주: 1970년 부유한 국가들의 민간자본의 가치는 국민소득의 2배에서 3.5배였는데, 2010년에는 4배에서 7배로 상승했다.
자료: piketty.pse.ens.fr/capital21c

면 앞으로 자본/소득 비율은 점점 커져 21세기가 끝나기 전에 700%에 도달함으로써 18세기부터 벨 에포크 시대까지 유럽에서 관찰되던 수준에 접근할 것이라고 전망한다.

노예 노동력을 포함한 미국의 자본/소득 비율

1770~1810년경 미국 남부에서 노예의 총가치는 국민소득의 2.5~3배였고 농경지와 노예들을 합한 가치는 국민소득의 4배를 넘었다. 농경지를 포함해 그 밖의 모든 재산, 그리고 노예의 시장가치를 합할 경우 남부의 자본/소득 비율은 6배를 초과했다. 이는 당시 영국과 프랑스의 총 자본가치와 거의 맞먹는 수준이다.

역사적으로 미국이 유럽에 비해 자본/소득 비율을 낮게 유지할 수 있었던 것은 전통적으로 토지가격이 낮았다는 사실에 연유한다. 1840년 알렉시드 드 토크빌(Alexis de Tocqueville)은 미국에는 거대 자산가의 수가 적으며 자본은 여전히 부족하다는 사실을 지적하면서 이러한 사실이 민주주의가 미국에 뿌리내리게 된 명백한 이유라고 생각했다. 미국에서는 토지가 싸고 누구나 쉽게 토지 소유자가 될 수 있으므로 미국 건국의 아버지 중 하나인 토머스 제퍼슨(Thomas Jefferson)은 이러한 자유롭고 평등한 소규모 사회를 이상적인 사회로 간주하기도 했다. 그러나 19세기가 지나며 상황은 변화했다. 유럽에서처럼 생산에서 농업이 차지하는 부분이 감소했고 상업자본이 축적되면서 1810년에는 β값이 3배였으나 1910년에는 5배로 증가했다. 미국은 자본주의 국가가 되었으며 부동산과 금융자산도 중요한 역할을 하게 되었지만 전체적으로 넓은 영토를 고려할 때 벨 에포크 시대의 유럽에 비해서는 자본/소득 비율이 여전히 낮은 수준이었다(184~185).

하지만 미국은 노예제도를 고려할 때 매우 모순적인 사회라고 할 수 있었다. 피케티에 따르면 18세기 말과 19세기 초에 노예의 총 시장가치는 미국 국민소득의 1.5배 수준이었으며, 이는 대략 농경지의 총가치와 비슷하다(193). 노예가 중요한 역할을 했던 미국 남부에서 1770~1810년경 노예의 총 가치는 국민소득의 2.5~3배였고 농경지와 노예들을 합한 가치는 국민소득의 4배를 넘었다. 농경지를 포함해 그 밖의 모든 재산, 그리고 노예의 시장가치를 합할 경우 남부의 자본/소득 비율은 6배를 초과했다. 이는 당시 영국과 프랑스의 총 자본가치와 거의 맞먹는 수준이다(195).

미국은 유럽보다 전반적으로 그리고 상대적으로 낮은 자본/소득 비율을 유지해왔다. 하지만 1770~1810년경 특히 남부에서 노예의 가치를 포함한 자본/소득 비율이 유럽 수준이었다는 것은 매우 역설적이다. 이러한 사실을 고려한다면 미국 남부의 노예 소유주들은 구유럽의 지주들보다 더 큰 부를

〈그림 6-3〉 미국의 자본과 노예제

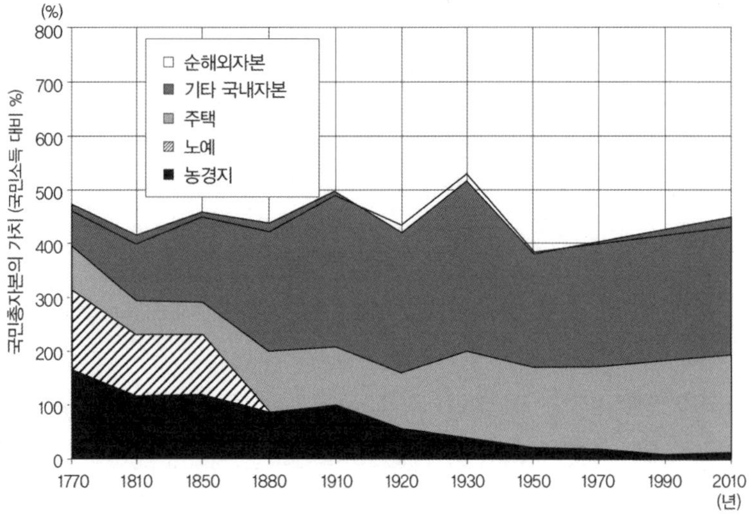

주: 1770년경 노예의 시장가치는 국민소득의 1.5배와 거의 같았다(토지와 같다).
자료: piketty.pse.ens.fr/capital21c

장악했다고 할 수 있다. 그들이 소유한 농경지 그 자체는 별 가치가 없었지만 토지에서 일하는 데 필요한 노예 노동력을 포함하면 그들이 가진 총자본은 훨씬 더 많았던 것이다(195).

미국이 유럽에 비해 자본/소득 비율이 낮은 것은 높은 **인구성장률**의 영향 때문이기도 하다(〈표 6-1〉 참조). **성장률은 인구증가율과 1인당 GDP 성장률을 합한 값으로 정의된다**(203). 따라서 인구증가율이 낮은 사회에서는 인구증가율이 높은 사회보다 성장률이 낮아진다. 1970~2010년의 전반적인 성장률은 미국과 다른 새로운 국가들이 유럽과 일본에 비해 상당히 더 높았다(211). 피케티는 유럽보다 미국의 인구성장률이 더 높았다는 사실에서도 그 이유를 찾을 수 있다고 말한다.

성장률이 낮은 국가에서 저축률이 오히려 높을 수 있다는 점은 역사적 자료를 통해서도 증명된다. 역사적 자료는 성장률이 빠른 미국보다 성장률이 느린 유럽에서 저축률이 더 높았음을 말해준다.

〈표 6-1〉 **부유한 국가들의 성장률과 저축률(1970~2010)**

국가	국민소득 성장률 (%)	인구증가율 (%)	1인당 국민소득 성장률(%)	민간저축률 (자본 소모 차감 후) (국민소득 대비 %)
미국	2.8	1.0	1.8	7.7
일본	2.5	0.5	2.0	14.6
독일	2.0	0.2	1.8	12.2
프랑스	2.2	0.5	1.7	11.1
영국	2.2	0.3	1.9	7.3
이탈리아	1.9	0.3	1.6	15.0
캐나다	2.8	1.1	1.7	12.1
호주	3.2	1.4	1.7	9.9

주: 부유한 국가 간에 저축률과 인구증가율은 많은 차이를 보인다. 1인당 국민소득 성장률의 차이는 이보다 훨씬 더 적다.
자료: piketty.pse.ens.fr/capital21c

각 국가별로 차이는 있지만 피케티는 부유한 국가들에서 1970년대 이후 β값이 지속적으로 상승해온 이유를 크게 다음 세 가지로 요약한다(210).

첫째, 성장률 둔화, 특히 인구증가율 둔화와 높은 저축률이다.

둘째, 공공부문 자산의 민영화이다. 유럽의 모든 나라에서 최근 수십 년 동안 공공부문의 자산은 감소했으며, 특히 프랑스와 독일에서 그러한 현상이 두드러졌다. 1950~1970년의 기간 공공부문의 순자산이 이 두 나라에서 심지어 1/3까지 올라갔지만 지금은 겨우 몇 %에 지나지 않는다. 모든 국가에서 민간자본의 증가가 공공자본의 감소보다 컸으므로 자본/소득 비율이 증가한 것으로 나타났다.

셋째, 부동산과 주식부문의 장기적인 반등 현상이다. 일시적인 거품 현상으로 부동산이나 금융자산 가격이 과대평가 될 수는 있지만 장기적으로 부동산과 금융자산의 가격은 상승했으며 이는 β값 상승에 중요한 요인이 되었다.

자본주의의 제2근본법칙의 경제학적 의미

> 자본주의의 제1법칙($\alpha = r \times \beta$)은 순수한 **회계적 항등식**이다.
> 반면 제2법칙($\beta = s/g$)은 경제가 균형 상태에 도달하기 위해 충족되어야 할 조건은 무엇이며, 그러한 조건에 따라 경제가 걷게 되는 실제적인 경로와 그 동태적 결과가 어떠한지를 말해주는 **현실 법칙**이다.

따라서 제2법칙이 요구하는 조건이 실현되지 않을 때 경제는 불균형 상태에 빠진다. 이것이 의미하는 바가 무엇인지 살펴보자.

성장률이 연간 2%인 사회에서 β값이 6으로 안정되게 유지되고자 한다면 저축률은 12%에서 안정되어야 한다(6 = 12/2). 혹은 뒤집어 이렇게 말할 수도

있다. 저축률이 12%인 사회에서 성장률을 연간 2%로 계속 유지하고자 한다면 β값은 6이 되어야 한다. 그리하여 어떤 사회가 이러한 수치를 계속 유지한다면 이 사회는 균형 상태에 도달한 것이고 안정적으로 성장할 수 있다. 이러한 조건이 충족되면 이 경제는 성장률 2%, β값 600%, 그리고 저축률 12%라는 수치를 동일하게 유지하면서 균형성장을 하게 된다는 것이다. 경제성장이론에서는 이러한 경제가 균제상태(steady-state)에 있다고 말한다.

예를 들어 설명해보자. 어떤 국가가 한 해 동안 앞서 말한 안정적 성장을 달성했다고 하자. 이제 이 국가는 내년에도 2%의 경제성장률을 유지하고자 한다. 저축률은 장기적으로 12%를 유지해왔다. 그렇다면 이 나라가 내년에도 2%의 경제성장 목표를 달성하고자 한다면 어떻게 해야 하는가? 그렇게 되기 위해서는 내년에도 β값을 600%로 유지해야 한다. 반드시 그러한 조건하에서만 그 국가는 $\beta = s/g$ 혹은 $g = s/\beta$ 공식에 따라 내년에도 2%의 경제성장을 달성할 수 있다.

하지만 β값이 (예를 들면 어떤 외부적인 충격으로) 700%로 급증했다고 가정하면 어떤 일이 일어나는가? 이 경우 경제는 2%의 성장률과 12%의 저축률을 계속 유지할 수 없다. 균형이 깨졌기 때문이다. 언급했듯이 $\beta = s/g$는 항등식이 아니라 경제가 균형을 유지하기 위한 조건이므로 이 조건이 맞지 않는다면 경제는 안정을 유지하지 못하고 요동치게 된다. 물론 그 요동은 무시할 만큼 작은 것일 수도 있고 한 국가의 존립을 위태롭게 만들 정도의 거대한 소용돌이가 될 수도 있다.

그렇다면 장기적으로 균형을 유지하기 위해서 g, s, β는 어떤 관계를 유지해야 하는가? 우선 β에 대해 생각해보자. β값(즉 자본/소득 비율)이 안정된 값을 갖기 위해서는 β의 분모와 분자의 비율이 같은 크기로 증가해야 한다. 그래야만 β값이 동일한 값을 유지할 수 있기 때문이다. 예컨대 올해 자본/소득 비율이 6(=2400/400)인 나라가 있다고 하자. 이 나라는 금년에 2%의 경제성

장률을 유지했다. 이것이 가능했던 것은

$$\beta(=2400/400=6)=s(12)/g(2)$$

의 조건이 충족되었기 때문이다. 이제 이 나라가 내년에도 안정적으로, 즉 동일하게 2%의 성장률을 유지하고자 한다면 어떤 조건이 충족되어야 하는가? 내년에도 저축률이 12%라고 가정하면 이 경제가 성장률 2%의 목표를 달성하기 위해서는 마찬가지로 내년의 β값도 6의 수준을 유지해야 한다.

$$\beta=2448/408(=400+400\times 0.02)=6$$

이는 β의 **'분자 값'에 해당하는 자본량**이 내년에 2400에서 2448로, 그리고 분모는 400에서 408로 정확히 2% 증가해야 한다는 것을 의미한다.

차년도의 β값인 2448/408에서 **분모 값 408**은 무엇을 의미하는가? β는 자본/소득 비율이므로 β의 분모는 해당 연도의 (국민)소득이다. 그러므로 **성장률(g)은 정의상 β의 분모의 증가율과 일치해야 한다**(성장률은 국민소득의 증가율이므로). 즉 경제가 균형성장을 한다는 것은 g(=성장률)와 β의 분모의 증가율(국민소득 증가율)이 동일한 값을 유지해야 한다는 것을 의미한다. 내년에 β의 분모가 400에서 408로 증가한다는 것은 내년의 (국민)소득이 2% 증가한다는 것을 의미하고 따라서 그것은 또한 g가 2%라는 것을 뜻한다.

다르게 말하면 이는 β의 분모의 증가율(국민소득 증가율)이 g값과 같은 값으로 유지되어야만 $\beta(6)=s(12)/g(2)$라는 등식이 내년에도 계속 성립될 수 있다는 것을 의미한다. β의 분모(국민소득)의 증가율이 다름 아닌 경제성장률이므로 한 경제가 지속적인 안정적 균형 상태를 유지하기 위해서는 g값과 β**(자본/소득 비율)의 분모 값의 증가율이 지속적으로 일치해야** 한다. 그것들이 일

치하지 않을 때는 $g(2) = s(12)/\beta(6)$라는 등식이 성립하지 않는다. 이때 경제는 불균형 상태에 빠져들게 된다. 물론 저축률이 변하는 경우에도 경제는 불균형 상태에 빠질 것이다.

예로 든 이 국가의 경제가 균형성장을 하기 위해서는 위에서 언급한 여러 조건들이 동시에 충족되어야 한다. 이 중 어느 하나라도 어긋나면 이 나라의 경제는 균형 상태에서 이탈해 안정적으로 성장하지 못하고 요동치는 경제가 되고 말 것이다. 바로 이것이 $\beta = s/g$는 항등식이 아니라 균형 조건이라는 말의 의미이다.

그리하여 자본총량이 소득의 6배에 미치지 못할 경우, 즉 비율에 변화가 일어나 $\beta < 6$인 경우라면 어떻게 될까? 이러한 상황에서 경제성장률 2%, 저축률도 마찬가지로 12%를 유지하려면 경제는 어떻게 변화해야 할까? 즉 $g(2\%) = s(12\%)/\beta$가 유지되려면, β(자본/소득 비율)가 6으로 증가해야 한다.

이는 균형에 다시 도달하기 위해서는 자본총량이 2% 이상 증가해야 한다는 것을 의미한다. 현재 β값은 6보다 작은 상태에 있는데 그것이 6으로 증가하려면 β의 분자 값이 분모 값보다 더 빨리 증가해야 한다. 현재 β가 6보다 작은데, 이것이 6이 되려면 분모가 2% 커질 때 분자는 2% 이상 커져야만 β가 6이 될 수 있다. 자본총량이 국민소득 증가(=성장률)보다 더 빨리 증가해야 균형 상태에 다시 도달할 수 있다는 것이다. 자본총량이 소득의 6배를 넘는 경우에는 반대의 방향으로의 변화가 일어나야 한다.

지금까지 $\beta = s/g$ 법칙의 의미를 명확하게 파악하는 데 도움을 주기 위해 다소 장황하게 설명했다. 하지만 이를 통해 우리는 경제가 (이러한 엄격한 균형 조건을 충족시킴으로써) 균형성장 경로를 걸으며 안정적으로 성장한다는 것은 (현실에는 결코 존재하지 않는) 이론적 허구라는 점을 추측할 수 있다. "실제로 이러한 균형 상태는 결코 완벽하게 실현되지 않[는다]"(105)고 피케티가 말하듯이 말이다.

지금까지 $\beta = s/g$라는 법칙이 '동태적 과정의 결과'라는 말이 의미하는 바가 무엇인지 살펴보았다. 이제 이를 바탕으로 어떻게 피케티가 성장률과 저축률, 그리고 β값의 상관관계를 설명하는지 살펴보자.

저축률과 성장률의 상관관계: 주류 경제학자들의 피케티 제2근본법칙에 대한 비판과 피케티의 대답

주류 경제학자들의 비판: 성장률이 낮은 사회에서는 저축률도 낮아진다.
피케티의 대답: 저성장 사회에서 낮아지는 것은 노동소득자의 저축률이지 최상위 자본소득자의 저축률이 아니다.
▶ **실제 현실**은 성장률이 낮아도 부유층은 자본소득을 바탕으로 여전히 저축할 수 있으며 그들의 부는 증가하며 대물림된다.

지금까지 살펴보았듯이 우리는 피케티 이론을 다음과 같이 요약할 수 있다. 비록 완전한 균형 상태는 존재하지 않는다고 할지라도 경제는 $\beta = s/g$라는 조건에 따라 성장한다. 경제성장률이 낮고 저축률이 높은 사회에서는 β값이 상승하고, 대체탄력성이 1보다 높을 때 α값이 상승한다.

따라서 주류 경제학자들은 두 가지 측면에서 피케티를 비판하기 위해 노력한다. 우선 β값이 높아진다고 해도 r의 하락세가 크기 때문에 α가 증가하지 않으리라는 것을 보여주고자 한다. 이러한 주류 경제학자들의 논의가 갖는 문제점에 대해서는 앞에서 상세히 언급했다. 두 번째로, 주류 경제학자들은 성장률이 낮은 사회에서는 저축률도 낮아진다고 비판한다. 성장률이 낮아지면 저축률도 낮아져 β값이 상승하지 않거나 근소하게 상승할 것이므로 궁극적으로 α값도 증가하지 않으리라는 것이다.

하지만 피케티가 이러한 반론을 예상하고 있을 뿐만 아니라 『21세기 자본』에서 이미 이러한 반론에 대해 대답하고 있다는 사실을 염두에 둘 필요가 있다. 다름 아닌 $\beta = s/g$ 법칙이 그것에 대한 대답이다.[1] 그리고 피케티는 이를 통해 궁극적으로 저성장 사회에서 $r-g$의 격차가 커짐에 따라 불평등이 급격히 증가할 수 있다는 자본주의의 불평등 동학을 해명하고자 했다.

우선, 저축률이 높은 국가들은 인구가 정체되고 노령화된 국가들이라는 점을 상기하자. 1970~2010년 독일, 프랑스, 이탈리아, 일본의 민간저축률은 각각 12.2%, 11.1%, 15.0%, 14.6%이지만 미국과 영국은 각각 7.7%, 7.3%로서 유럽과 상당한 격차가 있다는 것을 알 수 있다(〈표 6-1〉). 이렇듯 피케티는 오히려 저성장 사회에서 저축률이 더 높다는 사실을 보여주는 실증적 자료를 제시하면서 선진국의 경우 저성장·고령화사회일수록 사람들이 은퇴 이후 이자소득 생활을 위해서나 혹은 상속을 목적으로 저축률을 늘린다는 점을 강조한다.

여기에서 피케티는 특히 상속 목적의 저축에 대해 언급하면서 저성장, 저축, 상속의 이론적·현실적 연결고리가 무엇인지 설명한다. 주류 경제학자들이 상속 목적의 저축에 대해 이야기하려고 하지 않기 때문에 피케티는 이들의 논의에서 빠져 있는 그것을 부각시키고자 하는 것이다.

> 특히 아무리 기대수명이 높아져도 저축 생애주기 이론의 예측과는 달리 노인층이 거액의 예금을 인출하는 일은 없을 것으로 보인다. 그 이유는 틀림없이 가족에 대한 상속 동기에 있다(고령화사회에서도 재산을 하나도 남기지 않고

1 이 법칙의 의미를 더 명확히 파악하기 위해서는 저축률, 무한 확장 모형, 솔로 모형 등 피케티 이론과 관련된 여러 사항들에 대한 추가적인 설명이 더 필요하다. 이에 대해서 앞으로 계속 논의해나갈 것이다.

> 죽고 싶어 하는 사람은 없다). 또한 부가 가져다주는 — 단지 위선이나 권력만이 아니라 — 안전하다는 느낌과 순수한 축적의 논리도 이와 관계가 있다. …… 이는 모딜리아니의 이론이 완전히 간과한 것이다. 1950~1960년 이후 왕조적 형태의 부의 불평등이 서서히 다시 나타나는 것은 노년층이 예금을 거의 인출하지 않는 현실을 설명해주며(대부분의 부는 자산을 매각하지 않고도 충분히 생활을 누릴 수 있는 이들이 소유하고 있다) 따라서 높은 상속액이 지속되고 새로운 균형이 영속화되는 것을 설명해준다(477~478. 강조는 필자).

여기에서 볼 수 있듯이 피케티는 주류 경제학자인 프랑코 모딜리아니(Franco Modigliani)의 생애주기가설(life-cycle hypothesis)이 설명하지 않는 저축 동기인 상속에 초점을 맞춘다. 소비와 저축에 관한 이론인 모딜리아니의 **생애주기가설**에 따르면 사람들은 일생에 걸쳐 소비와 저축을 가능한 균등하게 유지할 수 있는 방식으로 소비와 저축을 배분한다. 사람들은 일생 동안 비슷한 수준으로 소비를 유지하는 라이프스타일을 갖고자 한다는 것인데 바로 그러한 이유로 사람들은 소득이 높은 시기에는 저축을 하고 은퇴한 후 예금을 인출해 소비에 충당한다. 이 가설에 따르면 은퇴 후에 사람들은 소비를 위해 많은 금액을 인출하고 저축 양은 작아지기 때문에, 일생 전체로 볼 때 저축률은 제로로 수렴하게 된다. 비슷한 이야기지만 이 가설은 사람들이 퇴직 후에 자신이 축적한 부를 소비하므로 부는 (증가하는 것이 아니라) 일정한 수준을 유지한다는 것을 함축한다. 이러한 신고전파 경제학의 저축 또는 소비이론에 따르면 저축은 궁극적으로 제로로 수렴하게 되며, 따라서 더욱이 저성장 사회에서 높은 저축률을 유지하는 것은 원천적으로 불가능하다.

이에 대해 저성장 사회에서 상속의 역할이 커진다는 피케티의 반대 주장은 더 많이 성장하는 사회에서는 오히려 상속의 역할이 작아진다는 것을 의미한다. "성장은 이전 세대로부터 물려받은 부의 불평등을 퇴색시킴으로써

상속된 부가 결정적인 요인이 될 가능성을 줄여준다"(121). 그런 점에서 진정한 세습 사회였던 18세기와 오늘날의 사회는 다르다. 18세기 사회는 성장률이 제로에 가깝거나 0.1% 정도에 머물렀다. 이러한 사회는 변화가 거의 없이 다음 세대로 넘어가는 과정을 되풀이한다. 그러나 성장하는 사회에서는 심층적인 변화가 일어난다. 새로운 영역에서의 경제활동을 통해 재산을 모을 수 있으므로 불평등 구조에도 커다란 영향을 미친다. 스스로 경제활동을 통해 돈을 벌 수 있는 기회가 많이 주어지면 사람들은 상속에 그다지 연연해하지 않는다.

따라서 피케티에 따르면 고성장 사회에서는 상속재산의 역할이 정체된 사회에서보다 상대적으로 덜 중요해진다. 물론 성장은 새로운 형태의 불평등을 낳을 수 있다. 슈퍼연봉자의 부상을 통한 불평등, 즉 노동소득 격차에 따른 불평등이 생겨날 수 있으며, 제2장에서 살펴보았듯이 이것이 현재 미국의 불평등을 설명해주는 중요한 요인이다.

〈표 6-2〉 부유한 국가들의 총저축과 순저축(1970~2010)

국가	민간총저축 (국민소득 대비 %)	(−): 자본소모 (%)	(=): 민간순저축 (%)
미국	18.8	11.1	7.7
일본	33.4	18.9	14.6
독일	28.5	16.2	12.2
프랑스	22.0	10.9	11.1
영국	19.7	12.3	7.3
이탈리아	30.1	15.1	15.0
캐나다	24.5	12.4	12.1
호주	25.1	15.2	9.9

주: 총저축의 많은 부분(일반적으로 절반)이 자본 소모분에 해당된다. 즉 사용된 자본을 수리하거나 교체하는 데만 사용된다.
자료: piketty.pse.ens.fr/capital21c

여기에서 언급해야 할 중요한 점은 피케티가 $\beta = s/g$와 관련해 말하는 저축은 자본의 감가분을 뺀 순저축을 의미한다는 것이다(〈표 6-2〉 참조).

피케티는 역사적 자료를 제시함으로써 자신이 순저축률을 이야기하고 있다는 사실을 분명히 하고 있지만, 주류 경제학자들은 여전히 피케티가 총저축률 개념을 사용하고 있다고 비판한다.[2] 이들에 따르면 저성장 사회에서 자본의 감가분을 포함한 저축률, 즉 총저축률은 높을 수 있지만 순저축률은 0%로 수렴한다. 성장률이 낮아지면 자본의 감가분을 충당해야 하고 소비지출도 해야 하므로 순저축률은 0%에 가까워질 수밖에 없다는 논리인데, 이는 초부유층에는 적용되지 않는 논리다. **생애주기가설**이나 이후 언급하게 될 프리드먼의 **항상소득가설**이 제시하는 소비와 저축 행위에 관한 주류 경제학자들의 설명은 피케티에 따르면 정확히 이 점을 설명하지 않는다.

예컨대 조동근도 피케티가 저축률과 성장률이 서로 독립적이라고 가정하고 있다고 비판한다.[3] 성장률이 하락할 때/하락함에도 저축률은 일정한 값을 유지하며 따라서 β값이 증가한다는 피케티의 주장은, 성장률과 저축률이 서로 독립적이라는 가정하에서만 성립할 수 있다는 것이다. 반면 조동근은 실제로는 저축률과 성장률 사이에 상관관계가 있으므로 성장률이 낮아지면 저축률도 하락할 것이며 따라서 β값은 상승하지 않을 것이라고 주장한다. 조동근의 이러한 설명은 퍼 크루셀(Per Krusell)과 토니 스미스(Tony Smith)의 논문에 근거하고 있다.[4]

---

2 김영용, 「자본 이론 없는 자본 분석은 현상을 오도할 뿐이다」, 『피케티의 '21세기 자본' 바로읽기』, 213쪽.

3 조동근, 「신화와 열병의 '21세기 자본'」, 『피케티의 '21세기 자본' 바로읽기』, 146쪽.

4 Per Krusell and Tony Smith, "Is Piketty's "Second Law of Capitalism," Fundamental?" *Journal of Political Economy*, Vol.123, No.4(2015). http://aida.wss.yale.edu/smith/piketty1.pdf

우선 언급할 수 있는 것은 첫째, 피케티가 자신이 사용하는 저축률 개념이 순저축률 개념이라는 것을 분명히 하고 있다는 사실이다. 그는 이에 대한 통계자료를 근거로 제시하면서 자신의 입장을 논증하고 있다. 주류 경제학자들은 이러한 부분에 대해서는 언급하지 않으면서 순수하게 이론적인 방식으로 비판하고 있는데, 이 역시 피케티가 꼬집어 말한 바 있는 "데이터 없는 토론"에 속한다.

둘째, 크루셀과 스미스가 비판하는 것처럼, 저성장 사회에서는 저축률이 무한히 낮아지는가? 피케티에 따르면 저성장 사회에서 낮아지는 것은 노동소득자의 저축률이지 최상위 자본소득자의 저축률이 아니다. 저성장 사회에서 상대적으로 빈곤한 계층들의 저축률이 감소해도 최상위 부유층의 저축률은 오히려 증가할 수 있다. 오늘날 인구의 절반은 어떤 자본도 소유하고 있지 않으며, 최상위 10%가 전체 자본의 2/3를 점유하고 있다(451). 부의 집중도가 높은 사회에서는 성장률이 낮아져도 자본의 대부분을 소유하고 있는 일부의 사람들은 여전히 저축할 수 있는 여력을 갖고 있다. 성장률이 낮은 상황 아래서는 최상위 부유층들이 자산소득 중 아주 작은 부분만을 저축해도 자본/소득 비율은 급격히 증가한다. 주류 경제학자들은 이러한 사실을 고려하지 않고 저성장 사회에서는 저축률도 0%가 될 것이라는 형식논리적인 추론 방식으로 피케티의 제2법칙을 잘못 비판한다.

셋째, 이론적으로 매우 중요한 것으로 피케티가 말하는 저성장 사회란 **성장률**이 0%로 수렴하는 사회가 아니라 1.5% 정도를 유지하는 사회라는 사실을 염두에 두어야 한다. 이 점을 기억한다면 저성장률 사회에서도 저축률이 높게 유지되어 자본총량이 급격히 증가할 수 있다는 피케티의 주장은 매우 설득력을 가진다.[5]

5 이 점에 대해서는 마르크스주의 경제학자들의 피케티 비판에 대해 논의할 때 다시 한 번

넷째, 크루셀과 스미스의 주장은 (신)자유주의를 대표하는 경제학자인 밀턴 프리드먼의 항상소득가설(permanent income hypothesis)에 근거하고 있다. 항상소득가설에 따르면 소비자의 소비 패턴에 영향을 미치는 것은 일시적 소득이 아니라 항상소득이다. 항상소득은 장기적으로 기대되는 평균 소득으로 정의된다. 소비자는 일생에 걸쳐 소비를 균등하게 배분하기를 원하며, 따라서 일시적인 소득 증가가 그 사람의 소비를 갑자기 증가시키지 않는다. 장기적으로 지속되는 소득, 즉 항상소득의 증가만이 소비 증가를 유발시킬 수 있다.

이러한 항상소득가설에 따르면 현실 가계는 생애소득의 일정 부분을 소비하지 저축을 통해 자본량을 무한히 늘리지 않는다. 사람들은 자신의 소득을 일생에 걸쳐 소비와 저축으로 균등하게 배분하기를 원한다는 것이다. 프리드먼의 저축 이론은 앞에서 언급한 모딜리아니의 저축 이론과 동일한 함의를 갖는다. 이에 따르면 상속을 위한 저축, 혹은 축적 그 자체를 위한 저축 같은 것은 존재하지 않는다.

크루셀과 스미스는 항상소득가설에 의존해 이렇게 쓰고 있다.

> 성장이 없는 경우에 [적합한] 가장 간단한 저축 이론은 (1957년 밀턴 프리드먼이 제시한) 항상소득이론이다. 임금률과 이자율이 고정되어 있을 때 소비자는 자신의 자산을 일정한 수준으로 유지하며, 그의 임금과 매년 자산에서 나오는 이자소득을 소비한다. 일정한 자산 수준을 유지한다는 것은 정확히 0%의 순저축률을 갖는다는 것을 의미한다. 따라서 성장이 없을 때 0%의 순이자율은 아주 자연스럽다.[6]

언급할 것이다.

6 Marshall Steinbaum, "Piketty's Theory of Inequality and its Critics: A White Paper," p.9에서 재인용.

물론 피케티는 항상소득가설 또는 생애주기가설이 저축 행위를 잘 설명한다고 보지 않는다. 저성장률 사회(약 1.5%)에서도 저축률은 일정 수준(10%)을 유지할 수 있으며 이것이 자본/소득 비율을 지속적으로 증가시키리라는 주장은, 오히려 주류 경제학자들이 그동안 근거 없이 주장해왔던 바를 비판한다는 의미를 갖는다. 생애주기가설이나 항상소득가설이 말하는 것과 달리 피케티는 사람들이 퇴직이나 실업을 대비하기 위해서만 저축하는 것은 아니며, 저축에는 다양한 동기가 있을 수 있다는 사실을 강조한다. 예컨대 노인층이 거액의 예금을 인출하는 일은 없을 텐데 그 이유는 모딜리아니나 프리드먼이 생각하는 것과는 다르다. 그 이유는 상속 동기에 있다.

> 저축에는 많은 이유가 있고 각각의 중요성은 개인에 따라 매우 다르다. 어떤 사람은 퇴직이나 실업에 대비해 저축할 수 있다(생애주기 저축 혹은 예비적 저축). 다른 사람은 가족의 재산을 축적하고 물려주기 위해 저축할 수 있다. 또는 사실 사람들은 단순히 부와 때때로 그에 수반되는 위신을 선호할 수도 있다(왕조적 저축 혹은 순수한 축적). 이론적으로는 모든 사람이 그들의 모든 부를 연금으로 전환하며 아무런 유산도 남기지 않고 죽는 세계를 상상해볼 수 있다. 만약 21세기에 그런 행위가 갑자기 지배적이 되면 성장률이나 자본수익률에 상관없이 상속액은 분명 거의 제로로 줄어들 것이다(477).

피케티의 말을 들어보면, 크루셀과 스미스의 비판은 피케티가 말하는 내용을 그대로 뒤집었을 뿐 그다지 새로운 내용이 없다는 것을 알 수 있다. 피케티가 저성장 사회에서는 부유층이 조금만 저축해도 그들의 자본/소득 비율이나 자본소득의 몫을 증가시킬 수 있다고 말하니 그들은 저축률과 성장률은 서로 상관관계가 있는 함수라고 뒤집어 말하고 있을 뿐이다.

그리고 이론적으로 또한 중요한 점은 피케티가 저축률과 성장률이 상관관계

가 없다고 주장하는 것이 아니라는 사실이다. 앞에서 언급했듯이 0.1% 정도의 저성장 사회라면 저축률이 실제로 매우 낮아질 수 있다는 것을 피케티 자신도 잘 알고 있다. 이러한 오해를 해명하기 위해 피케티는 새 논문, 「'21세기 자본'에 관한 고찰」에서 자신도 저축률과 성장률이 상관관계가 있음을 알고 있다는 사실을 명시적으로 밝히고 있다. 그리고 더 나아가 자신이 말하는 성장률과 저축률의 상관관계와 신고전학파에서 말하는 그것이 어떻게 다른지 명확하게 '다시' 설명한다. 내용적으로 볼 때 그것은 『21세기 자본』에서도 이미 언급한 내용이지만 이에 대한 터무니없는 비판 때문에 다시 해명해야 할 필요를 느꼈을 것이다.[7]

크루셀은 피케티의 $\beta = s/g$ 공식이 다음 사실을 함축한다고 한마디로 정리한다. 저성장 시에는 순저축률이 제로로 수렴하며, 자본의 감가상각에 충당되는 저축분을 포함시킨다면 총저축률은 100%가 된다.[8] 크루셀에 따르면 물론 이는 행위자들이 일반적으로 취할 행동이 아니다. 그것은 사람들이 전혀 소비하지 않고 소득 전체를 모두 저축해야 한다는 것을 의미하기 때문이다. 그러나 크루셀과 스미스가 애써 보지 않으려고 하는 **실제적 현실**은 피케티가 말하듯이 성장률이 낮아도 부유층은 여전히 저축할 수 있으며, 그들의 부는 증가하며 대물림된다는 사실이다.

> 이제 성장률과 저축률의 차이를 결합시키면 국가들이 축적한 자본량이 서로 매우 다르고 1970년 이후 자본/소득 비율이 급격하게 상승한 이유를 설명하

---

7 구체적 내용에 대해서는 이 책 제3부, 특히 제7장을 참조하라.

8 사실 피케티도 이러한 상황에 대해 언급한다. 그것은 자본축적이 극단적으로 진행되어 자본수익률이 0으로 수렴하는 상황, 즉 $r = g$가 되는 상황이다. 그러나 이는 크루셀이 염두에 두고 있는 저성장 경제와는 전적으로 다른 경제, 즉 과도하게 자본이 축적되어 자본 파괴가 진행되는 극단적인 경제 상황과 관련되어 있다. 이에 대한 상세한 설명으로는 이 책 제5부의 제13장을 참조하라.

기가 쉬워진다. 특히 명확한 사례가 일본이다. 저축률이 연간 15%에 육박하는 반면 성장률은 겨우 2%를 넘긴 일본이 장기적으로 국민소득의 6~7배에 달하는 자본총량을 축적한 것은 놀라운 일이 아니다(212).

스타인바움은 또한 이들 신고전파 주류 경제학자들이 경제 분석을 위해 **대표적 행위자**를 선택할 때 이미 문제가 발생한다는 점을 지적한다. 분석 대상으로 최상위 부유층을 선택했다면 저성장 사회에서도 이들은 높은 저축률을 유지할 수 있고 이들의 저축이 중간 계층 또는 하층의 장기적인 저축률 감소를 상쇄할 수 있다는 가능성을 충분히 인정할 수 있었을 것이다. 하지만 크루셀과 스미스는 행위자를 분석할 때 이미 이러한 가능성을 갖고 있는 최상위 부유층을 분석 대상에서 미리 제외해버렸다. 저소득층의 소비와 저축 패턴에 관해서는 피케티 논제가 적용되지 않을 것이라는 것은 당연한 일이 아니겠는가.

물량효과와 가격효과

- 물량효과: 새로운 저축에 의한 자본량의 증가 효과
- 가격효과: 자본수익에 의한 자본량의 증가 효과

▶ 가격효과보다는 물량효과, 즉 저축의 규모에 의한 자본/소득 비율의 상승이 자본량의 증가에 더 중요한 역할을 해왔다.

피케티는 또한 물량효과와 가격효과라는 잘 알려진 개념을 사용해 장기적으로 자본/소득 비율의 상승 요인을 설명한다. 자본/소득 비율의 상승은 물량효과와 가격효과로 나누어진다. 물량효과는 새로운 저축에 의한 자본량의

〈표 6-3〉 부유한 국가에서의 국부 축적(1970~2010)

구분	자본/소득 비율(%)		1970년부터 2010년까지의 국부 증가율의 요인		
	β(1970)	β(2010)	국부의 실질성장률(%)	저축에 의한 국부의 성장률(%)	자본수익에 의한 국부성장률(%)
미국	404	431	3.0	2.1(72)	0.8(28)
일본	359	616	3.9	3.1(78)	0.8(22)
독일	313	416	2.7	3.1(114)	-0.4(-14)
프랑스	351	605	3.6	2.7(75)	0.9(25)
영국	314	523	3.5	1.5(42)	2.0(58)
이탈리아	259	609	4.1	2.6(63)	1.5(37)
캐나다	284	412	3.8	3.4(89)	0.4(11)
호주	391	584	4.2	2.5(61)	1.6(39)

자료: Thomas Piketty and Gabriel Zucman, "Capital is Back: Wealth-Income Ratios in Rich Countries 1700~2010."

증가분, 가격효과는 자본수익에 의한 자본량의 증가분을 의미한다. 피케티는 가격효과보다는 물량효과, 즉 저축의 규모에 의한 자본/소득 비율의 상승이 더 중요한 역할을 해왔다고 말한다.[9]

피케티는 주크먼과 함께 쓴 「자본이 돌아왔다(The Capital is Back)」라는 논문에서 이를 면밀히 연구한 바 있다. 이 논문에서 제시한 도표(〈표 6-3〉)에 따르면 미국의 경우 1970년 β값은 404%, 2010년의 β값은 431%이다. 이는 매년 평균 3.0% 증가한 수치이다. 이 중 저축에 의한 β값 증가분(물량효과)은 평균 2.1%, 자본수익에 의한 증가분(가격효과)은 0.8%이다. β값 전체 증가분 중 72%는 저축의 효과, 즉 물량효과이고, 28%는 가격효과라는 것이다.[10] 일

9 그러나 이것이 부동산 가격 상승과 같은 가격효과가 자본/소득 비율 증가에 미치는 영향이 없다는 것을 의미하지 않는다[(토마 피케티, 「자본주의와 민주주의」, 토마 피케티 외, 『왜 자본은 일하는 자보다 더 많이 버는가』(서울: 시대의 창, 2015), 49쪽 참조].

10 Thomas Piketty and Gabriel Zucman, "Capital is Back: Wealth-Income Ratios in Rich

본의 경우에도 1990년대에 부동산 및 주식시장 거품 붕괴이후 자본/소득 비율이 하락했으나, 1970~2010년 전체적 변화 양상을 보면 물량효과가 가격효과를 능가했기 때문에 장기적으로 β값이 증가했음을 볼 수 있다(213).

세습자본주의가 되려면 상위 1%에게 부가 얼마만큼 집중되어야 하는가

세습자본주의의 조건

- ▶ 자본총량이 많고 자본총량의 대부분이 상속자산으로 구성되어야 한다.
- ▶ 상속자산이 소수의 상위층에 극도로 집중되어야 한다.

피케티는 현재 우리 시대는 보트랭의 설교에서 나타난 세습 사회와, 노동소득이 더 큰 역할을 했던 전후 시기의 중간 정도에 위치하고 있다고 본다. 오늘날 상위 1%의 상속인이 누리는 부는 상위 1%의 노동소득자와 조금 더 높거나 비슷하다. 상속의 경우 상위 1%가 차지하는 크기는 하류층의 12~13배, 노동소득의 경우 10~11배 차이가 난다(488).

그렇다면 세습자본주의 사회가 도래하기 위해서는 어떤 일이 일어나야 할까? 피케티는 **집중효과**와 **물량효과**를 나누어 세습자본주의가 되기 위한 조건을 설명한다. 첫 번째, 물량효과와 관련된 조건으로, 일반적으로 세습 사회가 되려면 자본총량이 많고 자본총량의 대부분이 상속받은 상속자산으로 구성되어야 한다(489). 그리고 자본/소득 비율이 6~7 정도로 높은 사회라는 조건

Countries 1700~2010," p.22. http://piketty.pse.ens.fr/files/PikettyZucman2014QJE.pdf

도 필요하다. 피케티에 따르면 제1차 세계대전 이전까지는 이러한 조건이 충족되었으며, 오늘날 상속자산 총액과 관련된 이 조건은 '거의 다시' 충족되고 있다.

두 번째 조건은 집중효과에 관한 것이다. 상속자산이 소수의 상위층에 극도로 집중되어야 한다는 것이다. 상속자산이 노동소득과 같은 방식으로 분배되어 있다면(즉 상위 1%, 상위 10%에 분배되는 자본소득이 노동소득의 집중도와 비슷하다면) 보트랭이 말하는 세습 사회는 도래하지 않는다.

21세기 현재 서구 선진국에서 국민소득 중 자본이 차지하는 몫은 약 1/4이다.[11] 그렇다면 자본소득 대 노동소득의 비율은 1 대 3 정도라고 할 수 있다. 이러한 상황에서 상속재산을 통한 소득이 노동소득을 능가하기 위해서는 상속계층의 상위 1%가 상속받은 부에서 대단히 큰 몫을 차지해야 한다. 상속자산과 노동소득이 상위 10%, 1% 등에 비슷하게 분포되어 있다면 보트랭이 설교한 세계는 오지 않을 것이다. 노동소득이 전체 소득의 3/4을 차지하는 사회에서 노동소득의 크기는 자본소득보다 3배 정도 항상 클 것이기 때문이다. 이러한 사회는 세습 사회라고 할 수 없다. 라스티냐크의 딜레마 문제가 제기되는 사회는 상속재산 전체에서 상위 1%가 차지하는 몫이 대단히 큰 경우이다. 예를 들면 벨 에포크 시대의 파리에서는 상속계층의 상위 1%가 국부의 60%를 소유했다. 이 시기 노동소득에서 상위 1%가 차지하는 몫은 6~7%였으므로 상속계층의 상위 1%는 노동소득자에 비해 거의 10배의 자산 집중도를 보였다(489). 피케티에 따르면 이렇듯 자산 집중도와 노동소득 집중도의 비율이 10 대 1이면 물량 비율(즉 노동소득 대 자본소득의 비율) 3 대 1을 상쇄하기에 충분하며 보트랭이 설교한 세계가 도래한다는 것이다.

한 국가의 자본소득 대 노동소득의 비율이 1 대 3인 나라에서 예컨대 상위

---

11 한편, 최근 통계에 따르면 한국의 자본소득의 비율은 놀랍게도 40%에 달한다.

1%가 높은 자본소득을 얻으려면 그 계층에 상속자산이 집중되어 있어야 한다. 물량 비율이 1 대 3인데 집중효과는 10 대 1인 벨 에포크 시대에서 이는 상속받은 재산이 상위 1%에 속하는 사람은 노동소득 상위 1% 사람보다 실제로 3배 더 잘살았다는 것을 의미한다.

오늘날은 (유럽의 경우) 상위 1%가 총자산의 20%를 소유하는 반면 노동소득 상위 1%는 6~7%를 차지한다. 전자가 후자에 비해 집중효과가 3배 정도 높으므로 물량효과가 집중효과를 거의 상쇄한다. 따라서 이러한 사회는 상속계층과 경영자 집단이 대등한 사회라고 할 수 있다(490).

제7장

종합적 고찰

/

어떻게 저성장 사회에서 r은 안정적 수준을 유지할 수 있는가

지금까지 우리는 $r > g$ 공식, 자본주의의 제1, 제2근본법칙과 그것의 정치경제학적 의미를 자세히 살펴보았다. 그리고 피케티가 새로 쓴 논문인 「'21세기 자본'에 관한 고찰」은 많은 주류 경제학자들이 주장하듯이 피케티가 자신의 오류를 인정한 논문이 아니라는 사실에 대해서도 언급했다. 지금까지의 논의를 통해 우리는 피케티가 3개의 기본공식을 제시하며 불평등 현실을 분석하는 가운데 핵심적인 3개의 개념, 즉 r, s, g에 대해 집중적으로 논의하고 있다는 사실을 알 수 있었다. 이제 제3부를 마무리하는 종합적 고찰을 통해 이러한 중요한 경제적 변수들과 관련해서 피케티와 신고전파 이론이 어디에서 근본적으로 견해를 달리하는지 좀 더 이론적인 관점에서 종합적으로 살펴보고자 한다.

주류 경제학의 시간선호 모형의 문제점

주류 경제학의 시간선호 모형

$$r = \theta + \gamma \times g$$

- ▶ 성장률 g가 0일 때 이자율 r은 오직 시간선호율 θ에 의해 결정된다.
- ▶ 한계생산성 체감의 법칙에 따라 자본수익률(이자율) r이 지속적으로 낮다면 재산 소유자의 상당수가 집이나 금융자산을 팔 것이고 따라서 자본수익률이 상승할 때까지 자본총량(즉 저축량)은 줄어든다.

피케티

- ▶ 이 모형은 저축 탄력성이 무한하다고 가정하는 오류를 범했다.
- ▶ 실제로 저축 탄력성은 그리 크지 않다. 자본수익률(이자율)이 조금 떨어졌다고 해서 자산을 처분하는 일은 사실상 잘 발생하지 않으며, 부유층의 저축은 자본수익률의 변화에 그리 민감하게 반응하지 않는다.

모든 유형의 투자에 대한 평균 자본수익률이 일반적으로 (세전) 4~5%에 가깝다는 것, 즉 자본수익률이 4~5% 수준으로 유지되어왔다는 것은 물론 피케티만의 견해가 아니다. 사실 그것은 주류 경제학자들 사이에서도 사실 널리 인정되는 일반적인 견해이며, 피케티는 『21세기 자본』에서 이러한 사실에 대한 **주류 경제학자**들의 설명을 소개한 바 있다. 주류 경제학자들이 이를 설명하기 위해 제시하는 모형이 바로 시간선호 모형이다. 피케티는 이 모형에 대해 요약적으로 설명하면서 이를 통해 오히려 **주류 경제학의 단순한 설명 방식을 비판하고자 했다**. 피케티에 대한 주류 경제학자들의 반대는 근본적으로는 세계관의 차이, 더 정확히 말하면 '정의'에 대한 관점의 차이에 기인하는 것이다. 하지만 이들 주류 경제학자들이 논의의 지평을 '좁은 의미의' 경제학적 관점으로 축소시키는 경향을 갖고 있다는 것 또한 피케티를 수용하지 못하는 이유에 속한다. 지금까지 보았듯이 신고전파 경제학자들은 **저축 이론**

(혹은 저축의 동기에 관한 이론), **자본수익률, 성장률, 저축률의 관계** 등의 문제와 관련해 피케티를 집중적으로 비판했다. 이들의 비판이 어떤 이론적(경제학적) 입장에서 이루어지는지를 파악하기 위해서, 그리고 이들의 경제학 이론이 학문적으로 근거가 확고하지 않다는 것을 파악하기 위해서 피케티가 무한계획 모형이라고 부르는 신고전파 경제학의 자본수익률 공식에 대해 살펴볼 필요가 있다. 이를 통해 특히 우리는 신고전파의 저축 및 자본 이론과 피케티의 이론이 어떻게 달라지는지를 더 명확히 이해할 수 있다.

피케티에 따르면 자본수익률이 4~5% 수준으로 일정하게 유지되는 현상을 설명하는 주류 경제학 모형은 시간선호 모형이다. 예컨대 오늘 100유로를 더 쓰기 위해 미래에 105유로를 포기할 용의가 있다면 그 사람의 시간선호율(θ)은 5%이다. 이들은 이자율을 시간선호율 개념을 통해서 설명한다는 것이다. 주류 경제학에서 자본수익률이란 시간선호도와 사실 거의 동일한 개념이다. 그러므로 자본수익률과 시간선호를 연관시켜 설명하는 것은 사실상 거의 동어반복적인 설명에 지나지 않는다.

좀 더 정확히 말하면 주류 경제학의 시간선호 모형에서 자본수익률을 설명하는 공식은 $r = \theta + \gamma \times g$이다(431). 이 모형에 따르면 성장률이 0일 때 이자율은 오직 시간선호율(θ)에 의해 결정된다. 그렇다면 **성장률을 도입했을 때 자본수익률은 어떻게 결정되는가?** 성장률이 높은 사회에서는 미래의 소득이 이자율보다 빨리 증가할 것이라고 생각하므로 돈을 빌려 즉각 소비한다. 이때 이자율이 낮다면 사람들이 계속 돈을 빌리므로 이자율은 상승할 것이다. 반면 이자율이 이미 충분히 높다면 경제가 빨리 성장할 것이라고 기대한다고 해도 돈을 그렇게 많이 빌리지는 않을 것이다. 그래서 이자율은 다시 하락할 것이다. 그리하여 균형이자율은 $r = \theta + \gamma \times g$로 결정된다.

부연 설명하면, r이 낮으면 사람들이 돈을 빌려 소비하거나 투자하기 때문에 성장률(g)이 증가할 것이며 따라서 사람들은 소득수준이 높아져서(또는

높아질 것이라고 예상해서) 계속 돈을 많이 빌려 소비하게 될 것이다. 이러한 상황에서는 r은 더욱 증가할 것이다. 하지만 r의 상승은 무한히 지속될 수 없다. r이 너무 높으면 사람들은 돈을 더 이상 빌리려 하지 않을 것이며 소비가 위축되어 경제성장률(g)이 하락할 것이다. 그리하여 r이 낮아지면 다시 사람들이 돈을 빌려 소비하고 투자하므로 다시 경제가 성장하게 된다. 여기에서 볼 수 있듯이 r의 수준과 g의 수준은 서로 상관관계를 맺고 있다. 자본수익률 공식($r=\theta+\gamma\times g$)에 따르면 g와 r의 상관관계는 γ의 크기에 따라 결정된다.

여기에서 γ는 사회마다 그 수치가 달라질 수 있다. 경험적 연구에 따르면 일반적으로 γ는 1.5~2.5 사이에 있다고 추정된다고 한다. 그리하여 예컨대 θ가 5%, $\gamma=2$일 경우 $g=0$이면 $r=5\%$가 되고, $g=2\%$이면 $r=7\%$로 커진다. $r=\theta+\gamma\times g$ 라는 공식은 경제성장률이 높아지리라고 기대할수록 자본수익률은 증가하며, 성장률이 낮아질 것이라고 예상할수록 자본수익률도 낮아진다는 것을 직관적으로 보여주는 모형이다. 이러한 모형에 따르면 피케티 이론은 처음부터 잘못된 이론으로 평가될 수밖에 없다.

피케티에 따르면 이러한 시간선호 모형은 무한계획 모형이라고도 불린다. 왜냐하면 이 모형은 각 개인은 물론 그 사람의 자손들까지 포함해 세상이 끝날 때까지 모든 행위자가 같은 방식으로 행위한다고 가정하기 때문이다. 그러므로 이 모형에 따르면 자본수익률은 일정한 값, 예컨대 5%를 유지해야 한다. "이 이론에 따르면 자본수익률이 역사적으로 4~5%로 고정적이었던 것은 궁극적으로 심리적인 이유 때문이다. 이 수익률은 평균적인 사람들의 인내심과 미래에 대한 태도를 반영하는 까닭에 크게 변할 수 없다"(430. 강조는 필자) 무한계획 모형은 하나의 심리적 매개를 토대로 자본수익률의 고정성을 설명하고자 한다는 것인데 피케티는 이 모형이 경제를 단 하나의 심리적 변수로써 설명하려는 매우 단순한 이론이라고 비판한다.

이 모형은 여러 가지 면에서 피케티의 이론과 충돌한다. 우선 이 모형은

한계생산성 체감의 법칙을 적용해 **자본수익률**(또는 이자율)**이 지속적으로 낮다면** 재산 소유자의 상당수가 집이나 금융자산을 팔 것이고 따라서 **자본수익률이 상승할 때까지 자본총량**(즉 저축량)**이 줄어든다**고 설명한다. 하지만 과연 자본수익률이 떨어진다고 해서 자본 소유자가 쉽게 자신의 자산을 처분할 것인가? 피케티는 그렇지 않을 것이라고 생각한다. 자산을 판다거나 저축을 해지하는 등의 일은 그렇게 쉽게 일어나지 않는다는 것이다. 요컨대, 피케티는 무한계획 모형이 **저축 탄력성이 무한하다**고 가정하는 오류를 범하고 있다고 비판하는 것이다.

피케티에 따르면 저축 탄력성은 0보다는 크지만 무한하지 않다. 적당하고 합리적인 한계 내에서 자본수익률의 변화가 일어날 때는 더욱 그렇다(430). 여기에서 피케티가 말하는 합리적인 범위의 자본수익률은 3~6%이다. 피케티는 주류 경제학자들과 달리 이러한 범위 내에서 저축 탄력성이 그리 크지 않다고 가정한다. 자본수익률(이자율)이 조금 떨어졌다고 해서 자산을 처분하는 일은 사실상 잘 발생하지 않는다는 것이다. 피케티가 장황하게 무한계획 모형을 비판하는 중요한 이유는 특히 부유층의 저축이 자본수익률의 변화에 그리 민감하게 반응하지 않는다는 것을 보이기 위해서다. 이는 피케티가 말하는 $r > g$ 공식 또는 자본주의의 제1, 제2법칙($\beta = s/g$)의 의미를 파악하기 위해 중요한 내용이므로 잘 기억해둘 필요가 있다.

『21세기 자본』과 「'21세기 자본'에 관한 고찰」에 대한 종합적 논평: r, s, g의 상관관계에 관하여

「'21세기 자본'에 관한 고찰」에서도 피케티는 무한계획 모형($r = \theta + \gamma \times g$)에 대해 언급하면서 성장률과 저축률의 관계에 대해 다시 논의한다.[1] 이때

무한계획 모형과 관련한 핵심적인 질문은 g가 하락할 때(그리하여 β값이 높아질 때) r이 얼마만큼 하락하는가이다. 앞에서 무한계획 모형에 대해 설명할 때 살펴보았듯이 성장률이 낮은 사회에서는 미래의 소득이 이자율보다 천천히 증가할 것이라고 생각하므로 돈을 빌려 즉각 소비하는 일을 자제한다. 따라서 이자율이 하락하게 된다. 무한계획 모형은 성장률(g)이 낮아지면 자본수익률(r)도 낮아진다는 것을 함축하고 있다. 반면, 피케티는 저성장 사회에서도 r이 낮아지지 않을 수 있다고 주장하는 것이다.

이제 이를 $\alpha = r \times \beta$와 관련해 생각해보자. 이 등식에서 β값이 상승할 때 r이 β값의 증가를 상쇄할 만큼 하락하면 α값은 감소한다. 크게 보아 다음 두 가지 경우를 생각해볼 수 있다.

첫째, g가 하락할 때(즉 β값이 증가할 때) r값이 더 많이 하락하면 r과 g의 격차는 줄어든다는 것, 즉 불평등이 심화되지 않는다(α값이 증가하지 않음).

둘째, 반대로 g가 하락할 때 r이 상대적으로 덜 하락하면 r과 g의 격차는 커지고 불평등이 심화된다(α값이 증가함). 이것이 피케티의 입장이다.

언급했듯이 무한계획 모형에서 이는 γ의 값에 달려 있다. 주류 경제학 이론에 따르면 γ값은 일반적으로 1보다 크다고 알려져 있다(1.5~2.5). γ값이 1보다 클 때 (이 경우에는 g가 감소할 때 r이 상대적으로 더 많이 감소하므로) $r-g$는 감소하고, γ값이 1보다 작으면 $r-g$는 증가한다. 신고전파 경제학자들의 일반적인 견해에 따라 γ가 1보다 크다고 가정하면 무한계획 모형에서는 성장률이 낮아질 때 r은 더 많이 낮아지며, 따라서 $r-g$의 차이는 감소한다.

하지만 앞에서 살펴보았듯이 무한계획 모형은 경험적으로 설득력이 적다. 그것은 이자율과 같은 너무나 복잡한 개념을 하나의 심리적 변수로 환원시킬

1 Thomas Piketty, "Putting Distribution Back at the Center of Economics: Reflections on *Capital in the Twenty-First Centry*," p.81.

뿐만 아니라 무한한 저축 탄력성을 가정하기 때문이다. 이 모형이 갖고 있는 무한한 저축 탄력성 가정에 따르면 (g가 낮아져) r이 하락하면 (소비자는 자산 등을 처분하므로) 저축량도 감소한다. 그러나 「'21세기 자본'에 관한 고찰」에 피케티가 말하듯이 r이 하락해도 부유한 소비자가 자산을 처분하지 않는다면 저축량도 감소하지 않는다. 요컨대, 피케티에 따르면 r과 s, 그리고 g와 s는 이 모형이 가정하는 것처럼 그렇게 단순하고 기계적인 관계에 있지 않다.

그리하여 피케티는 감세 정책과 자본수익률의 관계에 대해 설명하며 유사한 비판을 제기한다.[2] 신고전파 경제 이론에 따르면 자본세 인하는 세후 자본수익률의 증가를 낳고[3] 이는 저축률을 증가시킨다(자본량의 증가). 그러나 자본량이 증가했으므로 자본의 한계생산성이 감소하고 따라서 자본수익률이 다시 감소해 결국 자본세 인하 이전의 수준으로 되돌아간다.

그러나 피케티에 따르면 저축 및 자본수익률에 대한 이러한 신고전파의 설명은 마찬가지로 무한대의 저축 탄력성이라는 극단적인 가정에 근거하고 있다는 문제가 있다. 신고전파 경제학은 자본세 인하로 인해 자본수익률이 증가하면 저축이 급격히 증가하고, 자본축적이 심화됨에 따라 다시 자본수익률이 하락해(한계생산성 체감의 법칙) 자본 소유자가 자산을 처분한다(저축률 하락)고 설명한다.

일반적으로 자본세 인하는 직접적으로 자본 소유자의 자본소득을 증가시키며 따라서 높은 저축률을 유지할 수 있도록 해준다. 그러나 저축률이 증가한다고 해서(자본량이 증가한다고 해서) 신고전파 경제학자들이 설명하듯이 자본수익률이 하락하고, 이로 인해 자본 소유자가 자산을 처분하게 되는 것은 아니다.

---

2 같은 글, p.80.

3 세후 자본수익률을 $(1-t)r$이라고 하자. 이때 감세 정책은 t를 감소시키므로, 감세 이후 세후 자본수익률은 증가한다.

피케티는 좀 더 현실적인 자본축적 모형으로 **저축 탄력성이 0보다는 크지만 무한하지는 않은 모형**을 제안한다. 자본수익률이 어느 정도 하락한다고 해서 자본 소유자가 쉽게 자본을 처분하지는(즉 저축을 급격히 줄이지는) 않는다고 말하는(즉 신고전학파의 모형과는 철저하게 구분되는) 더 현실적인 경제모형을 구성한다. 자본세 인하는 (주류 경제학의 설명과는 달리) 자본을 처분하지 않아도 **장기적으로 세후 자본수익률의 증가**를 가져오며 따라서 불평등을 심화시킨다는 것을 설명해주는 '진보적인' 모형을 제시하고자 하는 것이다.[4] 피케티는 이미 『21세기 자본』에서 모딜리아니와 프리드먼의 저축 및 소비이론을 비판하고 상속을 위한 저축 동기를 이야기한 바 있다.

피케티 이론에 대한 지금까지의 필자의 설명이 좀 난해하게 느껴질 수도 있다. 하지만 그가 이러한 논의를 제시하는 이유는 분명하다.

신고전파 경제학자들은 자본세를 인하해도 결국은 자본세 인하 이전의 수준으로 자본수익률이 되돌아가기 때문에 자본세 인하가 결코 불평등을 심화시키는 것이 아니라고 주장한다. 반면 피케티는 이러한 주장이 근거가 없음을 보여주고자 한다. 지금까지의 설명에서 드러났듯이 우리는 **자본수익률**(r), **저축률**(s), **성장률**(g)과 같은 핵심적인 경제 변수들이 신고전파 경제학은 물론 피케티 이론에서도 중요한 역할을 하고 있음을 알 수 있다. 신고전파 경제학자들은 이러한 변수들과 그것들의 상관관계에 주목함으로써 '세상은 평등하다'는 것을 증명하고자 한다. 반면 피케티는 동일한 경제 변수들을 가지고

4 Thomas Piketty, "Putting Distribution Back at the Center of Economics: Reflections on *Capital in the Twenty-First Centry*," p.80. 그리하여 피케티는 세율이 낮아지면 자본수익률이 증가하므로 피케티는 세율을 자본수익률과 성장률의 차이($r-g$)의 '증가하는 함수'로 (즉 누진적으로) 정하는 것이 가장 적절하다고 제안한다. 또한 다음 논문을 참조하라. Thomas Piketty and Emmanuel Saez, "A Theory of Optimal Inheritance Taxation, Econometrica," *Econometrica*, Vol.81, No.5(2013). http://eml.berkeley.edu/~saez/piketty-saez-ECMA13.pdf

신고전파 경제학 이론이 현실적·이론적 근거를 결여하고 있으며, 궁극적으로 그것은 세계 속에 존재하는 불평등을 은폐하는 이론에 지나지 않음을 보여주고자 했다.

피케티에 따르면 무한계획 모형은 $\beta = s(g)/g$라는 해러드-도마-솔로 모형의 특수한 경우일 뿐이다. 왜 피케티는 갑자기 무한계획 모형에서 해러드-도마-솔로 모형으로 넘어가는가? 아직 언급하지 않았지만 이는 피케티의 제2자본주의 법칙은 해러드-도마-솔로의 경제성장 모형으로부터 도출한 법칙이기 때문이다. 피케티는 해러드-도마-솔로 모형이 한계가 많은 모형임에도 불구하고, 이 모형을 활용해 자신의 이론을 전개했다. 해러드-도마-솔로 모형과 피케티의 제2법칙과의 관계에 대해서는 제4부에서 상세히 논의할 것이다.

「'21세기 자본'에 관한 고찰」에서 피케티가 무한계획 모형을 통해 g와 r의 관계에 대해 좀 더 명확하게 제시했다는 점이 중요하다. 살펴보았듯이 이 모형에 따르면 g가 낮아지면 r도 낮아지므로 $r-g$의 차이는 줄어들게 된다. 물론 피케티는 이 모형의 가정이 잘못되었다고 본다. 지금까지의 논의를 통해서 명확하게 알 수 있었듯이 피케티는 g가 낮아질 때에도 $r-g$의 격차가 증가할 수 있는 이유를 밝혔으며 역사적 자료를 통해 이를 구체적으로 입증했다.

무한계획 모형은 경험적으로 볼 때 비현실적이므로 피케티는 해러드-도마-솔로 모형을 직접 응용해 저축률과 성장률의 관계를 다시 한 번 고찰하고자 한다. 그리하여 「'21세기 자본'에 관한 고찰」에서 피케티는 제2법칙을 $\boldsymbol{\beta = s(g)/g}$라고 다시 쓴다.[5] 이러한 보완적 논의를 통해 피케티는 '**저축률은 성장률의 함수**라는 것을 고려하지 않았다는 주류 경제학자들의 비판'에 대해 답하고자 한 것이다. $\beta = s(g)/g$는 저축률이 성장률의 함수라는 사실을 함축하고 있는 표기법이다. 피케티는 이를 통해 『21세기 자본』에서 자신이 제시한

5 솔로 모형으로부터 어떻게 $\beta = s/g$가 도출되는지에 대해서는 이 책 제4부를 참조하라.

$\beta = s/g$ 법칙이 저축률은 성장률과 상관관계에 있다는 것을 **이미 고려하고 있는 법칙**이라는 점을 다시 한 번 말하려고 한 것이다. 다만 그 상관관계가 무엇을 의미하는지가 신고전학파의 이론과 다를 뿐이다.

피케티는 해러드-도마-솔로 모형 또는 자본주의 제2법칙($\beta = s/g$)의 특수한 경우인 **무한계획 모형**에 의하면 저축률은 g의 증가분보다 적게 증가하는 함수라는 사실을 도출할 수 있다고 말하기도 한다.[6] 다른 한편으로 피케티는 **저축률과 성장률 사이에 상관관계가 없는 모형**에 대해서도 언급하며, 저축률을 고정된 상수로 가정하는 그러한 모형은 비현실적이라고 지적한다.[7]

「'21세기 자본'에 관한 고찰」에서 피케티는 이러저러한 다양한 논의를 거친 후 무한대의 저축 탄력성을 가정하는 모형(무한계획 모형)과 고정된 저축률을 가정하는 모형(단순한 신고전파 모형) 사이에 있는, 현실적이며 **'진보적인' 모형**을 제시하고자 한 것이다. 이는 적절한 자본수익률 범위(예를 들면, 3~6%) 내에서는 저축 탄력성이 상대적으로 낮고, 자본수익률이 극단적으로 크거나 낮을 때는 매우 높거나 무한대인 저축 탄력성을 갖는다는 가정에 근거한 모형이다.

피케티가 제시하는 중간 모형에 따르면 성장률이 0에 수렴할 때 $\beta = s/g$가 무한하게 커지지는 않는다. 성장률이 0에 수렴하는데도 계속 저축(투자)을 한다면 자본수익률이 0에 수렴할 것이기 때문이다. 따라서 대부분의 자본가

---

6 Thomas Piketty, "Putting Distribution Back at the Center of Economics: Reflections on *Capital in the Twenty-First Centry*," p.81. 피케티의 공식으로부터 다음 등식을 유도할 수 있다. $\beta = \alpha/r = \alpha/(\theta + \gamma g) = s(g)/g$, 그리고 $s(g) = \alpha g/r = \alpha g/(\theta + \gamma g)$. 그리고 부등식 $\alpha g < g < r$ $\{=(\theta + \gamma g)\}$이 성립하므로, 이로부터 $s(g)(=\alpha g)$는 g의 증가분보다 적게 증가한다는 것을 알 수 있다.

7 실제로 해러드-도마-솔로 모형의 초보적 형태는 저축률 s가 외생적으로 주어진 상수라고 가정한다(**그리하여 신고전파 경제학자들도 이러한 가정하에 구성된 경제성장 모형을 많이 활용한다**). 저축률을 성장률과 무관하게 외생적으로 결정되는 일정한 상수로 간주한 사람은 피케티가 아니라 오히려 신고전파 경제학자들이었다는 것이다.

들은 이 경우 더 이상 저축(투자)하지 않으며, β값도 무한히 커지지 않는다. β값이 무한히 증가하면 감가상각을 위해 충당해야 하는 저축(투자)액도 극단적으로 증가할 것이다.

그러므로 자신의 중간 모형에 따라 피케티는 장기적으로 자본수익률은 어떤 범위 안에 있을 것이라고 결론짓는다. 자본수익률이 이렇듯 장기적으로 안정되어 있다고 보는 또 하나의 이유는 다음과 같다. 일반적인 경제적 추론에 따르면 빠르게 성장하는 경제에서 성장률이 높으면 자본수익률도 높다고 본다. 하지만 빠르게 성장하는 시기에 자본을 재배분해 더 높은 수익률을 얻기 위해서는 더 많은 노동을 필요로 한다. 이때 노동이 과도하게 투입될 수 있으며 따라서 측정된 실제 자본수익률은 하향 조정되어야 한다. 따라서 피케티에 따르면 고성장 사회에서의 실제 자본수익률도 (유산자들이 자본의 재배치가 상대적으로 용이한 금리생활자가 되는 경향이 커지는) 저성장 사회에서의 자본수익률(예컨대 이자, 임대료 등)에 근접할 수 있다. 이러한 논의 등을 통해 피케티는 저성장 사회든 고성장 사회든 자본수익률이 어떤 범위 안에서 안정되는 이유를 설명하고, 『21세기 자본』에 대해 제기된 비판에 대해 종합적으로 대답한다.

지금까지의 논의를 요약해보자. 피케티는 β값이 무한히 증가하고 r이 0으로 수렴하는 극단적인 저성장 사회가 아니라 성장률 1.5% 정도를 유지하는 저성장 사회를 염두에 두고 있다. 무한계획 모형과 달리 저축 탄력성은 무한하지 않다. 자본수익률은 일정한 범위에서 안정적으로 유지되며, 따라서 저상장 사회에서도 r과 g의 격차는 커질 수 있다.

물론 성장률이 낮아짐에 따라 $r-g$가 필연적으로 증가할 것이라는 것을 보증하는 과학적 법칙은 존재하지 않는다. 피케티는 경제학이 미래의 행보를 정확히 예측할 수 있는 엄밀한 과학적 도구가 아니라고 생각한다. 이는 『21세기 자본』에서 이미 강조한 사실이다. 경제학은 결코 엄밀한 과학이 아니며

그렇게 될 수도 없다. 피케티가 신고전학파 경제학자들이 수학적 도구를 활용해 경제학을 마치 엄밀한 과학인 양 과장하고 포장하는 관행을 신랄하게 비판했던 것도 바로 그러한 이유에서이다. 그런데 『21세기 자본』이 출간되고 난 후에는 오히려 신고전파 경제학자들이 피케티가 그러한 태도를 보인다고 비난한다. 예나 지금이나 그들은 여전히 '앞뒤가 맞지 않는 행동'을 하고 있다.

피케티에 따르면, 그럼에도 여러 역사적 증거와 기술 발전의 상황(대체탄력성이 1보다 크도록 만드는 상황 등)을 고려할 때 $r-g$의 격차가 증가할 것이라고 예측해볼 수 있다.[8] $r-g$의 격차가 커져서 불평등이 심화되기 위해서는 여러 가지 조건들이 성립해야 하는데 이에 대해서는 피케티가 『21세기 자본』에서 길게 이야기했으며 이 책에서도 그 핵심적 내용에 대해서 살펴보았다. 「'21세기 자본'에 관한 고찰」에서 피케티는 그의 책에서 이미 이야기한 내용을 다시 반복하기도 하고 새로운 내용을 덧붙임으로써 미래에 불평등이 심화될 수 있는 가능성이 높다는 점을 다시 한 번 강조했다.

몇 가지 예를 추가한다면, 피케티는 큰 규모의 자본은 높은 금융자본 수익률을 누릴 수 있으며 ≪포브스(Forbes)≫ 순위에서 최상위에 위치하는 글로벌 부자의 자산은 평균적인 부의 성장보다 훨씬 빠른 속도로 성장하고 있다는 점을 지적한다(이는 『21세기 자본』에서 이미 언급한 내용이다).[9] 그리고 또한 미국에서는 노동소득의 불평등이 매우 심각하며 이러한 높은 노동소득의 자본화가 발생해 최근에 부의 불평등이 상당히 빠르게 진행되고 있다고 이야기한다. 또한 그는 이매뉴얼 사에즈와 가브리엘 주크먼(Gabriel Zucman)의 연구[10]를 인용해 최근 미국에서의 부의 불평등의 증가는 자신이 『21세기 자본』

8 Thomas Piketty, "Putting Distribution Back at the Center of Economics: Reflections on *Capital in the Twenty-First Centry*," p.82.

9 같은 글, p.83, Table 1 참조.

에서 주장한 것보다 더 심각한 상황이라고 덧붙인다. 미국에서의 이러한 불평등 심화를 보여주는 근거로 피케티는 특히 모든 종류의 자산(배당금과 이자 포함)으로부터의 자본소득 집중이 증가하고 있다는 점 등을 제시했다.

$r-g$의 경제학적 의미: 왜 저성장 사회에서는 r과 g의 작은 격차가 불평등을 심화시킬 수 있는가

$r > g$의 의미

- ▶ 경제가 g만큼 성장하기 위해서는 사회가 자본소득 중 g/r만큼 투자(저축)해야 하며, 따라서 자본 소유자는 자본소득 중 $(1-g/r)$만큼을 소비할 수 있다는 것을 함축하고 있는 공식이다.
- ▶ $r > g$ 공식 그 자체는 불평등과 아무런 상관이 없다.
- ▶ 경제에 참여하는 주체가 모두 순탄하게 생활하며 자본소득의 g/r만큼 저축할 수 있는 것은 아니다. 이러저러한 사건과 충격으로 인해 취약한 경제의 주체들은 그만큼의 저축을 할 수 없다. 반면 부유층들은 꾸준히 저축할 수 있는데, 그 효과가 누적되어(불평등이 점점 심화되어) 사회 내에서 $r-g$의 크기가 커진다면 불평등 정도는 (적절한 공공 정책이 시행되지 않는다면) 폭발적으로 증가하게 될 것이다.

지금까지 살펴보았듯이 피케티의 $r > g$ 공식은 첫째, 저성장 사회에서도 r이 상당히 높은 수준(4~5%)을 유지할 수 있다는 것, 둘째, g가 낮아져도 r은

10 Emmanuel Saez and Gabriel Zucman, "Wealth Inequality in the Unites States since 1913: Evidence From Capitalized Income Tax Data"(2014). http://gabriel-zucman.eu/-files/SaezZucman2014Slides.pdf

상대적으로 높은 수준을 유지할 수 있으므로 저성장 사회에서도 $r-g$의 격차가 반드시 좁혀지지는 않는다는 것으로 요약할 수 있다.

피케티 비판자들은 $r>g$ 공식 그 자체는 어떤 불평등도 의미하지 않는다고 피케티를 비판하지만 이미 여러 번 언급했듯이 피케티 자신도 $r>g$ 공식 그 자체만으로는 불평등을 설명할 수 없다는 것을 분명히 알고 있었다. 새로 쓴 논문 「'21세기 자본'에 관한 고찰」에서 피케티는 이 공식의 의미를 다시 한 번 명확하게 설명하므로 이에 대해서 좀 더 살펴볼 필요가 있다. 피케티의 논지는 분명하다. $r>g$ 공식은 경제가 g만큼 성장하기 위해서는 사회가 자본소득 중 g/r만큼 투자(저축)해야 하며,[11] 따라서 자본 소유자는 자본소득 중 $(1-g/r)$만큼을 소비할 수 있다는 것을 함축하고 있는 공식이다. 피케티 스스로도 말하고 있듯이 여기에서 $r>g$ 공식 그 자체가 불평등과 아무런 상관이 없다는 것에는 의심의 여지가 없다.[12]

그러나 경제에 참여하는 주체가 모두 순탄하게 생활하며 g/r만큼 저축할 수 있는 것은 아니다. 이러저러한 사건과 충격으로 인해 어떤 사람은 파산할 수도 있으며, 어떤 사람은 자신이 버는 수입보다 훨씬 더 많이 소비할 수도 있다. 어떤 경제주체는 자본소득의 g/r배보다 훨씬 더 많이 저축해서 남들보다 더 많은 부를 쌓을 수 있다. 하지만 처음에는 불평등이 어느 정도의 범위 안에 머물러 있게 될 것이며 피케티가 말하는 극심한 불평등은 발생하지 않는다. 하지만 충격이 지속되어 그 효과가 누적되고 $r-g$의 크기가 커진다면 불평등 정도는 (적절한 공공 정책이 시행되지 않는다면) 폭발적으로 증가한다.

---

11 자본주의 제1법칙, $\alpha=r\times\beta$에서 β에 s/g를 대입하면 다음 등식을 얻을 수 있다.

$\alpha=r\times(s/g)=s\times r/g$

이로부터 저축률 s는 자본소득에 g/r을 곱한 값이라는 것을 알 수 있다($s=\alpha\times g/r$).

12 Thomas Piketty, "Putting Distribution Back at the Center of Economics: Reflections on *Capital in the Twenty-First Centry*," p.74 참조.

바로 그것이 피케티가 『21세기 자본』과 「'21세기 자본'에 관한 고찰」에서 제시하고 입증하고자 했던 논제인 것이다.

피케티와 파레토

> ▶ 파레토는 상위 부유층으로 갈수록 그 계층에 속하는 사람의 수가 급격히 줄어든다는 것을 발견했으나 그것이 갖는 정치경제학적 의미를 은폐했다.
>
> ▶ 반면 피케티는 파레토 법칙을 활용해, 충격으로 인해 발생하기 시작한 근소한 빈부 격차와 부의 축적이 누적적 방식으로 진행되기 때문에 $r-g$의 조그마한 차이가 마침내 커다란 불평등을 야기할 수 있다는 것을 보여주었다.

바로 여기에서 피케티는 그 불평등 정도를 수학적으로 예측 또는 계산하기 위해 **파레토 법칙**을 원용한다. 파레토 법칙을 원용해 피케티가 제시하고자 하는 주장의 핵심적 내용은 다음과 같다. $r-g$의 조그마한 차이가 커다란 불평등을 야기할 수 있는 것은 **충격**으로 인해 발생하기 시작한 (초기에는 근소한) 빈부 격차, 그리고 부의 축적이 (예컨대 인구증가처럼) **누적적 방식**으로 진행되기 때문이다. 인구가 아주 낮은 비율로 증가해도 그것이 장기적으로 누적되면 엄청난 성장을 가져오는 것처럼 부의 축적과 불평등의 증가도 마찬가지다. 예를 들면 영국의 경우 1810~1870년 상위 10%가 차지하는 몫은 대략 85%였는데, 불평등이 누적적으로 증가한 결과 1900~1910년에는 90%를 넘어섰다(412: 도표 10.3, 440 참조).

1910년 유럽은 상위 1%가 전체 부의 60~70%를 차지하고 있었지만 1914~1945년 사이에 일어난 충격들로 인해 (과거 벨 에포크 시대와는 반대로) 극심한 부의 집중을 분산시키는 구조적 변화가 일어났다. 피케티는 향후 r과 g의 차

이가 과거 18세기보다는 낮을 것이며, 따라서 앞으로 불평등이 과거 1900~1910년의 극심한 수준으로 되돌아가지는 않을 것이라고 전망한다(449). 그러나 그가 낙관적이기만 한 것은 아니다. 피케티에 따르면 여전히 부의 불평등은 상당히 높아질 것이고 1900~1910년보다 부가 더 집중되도록 할 수 있는 요인들이 존재하기 때문이다. 앞에서 언급했듯이 인구가 감소해 상속재산의 중요성이 증가하고 금융 세계화로 인해 투자 포트폴리오의 초기 규모에 따라 자본수익률의 불평등이 매우 심화될 수 있는 요인 등이 그것이다. 자본 및 자본소득에 부과되는 세금 같은 특정한 제도들이 무너진다면 부의 불평등이 1900~1910년 수준으로 되돌아갈 수도 있다.

> 오늘날 유럽에서 부의 집중이 벨 에포크 시대보다 두드러지게 낮은 현실은 주로 우연적인 사건들(1914~1945년에 일어난 충격들)과 자본 및 자본소득에 부과된 세금 같은 특정한 제도의 결과다. 그러나 제도들이 결국 무너진다면 부의 불평등이 과거 수준과 비슷해지고, 어떤 상황에서는 더 높아질 위험이 있다. 확실한 것은 아무것도 없다. 불평등은 어느 방향으로든 움직일 수 있다. …… 한 가지 결론은 꽤 분명하다. 현대적 성장의 특징이나 시장경제 법칙과 같은 어떤 것이 부의 불평등을 줄이고 조화로운 안정을 달성할 거라는 생각은 착각이라는 것이다(450).

피케티는 $r-g$의 격차가 불평등의 동학에 어떤 영향을 미치는지 설명하기 위해 파레토 법칙을 활용했다. 파레토는 상위 부유층으로 갈수록 그 계층에 속하는 사람의 수가 급격히 줄어든다는 것을 발견했다. 그는 그 수가 어느 정도로 빨리 줄어드는지를 파악하고자 노력했고, 이것을 '파레토 법칙'으로 정식화했다. 『21세기 자본』에서 피케티는 파레토가 발견한 불평등 동학의 전개 법칙(상위층으로 갈수록 그 수가 급격히 줄어드는)을 활용해 $r-g$의 차이가 불평

등 심화에 어떤 영향을 미치는지를 수학적으로 설명하고자 했다.[13]

하지만 동시에 그는 파레토가 현실의 불평등을 의도적으로 숨기는 데 자신의 법칙을 활용했다는 점을 잊지 않고 비판한다.

> 파레토가 활용한 정보들은 빈약했고 기껏해야 10년의 기간을 다루었을 뿐이다. 게다가 그 정보는 불평등이 더 높아지는 경향을 경미하게 보여주었는데, 파레토는 이를 의도적으로 숨기려 했다. …… 파레토의 판단은 분명 정치적인 선입관의 영향을 받았다. 파레토는 무엇보다도 사회주의자들을 경계했고 자신의 이론이 이들에게 재분배에 대한 환상을 심어줄까 봐 염려했다(439).

파레토와 달리 피케티는 역사적 관점에서 부의 불평등을 연구할 때 설명해야 할 중요한 사항은 분포의 안정성이 아니라 '충격' 또는 때때로 발생하는 '커다란 변화'라는 점을 강조한다. 어떠한 조건 또는 충격하에서 $r>g$의 동학이 불평등의 증가 또는 감소에 기여할 수 있는지를 설명하고자 하는 것이다. 여기에서 우리는 피케티가 $r>g$ 공식을 불평등 동학을 설명하는 전능한 '경제법칙'으로 간주하지 않았다는 것을 다시 한 번 분명하게 확인할 수 있다. 피케티에 따르면 경제를 연구할 때에는 경제법칙을 불변의 과학적 법칙으로 간주하지 말고 현실적으로 존재하는 "다양한 충격"[14]의 효과들을 동시에 고려해야 한다. 「'21세기 자본'에 관한 고찰」이 발표된 이후 보수적 언론이나 경제학자들은 피케티가 자신의 오류를 인정했다고 했지만 이들이 피케티가 인정했다고 주장하는 오류는 사실상 존재하지 않는다. 『21세기 자본』과 마찬가지로 새로운 논문에서도 피케티는 주류 경제학자들의 경제모형(예컨대

13 『21세기 자본』의 제10장 및 인터넷 부록, 이 책의 다음 보론을 참조하라.

14 Thomas Piketty, "Putting Distribution Back at the Center of Economics: Reflections on *Capital in the Twenty-First Centry,*" p.74.

생애주기 모형이나 항상소득가설)은 모든 연령에서의 부의 배분이 소득의 배분보다 훨씬 더 불평등한 이유를 설명하지 못한다고 오히려 주류 경제학자들의 문제점을 근본적으로 비판한다.[15]

그렇다면 피케티는 $r-g$로 표시되는 불평등 동학을 '수학적으로' 어떻게 설명하고 있는가? 예를 들면, $r-g$가 2%에서 3%로 변화할 때 불평등은 얼마만큼 더 심화되는가? 그는 파레토 역계수(inverted Pareto coefficent) 개념을 이용해 이를 설명한다. 예를 들면 $r-g$가 2%일 때 파레토 역계수 b값은 2.28이고, $r-g$가 3%일 때 b값은 3.25이다.[16] 피케티에 따르면 이 정도의 변화는 상위 1%가 차지하는 몫이 20~30%인 사회(현재의 유럽, 낮은 정도의 불평등 사회)에서 50~60%인 사회(18세기와 19세기의 유럽, 매우 극심한 불평등 사회)로 변화한다는 것을 의미한다. 다음 인용문도 읽어보자.

> 아주 간단한 수학적 모형을 활용하면, 이런 유형의 충격들(경제적·인구적 충격들)이 발생하는 일정한 틀 안에서 부의 분배는 장기적으로 균형을 향해 나아가는 경향이 있으며 불평등의 균형 수준은 자본수익률과 성장률의 차이, 즉 $r-g$의 증가함수라는 사실을 입증할 수 있다. 직관적으로 봤을 때 $r-g$는 자본소득을 전혀 소비하지 않고 모두 자본에 재투자했을 경우 자본소득과 평균 소득 간 격차의 정도를 나타낸다. $r-g$ 차이가 클수록 격차가 확대되는 힘이 강해진다. 인구적·경제적 충격이 곱셈의 형태를 띤다면(즉 초기 자본이 클수록 좋든 나쁘든 투자의 효과가 커질 경우), 장기적인 균형 분포는 파레토법칙에서 예상한 형태[멱법칙(power law)을 바탕으로 하는 수학적인 형태로, 현실에서 관찰되는 분배 상황을 상당히 정확하게 나타낸다]가 된다. 또한 파레토 분

15 같은 글, p.74.

16 같은 글, p.75.

> 포의 계수[파레토 역계수](이것이 불평등의 정도를 나타낸다)는 $r-g$의 가파른 증가함수라는 것을 쉽게 보일 수 있다. 이것이 의미하는 바를 구체적으로 살펴보자. 연간 5%의 평균 수익률과 1%의 성장률을 기록한 19세기 프랑스의 수준만큼 자본수익률과 성장률이 차이 날 경우, 이 모델은 부가 축적되는 누적적 동학으로 인해 자동적으로 상위 10%가 약 90%, 상위 1%가 약 50% 이상의 자본을 소유할 정도로 부가 극도로 집중될 것을 예측한다는 것이다(435~436. 강조는 필자).

$r-g$의 조그마한 차이가 커다란 불평등을 야기할 수 있는 것은 이 인용문이 말하고 있듯이 부의 축적 역시 경제성장이나 인구증가처럼 누적적 방식으로 진행되기 때문이다. 특히 초기 자본이 클수록 더욱 그렇다. 인구증가율 또는 복리로 이자가 붙는 저축처럼, 불평등도 낮은 비율만큼 증가해도 그것이 장기적으로 누적되면 엄청난 차이가 생긴다. 바로 그러한 이유에서 그는 $r-g$ 의 차이를 줄일 수 있는 방법으로 누진적 자본세와 소득세, 상속세를 제안하는 것이다.[17]

17 세율 t를 높일수록 $(r-g-t)$의 차이가 줄어들므로 불평등이 완화된다.

보론: 파레토 법칙과 파레토 역계수

끝으로 피케티가 『21세기 자본』 제10장의 인터넷 부록에서 상세하게 설명하는 파레토 법칙과, 불평등 정도를 측정하는 파레토 역계수에 대해 간략하게 요약하고 제3부를 마치고자 한다.[18] 앞에서 살펴보았듯이 피케티는 파레토 역계수와 연결시켜 $r-g$의 차이를 설명하고자 한다. 이제 다음에서는 파레토 역계수가 무엇인지 살펴보자. 우선 파레토 법칙으로부터 시작하자.

$$1-F(y)=(c/y)^a$$

여기에서 $(c/y)^a$는 소득 또는 부가 y보다 더 큰 인구의 비율을 의미한다.[19] 예를 들면 $(c/100\text{만 유로})^a$의 값이 1이라고 할 때 이는 100만 유로 이상의 소득 또는 부를 소유한 사람이 전체 인구의 1%라는 것을 말한다. 여기에서 c는 상수, a는 파레토 법칙의 계수이다.

소득 또는 부가 y보다 큰 사람들 전체의 평균 소득, 또는 부를 계산했을 때 그 값이 y^*라면 $y^*/y=b$가 된다. 이때 b는 상수이며 파레토 계수 a와 파레토 역계수 b는 $b=a/(a-1)$, 그리고 $a=b/(b-1)$의 관계가 성립한다.[20] 바로 이 b가 피케티가 말하는 파레토 역계수이다. 직관적으로 우리는 b가 클수록 상위층이 차지하는 부의 양이 많아진다는 것을 알 수 있다. 계수 b는 부의 불평등

---

18 Thomas Piketty, "Putting Distribution Back at the Center of Economics: Reflections on *Capital in the Twenty-First Centry*," p.60.

19 그렇다면 당연한 이야기이지만 좌변에 있는 $F(y)$는 소득 또는 부가 y보다 적은 인구의 비율을 뜻한다.

20 Anthony Atkinson, Thomas Piketty and Emmanuel Saez, "Top Incomes in the Long Run of History," *Journal of Economic Literature,* Vol.49. p.14(2011). http://eml.berkeley.edu/~saez/atkinson-piketty-saezJEL10.pdf

배분 정도를 측정하는 것이고, 반대로 a는 부의 배분의 평등 정도를 측정하는 계수이다. b가 클수록 불평등 정도가 크고 a가 클수록 평등도가 높다.[21]

앞에서 언급했듯이 (c/100만 유로)^a = 0.1은 100만 유로 이상을 소유한 인구가 0.1%라는 것을 의미하고, (c/100만 유로)^a = 1은 그 비중이 1%라는 것을 뜻한다.

파레토에 따르면 b의 수치는 1.5~3.5까지 다양하다. b의 정의가 무엇인지 다시 한번 상기해보자. 소득 또는 부가 y보다 큰 사람들 전체의 평균 소득 또는 부를 계산했을 때 그 값이 y^*인데, b는 y^*/y의 비율을 나타내는 수치이다. $b = 1.5$라는 것은 어떤 기준을 넘는 부 또는 소득을 갖고 있는 사람들의 평균이 그 기준의 1.5배라는 뜻이다. 예를 들면 (y^*/100만 유로) = 1.5는 100만 유로를 넘는 소득 또는 부를 갖고 있는 사람들의 평균 소득(또는 부)이 150만 유로라는 것을 의미한다(744: 주 32).

다시 앞의 파레토 공식 $1-F(y) = (c/y)^a$로 돌아가 보자. 그것은 평균 소득이 y를 넘는 인구의 비율을 의미한다. 이 값이 $p = 0.1$, $q = 1$라고 하자.

등식 $p = (c/y_p)^a = 0.1$이 의미하는 것은 y_p보다 큰 소득 또는 부를 갖고 있는 사람의 비율이 0.1%라는 것, 등식 $q = (c/y_q)^a = 1$은 y_q보다 큰 소득 또는 부를 갖고 있는 사람의 비율이 1%라는 것을 의미한다.

이제 y_p를 y_q로 나누면 다음 등식이 성립한다.

$$y_p/y_q = (q/p)^{1/a}$$

여기에서 y_p는 상위 0.1% 속하는 집단 중 가장 아래에 있는 사람의 소득

21 $b = a/(a-1)$의 관계에서 볼 수 있듯이 a와 b는 a가 증가하면 b가 감소하고, b가 증가하면 a는 감소하는 역관계를 갖는다.

또는 부, y_q는 상위 1% 속하는 집단 중 가장 아래에 있는 사람의 소득 또는 부를 뜻한다. y_p가 100만 유로라는 것은 상위 0.1%에 속하는 집단 중 가장 적은 소득(또는 부)이 100만 유로라는 것을 의미한다.

우리의 예에서 $q/p=10$인데, 이러한 수학적 조작을 가하는 이유는 상위 0.1%와 상위 1%를 비교하기 위함이다. 이러한 방법을 통해 y_p/y_q, 즉 y_p와 y_q의 비율을 계산할 수 있으며, 우리의 예에서 이 비율은 10이다. 이것이 10이라는 것은 상위 0.1%에 속하는 계층 중 가장 아래에 있는 사람의 부의 크기가 상위 1%에 속하는 계층 중 가장 아래에 있는 사람의 부보다 10배가 크다는 것을 의미한다. 따라서 $\boldsymbol{y_p/y_q}$ 비율이 크면 클수록 부의 분배가 불평등하다는 것을 뜻한다. 그리고 앞에서 언급했듯이 a가 커지면 b의 값이 낮아지고 불평등 정도가 줄어들며 그 반대의 경우에는 불평등이 커진다. 피케티가 제시하는 다음 예를 살펴보자.

$a=3$이면 ($b=1.5$: 낮은 불평등), $y_p/y_q=10^{1/3}=2.15$
$a=2$이면 ($b=2$: 중간 정도의 불평등), $y_p/y_q=10^{1/2}=3.16$
$a=1.5$이면 ($b=3$: 큰 불평등), $y_p/y_q=10^{1/1.5}=4.64$
$a=1.4$이면 ($b=3.5$: 매우 큰 불평등), $y_p/y_q=10^{1/1.4}=5.18$

$b=1.5$라는 것은 상위 0.1%가 상위 1%보다 약 2배($y_p/y_q=10^{1/3}=2.15$) 부유하다는 것, $b=3.5$라면 대략 5배($y_p/y_q=10^{1/1.4}=5.18$) 부유하다는 것을 의미한다(745: 주 32).

그리고 피케티는 파레토 역계수와 $r-g$의 값을 연결시키는데 그의 계산에 따르면 $r-g$가 2%일 때 파레토 역계수 b의 크기는 2.28이고, $r-g$가 3%일 때 b값은 3.25이다.

피케티는 파레토 계수와 $r-g$를 연결시키는 방정식을 『21세기 자본』 제10

장의 인터넷 부록에서 상세히 설명한 바 있다.[22] 결론적으로, 자본세 등 누진세 조세정책이나 다양한 공공 정책과 제도의 수립을 통해 $r-g$의 차이가 커지지 않는 방향으로 나아가지 않는다면 21세기에 불평등은 매우 심각해질 수 있다는 것이 피케티가 전달하고자 하는 메시지의 핵심이다.

22 관심 있는 독자는 인터넷 부록 및 Charles Jones, "Pareto and Piketty: The Macroeconomics of Top Income and Wealth Inequality," *Journal of Economic Perspectives*, Vol.29, No.1(2015)을 참고할 수 있다. http://web.stanford.edu/~chadj/piketty.pdf

• 제4부 •

경제성장과 소득분배

주류 경제학의 '안정성 신화' 비판

제8장

경제성장 이론과 총생산함수

지금까지 우리는 피케티가 말하는 $r > g$ 공식과 자본주의 제1법칙, 제2법칙이 어떤 관계를 맺고 있는가, 즉 자본/소득 비율, 성장률, 저축률이 서로 어떤 관계를 맺고 있으며 그것이 어떻게 자본수익률과 불평등 동학에 영향을 미치는가, 그리고 β값이 상승하면 왜 α값도 증가하게 되는가 등 피케티가 제시하는 중요한 이론적 문제들에 대해 상세히 살펴보았다. 이제 제4부에서는 피케티가 **'안정성 신화'**라고 부르는, 자본소득과 노동소득의 분배 몫의 안정성에 관한 신고전파 이론과 그것에 대한 피케티의 논평에 대해 살펴보고자 한다.

피케티가 말하는 자본주의 제1법칙과 제2법칙의 관계를 한마디로 말하면, 자본/소득 비율(β)이 높아지면서 국민소득 중에서 자본이 차지하는 몫(α)도 커진다는 것이다. 반면 신고전파 안정성 신화에 따르면 α값은 장기적으로 일정한 값을 유지한다. 신고전파 경제학은 어떻게 이러한 신화를 근거 짓는가? 이러한 안정성 신화의 허구성을 정확히 꿰뚫어볼 뿐만 아니라 피케티의 정치경제학적 담론을 명확히 이해하기 위해서는 신고전파의 경제성장 이론에 대

해 어느 정도 파악할 필요가 있다. 제3부의 말미에서 간략히 언급했지만 피케티가 말하는 제2법칙 $\beta = s/g$는 솔로의 경제성장 모형을 창의적으로 재해석함으로써 도출한 공식이다. 그렇다면 신고전파 경제학자인 솔로의 모형과 피케티 이론은 어떻게 다른가? 이러한 논의를 통해서만 우리는 피케티가 솔로 경제성장 모형을 원용하면서도 궁극적으로 이 모형을 어떻게 넘어서는지, 그리고 피케티가 신고전파 경제학의 분배 이론을 어떻게 극복하는지 정확하게 이해할 수 있다.

제2부에서 살펴보았듯이 피케티와 신고전파 경제학자들 사이의 논쟁에서 핵심적인 쟁점 중 하나가 대체탄력성이다. 대체탄력성이 1보다 커지면 국민소득 중 자본의 몫이 차지하는 몫(α)이 커진다. 앞에서 우리는 이를 직관적으로 이해할 수 있었다. 임금이 1% 상승할 때 자본가가 노동자를 1% 이상 해고하고 자본 집약적 방식으로 생산을 전환하면 자본가가 차지하는 몫은 커질 수밖에 없다. 대체탄력성이 1보다 크다는 말 자체가 이미 자본가가 자신에게 유리한 방식으로 생산방식을 전환한다는 것, 즉 자본 집약적 방식으로의 전환이 가능하다는 것을 의미한다. 노동을 자본으로 대체하는 것이 용이하다는 것은 자본을 더 많이 사용함으로써 과거보다 노동비용을 더욱 많이 절감할 수 있다는 것을 의미한다. 이러한 방식을 통해 자본가는 국민소득 중 자신이 차지하는 몫(α)을 이전보다 증가시킨다.

이를 이론적으로 어떻게 설명할 것인가? **자본축적의 정도 또는 자본 집약도와 분배 몫의 관계**라는 문제가 바로 여기에서 제기된다. **자본축적의 정도란 다름 아닌 자본/소득 비율(β)을 의미한다.**

경제성장 이론과 피케티

이제부터 **경제성장 이론**의 관점에서 피케티 이론을 설명해보자. 경제성장 이론은 국가 전체의 경제발전 문제를 다루는 분야이므로 국가를 하나의 단일한 생산단위로 간주하고 그 국가 내에 존재하는 개별 생산함수를 집적한 총체적 생산함수를 가정한다. 물론 각 개별 기업도 자신의 생산함수를 갖고 있는데, 그 개별 기업들의 생산함수를 하나로 집적해놓은 것이 총체적 생산함수인 것이다. 생산함수는 생산량과, 자본과 노동 등 생산요소의 투입량과의 관계를 나타내는 함수이다.

$$Y = F(K, L)$$

여기에서 Y는 산출량(생산량), K는 자본, L은 노동을 의미한다. 보통의 경우라면 생산함수는 개별 기업에 적용되는 생산함수를 의미할 것이다. 각 기업 혹은 좀 더 세분해 말하면 각 기업 내의 다양한 생산공정은 자신의 상황과 조건을 반영하는 개별적인 생산함수를 갖고 있다. 언급했듯이 **경제성장 이론**에서는 개별적 기업이 아니라 한 국가 경제 전체의 흐름, 즉 거시적 변수를 다루므로 한 국가 내에 존재하는 각 기업들의 생산함수를 집적해놓은 **총생산함수**(aggregate production function)가 존재한다고 가정한다. 물론 이러한 총체적 생산함수를 이렇게 가정하는 것이 정당한가라는 질문이 생길 수 있다. 그것은 이질적이고 다양한 자본들을 하나의 단일한 자본으로 환원시키는 오류를 범하는 것이 아닌가? 바로 이것이 앞에서 언급한 바 있듯이 로빈슨 같은 영국 케임브리지 학파 경제학자들이 새뮤얼슨이나 솔로와 같은 MIT의 신고전파 경제학자를 비판한 이유 중 하나이다.

영국 케임브리지 학파처럼 피케티도 신고전파 경제학자들이 무비판적으

로 신봉하는 한계생산성 이론을 비판하지만 그럼에도 피케티는 주류 경제학자들의 논의 방식을 어느 정도 따라간다. 그는 주류 경제학자들의 이론을 부분적으로 또는 선택적으로 차용함과 동시에 그것을 넘어서는 전략을 취하고 있는 것이다. 피케티가 주류 경제학의 논의 방식을 너무 많이 차용했기 때문에 오히려 비판의 빌미를 주었다고 말하는 진보적 자유주의 경제학자들도 있는데, 이러한 평가는 오히려 피케티의 강점을 제대로 파악하지 못한 평가라고 할 수 있다. 또한 의미와 맥락은 좀 다르지만 마르크스주의자도 피케티에 대해 유사한 비판을 제기한다. 예컨대 김공회는 자본은 단일한 실체가 아니라 다양한 형태를 갖는데, 피케티는 이를 무시하고 자본의 사회적 평균 수익률만을 이야기한다고 주장한다.[1] 하지만 이러한 비판은 김공회가 피케티의 글을 제대로 읽지 않았거나 오해하고 있다는 것을 보여주는 증거가 될 뿐이다. 한국가 내에는 다양한 자본이 존재하며, 특히 규모가 큰 자본은 평균 수익률보다 더 높은 수익률을 올릴 수 있다는 피케티의 중요한 논제를 상기해보자. 김공회의 주장과 달리 피케티는 단 하나의 통일적인 자본만이 존재한다고 말한 적이 결코 없다. 김공회는 이러한 사실을 보지 않고 피케티가 단지 평균 수익률이라는 추상적인 개념만을 사용한다고 비판한다. 하지만 사실 마르크스도 평균 수익률이라는 개념을 사용했고 자본주의 사회에서 평균 수익률(r)은 감소하는 경향을 보인다고 말하지 않았는가? 그런데도 김공회는 피케티만 비난하고 마르크스의 방법론은 옳았다고 반복적으로 말하고 있다.

다시 총생산함수로 되돌아가자. 그것은 분명 '허구적인' 개념이지만 거시적 측면에서의 논의를 위해 다음과 같은 총생산함수가 존재한다고 가정할 수 있다. 자본의 평균 수익률이 존재한다고 가정할 수 있듯이 말이다.

1 김공회, 「99%를 위한 경제학인가, 9%를 위한 경제학인가」, 『왜 우리는 더 불평등해지는가』, 40쪽.

$$Y = F(K, L) \tag{1}$$

이 등식의 양변을 L(노동)로 나누면

$$Y/L = F(K, L)/L = F(K/L, L/L) \tag{2}$$

을 얻는다. 이 식에서 Y/L을 y로, K/L을 k로 바꾸어 다음과 같이 쓸 수 있다.

$$y = f(k, 1) \text{ 또는 } f(k) \tag{3}$$

(1)과 (2)는 결국 동일한 생산함수이지만 이 함수를 다루는 방식과 그 의미에서 큰 차이가 생겨난다. (1)은 생산은 자본과 노동의 함수임을 말하는 것으로, 이 생산함수는 두 개의 변수(자본과 노동)를 갖는 생산함수다. 하지만 (2)를 (3)으로 다시 바꿔 쓰면, 즉 $Y/L = y$, $F/L = f$, $K/L = k$, $L/L = 1$을 대입하면 (2)는 (3)에서 보듯이 $y = f(k)$라는 함수가 된다. 하나의 변수(k)만을 갖는 생산함수가 된다는 것이다.[2]

이 차이는 무엇인가? 총생산함수 (1)은 한 국가의 총생산량이 자본과 노동의 투입량에 따라 어떻게 변화하는지를 보여주는 생산함수이다. 총생산함수 (3)은 생산함수 (1)을, **노동자**(또는 국민) 1인당 자본량(k)과 **노동자**(또는 국민) 1인당 생산량(y)[3]의 관계를 보여주는 생산함수로 변환시킨 것이다. (1)이 총생산량과, 생산을 위해 투입된 전체 자본과 노동의 관계를 보여주는 함수라면, (3)은 노동자 1인당 생산량(또는 1인당 국민소득)과 노동자 1인당 자본의

2 예를 들면 $Y = F(K, L) = 2K + 3L$일 때, 이 등식의 양변을 L로 나누면 $Y/L = F(K, L)/L = y = f(k) = 2(K/L) + 3(L/L) = 2k + 3$이 된다. 이러한 변환을 통해 L, K의 함수 Y가 k의 함수로 재해석된다.

3 이를 소득의 관점에서 해석하면 1인당 국민소득이 된다.

〈그림 8-1〉

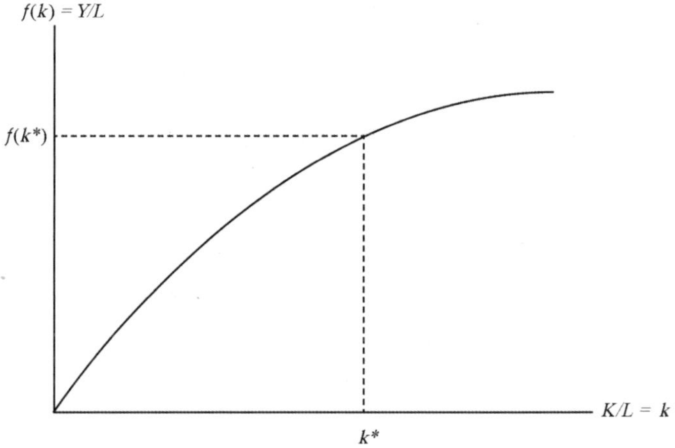

크기의 관계를 보여주는 함수이다. 달리 표현하면 (3)은 노동자 1인당 자본집약도에 따라 1인당 생산량(또는 1인당 국민소득)이 어떻게 달라질 수 있는지를 나타내는 함수이다.

K/L을 k로 바꿔 쓴다는 것의 의미를 명확히 하기 위해서는 여러 가지 추가적인 가정과 논의들이 필요하며, 덧붙여지는 가정들에 따라 $y=f(k)$는 다양한 의미로 해석될 수 있다. 우선 이 생산함수 $y=f(k)$는 노동자(국민) 1인당 자본장비율(자본/노동 비율, k)이 증가함에 따라 노동자 1인당 생산량($Y/L=y$)도 증가한다는 단순한 사실을 말하고 있다고 해석할 수 있다(〈그림 8-1〉 참조).[4]

생산함수는 자본과 노동이라는 생산요소를 사용했을 때 얼마만큼의 생산

4 생산량이 증가하는가 감소하는가, 그리고 증가한다면 얼마만큼 증가하는가라는 문제는 함수의 성격에 따라 결정될 것이다. 앞에서 든 예에서처럼 생산함수가 $y=2k+3$이라는 형태를 갖고 있다고 하자. 이때에는 노동자 1인당 자본장비율(k)이 증가할 때 노동자 1인당 생산량(y)도 증가한다. $2k+3$이라는 생산함수에서 볼 수 있듯이 y는 k가 증가할 때 k 증가분의 2배 증가한다. 물론 현실적으로 생산함수가 이렇게 간단한 형태를 갖고 있지는 않다.

〈그림 8-2〉

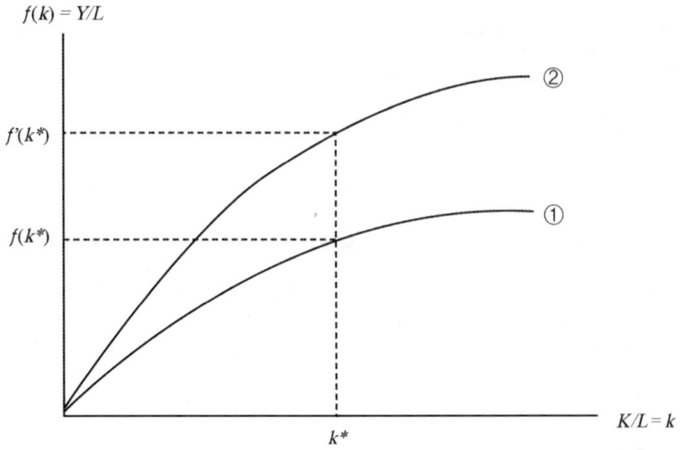

이 이루어지는지를 보여주는 함수이다. 그렇다면 자본과 노동이 일정하게 주어졌을 때 산출량의 수준 또는 크기를 결정하는 요인은 무엇일까? 그것은 기술 수준이다. 진보된 기술을 가진 국가는 동일한 노동량과 자본량을 사용할 때 기술이 낙후된 국가에 비해 더 많이 생산할 것이다.

〈그림 8-2〉는 기술수준이 낮은 국가(①)와 기술수준이 높은 국가(②)를 비교할 때, 노동자 1인당 자본량이 k^*로 동일한 경우 국가 ②의 생산량은 $f'(k^*)$이며 국가 ①의 생산량은 $f'(k^*)$로 전자가 후자보다 크다는 것을 말하고 있다.

안정성 신화와 경제성장 이론

경제성장 이론은 궁극적으로 경제성장의 장기적 추이에 관심을 갖는다. 경제성장 이론이 경제의 단기적 변화에 관심이 없다는 말은 아니다. 애덤 스미스나 토머스 맬서스(Thomas Malthus), 마르크스 등 고전파 경제학자들도 경

제의 장기적 추세에 많은 관심을 가졌으므로 고전파 경제학자들은 이미 모두 경제성장 이론가라고 말할 수 있다. 그러나 수학적 도구를 적극 활용하는 현대적 의미의 경제성장 이론은 케인스 이후에 (앞으로 다시 언급하겠지만 케인스 학파의 해러드로부터) 시작되었다.

보이지 않는 손에 의해 경제가 전체적으로 균형 상태를 유지할 수 있다고 믿은 애덤 스미스 등의 고전파 경제학자들과 달리 케인스는 시장이 제대로 작동하지 못해 경제가 불황에 빠질 수 있다는 사실을 강조했다. 그러나 케인스는 불황에 빠진 경제를 부양하기 위해 주로 **단기적인** 경기부양책에 초점을 맞추어 이론을 전개했다. "장기적으로 우리 모두 죽는다"는 유명한 말도 이러한 맥락에서 나온 것이다.

케인스가 단기적 분석에 초점을 맞추었다면 케인스 이후의 거시경제학자들은 장기적 경제성장에 관심을 갖기 시작했다. 앞으로 다시 상세하게 논의하게 될 케인스 학파의 로이 해러드와 에브세이 도마(Evsey David Domar), 그리고 신고전파 경제학자 로버트 솔로가 장기적 관점에서 경제성장 이론을 발전시킨 대표적인 인물이다. 피케티가 특히 많이 원용하고 비판하는 경제성장 이론가는 솔로이다. 솔로는 자본소득과 노동소득 분배의 안정성과 경제의 안정적인 균형 발전을 증명하기 위해 모형을 개발하고 발전시킨 가장 대표적이며 영향력 있는 신고전파 경제성장 이론가이다.

솔로의 이러한 작업에 따라 신고전파 경제성장 이론은 **안정적 상태**(steady-state, 경제학 문헌에서는 주로 **균제상태** 또는 **정상상태**라고 번역한다)의 분석에 집중한다. 균제상태란 경제가 **장기적으로 안정**을 유지하면서 성장하는 상태를 말한다. 경제가 균제상태에 있다는 것은 한 경제 체제 내에서 **장기적으로 어떤 변수들은 일정한 값으로 고정**되어 있고, **어떤 변수들은 일정한 비율로 성장**하는 상태에 있다는 것을 의미한다. 이때 그 경제는 동태적 균형(dynamic equilibrium) 상태에 있다고도 말한다. 이는 경제가 변화하고 성장할 때 급격하거

나 단절하면서 변화하는 것이 아니라 경제 내의 각 변수들이 균형 상태를 유지하면서 안정적으로 성장·발전한다는 것을 뜻하는 것이다. 경제 내의 변수들의 값이 급격히 변한다면 경제는 불균형 상태에 빠지며, 심각할 때는 경제 전체가 교란되어 커다란 혼란과 위기가 야기된다. 고전파 경제학자들과 달리 신고전파 경제학자는 (케인스의 세례를 받았기 때문에) 경제가 불균형 상태에 빠질 수 있다는 것을 인정하지만, 그럼에도 이들은 여전히 국가가 개입하지 않고 자연스럽게 시장에 맡겨둘 때 '보이지 않는 손'에 의해 저절로 균형 상태를 찾아간다고 주장한다. 고전파 경제학으로부터 일정 정도 거리를 두었지만 그럼에도 신고전파 경제학은 고전파 경제학으로부터 물려받은 '보이지 않는 손'이라는 신화를 결코 포기하지 않는다.

신고전파 경제성장 이론, 특히 솔로 성장모형은 경제가 장기적으로 균형성장 경로(balanced growth path)를 따라 발전할 수 있다는 것, 즉 경제 내의 여러 변수들이 장기적으로 안정된 값 또는 안정된 비율을 유지하면서 안정적으로 성장하는 균제상태 분석에 관심을 기울였다. 피케티는 솔로에 의해 체계화된 이러한 경제성장 이론, 즉 "안정성 신화"를 비판하고자 한다.

> 솔로와 새뮤얼슨은 성장 과정이 단기적으로 불안정하므로 거시경제의 안정화를 위해 케인스의 정책이 필요하다고 확신했고, $\beta = s/g$를 오로지 장기적인 법칙으로만 생각했다. …… 확실히 $\beta = s/g$ 법칙[5]은 거시경제의 모든 변수, 즉 자본총량과 소득 및 생산이 장기적으로 동일한 속도로 증가하는 균형성장 경로에 관해 설명한다. 그러나 단기적인 변동성의 문제는 차치하고, 그런 균형성장이 부의 조화로운 분배를 보장하지는 못하며 나아가 자본 소유의 불평등을 해소하기

---

5 피케티는 솔로의 경제성장 이론으로부터 $\beta = s/g$ 법칙을 도출했다. 이것의 도출 과정과, 피케티와 솔로 이론의 차이점 등 『21세기 자본』을 이해하기 위한 핵심적인 내용에 대해서는 여기 제4부에서 계속 설명할 것이다.

> 는커녕 약간의 감소조차 시사하지 않는다. 더욱이 최근까지 널리 퍼져 있던 견해와는 반대로, $\beta = s/g$ 법칙은 결코 시점에 따라, 그리고 국가 사이에 다르게 나타나는 자본/소득 비율의 아주 큰 변동을 막지 못한다. 오히려 그와 정반대다(280. 강조는 필자).

여기에서 우리는 피케티가 신고전학파 경제성장 모형, 특히 '장기적인 균형성장이 보장한다고 주장하는 부의 조화로운 분배'라는 신화를 신랄하게 비판하고 있음을 볼 수 있다. 솔로는 정말로 균형성장이 가능하며 더 나아가 이것이 조화로운 분배를 보장한다고 믿었는가? 솔로는 이렇게 말한다.

> 현실의 경제는 균제상태에 있지 않다. 그것들은 간단하게 기술할 수 있는 상태에 있지 않다. 하지만 그것이 균제상태 조건으로부터 아주 멀리 떨어져 있는 것 같거나 균제상태 조건으로부터 체계적으로 이탈하고 있는 것 같지 않다. 그렇다면 균제상태는 정당한 근사치라고 할 수 있을 것이다.[6]

솔로는 현실 경제가 실제적으로 균제상태에 있는 것은 아니라고 하지만 동시에 **그럼에도** 사실상 그것이 가능하다고 '**애매하면서도 분명하게**' 말하고 있다. 이러한 방식으로 솔로는 사실상 경제가 장기적으로 **안정적인 균형성장**을 할 수 있다고 주장하는 것이다. 물론 신고전파 경제학에서 항상 그렇듯이 그것은 아름다운 수식과 그래프를 통해 멋지게 입증된다.

그런데 그게 어쨌단 말인가? 정말 세계는 그렇게 안정적이고 아름답게 이루어져 있는가? 게다가 자본소득과 노동소득의 비율이 그렇게 안정적으로

6 Hywel G. Jones, *An Introduction to Modern Theories of Economic Growth* (London: Nelson, 1975), p.41에서 재인용.

유지되는가? 우리가 살고 있는 이 세계를 설명하고 변화시키기에 그것은 무력할 뿐만 아니라, 너무 '보수적인' 이론 아닌가? 분명한 것은 피케티는 『21세기 자본』에서 (해러드-도마-) 솔로 모형을 이용해 이 모형이 갖고 있는 문제점을 비판하고자 했다는 사실이다. 신고전파 주류 경제학자들이 전혀 기여한 바가 없다는 말을 하고자 함이 아니다. 여전히 그들이 기여한 바는 많으며, 우리에게 많은 것을 가르쳐준다. 케인스 경제학을 장기성장 모형으로 재해석한 해러드와 도마의 모형, 그리고 그 모형이 갖는 단순성을 더 복잡하게 이론화한 솔로의 이론 등, 경제성장 이론은 경제성장과 관련한 중요한 이론적·실제적 쟁점이 무엇인지 우리에게 알려주었다. 그러나 문제는 이 이론이 그것으로부터 더 앞으로 나아가려 하지 않는다는 데 있다.

신고전파 경제성장 모형에 따르면 자본/노동의 비율(*K/L*, 자본장비율)이 균제상태에 도달하면 노동자(국민) 1인당 생산, 1인당 자본, 1인당 저축, 그리고 1인당 소비의 크기는 '일정한 값을 유지'하며, 총생산과 총자본은 각각 '일정한 비율로 증가'한다.[7]

이 모형에서 1인당 국민소득은 증가하지 않고 일정한 값을 유지하는 것으로 되어 있다. 하지만 이 모형은 인구가 일정 비율로 증가한다고 가정하고, 국민소득은 인구증가율만큼 증가하는 것으로 나타난다. 그러나 실제로는 '소위' 균형 발전 경로를 걷고 있는 경제에서 1인당 국민소득도 증가할 것이다. 그러므로 이 모델은 매우 현실성이 적다고 할 수 있다. 그럼에도 신고전파 경제학자들은 논의의 편의를 위해 처음에는 이 같은 가장 단순한 모형으로부터 출발한다. 이 모형에서 1인당 국민소득, 1인당 자본량(자본장비율)이 불변으로 나타나는 것은 그러한 이유에서다. 여기에서 우리는 신고전파 경제학자들이 자신의 경제모형이 현실을 정확히 설명 또는 반영하고 있는가의 문제보다

7 같은 책, p.82.

는, 경제 변수들이 안정적인 관계를 맺고 있다는 것을 '수학'을 통해 증명하는 데 더욱 관심을 갖는다는 것을 알 수 있다. 신고전파 경제학자들은 현실을 설명하기보다는 수학을 통해 그럴듯한(그러면서도 자본에 훨씬 유리한) 모형을 구성하는 것에 더 큰 관심을 갖고 있다는 것이다.[8]

더 큰 문제는 신고전파 성장모형이 균제상태의 경제에서 자본소득과 노동소득의 비율이 안정되어 있다는 것을 증명하고 싶어 한다는 것이다. 이들에 따르면 자본소득과 노동소득 분배율은 상황과 시대가 변해도 항상 거의 같은 크기를 유지한다. 피케티의 용어로 표현하면 국민소득에서 자본이 차지하는 몫(α)은 신고전파 모형에서는 불변(안정적)이다.

우리가 통계자료나 경험을 통해서 잘 알고 있듯이 현실에서 α는 증가하는데, 신고전파 주류 경제학자들의 수학적 모형 속에서 α는 항상 동일한 값을 유지한다. 어떻게 그러한 일이 가능할까? 신고전파 경제학자들은 α값이 동일하게 유지되도록 이미 구성되어 있는 **수식** 또는 **함수**를 사용하기 때문이다. 앞으로 다시 언급하겠지만 그러한 마법 같은 속성을 갖고 있는 대표적인 함수가 **코브-더글러스**(Cobb-Douglas) 생산함수이다. 코브-더글러스 생산함수는 자본이 노동을 대체하는 방식으로 생산방식이 변해도 α값은 항상 동일하도록 처음부터 구성되어 있는 함수이다.[9]

이러한 경제모형은 어떤 과정을 통해 생겨났을까? 어떤 특정 시기와 지역에 관한 실증자료를 통해 α값이 일정하다는 사실을 발견한 후 경제학자들은 이러한 제한된 자료를 바탕으로 수학적 모형을 구성하고 이를 하나의 **경제법**

8 물론 신고전파 경제학자들도 논의를 진행해감에 따라 1인당 국민소득이 증가하는 '좀 더 현실적인' 모형을 제시한다. 이때 경제의 각 변수들은 서로 어떤 '안정적인 관계'를 갖게 되는가? 이러한 문제를 포함해 솔로 모형이 갖는 여러 특징들에 대해서는 앞으로 계속 논의할 것이다.

9 이에 대한 상세한 내용은 제4부의 보론 2를 참조하라.

칙으로 일반화시킨다. 제한된 범위이지만 α값이 변하지 않다는 사실을 통계적으로 확인했으므로 이를 일반화할 수 있다고 믿는 것이다. 그리고 이를 법칙화해 수학적으로 보여줄 수 있는 모형을 구성한다. 이러한 방식을 통해 신고전파 경제학자들은 균제상태에 있는 경제에서 변수들이 동일한 수치를 유지하거나 같은 비율로 성장한다는 것, 특히 장기적으로 자본소득과 노동소득의 비율이 일정한 값을 유지한다는 것을 '수학적으로' 증명하는 데 성공했다. 이러한 수학적 모형을 구성할 수 있는 신고전파 경제학자들의 능력이 '권위의 원천'이 되었겠지만 문제는 이 모형이 그다지 현실 설명력이 없다는 것이다.

신고전파 경제학자들은 후에 실증연구를 할 때 이 모형에 부합하는 대상을 미리 선택하는 방법을 통해 모형의 타당성을 보이고자 했다. 이들은 자신들이 주장하고자 하는 '교리'에 어긋나는 현실은 연구에서 제외하거나, 모형이 주장하는 결론이 나올 수 있도록 대상을 미리 맞춰 설정하는 방식으로 연구를 진행한다. 그리하여 주류 경제학자들은 다양한 방법을 통해 이론과 현실이 완벽히 일치하는 듯한 외양을 만들어내는 데 성공했다.

신고전파 경제성장 모형에서는 왜 β값과 α값이 안정적일 수밖에 없는가

신고전파 경제학의 안정성 신화에 대해 더 살펴보자.

기술적으로 앞선 국가와 낙후된 국가의 생산함수의 차이를 보여주는 두 개의 그래프로 돌아가자. 이 그림에는 기술 상태가 양국 간에 차이가 있다는 점만 반영되어 있을 뿐 기술진보가 계속해서 일어나고 있다는 점은 나타나 있지 않다. 기술 수준은 고정되어 있는 것으로 가정되어 있다는 것이다. 그것은 각각 기술 수준은 다르지만 일정한 기술 수준하에서 자본과 노동을 결합시

〈그림 8-3〉

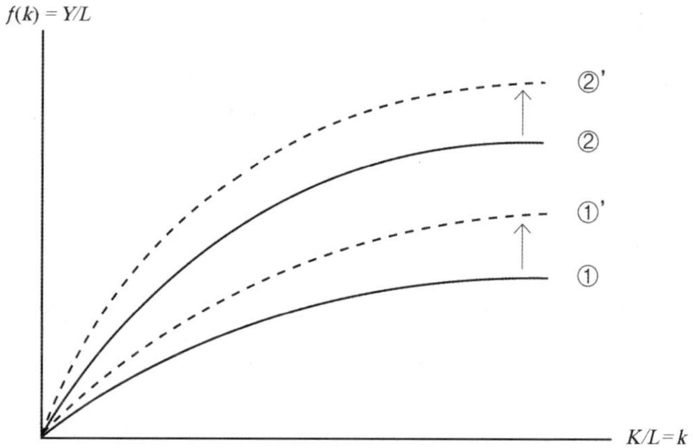

킬 때 산출량의 변화를 보여주는 함수이다. 두 생산함수 곡선을 비교하면 우리는 1인당 자본장비율이 높을수록 더 많은 산출량을 생산한다는 것을 알 수 있다. k가 증가할수록 산출은 증가한다는 것이다(그러나 무한히 증가하지는 않는다).

기술진보가 도입되면 이 그래프는 어떻게 변화할까? 기술진보가 일어나면 곡선은 위쪽 방향으로 이동한다. 기술진보가 이루어졌으므로 각 국가는 동일한 양의 노동과 자본으로 더 많은 산출량을 생산할 수 있다.

〈그림 8-2〉에서 ①과 ②는 각각 기술 수준이 낮은 나라와 높은 나라의 생산함수 곡선을 의미하는데, 기술진보가 발생하면 〈그림 8-3〉처럼 각 나라의 생산함수는 ①'와 ②'로 이동한다.

우리는 (경제)성장률이라는 개념을 사용해왔는데, 사실 이것은 우리의 일상생활에서도 아주 친숙한 개념이다. 그렇다면 이것을 어떻게 정의할 수 있을까? 신고전파 경제학자(특히 솔로)에 따르면 성장률은 인구증가율과 (노동자) 1인당 생산성 증가율의 합이다. 이는 직관적으로 어렵지 않게 이해할 수

있다.

노동자 1명이 어떤 상품 10개를 생산하는 경제가 있다고 하자. 그런데 생산성 증가가 일어나 노동자 1명이 올해부터 12개를 생산한다고 하면 이 경제는 20%의 경제성장률을 달성한 셈이다. 그런데 이뿐만 아니라 노동인구가 증가해 지난해 100명에서 110명으로 10% 성장했다고 하면 (노동자 1인당 생산성 증가율이 아니라) 이때 **나라 전체**의 경제성장률은 약 30%(20%+10%)가 될 것이다. 총 상품 생산량이 1000개에서 1320개로 증가했으므로 전년도에 비해 약 30% 증가한 것이다. 이는 생산성 증가분과 노동인구 증가분의 합으로 설명할 수 있다.

이것은 피케티 자신도 『21세기 자본』에서 활용하는 정의이다. **기술진보**를 통해 생산성 증가가 일어날 때 노동자 1인당 생산성이 증가하므로 이때는 생산성 증가율과 **기술진보율**은 같은 개념으로 사용할 수 있다. 반면 기술진보가 없는 경우에 경제성장률은 오직 인구증가율[10]에 의해 결정된다. 기술진보가 없으므로 노동자의 생산성은 증가하지 않으며, 따라서 **총**생산량은 인구증가율만큼만 증가한다.

그렇다면 신고전파 경제학이 말하듯이 경제가 균제상태에 있을 때 경제를 구성하는 각 변수들은 어떻게 변화하며 서로 어떤 관계를 갖게 되는가? 기술진보가 있는 경우와 없는 경우를 나누어 생각할 수 있다.

■ **기술진보가 없는 경우**

(노동자) 1인당 생산, 1인당 자본, 1인당 저축, 그리고 1인당 소비의 크기는 일정한 값을 유지하며, 총생산과 총자본의 크기는 각각 일정한 비율(인구증가율)로 증가한다.

---

10 이하에서는 인구 또는 노동자를 유사한 개념으로 느슨하게 사용했다.

기술진보가 없으므로 장기적 균형 상태에서는 1인당 산출량과 1인당 자본장비율(k)은 변화하지 않는다. 하지만 총산출량은 인구증가율만큼 성장하며 총자본의 크기도 같은 비율로 증가한다. 그리고 이를 역으로 말하면 총자본량이 인구증가율만큼 증가할 때에만 노동자 1인당 자본량이 일정하게 유지될 수 있다고 할 수 있다. 인구는 증가하는데 총자본량이 증가하지 않으면 노동자 1인당 자본량은 감소할 수밖에 없기 때문이다. 또한 기술진보가 없으므로(생산성이 동일하게 머물러 있으므로) 1인당 산출량(소득)은 동일하며, 따라서 1인당 소비량과 저축량도 동일한 값으로 유지된다.

이 모형에 따르면 자본/소득 비율(β)도 동일한 수준을 유지한다. 총자본량과 총생산량(총소득)이 동일한 비율로 성장하므로 자본/소득 비율은 일정한 값을 유지할 수밖에 없다.

■ 기술진보가 있는 경우

기술진보를 동반한 장기적 균제성장 상태하의 경제에서는 각 경제 변수들 간에 다음의 관계가 성립한다. 총산출량과 총자본량은 성장률(인구성장률과 생산성 증가율 또는 기술진보율을 더한 값)만큼 증가한다. 즉 인구증가율을 n, 기술진보율을 m이라고 할 때 총산출량과 총자본량은 $(m+n)$의 비율로 증가한다. 그리고 1인당 자본량 또는 자본장비율(K/L)은 기술진보율(m)과 같은 비율로 장기적으로 증가한다. 기술진보가 이루어지고 더 많은 자본이 투여됨에 따라[11] 자본/노동 비율, 즉 1인당 자본장비율($K/L=k$)이 증가하기 때문이다. 그리고 1인당 생산량, 1인당 소비 및 저축 역시 m의 비율로 일정하게 증가한다.[12] 노동자의 생산성이 m만큼 증가했으므로 노동자의 산출(즉 소득)이 m만

---

11 이것이 k가 증가한다는 말이 함축하는 것이다. k가 증가한다는 것은 노동 투입의 증가분보다 자본 투입의 증가분이 더 크다는 것을 의미한다.

12 Hywel G. Jones, *An Introduction to Modern Theories of Economic Growth*, p.179.

큼 증가하고, 이에 따라 소비 및 저축 역시 m의 비율로 증가한다는 것이다.

그렇다면 β값은 어떻게 변화하는가? 총산출량(총소득)과 총자본량은 모두 $(m+n)$의 비율로 증가하므로 β값은 변화가 없다.[13] 솔로의 이 수학적 모형에서는 β값이 불변이므로 α값도 불변일 수밖에 없다.

하지만 현실적으로는 대규모 자본이 투입됨에 따라 자본과 노동의 대체탄력성도 커질 것이다. 제5장에서 살펴보았듯이 대체탄력성이 1보다 크다고 말할 수 있는 충분한 이유가 있고 따라서 현실에서는 α값도 증가하겠지만, 놀랍게도 신고전파 경제학의 이 수학적 모형에서는 β값이 일정하게 유지되며 따라서 α값도 마찬가지다.

지금까지의 논의를 통해 우리는 왜 피케티가 기술진보와 자본축적의 문제와 관련해 대체탄력성 논쟁을 제기하는지 좀 더 명확하게 이해할 수 있었다. 기술진보가 이루어짐에 따라 자본과 노동이라는 생산요소의 투입 상황에 변화가 일어나는데, 피케티는 이러한 변화가 자본의 몫을 증가시키는 데 도움이 되는가 그렇지 않으면 노동자에게 도움이 되는가라는 문제를 본격적으로 제기하는 것이다. 하지만 지금까지 살펴보았듯이 신고전파 경제모형에는 자본과 노동소득의 분배와 관련해 불평등을 이야기할 수 있는 여지가 사실상 존재하지 않는다는 것을 알 수 있다. 정확히 이러한 이유로 피케티는 '데이터 없는 이론'에 대해 경계해야 한다고 역설하는 것이다.

기술진보가 가능하려면 대규모의 자본이 축적되어 있어야 한다. 그리고 역으로 기술진보를 통해 생산성이 증가할 때 기업은 높은 수익을 얻을 수 있으며 이는 다시 자본축적으로 이어진다. 일반적으로 경제성장 이론에서 경제

13 β는 자본/소득 비율을 의미하므로 β는 K/Y 또는 $K/F(K)$ 또는 $k/f(k)$라고 쓸 수 있다. 위의 예에서 자본과 소득이 모두 $(m+n)$의 비율로 성장했으므로 이 모형에 따르면 β값은 변화하지 않는다.

성장의 원천은 자본축적과 기술진보라고 말한다. 하지만 기술진보 없는 자본축적만으로는 지속적으로 경제성장을 유지할 수 없으므로 기술진보가 성장의 궁극적인 열쇠라고 말하기도 한다. 정확한 대답이 무엇이든 간에 분명한 것은 소위 선도적인 기업에서는 연구개발(R&D) 지출의 비중이 매우 높다는 사실이다. 미국 기업의 경우 R&D 지출은 총투자지출의 20%를 넘으며, 순투자(총투자－감가상각)지출의 60%를 상회한다.

대체탄력성 개념을 처음 도입한 존 힉스(John Richard Hicks)에 따르면 기술진보에는 세 가지 유형이 있다. 첫째, 기술진보 이후 임금이 상대적으로 증가할 경우에 노동사용적 또는 자본절약적 기술진보가 이루어졌다고 말한다. 둘째, 이와 반대로 자본사용적 또는 노동절약적 기술진보가 있다. 이는 기술진보 이후 임금이 상대적으로 감소한 경우를 지칭한다. 셋째, 중립적 기술진보가 있는데 이는 자본과 노동이 가져가는 몫에 상대적인 변화가 없는 경우를 말한다.

여기에서 힉스와 해러드가 말하는 기술진보 유형에 대해 잠시 언급하고 지나갈 필요가 있다. 해러드는 도마와 더불어 현대적 의미의 경제성장 이론을 최초로 발전시킨 경제학자이다. 솔로 모형에 대해 언급할 때 해러드의 성장모형에 대해서도 같이 논의할 것이므로 여기에서는 해러드와 힉스가 말하는 기술진보 유형에 대해서만 언급하기로 하자. 해러드의 설명은 힉스의 것과 대동소이하다. 이들은 **기술진보 유형**을 세 가지로 나눈다. 기술진보 후에 노동소득이 상대적으로 증가하면 노동사용적 기술진보, 자본소득이 상대적으로 증가하면 자본사용적 기술진보, 상대소득이 변화하지 않으면 중립적 기술진보로 분류한다.[14] 이들에 따르면 기술진보는 자본 또는 노동에게 유리하

14 Hywel G. Jones, *An Introduction to Modern Theories of Economic Growth*, p.162; 이명재·남상호, 『현대경제변동론』(서울: 박영사, 2003), 346쪽 이하 참조.

거나 중립적일 수 있다.

신고전학파 경제학자들은 기술진보가 (실제로는 그렇지 않은데도) **중립적으로 또는 노동에게 유리한 방식으로** 진행된다는 것을 부각시키고 싶어 한다. 그리하여 신고전파의 경제학 책을 읽다 보면 종종 혼란에 빠지기 쉽다. 기술진보가 많은 자본이 투자되어 자본사용적 기술진보의 방식으로 이루어진다고 말하는 것이 더 현실적일 것인데, 그러한 방식으로 서술하는 주류 경제학자들의 책은 거의 찾아볼 수 없기 때문이다. 피케티가 『21세기 자본』에서 '안정성 신화'라고 부르면서 개입하는 대목도 바로 이 부분이다. 현실에서는 자본의 몫이 증가하는 방식으로 기술진보가 이루어지고 있는데도 신고전파 경제학자들은 중립적 기술진보를 '사실상' 항상 가정하고 있다는 것이다. 물론 신고전파 경제학자들도 중립적 기술진보(또는 해러드-중립적 기술진보)를 미리 가정하지 않는다면 자본에게 유리한 방식으로 상황이 진행될 것이라는 것을 너무나 잘 알고 있다. 노동에게 돌아가는 몫이 더 커지도록 하기 위해 스스로 앞장서서 대규모 자본을 투자해 기술을 발전시키는 자본가는 없을 것이기 때문이다. 신고전파 경제학자들의 주장과는 달리 기술진보는 대부분 자본집약적 유형에 따라 이루어지므로 α값이 증가하고 동시에 β값도 증가할 것이라는 피케티의 논제가 설득력을 얻는 대목이 바로 여기이다.

고전적 경제성장 이론과 현대적 경제성장 이론, 그리고 '진보적' 종합으로서의 피케티의 분배 이론

논의를 더 진행하기 전에 경제성장 이론이란 무엇인지 좀 더 언급하고 지나가고자 한다. 피케티의 이론 중 많은 것이 이 경제성장 이론과의 연관 속에서 나온 것이기 때문에 이에 대해 개략적으로나마 파악할 필요가 있다.

『21세기 자본』과 관련해 중요한 점은 다음의 사실이다. 피케티는 케인스 학파의 **해러드**와 **도마**가 제시한 경제성장 모형과, 이 해러드-도마 모형을 신고전파 경제학의 관점에서 발전시킨 **솔로**의 경제성장 모형을 받아들여 대단히 창의적인 방식으로, 그리고 비판적으로 재해석해 자본주의의 제2법칙인 $\beta = s/g$를 제시했다. 해러드와 도마는 각각 자신의 성장이론을 제시했는데, 이 두 경제학자의 이론이 유사하므로 보통 이를 하나로 묶어 해러드-도마 모형이라고 부른다. 솔로는 해러드-도마 모형을 발전시켜 신고전학파적으로 재해석함으로써 현대 주류 경제학의 가장 중요한 경제성장 이론가로 자리 잡았다. 피케티는 『21세기 자본』에서 자본주의의 법칙들을 제시할 때 해러드, 도마, 솔로로 이어지는 경제성장 모형을 자신의 이론 전개를 위한 가장 중요한 참조점으로 활용했다. 피케티가 종종 **해러드-도마-솔로 모형**이라고 한꺼번에 묶어 표기하는 것도 그러한 이유에서다. 물론 피케티는 솔로 모형을 무비판적으로 추종하는 것이 아니라 그것의 문제점을 비판하고 근본적으로 새로운 대안을 제시하고자 한다. 이에 대해서는 이후 다시 언급하기로 하고, 경제성장 이론이 무엇인지 살펴보자.

경제성장 이론에는 **고전적 경제성장 이론**과 **현대적 경제성장 이론**이 있다. 고전적 경제성장 이론은 애덤 스미스, 데이비드 리카도(David Ricardo), 카를 마르크스 등 고전파 경제학자들이 제시한 성장이론이다. 고전파 경제학자들은 각자 자신의 고유한 이론을 갖고 있지만 이들의 성장이론은 거대 서사적인 특징을 갖고 있다는 공통점이 있다. 예컨대 스미스에 따르면 각자가 자유롭게 자기 이익을 추구하면 '보이지 않는 손', 즉 시장과 가격기구의 작용에 의해 자연스럽게 경제성장이 이루어진다.

맬서스는 염세적인 인구론을 바탕으로 다음과 같은 매우 보수적인 경제성장 이론을 제시했다. 인구는 기하급수적으로 늘어나지만 식량 생산은 산술급수적으로 증가한다. 따라서 사회가 위기에 봉착하지 않으려면 인구증가를 억

제해야 하며, 따라서 빈민을 돕기 위한 어떠한 구호법도 실시해서는 안 된다. 빈민구제법에 의해 덕을 보는 가난한 사람들은 도덕적으로 나태하고 타락한 사람들이기 때문이다. 이들에 대한 소득재분배는 가난한 노동자들의 수를 증가시킬 뿐이며 결국 그들을 다시 생존 수준에 겨우 미치는 경제 상황으로 몰아넣을 것이다.

케인스는 맬서스의 이러한 이론에 전적으로 반대했지만 유효수요의 부족으로 상품의 과잉 공급이 발생한다는 맬서스의 유효수요 이론에 대해서는 찬사를 보낸 바 있다. 시장기구의 완전성을 믿었던 애덤 스미스에게 과잉 공급은 결코 발생할 수 없는 일이었지만 맬서스는 시장경제의 불확실성과 위험을 간파할 수 있었다. 현대적 관점에서 우리가 이들의 경제성장 이론을 낙관적 이론(스미스), 잔혹한 이론(맬서스) 또는 영감 넘치는 이론(유효수요 이론) 등 다양한 방식으로 평가할 수 있겠지만, 고전파 경제학자들의 경제성장 이론은 정치와 경제·도덕·역사 등 복합적인 여러 요인들을 동시에 고려한다는 공통점을 갖고 있다. 이러한 공통점과 장점을 갖고 있는 고전파 경제학자들의 성장이론을 "거대한 성장이론(grand theory of growth)"이라고 부른다. 고전파 경제학자들의 이야기는 현대적 관점에서 본다면 비과학적이거나 엄밀성이 떨어지는 것처럼 보이는 단점이 있다. 그럼에도 고전파 경제학자들은 경제를 독립된 영역으로 간주하지 않고 정치·역사·윤리 등 폭넓은 맥락에서 경제를 고찰했다는 강점을 갖고 있다. 이러한 이유로 고전파 경제학자들은 (신고전파 경제학자들과 달리) 자신들의 이론을 정치경제학이라고 불렀으며, 피케티 역시 고전파 경제학의 정치경제학 전통으로 되돌아갈 것을 요청하는 것이다.

고전파 경제학자들의 '거대한 성장이론'은 1933~1940년대 케인스주의자인 해러드와 도마에 의해 논리적 일관성과 수학적 증명에 중점을 두는 경제모형의 형태로 변화한다. 케인스 학파의 성장이론을 대변하는 해러드와 도마의 성장이론은 이어서 1957년 솔로에 의해 신고전파 경제학의 관점에서 재

해석되었다.[15]

피케티는 해러드, 도마, 솔로의 경제성장 모형으로부터 $\beta = s/g$라는 공식을 차용했지만 현대적 경제성장 이론가와 달리 '수학적 놀이'에 구애받지 않고 매우 창의적으로, 그러나 현실적으로 설명력이 매우 높은 방식으로 이를 활용한다. 피케티의 이론은 현대 경제학자들이 선호하는 수리적인 접근 방식을 활용하면서도 그것을 넘어선다는 점에서, 또 정치와 역사, 권력관계 등 총체적인 정치경제적 현상에 관심을 갖고 있다는 의미에서 고전적인 '거대한 성장이론'과 닮은 점이 많다. 피케티는 고전적 성장이론과 현대적 성장이론을 종합하면서 이를 넘어서는 새롭고 '진보적인' 거대 성장이론을 제시하고 있다.

15 대표적인 논문은 다음과 같다. Robert Solow, "A Contribution to the Theory of Economics," *Quarterly Journal of Economics*, Vol.70, No.1(1957).

제9장

해러드-도마-솔로 모형

제8장에서 특히 신고전파의 경제성장 이론과 그 안정성 신화에 대해서 살펴보았다. 이제 지금까지의 논의를 바탕으로 경제성장 이론에 대해서 좀 더 이야기해보자. 이미 언급했듯이 피케티는 『21세기 자본』에서 해러드-도마-솔로 모형을 자신의 관점에서 적극 활용했다. 특히 솔로의 경제성장 모형은 거시경제학과 경제성장 이론을 공부할 때 반드시 공부하고 지나가야 하는 이론이다. 솔로는 노벨 경제학상을 수상한 뛰어난 경제학자로 신고전파 경제학 분야에서 그의 권위는 실로 엄청나다. 경제학에 관심이 있어 거시경제학이나 경제성장 이론에 관한 책을 읽었다면 원하든 원하지 않든 솔로의 세례를 받지 않을 수 없다. 하지만 바로 여기에서 문제가 생겨난다. 솔로의 성장모형이 의미하는 바를 충분히 깨닫기도 전에 그가 제시하는 모형의 '아름다움'에 매료되어 사람들은 신고전파 경제성장 이론의 추종자가 되어버리는 것이다. 피케티가 『21세기 자본』에서 솔로와 대결하면서 안정성 신화를 비판한 것도 바로 그러한 이유에서다.

물론 표준적인 경제학 책을 비판적으로 읽은 경험이 있는 사람도 많을 것

이다. 솔로에 관한 해설서나 그의 이론에 근거해 기술된 경제학 책을 읽으면 그의 이론에 무언가 '허구적인' 것이 있다는 느낌을 계속 받을 수밖에 없다. 하지만 솔로 모형으로 대표되는 신고전파 경제학을 넘어서는 것이 현실적으로 쉬운 일은 아니다. 대부분의 경제학자들이 신고전파인 경제학계의 현실에서 그것을 넘어서는 일은 사실상 불가능하다. 신고전파 경제학자들의 이야기와 다른 이야기를 들을 수 있는 기회는 제한되어 있다. 그리하여 사람들은 경제학 전공자든 그렇지 않든 부지불식간에 주류 경제학 추종자가 되고 만다. 신고전파 모형과 완전히 다른 패러다임에 서 있는 마르크스주의 경제학을 통해 신고전파 경제학을 극복하는 방법이 있겠지만 마르크스주의 경제학은 공황이나 혁명 등 극단적인 방법 이외에는 적절한 대안을 제시하지 못하며 현실 분석의 측면에서도 한계가 많다.

피케티의 『21세기 자본』은 신고전파 경제학과 마르크스주의 경제학의 문제점을 모두 극복할 수 있는 이론적 근거를 제시한, 보기 드문 놀라운 저작이다(주류 경제학자와 마르크스 경제학자들이 모두 피케티를 극도로 경계하는 것도 그러한 이유에서다). 피케티의 『21세기 자본』은 자신의 이론을 뒷받침해주는 광범위한 실증적 자료를 제시했을 뿐만 아니라 더 나아가 구체적인 정책적 대안까지 제시했다는 점에서 대단히 창의적이고 '혁명적인' 책이라고 평가할 수 있다. 그의 책 전체가 놀라운 논의들로 가득 차 있지만 특히 해러드-도마-솔로 모형을 다루는 방식은 진정 대가다운 강력함과 영감으로 넘친다. 피케티는 『21세기 자본』에서 해러드-도마-솔로의 경제성장 모형에 대해 상세하게 설명하지 않았다. 그러므로 피케티의 책을 정확하고 흥미롭게 읽기 위해 필요한 배경지식들에 대해 지금부터 설명하고자 한다.

해러드 모형과 솔로 모형의 차이점

해러드-도마 모형, 그리고 솔로 모형의 차이점은 무엇인가. 피케티는 종종 해러드-도마-솔로 모형이라는 표현을 사용하고 있지만 이 모형들이 꼭 같은 것은 아니다. 먼저 피케티의 말을 들어보자.

> 1948년 도마는 해러드보다 $g=s/\beta$ 법칙을 좀 더 낙관적이고 **융통성 있는 방식**으로 발전시켰다. 도마는 저축률과 자본/소득 비율이 어느 정도로는 서로 조정 가능하다는 사실을 강조했다. 더 중요한 것은 1956년 솔로가 처음 제시한 대체 가능한 생산요소들을 가진 생산함수인데, 이로써 해러드의 공식을 뒤집어 $\beta=s/g$라고 쓰게 되었다. 이 공식은 장기적으로 자본/소득 비율이 저축률과 경제의 구조적 성장률에 의해 조정되며, 그 반대가 아니라고 주장한다(279. 강조는 필자).

여기에서 볼 수 있듯이 피케티는 $\beta=s/g$ 법칙이 어디에서 기원했는지를 간략하게 이야기한다. 또한 $\beta=s/g$ 법칙의 연원이 되었던 해러드, 도마, 솔로 모형의 차이점에 대해 언급하면서 솔로가 해러드(-도마) 모형을 어떻게 변형시켰는지에 대해서도 간결하게 정리해주고 있다.

위 인용문에서 피케티도 지적하고 있지만 해러드와 솔로 모형의 차이점은 다음과 같다. 해러드 모형에서는 **자본과 노동의 결합 비율이 일정하다고** 가정했지만, 솔로는 이러한 가정을 완화시켜 **자본과 노동의 대체 가능성**을 모형 속에 도입했다. 해러드 모형에서는 자본과 노동의 비율, 즉 노동의 자본장비율(K/L)이 일정하다고 가정하지만 솔로 모형에서는 K/L의 비율이 변할 수 있다고 가정한다는 것이다. 그리고 솔로 모형에서는 해러드 모형과 달리 **저축률**도 변할 수 있다고 가정한다.[1] 일반적으로 솔로 모형은 해러드 모형의 경

직성을 극복한 모형이라고 평가된다. 하지만 솔로가 해러드를 얼마만큼 유의미하게 극복했는가? 솔로는 해러드 모형의 경직성을 극복하는 대신 안정성 신화라는 또 다른 경직성을 도입한 것은 아닌가?

주류 경제학과 안정성 신화

피케티가 개입하는 지점이 바로 여기이다. 하지만 어느 정도 주류 경제학의 설명을 받아들이는 피케티가 어떻게 주류 경제학의 안정성 신화를 극복하는가? 앞에서 인용한 적이 있지만 다시 한 번 다음 구절을 검토해보자.

> 솔로와 새뮤얼슨은 성장 과정이 단기적으로 불안정하므로 거시경제의 안정화를 위해 케인스의 정책이 필요하다고 확신했고, $\beta = s/g$를 오로지 장기적인 법칙으로만 생각했다. …… 확실히 $\beta = s/g$ 법칙은 거시경제의 모든 변수, 즉 자본총량과 소득 및 생산이 장기적으로 **동일한 속도로 증가하는 균형성장 경로**에 관해 설명한다. 그러나 단기적인 변동성의 문제는 차치하고, 그런 균형성장이 부의 조화로운 분배를 보장하지는 못하며 나아가 자본 소유의 불평등을 해소하기는커녕 약간의 감소조차 시사하지 않는다. 더욱이 최근까지 널리 퍼져 있던 견해와는 반대로, $\beta = s/g$ 법칙은 결코 시점에 따라, 그리고 국가 사이에 다르게 나타나는 자본/소득 비율의 아주 큰 변동을 막지 못한다. 오히려 그와 정반대다(280. 강조는 필자).

---

1 이 책 제6장과 제7장에서 필자는 피케티가 저축률과 성장률의 상관관계에 대해 설명하기 위해 솔로 모형을 어떤 방식으로 변형시키는지 상세하게 논의했다.

이 인용문에서 피케티가 말하고 있듯이 솔로, 그리고 새뮤얼슨은 신고전파 주류 경제학자이면서도 동시에 케인스주의자였으므로 단기적으로는 케인스주의적 경제정책이 필요하다고 확신했다. 하지만 그들은 장기적으로 경제는 결국 '보이지 않는 손'의 조화에 따라 "거시경제의 모든 변수, 즉 자본총량과 소득 및 생산이 장기적으로 동일한 속도로 증가하는 균형성장 경로"를 따라간다고 확신했다.

피케티는 솔로의 성장모형으로부터 $\beta = s/g$라는 법칙을 정식화했다. 그렇다면 피케티와 솔로의 성장모형의 차이점은 무엇인가? 우선 자본/소득 비율(β)에 대한 피케티의 견해에서 커다란 차이가 있다고 말할 수 있다.

피케티에 따르면 자본/소득 비율은 단기간에는 급격하게 변할 수 없지만 전쟁 혹은 1929년 대공황과 같은 사건이 존재하면 그 비율이 단기적으로도 급격히 변화할 수 있다. 국민경제에서 자본/소득의 비율이 변화하기 위해서는 상당한 시간이 필요하다. 신고전파 경제학도 사실 자본/소득 비율(β)이 장기적으로 상승한다는 것을 부정하지 않는다. 그런데 솔로 모형과 그것의 영향을 받은 신고전파 경제학자 들은 β값의 장기적 상승이 가져오는 '부정적' 효과에 대해서는 주로 침묵한다. 그들은 심지어 자본/소득 비율이 $\beta = s/g$의 법칙을 따라 장기적으로 매우 높은 수준으로 상승할 수 있다는 사실과 그 의미에 대해서 결코 주목하지 않는다.[2]

물론 피케티가 솔로 경제성장 모형의 유용성과 탁월성을 어느 정도 인정한 것도 사실이다. 그렇지 않았다면 궁극적으로 솔로에게서 유래한 $\beta = s/g$ 법칙을 활용하지도 않았을 것이다. 그리하여 피케티는 이렇게 말하기도 한다.

---

2 성장률이 낮은 사회에서는 저축률도 0으로 수렴하므로 β값은 결코 높은 수준으로 상승하지 않을 것이라는 신고전파 경제학자들의 오해 등을 생각해보라.

요약하자면, $\beta = s/g$ 법칙은 이것이 세계대전이나 1929년의 주가 대폭락과 같은 극단적인 충격의 사례로 여겨지는 사건들을 설명하지 못하는 것처럼 자본/소득 비율의 단기적인 충격은 설명하지 못하지만, 충격과 위기의 효과가 사라졌을 때 자본/소득 비율이 장기적으로 향해 가는 잠재적인 균형 수준을 이해할 수 있도록 해준다(207).

솔로의 경제성장 모형이 외부적 충격으로 인해 생겨나는 경제적 변화를 설명하지는 못하지만 장기적인 잠재적 균형 수준을 이해할 수 있게 해주는 장점이 있음을 피케티는 인정한다. 하지만 그것은 β값의 상승효과가 가져오는 결과, 즉 부의 분배에서의 불평등을 설명하지 못하고 심지어 은폐하는 치명적인 문제점을 갖고 있다. 그리하여 피케티는 자신은 비록 경제학자이지만 솔로와 같은 지식인(경제학자)보다는 차라리 부와 소득분배에 관심을 갖는 다른 분야의 사회과학자들을 더 존경한다고 말한다. 바로 그것이 피케티가 솔로 이론으로부터 거리를 두는 결정적인 이유이다.

사실 경제학은 다른 사회과학에서 스스로 떨어져 나오려 하지 말았어야 했다. 그리고 그들과 함께할 때에만 앞으로 나갈 수 있다. 사회과학은 전체적으로 볼 때 학문 분야에 관한 어리석은 언쟁으로 시간을 낭비하기에는 아는 것이 너무 없다. 부의 분배의 역사적 동학과 사회계층 구조를 이해하는 데 진전을 이루려면 우리는 분명히 실용적인 접근 방식을 취하고 경제학자들뿐만 아니라 역사학자, 사회학자, 정치학자 들의 연구 방법을 동원해야 한다. 우리는 근본적인 질문으로 시작해 그에 답하려고 노력해야 한다. 학문 분야에 관한 논쟁과 영역 다툼은 거의 또는 전혀 중요하지 않다(47).

피케티와 케인스

앞의 인용문에서 피케티는 케인스에 대해서도 간략히 언급하고 있는데, 과연 피케티는 케인스에 대해 어떤 생각을 하고 있을까? 경제학에 관심 있는 독자라면 이러한 질문을 던져보았을 것이다. 피케티가 케인스에 대해 많은 이야기를 하지 않으므로 이 질문에 대해 길게 이야기하는 것은 무의미하다. 하지만 『21세기 자본』 다른 곳에도 케인스에 대한 피케티의 생각을 알 수 있을 만한 단서들이 존재한다.

무엇보다도 케인스주의 그 자체는 오늘날의 정치경제적 문제를 제대로 해결하기에 역부족이라는 '너무나도 잘 알려진 사실'을 피케티가 다시 한 번 말하고 있다고 생각해볼 수 있다. "솔로와 새뮤얼슨은 성장 과정이 단기적으로 불안정하므로 거시경제의 안정화를 위해 케인스의 정책이 필요하다고 확신했고 ……"라는 피케티의 말에서 볼 수 있듯이 새뮤얼슨과 같은 신고전파 학자들도 스스로를 케인스주의자라고 칭하고 있기 때문이다. 마치 피케티가 주류 경제학자들은 진보적으로 해석이 가능한 케인스 이론마저 '보수적' 혹은 '자유주의적'으로 만들 수 있는 능력을 갖춘 '무서운' 사람들 또는 '교묘한' 사람들이라고 말하고 싶어 하는 듯하다. 경제학사에서는 케인스 이론을 신고전파적으로 해석하고 종합한 학설을 신고전파 종합이라고 부른다. 이러한 입장을 취하는 경제학자들은 네오케인지언이라고 불리는데, 언급했듯이 이들은 특히 분배의 측면에서 보수주의적 혹은 자유주의적 경제정책을 옹호한다.[3]

---

3 하지만 이것이 케인스의 영향을 받은 경제학자들이 모두 같은 입장을 취한다는 말은 아니다. 그들은 보수적일 수도 있고 진보적일 수도 있다. 필요에 따라 케인스 이론 중 자신의 구미에 맞는 것을 취사선택할 수도 있다. 보수적인 신고전파 경제학과 케인스 이론을 종합한 일군의 경제학자들을 보통의 경우 네오케인지언이라고 부르고, 케인스 입장에 좀 더 충실한 영국 케임브리지 대학의 진보적인 경제학자(로빈슨 등)를 주로 포스트케인지언이라고 부르는데, 이는 케인스주의라는 명칭이 어떤 단일한 이론을 지칭하는 것이 아니라는 것

신고전파 종합을 경제성장 이론의 맥락에서 다시 설명하면 그것은 다음을 의미한다.

잘 알려져 있듯이 케인스는 경제가 실업과 불균형 상태에 빠질 수 있으며, 이를 극복하기 위해 총수요 증가 정책을 사용할 것을 적극적으로 옹호한 경제학자다. 반면 신고전파 학자들은 경제가 일시적으로 불균형 상태에 있을 수 있다는 것을 인정하지만, 장기적으로는 보이지 않는 손의 조화로 인해 균형 상태(완전고용)가 다시 회복될 것이라고 믿는다. 신고전파 종합을 주장하는 경제학자들은 '순수한' 신고전파 경제학자와 달리 경제가 일시적으로 불균형 상태에 빠져 있을 때 국가가 어느 정도 정책적으로 개입해야 할 필요성이 있다는 것을 인정한다. 그렇다면 무엇이 문제인가? 네오케인지언들은 분배 문제에 대해서는 순수 신고전파 경제학자들처럼 궁극적으로 보수적 입장을 취한다. 스스로를 케인스주의자로 명명하지만 놀랍게도 이들은 총수요 증가를 위해 '부자감세 정책'을 사용하기를 '오히려' 더 선호한다.

이쯤 되면 왜 피케티가 케인스에 대해서도 거리를 두는지 이해할 수 있다. 네오케인지언들은 케인스처럼 정책적 개입의 필요성을 인정한다는 점에서 시장의 자동조정기능에 의해 완전고용과 공정한 분배 상태에 도달할 수 있다

을 잘 보여준다. 하지만 경제학 문헌들을 보면 이러한 명칭이 혼용되어 사용되고 있음을 또한 알 수 있다. 그리고 이들 분류 개념이 명확한 외연과 내용을 갖고 있는 것도 아니다. 어떤 학자는 케인스주의자이면서 리카도주의자일 수도 있고, 또 다른 학자는 케인스주의자이면서도 보이지 않는 손에 매료된 경제학자일 수도 있다. 아주 보수적인 케인스주의자도 있을 수 있다. 부자감세를 통해 실질소득을 증가시켜 유효수요를 활성화하자고 주장한다면 그는 매우 보수적인 케인스주의자인 것이다. 마르크스주의자는 케인스가 복지국가의 이론적 기초를 제공한 경제학자이기 때문에 그를 그다지 좋아하지 않거나 경우에 따라서는 매우 싫어한다. 하지만 그 마르크스주의자도 한 국가의 시민으로서 살아갈 때는 케인스 이론의 상당 부분을 실제로는 인정할 수밖에 없을 것이다(그럴 수밖에 없지 않겠는가?). 그러한 의미에서 폴 크루그먼이 말했듯이 "우리는 모두 케인스주의자"이지만 반대로 동시에 아무도 케인주의자가 아닐 수 있다.

고 믿는 '순수한' (신)고전파와는 차이가 있다. 그럼에도 불구하고 진정으로 분배 문제에 관심을 갖는 진보적인 케인스주의자를 만나기는 결코 쉽지 않다. 폴 크루그먼의 말처럼 우리 모두가 케인스주주의자라고 해도 말이다.

실제로 케인스의 삶과 사상, 그리고 그의 대표 저서인 『일반이론』을 보면 케인스가 진보적 성향을 갖고 있는 위대한 경제학자였다는 것을 알 수 있다. 『일반이론』에서 케인스는 고율의 상속세 부과를 통한 부의 재분배의 필요성을 역설했다(그러나 불평등 완화를 위한 일관성 있고 지속적인 소득재분배 정책이나 복지정책의 중요성을 강조하지는 않았다). 그런데 세월이 흐르면서 신고전파 경제학자들의 손에서 케인스 경제학의 진보적 측면은 사장되었고 그야말로 신고전학파 경제학과 사실상 다를 것이 없는 이론으로 재해석되었던 것이다(신고전파적 종합).

물론 케인스 이론에 어떤 근본적인 한계가 있는 것은 사실이다. 인플레이션과 실업이 공존하는 현대사회에서 케인스 이론은 이미 설득력을 잃었다고도 말한다. 그러나 설득력을 잃은, 혹은 설득력이 없는 이론이 오직 케인스 이론뿐이겠는가? 신고전파 경제학은 처음부터 설득력 없는 이론이 아니었는가? 신고전파적 경제성장 이론은 자본과 노동의 조화, 혹은 안정적 성장이라는 근거 없는 허구적 신화를 신봉하지 않는가? 처음부터 케인스가 없었다면 신고전파적 종합도 없었을 것인데, 왜 보수적인 사람들은 케인스만 잘못되었다고 비판하는 것일까? 반면 어떤 사람들은 케인스의 이론을 흔쾌히 받아들인다. 이러한 상반된 수용이 가능한 이유는 무엇일까? 바로 케인스 이론이 갖고 있는 양면성 때문일 것이다. 입장에 따라 케인스를 자기 방식으로 이용할 수 있다면 굳이 케인스를 과도하게 비판할 이유도 없다.

그렇다면 피케티가 케인스에 대해 특히 비판하는 점은 무엇일까? 『21세기 자본』에서 피케티는 주로 그의 장점에 대해 언급하기보다 문제점을 지적하고 있다. 그러나 피케티의 케인스 비판은 보수적인 또는 자유주의적인 경제

학자들의 비판과는 근본적으로 다르다. 피케티가 보기에 케인스가 범한 근본적인 오류는 분배 문제를 해결할 수 있는 명확하고 일관성 있는 이론을 제시하지 못했다는 데 있기 때문이다.

> 자본소득과 노동소득 분배의 안정성을 "경제학에서 가장 잘 확립된 규칙성"이라고 부르며 부르주아 경제학자들의 편을 들었다(265. 강조는 필자).

물론 케인스는 자유방임주의자가 아니며 고전파와 신고전파 경제학(케인스는 고전파와 신고전파 경제학을 묶어서 그것 모두를 고전파 경제학이라고 불렀다)을 넘어서기 위해 애쓴 '진보적' 경제학자였다는 사실을 피케티가 모를 리 없다. 하지만 피케티의 눈에는 케인스 이론도 여전히 너무 자유주의적인 이론으로 비쳤던 것일까? 어쨌든 분명한 사실은 아쉽게도 피케티가 보기에 케인스는 피케티 자신과 같은 강력한 사회적 국가 옹호자가 아니었다는 것이다.

심지어 케인스도 옹호했다고 하는, '자본소득과 노동소득의 분배의 안정성'이라는 신화, 바로 이것이 피케티가 가장 비판하고 싶은 것 중 하나라는 것만은 틀림없는 사실이다. 사실 이는 주류 신고전파 경제학자들이 어떤 경우든 사실이라고 주장하고 싶은 핵심 논제가 아니겠는가. 아름다운 수식과 그래프를 통해 과학적 증명이라는 외피를 씌웠지만 주류 경제학이 어떤 경우든 포기해서는 안 되는 마지막 교리 중 하나가 바로 '자본소득과 노동소득의 분배의 안정성'이다. 세계는 '여전히, 어떤 경우든' 평등하다는 그 교리 말이다. 주류 경제학자들이 피케티의 글을 읽고 '공황장애'에 빠진 것은 그들이 어떤 경우든 포기할 수 없는 바로 그 교리 혹은 신앙을 맹공격하고 있기 때문이다.

『21세기 자본』은 케인스를 포함해 신고전파 혹은 신고전파적 종합의 경제학 이론이 갖고 있는 근본적인 한계가 무엇이며 그들이 우리에게 무엇을 감추고 싶어 하고 어떻게 우리가 그 한계를 넘어설 수 있는지 명확하게 가르

쳐준다. 『21세기 자본』은 경제성장 이론이라는 중요한 경제학 분야를 출발점으로 삼아, 불평등이 심화되는 시대라는 오늘날의 맥락에서 재해석한 '새로운 거대한 현대적 성장이론'이라고 평가할 수 있다.

해러드-도마-솔로 경제성장 모형과 피케티의 해석

다시 해러드-도마-솔로 모형에 대한 피케티의 해석으로 되돌아가자. 제2부에서 상세히 살펴보았듯이 $\alpha = r \times \beta$는 항등식이고, 두 번째 법칙($\beta = s/g$)은 항등식이 아니라 경제가 균형 상태를 유지하기 위해 충족되어야 할 조건을 명시하는 (균형 조건과 동태적 결과에 관한) 법칙이다. 등식 $\beta = s/g$가 성립하지 않으면 경제는 안정된 상태를 유지하지 못하고 요동친다. 그러다가 마침내 $\beta = s/g$라는 등식이 성립하게 되는 상황에 접어들게 되면 그때서야 비로소 경제 내의 다양한 변수들이 서로 잘 맞아떨어져서 **균형 상태, 즉 균형적인 안정적 성장 상태**에 들어간다. 언급했듯이 피케티가 말하는 $\beta = s/g$는 원래 해러드와 도마에 의해 도입된 공식이며, 그것은 흔히 $g = s/\beta$의 형태로 활용되었지만 "솔로는 해러드의 공식을 뒤집어 $\beta = s/g$라고 쓰게 되었다. 이 공식은 장기적으로 자본/소득 비율이 저축률과 경제의 구조적 성장률에 의해 조정되며 그 반대가 아니라고 주장"하는 공식으로 해석되었던 것이다.

해러드 모형

이제 해러드 모형에 대해 언급해보자.[4] 해러드의 성장모형도 피케티 이론 전체를 이해하는 데 중요한 역할을 하므로 이에 대해 조금 더 살펴볼 필요가

있다. 해러드는 주로 단기 분석에 국한되어 있는 케인스 이론을 장기적 동학으로 확대 해석한 케인스학파의 성장이론가로서 이후의 경제성장 이론, 특히 솔로 이론이 생겨나게 된 출발점이 되었다.

해러드의 생산함수에서 산출량(Y)과 자본(K) 그리고 노동(L) 간에는 다음과 같은 관계가 성립한다.[5]

$$Y = min(K/v, L/u)$$

여기에서 v는 자본계수, u는 노동계수로서 **모두 일정한 상수**라고 가정되며, 이 고정된 상수를 **고정계수**라고 부른다. 그리고 이에 상응해 이러한 고정계수를 갖고 있는 해러드의 생산함수를 고정계수 생산함수라고 부른다. 이로부터 우리는 해러드 모형이 자본과 노동의 대체 가능성을 전제하지 않는 모형이라는 점을 알 수 있다.

해러드 모형의 생산함수에서 생산은 K/v와 L/u 중 더 작은 편에 의해 결정된다. min이라는 기호가 이를 가리킨다. 해러드 모형에서 산출량 Y는 K만큼의 자본과 L만큼의 노동을 투입했을 때 K/v와 L/u 중 더 작은 것에 의해 결정된다. $K/v < L/u$라면 이때 산출량 Y는 K/v가 된다($Y=K/v$). 여기에서 중요한 것은 해러드 생산함수의 이러한 가정에 따르면 한 경제 내에 노동이 아무리 풍부하게 존재한다고 할지라도 유휴 노동은 산출량에 영향을 미치지 못한

4 이하의 설명에 약간의 수식이 등장하지만 수학을 잘 모르는 독자들도 충분히 이해할 수 있도록 최대한 풀어서 썼으므로 이 부분에서 책을 덮지 말고 계속 읽어가기를 권한다. 물론 이 부분을 건너뛰고 읽어도 이 책 전체를 이해하는 데 큰 지장은 없다. 하지만 해러드, 솔로 모형은 『21세기 자본』에서 개진된 피케티 이론을 명확하게 이해하고 이를 충분히 즐기기 위해서 꼭 필요한 배경지식에 해당하므로 약간의 인내심을 가져주기를 권한다.

5 Hywel G. Jones, *An Introduction to Modern Theories of Economic Growth*, p.35; 이명재·남상호, 『현대경제변동론』, 256쪽 이하를 참조하라.

다는 점이다. 해러드 생산함수는 산출이 K/v와 L/u 중에서 더 작은 것에 의해 결정된다고 가정하고 있기 때문이다. 노동이 풍부한 경우에는 이 모형에서는 실업이 존재할 수밖에 없게 된다. 그리고 한 국가 내에 존재하는 (노동에 비해 덜 풍부한) 자본은 모두 생산에 투입되어 K/v만큼의 산출량을 생산하게 될 것이다.

자본이 더 풍부한 생산 요소인 경우에는($K/v > L/u$) 반대의 일이 일어나며 이때 산출량 Y는 L/u가 된다($Y=L/u$). 이 경우 한 국가 내에 아무리 많은 자본이 존재한다고 할지라도 그 자본은 활용되지 못하고 유휴자본으로 남게 된다. 하지만 노동은 완전히 활용되므로 실업은 존재하지 않게 될 것이다.

앞서 설명에서 첫 번째 경우, 즉 **자본**에 의해 산출량이 결정되는 경우 $Y(=K/v)$의 산출량을 생산하기 위해 필요한 **노동량**은 어느 정도일까? 해러드 생산함수에 따르면 $Y(=K/v)$만큼의 산출을 위해 필요한 자본량은 vY, 노동량은 uY이다($Y=L/u$이므로). 따라서 필요 노동량 uY 이외에 노동은 생산에 전혀 기여하지 못한다.

두 번째 경우, 즉 노동에 의해 산출량이 결정되는 경우 $Y(=L/u)$만큼의 산출을 위해 필요한 노동량은 uY이며, 자본량은 vK이다($Y=K/v$이므로). 따라서 필요 자본량 vK 이외의 자본은 생산에 전혀 기여할 수 없다.

조금, 아니 상당히 이상해 보이지만 어쨌든 이것이 해러드가 제시하는 생산함수 모형이다. 흥미로운 것은 첫 번째 경우에는 uY만큼의 노동량만 필요하고, 두 번째의 경우에는 vY만큼의 자본만 필요하다는 것이다. 이제 여기에서 중요한 점은, 첫 번째 경우든 두 번째 경우든 산출량 Y는 $K/v=L/u$가 된다는 것이다. 첫 번째 경우에는 노동이 남아돌고 두 번째 경우는 자본이 모두 활용되지 못한다는 차이가 있지만 말이다.

그래서 $Y=K/v=L/u$라는 등식으로부터 $K/L=v/u$를 얻을 수 있다. 이 등식이 의미하는 바는 무엇인가? 해러드 모형의 가정에 따라 v과 u가 상수 — 고

정계수 — 이므로 우리는 해러드 모형에서 노동자 1인당 자본장비율 또는 자본집적도(K/L)가 v/u로 고정되어 있다는 것을 알 수 있다. 그것은 경제가 허용하는 자본과 노동의 투입 비율이 v/u밖에 없다는 것을 의미한다. 이는 해러드 생산함수가 노동자 1인당 자본량이 고정되어 있는 경제, 달리 말하면 자본과 노동 사이에 **대체가 불가능한** 경제를 가정하고 있다는 것을 의미한다(대체탄력성이 0인 경제).

그렇다면 유휴노동이나 유휴자본이 존재하지 않기 위해서는, 즉 한 국가 내에 존재하는 모든 자본과 노동을 활용하는 완전고용 상태를 유지하기 위해서는 이 국가에 자본과 노동이 반드시 v/u의 비율로 존재해야 한다는 것 또한 알 수 있다. 이러한 조건이 충족되지 않으면 자본과 노동 중 일부는 유휴자원으로 남게 될 것이다. 해러드 모형은 가정이 너무 엄격하기 때문에 해러드 모형에서 말하는 완전고용 조건을 충족시키는 경제가 현실에서 존재하기란 사실상 불가능하다.

자연성장률, 적정성장률, 현실성장률

그러므로 해러드 모형에서는 자연성장률, 적정성장률, 현실성장률이라는 개념이 중요한 역할을 한다. 노동력 전체가 완전고용되는 경우는 실제로 존재하지 않지만 그럼에도 적어도 이론적으로는 가능하다고 말할 수 있는데, 그렇게 되기 위한 조건은 무엇일까? 국민경제에 존재하는 노동이 완전히 고용될 수 있을 만큼 국민소득이 증가하면 완전고용이 가능해질 것이다. 이를 **자연성장률**이라고 부른다. 자연성장률은 국민경제에 존재하는 모든 **노동이 완전고용되고 이를 계속** 유지할 수 있는 필요한 만큼의 국민소득 증가율이다. 이 조건이 충족되어 노동이 완전고용되었을 때 산출(Y)은 L/u가 될 것이다.

해러드 모형에서 노동력(또는 인구)은 (외생적으로) n의 비율로 증가한다고 가정한다. n의 비율로 증가하는 노동력을 완전고용하기 위해서는 국민소득도 n의 비율로 증가해야 한다. n의 비율로 증가하는 노동력을 완전히 흡수하기 위한 국민소득의 성장률이 앞서 언급한 자연성장률이며 이것 역시 n이 되어야 경제가 균형(완전고용)을 유지할 수 있다는 것이다.

또한 적정성장률이라는 개념이 있다. **적정성장률**이란 국민경제에 존재하는 모든 **자본**이 완전히 활용될 때의 국민소득의 증가율이다. 자본이 추가적으로 투여되고 모든 자본이 완전히 활용되기 위해서는 국민소득이 얼마만큼 더 증가해야 할까?

국민소득 증가율($\Delta Y/Y$)이 정확히 s/v가 되어야 한다. 유휴자본이 존재하지 않고 모두 생산에 활용되기 위해서는 경제성장률($\Delta Y/Y$)이 s/v가 되어야 하며 바로 그것이 적정성장률이다. 왜 적정성장률이 s/v가 되어야 하는지 살펴보자.

해러드 생산함수에서는 등식 $Y=K/v$, 즉 $K=vY$가 성립한다. 그리고 자본을 추가적으로 투입할 때 증가하는 국민소득의 크기를 알기 위해 양변을 미분하면 $\Delta K=v\times\Delta Y$를 얻는다. 자본 증가분 ΔK는 투자액과 일치하므로 $\Delta K=v\times\Delta Y=I$, 즉

$$v\times\Delta Y=I \qquad (1)$$

을 얻는다. 그리고 저축은 국민소득에 비례한다고 가정하자.

$$S=sY \qquad (2)$$

여기에서 s는 저축률을 의미한다. 투자는 저축과 일치($I=S$)하므로 우리는

(1)과 (2)로부터 $v \times \Delta Y = sY$, 또는

$$\Delta Y/Y = s/v \qquad (3)$$

를 도출할 수 있다. 이 마지막 (3) 식에서 좌변의 $\Delta Y/Y$는 국민소득 증가율을 의미한다. 자본이 추가적으로(ΔK) 투자될 때, 유휴자본이 생기지 않고 모든 자본이 활용되기 위해서 필요한 국민소득 성장률($\Delta Y/Y$)인 s/v가 적정성장률이다.

마지막으로 해러드 모형에서는 **현실성장률**이라는 개념도 중요하다. 그것은 **실제적으로**(현실적으로) 실현되는 국민소득의 증가율이다. 자연성장률(완전고용 상태에서의 성장률)이나 적정성장률(자본을 완전히 사용한 상태에서의 성장률)이 실현되느냐의 여부와 상관없이 현실성장률은 존재한다.

해러드 모형에서 경제가 균형 상태, 즉 유휴자본이나 실업이 존재하지 않는 완전고용 상태에 도달하기 위해서는, 이 세 가지 성장률이 모두 일치해야 한다. 균형성장 경로가 존재하고 경제가 이러한 경로를 따라 성장한다는 것은 한 국가가 **노동과 자본을 남김없이 모두 활용**함으로써 안정적으로 성장한다는 것을 의미하고 이를 위해서는 자연성장률, 적정성장률, 현실성장률이 모두 일치해야 한다는 조건이 충족되어야 한다. 추가적으로 자본이 투입되었을 때 자본이 완전히 활용될 수 있도록 해주는 **적정성장률**은 s/v이며, 이 적정성장률을 달성하기 위해서는 **현실성장률**도 s/v가 되어야 한다. 현실성장률이 s/v가 되지 않으면 현실적으로는 자본이 남아돌거나 부족한 사태가 발생할 것이다.

그리고 노동력이 n만큼 증가할 때 이 증가한 노동을 완전히 고용할 수 있는 자연성장률은 앞에서 보았듯이 n이다. 따라서 해러드 모형에서 균형성장 조건은 이 세 가지 성장률이 모두 다음과 같이 일치하는 것이다.

$$n = s/v = s/v(w) = s/v(A)$$

여기에서 $s/v(w)$는 **적정성장률**, $s/v(A)$는 **현실성장률**을 의미한다. 앞에서 언급했듯이 n만큼 증가하는 노동력을 완전히 흡수하기 위한 국민소득의 성장률이 **자연성장률**이다. 그리고 앞에서 살펴보았듯이 n은 노동력 증가율이며 동시에 자연성장률을 의미한다. 그러나 당연한 이야기이지만 현실성장률이 자연성장률(완전고용), 혹은 적정성장률(자본의 완전 활용)과 모두 일치하는 경우가 실제로 존재하기는 어려울 것이다.

피케티는 해러드 성장모형의 그러한 문제점에 대해 다음과 같이 간략히 논평한다.

> 이 이론에서는 자본이 너무 많거나 적어서, 과잉설비와 투기적 거품을 초래하거나 실업을 유발한다. 그렇지 않으면 아마도 업종 부문과 시기에 따라 이 둘을 모두 유발할 것이다(278).

이 세 가지 성장률이 모두 일치하기란 불가능할 것이며 따라서 솔로는 해러드 모형이 "면도날" 위에서만 균형이 가능한 경제를 상정하고 있다고 비판한다. 피케티 역시 해러드 모형이 비현실적이라는 사실을 지적하면서 도마 모형이 해러드 모형보다 좀 더 낙관적이고 융통성이 있다고 말한다. 하지만 피케티 이론에서 도마 모형이 중요한 역할을 하는 것은 아니므로 그것에 대한 설명은 생략하기로 하고, 이제 솔로 모형에 대해 논의해보자.

솔로 모형

솔로는 해러드(-도마) 모형이 사실상 균형 상태를 유지할 수 없는 경제를 상정하고 있는 모형임을 지적하며 해러드 모형을 수정한다. 그것은 "기껏해야 균형성장의 **면도날**(knife-edge) 위에서만 균형적"일 수 있다.[6] 경제학사에서 해러드 모형은 두 가지 문제를 갖고 있다고 평가되는데, 이를 제1 해러드 문제, 제2 해러드 문제라고 부른다. 제1 해러드 문제는 해러드가 제시하는 모형 속의 경제는 사실상 균형 수준에 도달할 수 없다는 것이다. 자연성장률과 적정성장률이 현실성장률과 일치하는 경제는 존재하지 않는다는 것이다.

제2 해러드 문제는 다음과 같다. 해러드가 제시하는 경제모형에서 현실성장률이 적정성장률로부터 벗어나게 되었을 때 이 경제가 스스로 균형 상태로부터의 이탈을 교정할 수 있는가라는 것이다. 해러드 모형이 제시하는 경제는 자기 교정 능력을 갖고 있지 않으며 오히려 불균형 효과가 축적되어 균형으로부터 더욱 멀어질 수밖에 없다는 것이 제2 해러드 문제의 핵심이다. 물론 해러드 자신은 이러한 비판에 동의하지 않는다. 해러드는 경제를 풀이 나 있는 비탈길에 놓여 있는 공으로 비유하고, 공을 발로 차면 평지에 있는 공보다는 멀리 가겠지만 언덕을 다 내려가면 결국 공은 멈춘다고 응수했다.[7]

프랭크 한(Frank Hahn)이나 로빈 매슈스(Robin Matthews) 같은 경제학자는 현실적으로는 이 두 가지 문제가 결합해서 경기후퇴와 실업을 낳는다고 할지라도 제1 해러드 문제와 제2 해러드 문제는 논리적으로 독립적인 이야기라고 평가한다. 이러한 견해에 따르면 솔로는 면도날 균형 조건을 이야기하는 해러드 모형의 제1 문제점을 극복했다고 할 수 있다. 해러드 모형에서

6 Hywel G. Jones, *An Introduction to Modern Theories of Economic Growth*, p.58에서 재인용.

7 같은 책.

는 노동과 자본이 대체 불가능하다. 반면 솔로는 노동과 자본이 대체 가능한 모형을 구성함으로써 좀 더 현실적인 경제성장 모형을 구성했다. 하지만 솔로 모형도 제2 해러드 문제에 대해서는 사실상 아무런 이야기도 하지 못하고 있다. 지금까지 살펴보았듯이 솔로 모형은 왜 그렇게 될 수 있는지를 설명하지 않으면서 경제는 다시 균형 상태를 되찾을 수 있다는 낙관적인 주장을 하고 있을 뿐이기 때문이다. 솔로는 제2 해러드 문제를 해결하기보다는 회피하고 있다고 비판할 수 있다.

피케티 역시 이러한 비판을 공유하고 있다고 할 수 있다. 피케티는 솔로 모형이 노동과 자본의 대체 가능성을 도입했다는 점에서 그것을 높이 평가하지만 솔로 모형도 경제가 스스로 자신의 불균형을 교정해 균형성장의 길로 다시 접어들 수 있는 이유와 그 구체적인 과정에 대해서는 전혀 설명하지 못한다고 평가한다. 피케티는 솔로 모형의 의의를 어느 정도 또는 상당 부분 인정하지만 그것이 함축하고 있는 안정성 신화를 비판하는 것이다. 이제 솔로 모형에 대해 조금 더 살펴보자.

$\beta = s/g$와 솔로 모형

원래 솔로의 경제성장 모형으로부터 피케티의 $\beta = s/g$ 법칙이 나왔기 때문에, 솔로 모형을 먼저 이해한 후 피케티의 이 법칙을 설명하는 것이 순서에 맞을 것이다. 하지만 솔로 모형을 설명하는 것은 조금 복잡하므로 우리는 반대로 피케티의 논의를 직접 따라가면서 $\beta = s/g$의 정치경제학적 의미들을 살펴보았다. 이제는 여기에서 순서를 바꾸어 솔로 모형에 대해 직접 설명한 후 어떻게 솔로의 경제성장 이론으로부터 피케티의 $\beta = s/g$ 법칙이 도출되었는지를 설명하고자 한다. 물론 그 과정에서 피케티가 솔로 모형을 어떻게 극복

했는지도 좀 더 분명하게 이해할 수 있을 것이다.

먼저 **신고전파 경제성장 이론의 기본방정식**이라는 개념에 대해 이야기해보자. 이 기본방정식으로부터 $\beta = s/g$라는 법칙이 직접 도출되기 때문이다. 앞에서 살펴보았듯이 k는 1인당 자본량(자본장비율, K/L)을 의미한다. 우리는 해러드 모형에서 자본과 노동이 대체 불가능하고 기술 여건에 의해 자본과 노동이 고정된 비율(u/v)로만 투입될 수 있다는 한계가 있다는 점에 대해 살펴보았다. 솔로는 1인당 자본량(k)이 변화할 수 있다는 것으로부터 출발한다. 해러드 모형에서와 달리 자본과 노동은 대체 가능한 생산함수를 구성한다는 것이다. 솔로가 말하는 **경제성장 이론의 기본방정식은 경제가 장기적인 균형성장을 유지하기 위해 필요한 k값이 얼마인지를 말해주는 방정식**이다. 이에 대해 살펴보자.

솔로에 따르면 다음 등식이 성립한다.

$$k'/k = K'/K - L'/L$$ [8]

이 등식은 노동자 **1인당 자본량의 증가율(k'/k)**[9]이 **총자본의 증가율(K'/K)**에서 **총노동의 증가율(L'/L)**을 뺀 값과 동일하다는 것을 의미한다. 위의 등식으로부터 솔로는 마침내 다음 방정식을 도출한다.[10]

---

8 피케티 이론을 명확히 이해하기 위해서는 이 등식과 그다음 등식에 대해 알 필요가 있다. 물론 그 등식이 갖는 직관적인 의미만을 파악하면 되며, 그 자세한 도출 과정을 굳이 따라갈 필요는 없을 것이다. 어쨌든 이 공식의 도출 과정에 대해서는 이 책 제4부의 보론 1을 참조하라.

9 노동자 1인당 자본의 증가율(k'/k)은 노동자 1인당 자본의 증가분(k')을 노동자 1인당 자본량(k)으로 나눈 값이다.

10 이 도출 과정에 대해서는 이 책 제4부의 보론 2를 참조하라.

$$k' = sf(k) - nk$$

여기에서 s는 저축률, n은 노동성장률(노동인구 증가율), k는 1인당 자본량, k'는 1인당 자본량의 증가분이다. 바로 이것이 **신고전파 경제성장 이론의 기본방정식**이라고 불리는 매우 중요한 방정식이다. 피케티가 말하는 $\beta = s/g$ 법칙은 바로 이 신고전파 경제성장 이론의 기본방정식으로부터 유래한 것이다. 이 기본방정식이 의미하는 바가 무엇인지 〈그림 9-1〉과 함께 살펴보자.

〈그림 9-1〉

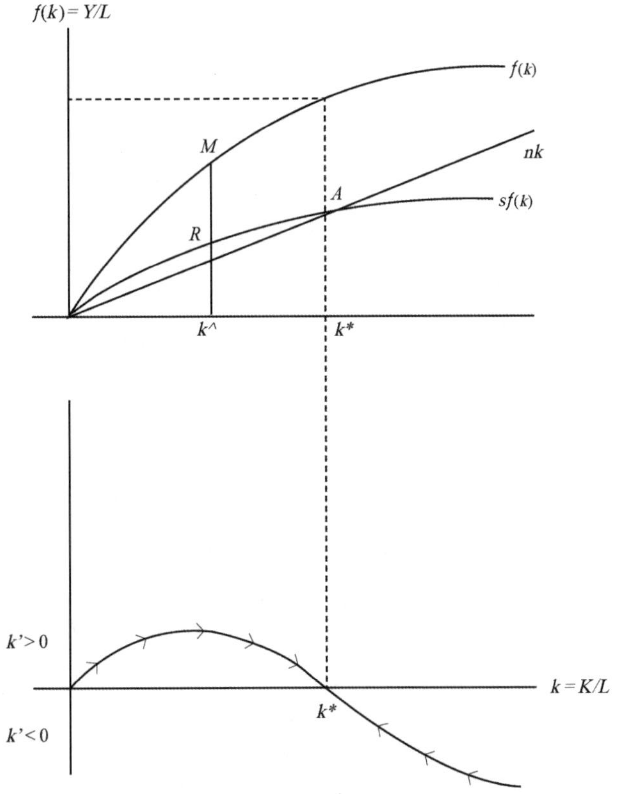

여기에서 $f(k)$는 1인당 자본량과 산출량의 관계를 나타내는 생산함수이다. s는 저축률이며 따라서 $sf(k)$는 1인당 자본량과 1인당 산출량(또는 1인당 국민소득)이 주어졌을 때 그가 행하는 저축(투자)의 수준을 보여주는 함수이다. 저축률은 1보다 클 수 없으므로 함수 $sf(k)$는 $f(k)$보다 아래에 위치한다.

〈그림 9-1〉에서 선분 Mk^은 노동자 1인당 자본이 k^일 때 노동자 1명의 생산량을, 선분 Rk^은 저축량을 의미한다. 따라서 RM은 당연히 1인당 소비량을 나타낸다.

nk는 n의 비율로 일정하게 증가한다고 가정한 노동 증가율과 1인당 자본량을 곱한 값을 반영해 그린 선분이다. 단순한 경제모형에서는 일반적으로 노동인구가 일정한 비율로 증가한다고 가정하며 따라서 n은 일정하게 주어진 값으로 간주된다. 그러므로 k가 증가함에 따라 nk도 증가하고 따라서 nk은 우상향하는 직선으로 그어져 있다.

〈그림 9-1〉에서 1인당 자본량이 k^*인 지점에서 $sf(k)$와 nk는 교차하는 것을 볼 수 있다. 이는 1인당 자본량이 k^*가 되는 지점에서 $sf(k)$와 nk의 크기가 같아진다는 것, 즉 $sf(k)=nk$를 뜻한다. 그리고 그것은 앞에서 말한 바 있는 신고전파 경제성장 이론의 기본방정식 $k'=sf(k)-nk$의 값이 0이 되는 지점이다($k'=0$). 솔로에 따르면 바로 이것이 한 경제가 장기적으로 균형성장 경로를 걷기 위한 조건이다.

$k'=0$이 성립할 때, 즉 장기적으로 노동자 1인당 자본량이 일정한 값을 유지할 때, 달리 말하면 노동자 1인당 자본 증가분이 제로일 때 경제가 장기적 균형성장 상태에 도달한다는 것이다.[11] 이때 1인당 저축량[$sf(k^*)$]이 n의 비율

11 앞에서 언급했듯이 이는 가장 단순한 모형으로 기술진보가 없는 상태를 가정한 것이다. 일반적으로 자본의 투자가 이루어져야 기술진보가 일어난다. 그러므로 이 경우에서처럼 노동자 1인당 자본 증가율이 제로라는 것은 노동자 1인당 자본량이 일정하고 더 이상의 추가적인 자본투자가 일어나지 않으며 따라서 기술진보도 없는 상태를 의미한다.

로 증가하는 노동력을 고용하기에 필요한 추가적 자본량(nk^*)과 정확히 일치하므로 경제는 균형 상태에 도달한다. 〈그림 9-1〉에서 1인당 자본량이 k^* 수준을 유지하고, 이 경우에만 경제는 균제상태에 도달한다는 것이다. 선분 Ak^*는 (노동인구가 증가하는 경제에서) 유휴노동력 없이 모든 노동자를 고용하기 위해 필요로 하는 노동자 1인당 자본량이며, 동시에 그 조건을 충족시켜주는 노동자 1인당 저축량이다. 이 둘이 일치해야만 한 사회는 일정한 비율(n)로 증가하는 노동인구를 모두 고용할 수 있다.

그렇다면 k'가 0이 아닌 경우, 즉 nk와 $sf(k)$가 일치하지 않으면 어떤 일이 발생하는가? 앞의 기본방정식에서 $k'>0$이면 $sf(k)>nk$가 성립한다. 이때에는 경제 내에 저축량이 너무 많아 자본과잉이 발생해 경제가 불균형 상태에 빠진다. 따라서 이러한 상황에서는 〈그림 9-1〉의 하단부 그래프에서 볼 수 있듯이 저축 증가분 k'가 감소해서[12] k^*에 도달해야($k'=0$) 이 경제는 다시 균형을 회복한다.

반대로 $k'<0$이면 $sf(k)<nk$가 성립하는데, 이는 경제 내에 자본이 부족한 상황이다. 이 경우에도 경제는 불균형 상태에 있게 된다. 그러므로 저축 증가분 k'이 증가해 위 그래프에서 볼 수 있듯이 $k^*(k'=0)$에 도달할 때 이 경제는 다시 균형 상태로 되돌아갈 수 있다.이 경우 경제가 균형 상태에 도달하기 위해서는 등식 $sf(k)=nk$가 성립할 수 있도록 해주는 지점인 k^*에 도달할 때까지 1인당 자본량이 감소해야 한다. $k'=0$이 되는 지점에서 이 경제는 균제상태에 도달한다는 것이다. **균형성장 경로**에 접어들게 되면 이제 이 경제에서는 더 이상 **1인당 자본량의 증가 또는 감소가 없으며** 다른 변수들도 동일한 값을 유지하거나 동일한 비율로 안정적으로 성장한다.[13]

12 달리 말하면, 노동자 1인당 자본량의 수준을 높여야 한다는 것이다. 노동자 1인당 자본량이 많으면 많을수록 점점 더 투자의 필요성이 줄어든다. 즉 k'가 감소한다는 것은 k값이 높아진다는 것을 함축하는 것이다. 그리하여 균형 수준 k^*에 도달하면 마침내 k'는 0이 된다.

기술진보의 문제

여기에서 우리는 질문을 던질 수 있다. 이 단순한 신고전파 경제성장 모형은 기술진보를 가정하고 있는가 그렇지 않은가? 이상의 그래프에서는 그 점이 분명하게 드러나지 않는다. 달리 말하면 앞의 그래프는 두 경우 모두를 설명할 수 있는 가장 기본적인 모형으로 이해할 수 있다는 것이다. 이 점에 대해서는 이후에 설명하기로 하고 계속 논의를 진행하자. 지금까지 언급한 이 신고전파의 기본 모형에 따르면 균제상태에서 노동자 1인당 자본량, 1인당 생산, 1인당 소비, 1인당 저축은 불변이고 총생산과 총자본은 인구증가율(n)의 비율로 동일하게 증가한다.

13 소문자 k는 1인당 자본량이다. 따라서 이 등식 양변에 L을 곱해서 (1인당 자본량, 생산량이 아니라) 총자본량 그리고 총생산량의 관점에서 이 등식이 갖는 의미를 생각해보면 그 의미가 더 잘 파악될 수도 있다. 양변에 L을 곱하면 $sf(k)=nk$를 $sF(K, L)=sY=nK$로 변형시킬 수 있다.

기술진보가 없는 경제에서는 노동 증가율(또는 인구증가율) n이 곧 경제성장률이므로 등식 $sf(k)=nk$은 $sY=gK$로 바꿔 쓸 수 있다. sY는 총저축량이며, 균형 조건을 의미하는 이 등식은 다음 사실을 말하는 것으로 해석할 수 있다. 경제가 성장하기 위해서는 총자본량이 증가해야 하는데, 이 경제가 균형성장을 하기 위해서는 매년 nK 또는 gK만큼 자본량이 증가해야 한다. 이를 위해서는 저축(또는 투자)이 이루어져야 하며 그 필요 저축량(또는 투자량)은 sY이다. 즉 경제가 균형성장을 하기 위해서는 저축(sY)이, 인구(노동력)가 증가함에 따라 경제성장을 위해 필요로 하는 자본 증가분(nK 또는 gK)과 일치해야 한다는 것이다. $sY>nK$(또는 $sf(k)>nk$)인 상황은 투자(저축)가 너무 많아 경제 내에 자본이 남아도는 상황이다. 반대로 $sY<nK$이면 저축(투자)이 너무 적어 균형성장에 필요한 자본량이 부족한 상황이다. 그러므로 이 경제가 균형에 도달하기 위한 조건은 총자본량의 변화가 더 이상 없는 $K'=0$의 상태, 즉 $sY=nK$가 되는 것이다.

$\beta = s/g$의 도출

균형 조건을 나타내는 등식 $sf(k)=nk$에서 피케티가 말하는 $\beta=s/g$ 공식을 도출할 수 있다. 기술진보가 없는 단순 모형에서는 노동성장률 n과 경제성장률이 일치하므로 노동성장률(또는 인구증가율) n은 곧 경제성장률 g와 일치한다. 솔로의 균형 조건 $sf(k)=nk$에서 n에 g를 대입하면

$$sf(k)=gk \tag{1}$$

을 얻을 수 있다. 그런데 $f(k)=y=Y/L$이고, $k=K/L$이므로 다음 등식이 성립한다.

$$k/f(k) = \frac{K/L}{Y/L} = K/Y = \beta \tag{2}$$

(2) 식에서 정의상 K/Y는 자본/소득 비율이고 이것은 피케티가 말하는 β에 다름 아니다. 그리고 (1) 식 $sf(k)=gk$는 $k/f(k)=s/g$로 고쳐 쓸 수 있다. 이로부터 우리는 $k/f(k)=\beta$임을 말하는 (2) 식으로부터 $\beta=s/g$를 도출할 수 있다.

보수적 주류 경제학자 오정근의 피케티 비판의 오류에 관하여

$k'=sf(k)-nk$라는 신고전파 경제성장 이론의 기본방정식으로부터 '안정성 신화'가 도출된다. 앞에서 상세히 살펴본 바와 같이 $k'=0$이 성립할 때 경제는 $sf(k)=nk$라는 조건이 충족되어 장기적으로 균형성장의 길을 걷게 된다. 이것이 의미하는 바가 무엇인지 정리해보자. 이 균형 조건의 의미를 명확히

하기 위해서는 기술진보가 존재하는 경우와 그렇지 않은 경우를 나누어 생각해봐야 한다.

여기에서 피케티에 대한 대표적인 보수적 비판서인 『피케티의 '21세기 자본' 바로읽기』에서 오정근의 피케티 비판에 대해 언급할 필요가 있을 것 같다. 그는 피케티가 솔로 모형을 잘못 이해했기 때문에 그것으로부터 $\beta = s/g$ 법칙을 도출하는 오류를 범했다고 비판한다. 오정근의 이러한 비판이 타당하지 않다는 점을 파악하기 위해 기술진보가 존재하는 경우와 그렇지 않은 경우를 나누어서 생각해볼 필요가 있다. 오정근은 피케티가 솔로 모형으로부터 $\beta = s/g$를 도출할 때 k값이 장기적으로 일정하다고 가정했기 때문에 공식 도출 과정에서 오류를 범했다고 주장한다. 오류가 많은 글이지만 (인내심을 갖고) 오정근의 다음 글을 읽어보자.

> 이 모형($\beta = s/g$)이 전제하고 있는 문제가 되는 세 번째 가정은 장기에서는 자본/노동 비율, 즉 자본장비율(k)이 일정하다는 가정이다. 역시 이 가정, 즉 $\Delta k = 0$이 성립하지 않으면 $\Delta k = s \times f(k) - nk$에서 보듯이 위의 자본주의 제2근본법칙이 도출될 수 없다. 이 점은 피케티도 인정하고 있다. 자본장비율이 변하지 않으면서 장기와 또 다른 장기를 비교하면 인구증가율의 하락으로 성장률이 하락하면 자본/소득 비율이 상승해 자본수익률이 크게 하락하지 않는 한 노동자에 대한 자본가의 소득이 증가하는 방향으로 자본가와 노동자 간의 소득분배가 악화된다는 주장이다.
>
> 이러한 가정은 가상의 세계를 전제로 한 가정이라고 할 수 있다. 인구증가율이 하락하면 자본이 파괴되지 않는 한 자본장비율이 증가하게 될 것이다. 인구증가율이 하락하면 생산구조가 좀 더 자본 집약화하는 방향으로 노동의 자본 대체도 증가해 자본장비율이 증가할 수도 있다. 이렇게 인구증가율 변화로 자본장비율이 변화하게 되는 경우에는 자본주의 제2근본법칙이 도출되는 위

의 식은 도출될 수 없다.[14]

우선 오정근은 $sf(k)=nk$로부터 $\beta=s/g$ 공식을 유도한 사람은 피케티 자신이 아니고, 이는 이미 신고전파 경제성장 이론에서 당연한 것으로 받아들여지는 기본공식이라는 점을 파악하지 못하고 있다. 오정근은 $\beta=s/g$라는 공식 자체가 이미 신고전파 경제성장 모형에서 나온 것이라는 사실을 무시하고, 모형의 단순성의 책임을 피케티에게 전가하고 있다. 우선 기술진보가 없는 경우에 대해 살펴보자.

■ **기술진보가 없는 경우**

이때에는 $k'=0$이 성립할 때 이 경제는 $sf(k)=nk$라는 조건에 따라 균형 상태에 도달한다. 이 경제에서 연간 국민소득 대비 저축률(즉 투자율)은 s이며, 총산출량은 노동성장률 n만큼 일정하게 증가하고(노동성장률과 같은 비율로 총산출량이 증가) 1인당 산출량, 1인당 자본량, 1인당 소비, 1인당 저축은 동일한 값으로 유지된다. 기술진보가 없으므로 1인당 자본장비율(k)은 불변이지만 노동 증가율(인구증가율) n의 비율로(즉 일정한 비율로) 총자본량과 총생산량은 증가한다.

■ **기술진보가 있는 경우**

가정을 완화하여 자본과 노동이 대체 가능하며 기술진보가 존재한다고 하자. 이러한 가정에 따를 때 1인당 자본량(자본장비율) k에는 어떤 변화가 일어나는가? 물론 장기적으로 k값이 증가할 것이다. 기술진보가 존재하고 따라서 자

14 오정근, 「'21세기 자본'의 오류와 한국의 소득분배」, 『피케티의 '21세기 자본' 바로읽기』, 180~181쪽. 괄호 첨가 및 강조는 필자.

본이 노동을 대체하기 때문이다.

그렇다면 기술진보가 존재한다고 가정할 때 $sf(k)=nk$라는 균형 조건은 어떻게 달라지는가? 이 등식은 기술진보가 존재하지 않는다는 가정하에서 도출한 등식이므로, 기술진보가 모형 속에 도입되었을 때는 균형 조건이 $sf(k)=nk$가 될 수 없으며 여기에 기술진보와 관련된 변수를 하나 더 도입해야 한다. 기술진보율(m)을 이 모형에 도입하면 성장률(g)은 $n+m$이 될 것이고 균형 조건은 다음과 같이 변형된다.

$$sf(k)=(n+m)k$$ [15]

앞에서 상세히 살펴보았듯이 기술진보를 가정하지 않은 솔로 모형에서의 균형 조건은 $sf(k)=nk$이다. 단순한 이 모형은 더 일반적인 모형인 $sf(k)=(n+m)k$에서 m이 0인 경우에 해당한다(인구증가율 n이 성장률 g와 동일하고 $m=0$이다). 피케티는 이로부터 $\beta=s/g$를 도출할 수 있었다.

기술진보를 도입한 모형에서 경제성장률 g는 인구증가율과 기술진보율(또는 1인당 생산성 증가율)을 합한 값이며, 따라서 이때 g는 $n+m$의 값을 갖는다. 하지만 오정근의 비판과 달리 이 경우에도 피케티의 법칙 $\beta=s/g$가 솔로 모형으로부터 도출될 수 있다. 기술진보를 도입한 솔로 모형은 $sf(k)=(n+m)k$로 변형되는데, 이때 $g=n+m$이 성립한다. 따라서 이것으로부터 피케티의 법칙 $\beta=s/g$를 도출하는 것은 전혀 이상한 일이 아니다. g를 $n+m$(인구증가율과 기술진보율을 더한 값)이라고 이해하면 아무 문제가 없는 것이다. 기술진보를

15 여기에서는 단순화를 위해 감가상각률은 논의에서 제외했다. 감가상각률 δ를 도입하면 균형 조건은 $sf(k)=(n+m+\delta)k$가 될 것이다.

도입하고 k값이 장기적으로 상승하는 경제에서도 피케티의 $\beta=s/g$ 공식이 도출될 수 있다.

물론 기술진보가 도입될 때 1인당 자본량 k가 장기적으로 상승하는데, 어떻게 $k'=0$이 균형 조건일 수 있는가 하는 의문이 생겨날 수 있다. 이 질문에 대해서는 피케티가 아니라 신고전파 경제학자들이 답해야 한다. 그 공식은 피케티의 것이 아니라 원래 신고전파 경제학자들의 것이었기 때문이다. 물론 누가 대답을 해야 하는가가 중요한 것은 아니다. 이 질문에 대한 대답은 사실 간단하다.

경제학자들은 솔로 모형에 기술진보가 도입되는 경우 단순노동자 1인당 자본량은 장기적으로 증가하지만($k'>0$), (기술진보를 반영한 노동자인) 유효노동자 1인당 자본량의 증가분은 장기적으로 0이라고 해석한다. 이러한 신고전파 경제학자들의 해석에 따르면 기술진보가 있는, 즉 k값이 장기적으로 증가하는 경우에도 $\beta=s/g$, 즉 $sf(k)=nk$라는 균형 조건은 여전히 타당하다는 것이다. 오정근이 수학을 활용해 피케티를 비판하려고 하지만 놀랍게도 정작 그 자신은 신고전파 경제학 이론조차 제대로 파악하지 못하고 있다.[16]

정확히 말하면 피케티의 표기 방법은 지금까지 필자가 설명한 방식과 (내용적으로는 차이가 없지만) 다르다. 피케티도 국민소득 성장률, 즉 경제성장률을 1인당 국민소득 성장률과 인구증가율의 합으로 정의한다(203). 피케티 역시 이러한 상황을 종합적으로 고려해 $\beta=s/g$ 법칙은 $\beta=s/(g+n)$이라고 쓸 수 있다고 덧붙인다(719: 주 3). 이때 g는 인구증가율과 1인당 국민소득의 증가율, 즉 기술진보에 따른 경제성장률을 포함시킨 성장률이다. 하지만 표기의 단순화를 위해 피케티는 $\beta=s/g$라는 공식을 계속해서 사용하고 있는데 오정

16 흥미롭게도 오정근은 피케티가 새 논문, 「'21세기 자본'에 관한 고찰」에서 『21세기 자본』의 오류를 '드디어' 인정했다는 글을 가장 먼저 기고한 장본인이다(http://economy.hankooki.com/lpage/worldecono/201503/e2015031017391469760.htm 참조).

근은 이 점을 전혀 파악하고 있지 못하는 것이다.

피케티의 $\beta = s/g$ 법칙이 감가상각률을 고려하지 않는다는 비판도 있다. 하지만 제3부에서 살펴보았듯이 피케티는 그것을 고려한다는 점을 분명히 하고 있다. 그에 따르면 s를 순저축률이 아니라 (감가상각분을 포함한) 총저축률로 생각해도 무방한데 그렇다면 그 공식은 $\beta = s/(g+\delta)$로 쓸 수 있다고 말한다(720: 주 12). 요컨대 피케티가 말하는 $\beta = s/g$ 공식을 오정근처럼 좁게 해석해서는 안 된다는 것이다.

어찌 보면 당연한 이야기를 장황하게 한 것은 피케티에 대한 대표적인 보수적 비판서인 『피케티의 '21세기 자본' 바로읽기』에서 오정근이 「'21세기 자본'의 오류와 한국의 소득분배」라는 논문을 통해 피케티가 솔로로부터 $\beta = s/g$를 도출할 때 수학적 오류를 범하고 있다고 비판하기 때문이다.

지금까지의 논의를 정리해보자. 오정근은 피케티가 솔로 모형으로부터 $\beta = s/g$를 도출할 때 k값이 장기적으로 일정하다고 가정했기 때문에 공식 도출 과정에서 오류를 범했다고 비판하는데, 이러한 비판은 오정근 스스로가 피케티의 $\beta = s/g$ 법칙은 물론 심지어 그가 금과옥조로 여기는 신고전파 이론도 제대로 이해하지 못하고 있음을 보여줄 뿐이다. 덧붙이자면, 오정근의 논문은 『피케티의 '21세기 자본' 바로읽기』에 실린 글 중에서 가장 이론적이고 수학적인 듯한 외양을 갖춘 논문이다. 그런데 그러한 외양과는 달리 이 논문은 피케티는 물론 솔로의 경제성장 모형조차 제대로 이해하지 못하는 무능력을 보여준다.[17]

---

17 또한 오정근은 피케티가 투자와 저축의 일치라는 가정을 사용하고 있다고 비판한다. 피케티가 저축이 언제나 완전히 투자되고 노동은 완전히 고용된다고 가정하고 있다는 것인데 이것도 매우 놀랄 만한 비판이 아닐 수 없다. 피케티는 신고전파 경제 이론의 문제점을 극복하기 위해 신고전파 이론의 일정 부분을 취사선택하고 그것을 따라가면서 동시에 그것을 넘어서고자 하는 전략을 활용하고 있을 뿐이다. 그런데 오정근은 보수적이고 자본가 중심적인 신고전파 경제학에 대해서는 정작 한마디 비판도 하지 않고 입을 다물고 있으면서

균형 조건 $sf(k)=(n+m)k$는 다음을 의미한다. 저축률이 s, 인구성장률이 n이고 기술진보율이 m인 이 경제는 **노동자 1인당 자본장비율** k를 $n+m$의 비율로 성장시키기 위해 필요한 만큼 정확히 투자가 이루어질 때 장기적 균형을 유지할 수 있다. 기술진보를 동반하며 장기 균형성장을 하는 이 경제에서는 각 변수들 간에 다음 관계가 성립한다. 총산출량과 총자본량은 **성장률**$(n+m)$과 **동일한 비율로 증가한다. '단순'노동자 1인당 자본장비율**(K/L)**은 기술진보율** m**의 비율로 증가한다. 반면 유효**노동자 1인당 자본량은 **불변**이다(유효노동자 1인당 자본장비율로 해석한 k값은 증가하지 않는다). 그리고 1인당 생산량, 1인당 소비는 m의 비율로 일정하게 증가한다.[18] 그러나 이러한 신고전파 모형에 따르면 β값은 불변이며 따라서 α값도 변하지 않는다. 피케티는 필요에 따라 신고전파 모형을 원용하지만 그 모형의 비학문적이고 현실 은폐적인 부분으로부터는 철저히 거리를 유지한다. 그는 궁극적으로 안정성 신화, 균형성장 경로의 존재와 가능성을 수학적으로 증명하기 위해 노력하는 신고전파 경제학의 추상적인 접근 방식을 비판하는 것이다. 피케티에 따르면 이러한 안정성 신화는 자본이 가져가는 몫 α의 불변성을 주장하는 **코브-더글러스 생산함수**에서 절정에 달한다.

자본소득과 노동소득의 분배

여기에서 피케티의 진정한 문제의식이 나온다. 자본 집약도가 높아질 때

피케티가 신고전파 경제학의 가정을 따르고 있다고 성토한다. 이는 매우 모순적이고 기만적인 태도가 아닐 수 없다. 이쯤 되면 오정근이 합리적인 사고를 할 수 있는 학자인지조차 의심이 갈 정도다.

18 Hywel G. Jones, *An Introduction to Modern Theories of Economic Growth*, p.179.

혹은 β값이 증가할 때(사실 신고전파 경제학도 β값이 장기적으로 증가한다는 것을 궁극적으로는 부정하지 않는다), 자본소득과 노동소득의 분배 양상이 어떻게 달라지는가? 한 국가의 경제가 점차적으로 자본 집약적인 방향으로 흘러가는 것은 일반적인 경향이며, 따라서 피케티도 β값이 높아지는 것 그 자체를 문제 삼지는 않는다. 결정적으로 중요한 것은 경제적 불평등이 심해지느냐 그렇지 않느냐 하는 것이다. 자본/소득 비율이 높은 경제라고 할지라도 예컨대 국공영화 비율이 높은 사회적 국가에서는 빈부의 격차가 그리 심해지지 않을 것이다. 그리고 사회적 국가가 복지체계를 잘 갖추어 교육, 의료, 주택, 실직 수당, 기초노령연금 등의 체제를 잘 정비해 국민 전체의 기본적인 재화들, 즉 존 롤스(John Rawls)가 기본적 재화들(primary goods)이라고 불렀던 것들을 비교적 평등하게 누릴 수 있도록 해준다면 자본 집약도 그 자체가 높은 것만으로 큰 문제가 되지 않을 것이다.[19] 1980년대 이전의 유럽 사회에서처럼 공공자산의 비중이 높고 복지국가의 체계가 잘 갖추어져 있다면 β값이 상대적으로 높아도 큰 문제가 되지 않는다. 하지만 피케티가 또한 말하고 있듯이 사회적 국가 체제가 잘 갖추어진 사회일수록 공공자산의 비율이 높다는 것을 생각하면 그러한 사회에서는 그렇지 못한 사회에 비해 β값이 상대적으로 덜 상승할 것이라는 것 또한 어렵지 않게 추측할 수 있다.

자본소득과 노동소득의 분배 비율 문제에 대해 더 알아보기 위해서는 생산함수의 관점이 아니라 분배의 관점에서 총생산물을 고찰할 필요가 있다. 총생산량 Y가 각각 자본과 노동의 몫으로 분배된다고 할 때 이를 소득 또는 분배의 관점에서 다음과 같이 표현할 수 있다.

$$Y = PQ = rK + wL \qquad (3)$$

19 롤스의 『정의론』에 대해서는 이 책 제12장을 참조하라.

여기에서 P는 생산물 가격, Q는 생산량을 의미한다. 따라서 PQ는 가격 혹은 소득으로 표현한 총산출 Y의 크기이며, r은 자본수익률, K는 투입된 자본량, w는 임금률, L은 투하된 노동량이다. 식 (3)은 연간 총생산액(국민소득) 중 자본의 몫이 rK, 노동의 몫은 wL로 분배된다는 사실을 말하고 있다. 제5장에서 상세히 살펴보았듯이 피케티는 $\beta(=K/Y)$값이 증가함에 따라 국민소득 중에서 자본이 차지하는 몫 α, 혹은 rK/Y[20]가 증가하는가 감소하는가, 혹은 일정하게 유지되는가라는 분배 문제에 관한 질문을 던진다.

피케티는 국민소득 중 자본이 차지하는 몫인 α값, 즉 rK/Y의 값이 $\beta(=K/Y)$가 증가함에 따라 증가할 것이라고 주장하며, 신고전파 경제학자들은 그 값이 대략 불변일 것이라고 강변한다. 제5장에서 상세히 언급했듯이 그것은 대체탄력성의 크기에 달려 있다.

코브-더글러스 생산함수와 대체탄력성

다시 **대체탄력성** 문제를 살펴보자. $\alpha=rK/Y$로부터 우리는 K가 커질 때 자본의 한계생산성 체감의 법칙으로 인해 r의 감소분이 $\beta(=K/Y)$의 증가를 충분히 상쇄한다면 α의 크기가 작아진다는 것을 알 수 있다. **대체탄력성**이 1보다 작을 때 이러한 일이 일어난다. 언급했듯이 이러한 이유를 들어 주류 경제학자들은 β값이 상승한다고 할지라도 $\alpha=r\times\beta$ 값은 상승하지 않으리라고 피케티를 비판한다. 신고전파 경제성장 이론은 자본 집약적인 기술진보가 일어나고 있다는 것, 그러한 방향으로 경제가 성장한다는 것을 잘 알고 있다. 그

20 (3) 식의 $Y=PQ=rK+wL$의 양변을 Y로 나누면 $1=rK/Y+wL/Y$를 얻는다. 여기에서 $rK/Y=r\times K/Y=r\times\beta=\alpha$가 된다는 것을 알 수 있다. rK/Y가 정확히 국민소득 중 자본이 차지하는 몫 α에 해당하고 노동이 차지하는 몫은 $1-\alpha$가 된다.

럼에도 불구하고 그들은 대체탄력성은 1보다 크지 않다는 사실을 입증하는 데 혼신의 노력을 기울인다. 그러나 자본을 투입하고 기술진보가 이루어질 때 대체탄력성은 어떤 방향으로 변화할까?

경제성장 이론에 따르면 대체탄력성이 1보다 작은 경우는 노동사용적 기술진보가 일어날 때이다. 대체탄력성이 1보다 큰 경우에 자본 집약적 기술진보를 동반한 경제성장이 발생한다고 말한다.

앞서 언급했듯이 대체탄력성 개념은 힉스라는 경제학자에 의해 처음 도입되었다. 그것은 노동과 자본의 상대적 가격이 변화할 때 자본과 노동의 결합 비율이 얼마나 변화하는지의 척도를 나타내는 개념이다. 경제학에서는 상대가격 개념이 중요하다. 임금이 1% 증가해도 자본수익률이 2% 증가하면 노동비용은 상대적으로 하락한 것이다. 임금이 1% 증가할 때 자본수익률이 0.5% 증가하면 노동비용이 상대적으로 증가한 것이다.

$Y=PQ=rK+wL$이라는 등식은 국민소득이 자본과 노동의 몫으로 배분된다는 것을 보여준다. 여기에서 중요한 것은 기술진보가 도입된 이후 rK와 wL의 상대적 크기가 어떻게 변화했는가 하는 문제다. 기술진보 이후 rK가 상대적으로 wL보다 더 커졌다면(즉 $rK/Y > wL/Y$라면), 이때 자본사용적 기술 변화가 일어났다고 말한다. 이것이 대체탄력성이 1보다 큰 경우이다. 피케티의 용어로 말하면 α값이 더 커진 상황이다.

이렇듯 표준적인 경제학 서적에서는 대체탄력성이 1보다 큰 경우에 자본사용적(즉 노동절약적) 기술 변화가 일어났다고 한다. 자본과 노동의 상대가격의 변화가 일어날 때, 즉 w/r이 1% 증가할 때(달리 말하면 노동의 상대가격이 1% 높아질 때) K/L이 1% 이상 증가하는 경우가 대체탄력성이 1보다 큰 경우이다. 노동 가격이 1% 상승할 때 고용이 1% 이상 줄어드는 상황인 것이다.

그렇다면 이러한 상황에서는 $rK > wL$이 된다. w(임금률)가 자본에 비해 1% 비싸질 때, K가 1% 이상 더 많이 투입되었기 때문이다. 그렇다면 이는

자본에게 돌아가는 몫인 $\alpha(=r\times\beta=rK/Y)$ 값이 증가한다는 것을 의미한다. r이 1% 하락할 때 K의 투입량이 1% 이상 증가하고, L의 투입은 1% 이상 감소하므로 자본에 돌아가는 몫이 더 커질 수밖에 없다. 이것이 표준적인 경제학 서적에서 대체탄력성을 설명하는 방식이며, 수식을 사용하지는 않지만 피케티도 이러한 설명 방식을 따르고 있다.

하지만 놀라운 사실은 표준적인 신고전파 경제학 서적을 읽다 보면 기술진보가 자본사용적으로 이루어진다는 것을 당연하게 여기면서도 α값이 증가한다는 이야기는 거의 하지 않는다는 점이다. 지금까지 보았듯이 자본사용적 기술진보가 일어나면(즉 대체탄력성이 1보다 크면) 당연히 자본의 몫이 더 커지는데도 말이다. 『21세기 자본』에서 피케티가 대체탄력성 논쟁을 불러일으킨 것은 바로 그러한 이유에서이다.

신고전파 경제학에서 자본의 몫이 증가하지 않고 일정한 값을 유지하는 것처럼 보이게 만드는 세련된 방법이 있다. 그것이 저 '유명한' 코브-더글러스 생산함수다. 이 함수는 대체탄력성이 정확히 1인 함수이며, 따라서 이 함수를 기본 모형으로 사용하면 자본이 가져가는 몫 α는 항상 일정해진다. 당연한 이야기겠지만 노동이 가져가는 몫(1−α)도 마찬가지로 일정하다. 대체탄력성이 1이라는 것은 w/r이 1% 상승할 때, 즉 노동의 상대가격이 1% 증가할 때 K/L도 정확히 1% 증가하는 경우이다. 이 경우에는 상대가격 변화에 따라 자본을 1% 더 투입하고 노동을 1% 감소시켜도 rK와 wL의 크기가 변하지 않는다.

이를 가능하게 하는 기술진보를 **중립적 기술진보**라고 부른다. 이 경우에 r의 증가분과 K의 감소분이 서로 상쇄해 원래의 크기를 유지하게 되는데, 이는 wL의 경우도 마찬가지이다. 따라서 이 경우 α값은 항상 일정한 크기로 유지된다. 신고전파 경제학이 경제성장 이론을 다룰 때 자본 집약적 기술진보보다는 사실상 중립적 기술진보를 항상 전제하고 그것이 일반적인 경우인 것

처럼 서술하는 것은 바로 그러한 이유에서이다. 이 경우에만 α값이 일정하게 유지되기 때문이다.

이러한 속성을 보여주는 것이 다음의 코브-더글러스 함수인데, 이 함수에서 대체탄력성을 구하면 항상 1이 되고 자본이 차지하는 몫도 항상 α가 된다.[21] 피케티가 자본이 차지하는 몫을 α라고 표기한 것은 코브-더글러스 함수를 염두에 두고 있었기 때문이라고 추측할 수 있다.

$$Y = K^{\alpha}L^{(1-\alpha)}$$

여기에서도 현실을 추상적 모형으로 대체시키는 신고전파 경제학의 접근방식이 극명하게 드러난다. 피케티가 말하고자 하는 것이 바로 그것이다. 현실에는 코브-더글러스 함수 형태를 갖는 생산함수는 존재하지 않는데 신고전파 경제학은 대체탄력성이 1인 생산함수를 만들고 이것이 마치 현실을 설명하는 함수인 것처럼 즐겨 사용함으로써 자본이 차지하는 몫이 불변이라는 착각을 만들어낸다. 피케티에 따르면 코브와 더글러스가 나름대로 경험적 사실을 바탕으로 코브-더글러스 생산함수를 만들었지만 그들이 사용한 자료는 매우 제한적이었다. 그럼에도 이 생산함수가 갖고 있는 '사회적 조화'라는 관념 때문에 코브-더글러스 생산함수는 큰 인기를 끌었다. 흥미로운 구절이므로 조금 길기는 하지만 피케티의 논평을 직접 인용하면서 이 장을 마치고자 한다.

> 코브-더글러스 생산함수는 제2차 세계대전 이후 일부는 긍정적이고 일부는 부정적인 이유로, 그리고 단순하다는 이유로(경제학자들은 이야기가 대략만

21 이에 대한 증명은 이 책 제4부의 보론 2를 참조하라.

맞더라도 단순한 이야기를 좋아한다) 경제학 교과서들에서 (특히 새뮤얼슨이 이 이론을 대중화한 이후에) 큰 인기를 끌었다. 하지만 무엇보다도 그 인기의 원인은 자본-노동 소득분배율의 안정성이 사회질서에 대한 상당히 평화롭고 조화로운 견해를 제시했기 때문이었다. 사실 소득에서 자본이 차지하는 몫의 안정성은 비록 그것이 사실로 밝혀진다 해도 결코 조화로움을 보장하지 않는다. 왜냐하면 그 안정이 자본 소유와 소득분배의 극단적이고도 옹호할 수 없는 불평등과 함께 나타날 수 있기 때문이다. 게다가 통념과는 달리 국민소득 중 자본의 몫의 안정성은 결코 자본/소득 비율의 안정성을 의미하지 않는다. 자본/소득 비율은 시기나 국가에 따라 매우 다양한 수치를 보일 수 있고 따라서 특히 자본 소유의 엄청난 국제적 불균형이 나타날 수도 있다.

하지만 여기서 강조하고 싶은 점은, 역사적 현실은 완벽하게 안정적인 신고전파 경제학자들이 말하는 자본-노동 소득분배율보다 훨씬 복잡하다는 것이다. 코브-더글러스 가설은 때로는 특정한 시기나 부문들에 대한 훌륭한 추정이며, 어쨌든 더 깊이 있는 생각을 발전시키기 위한 유용한 출발점이다. 그러나 이 가설은 수집된 자료가 보여주는 바와 같이 장기적으로, 단기적으로 또는 중기적으로 관찰된 역사적 패턴의 다양성을 만족스럽게 설명하지 못한다.

더욱이 코브와 더글러스가 그들의 가설을 처음 제시할 당시 이 경제학자들에게 역사적 자료가 거의 없었다는 점을 감안하면 이는 전혀 놀라운 일이 아니다(263~264).

제4부의 보론 2에서는 '수학적 관점에서' 코브-더글러스 생산함수가 자본과 노동의 대체탄력성이 항상 1이며, 국민소득 중 자본이 차지하는 몫(α)도 항상 일정하도록 미리 구성된 함수라는 점을 볼 수 있을 것이다. 하지만 그러한 놀라운 특성은 코브-더글러스 생산함수의 **수학적 형태** 또는 **속성**으로부터 도출되는 이론적인 결론일 뿐 그것이 결코 현실을 설명하는 것은 아니다.

보론 1: 등식 $k'/k = K'/K - L'/L$과 $\beta = s/g$ 법칙의 도출

1) $k'/k = K'/K - L'/L$

본문에서 언급했던 총생산함수 $Y=f(K, L)$ 또는 $y=f(k)$로 돌아가자. 이 생산함수와 더불어 경제성장 모형을 구성할 때 솔로는 다음과 같이 가정한다.

- 노동은 외생적으로 결정되며 일정률(n)로 성장한다($L'/L=n$). 여기에서 L'는 노동의 증가분이며 따라서 L'/L은 노동 증가율을 뜻한다. 그리고 이 가정에 따라 노동 증가율(또는 인구증가율)은 n이다.
- 자본 증가분 K'(또는 ΔK)는 저축(S), 즉 투자(I)와 일치한다. $K'=I=S$ 솔로는 제1 해러드 문제를 해결하고자 하므로 (노동과 자본이 대체 불가능하다는 가정을 제외한다면) 자신의 단순 모형에서 해러드 모형과 동일한 가정을 활용한다. 저축은 국민소득에 의해 결정되며 저축률(s)은 일정하다. 솔로도 해러드처럼 저축은 소득에 비례한다는 가정을 활용한다.
- $S=sY$ (s는 저축률)

그런데 $Y=f(K, L)$, $K'=I=S$(모든 저축은 투자되고, 자본 증가분은 투자와 일치)이므로 $K'=I=S=sY=sf(K, L)$이 성립한다. 이러한 가정을 바탕으로 솔로는 자신의 경제성장 모형을 구성한다.

이제 솔로 모형에서 사용되는 핵심적인 수식, $\boldsymbol{k'/k=K'/K-L'/L}$을 증명해보자.

$k=K/L$의 양변에 자연로그를 취하고 양변을 미분하면 $ln\,k=ln\,K-ln\,L$을 얻는다.

시간이 흐름에 따라 k, K, L 값이 어떻게 변화하는지 측정하기 위해 시간 t에 관해 미분하면

$$1/k \times dk/dt = 1/K \times dK/dt - 1/L \times dL/dt$$

이 도출된다. $k = K/L$이므로 위 식에서 $1/k$에 L/K를 대입한 후 다음과 같이 정리할 수 있다.

$$L/K \times dk/dt = 1/K \times dK/dt - 1/L \times dL/dt$$

여기에서 양변에 $K/L(=k)$을 곱하면

$$dk/dt = 1/L \times dK/dt - K/L^2 \times dL/dt \qquad (1)$$

을 얻는다. 이 식에서 dk/dt에 k'를 대입하고 양변을 k로 나누면 다음 등식이 도출된다.

$$k'/k = L/K \times 1/L \times dK/dt - L/K \times K/L^2 \times dL/dt$$
$$= (dK/dt)/K - (dL/dt)/L$$

여기에서 dK/dt에 K', dL/dt에 L'를 대입하면 우리가 증명하고자 하는 다음 등식을 얻을 수 있다.

$$k'/k = K'/K - L'/L$$

2) 신고전파 경제성장 이론의 기본방정식 $k' = sf(k) - nk$의 도출

이 등식은 앞서 언급한 등식 $k'/k = K'/K - L'/L$로부터 도출된다. 그 도출 과정은 다음과 같다.

$$k'/k = K'/K - L'/L \qquad (1)$$
$$= K'/K - n \text{ (노동 증가율 } L'/L = n\text{이라고 가정)}$$

이 식의 양변에 $k = K/L$을 곱하면

$$k' = K'/L - nk \text{ 또는 } K'/L = k' + nk \qquad (2)$$

를 얻는다. 가정에 의해서 $K' = I$이고(자본의 증가분은 투자액과 같다) 이 식의 양변을 L로 나누면

$$I/L = K'/L \qquad (3)$$

이 된다. 한편 $Y = C + I$(Y: 국민소득, C: 소비, I: 투자)이므로

$$Y/L = C/L + I/L, \text{ 즉 } f(k) = C/L + I/L \qquad (4)$$

가 성립한다. 이제 우리는 (4) 식 우변의 I/L에 $k' + nk$, (2) 식을 대입할 수 있다. (3) 식을 따르면 $I/L = K'/L$이며, (2) 식에 따르면 $K'/L = k' + nk$이기 때문이다.

그러면 다음 등식이 도출된다.

$$f(k) = C/L + k' + nk$$

이를 고쳐 쓰면 $k' = f(k) - C/L - nk$가 된다.

그런데 $y = f(k) = Y/L$이므로 $k' = f(k) - C/L - nk$를 다음과 같이 변형할 수 있다.

$$\begin{aligned} k' &= Y/L - C/L - nk \\ &= (Y - C)/L - nk \\ &= S/L - nk \ (Y - C = S,\ S\text{: 저축}) \\ &= sY/L - nk \end{aligned}$$

정의상 $Y/L = f(k)$이므로 우리는 마침내 신고전파 경제성장 이론의 기본방정식인

$$\boldsymbol{k' = sf(k) - nk}$$

를 도출할 수 있다.

보론 2: 코브-더글러스 생산함수는 그 대체탄력성이 항상 1이며 처음부터 자본이 차지하는 몫이 항상 일정하도록 구성된 모형이다

1) 대체탄력성

대체탄력성은 w/r이 1% 증가할 때, 즉 자본 대비 노동의 상대가격(w/r)이 1% 증가할 때 노동 대비 자본 투입 비율[$d(K/L)/(K/L)$]이 어떻게 변화하는지를 측정하는 개념이다.

그러므로 대체탄력성을 좀 더 엄밀하게 정의하면 다음과 같다.

$$\text{대체탄력성} = \frac{d(K/L)/(K/L)}{d(w/r)/(w/r)} = \frac{dk/k}{d(w/r)/(w/r)}$$

그렇다면 코브-더글러스 생산함수에서 노동과 자본의 상대가격(w/r)의 변화가 노동 대비 자본 투입량(K/L)을 얼마만큼 변화시키는지 살펴보자.

코브-더글러스 생산함수 $Y=F(K, L)=K^{\alpha}L^{(1-\alpha)}$의 양변을 L로 나눠 변형하면

$$y = f(k) = K^{\alpha}L^{(1-\alpha)}/L=(K/L)^{\alpha}= k^{\alpha}$$

이 된다.

자본수익률은 (신고전파 이론에 따르면) 자본의 한계생산력과 일치하므로 그것은 생산함수 F 또는 f를 K에 관해 미분한 값이다. 임금률은 노동의 한계생산력이며, 따라서 그것은 생산함수 F 또는 f를 L에 관해 미분한 값이다. 따라서 다음 등식이 성립한다.

$$\text{자본의 한계생산력} = r = F'(K, L) = \alpha L^{1-\alpha}K^{\alpha-1} = \alpha(K/L)^{\alpha-1}$$
$$= \alpha(k)^{\alpha-1} = f'(k)$$
$$\text{노동의 한계생산력} = w = dY/dL = K^{\alpha}L^{(1-\alpha)}/dL$$
$$= (1-\alpha)K^{\alpha}L^{-\alpha} = (1-\alpha)(K/L)^{\alpha} = (1-\alpha)(k)^{\alpha}$$

따라서

$$w/r = (1-\alpha)(k)^{\alpha}/\alpha(k)^{\alpha-1} = \alpha(1-\alpha)k \quad (1)$$

이 성립한다. 이제 k값과 dk값을 구해보자. (1) 식을 변형하면

$$k = (w/r)/\alpha(1-\alpha)$$

이다. 그리고 $dk = d(w/r)/\alpha(1-\alpha)$를 얻을 수 있다.

이로부터 코브-더글러스 생산함수의 대체탄력성은 항상 1이라는 것이 증명된다.

$$\text{대체탄력성} = \frac{d(K/L)/(K/L)}{d(w/r)/(w/r)} = \frac{dk/k}{d(w/r)/(w/r)} = \frac{d(w/r)/\alpha(1-\alpha)k}{d(w/r)/\alpha(1-\alpha)k} = 1$$

2) 코브-더글러스 생산함수에서 국민소득 중 자본이 가져가는 몫(α)은 항상 일정하다

솔로 모형을 설명할 때 살펴본 그래프(〈그림 9-1〉)로 다시 돌아가 보자. 생산요소(자본과 노동)의 가격은 한계생산물에 의해 결정된다는 한계생산력

〈그림 9-2〉

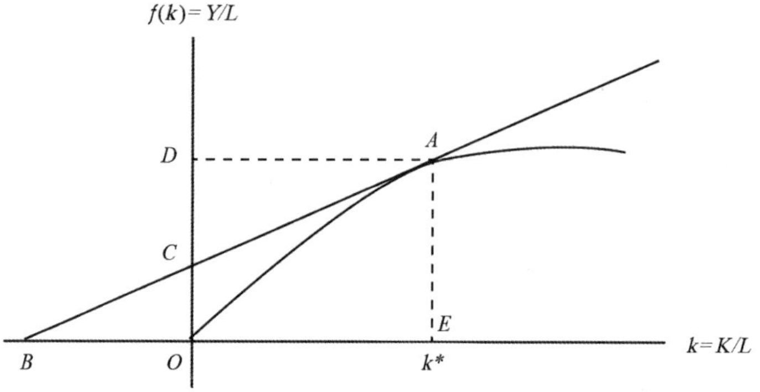

설에 의하면 다음 등식이 성립한다.

r(자본수익률) = MPK(자본의 한계생산물)

w(임금률) = MPL(노동의 한계생산물)

$Y = rK + wL$

$\alpha = rK/Y$(국민소득 중 자본이 차지하는 몫)

$\beta = 1 - \alpha = wL/Y$(국민소득 중 노동이 차지하는 몫)

$\alpha + \beta = 1$

〈그림 9-2〉에서 그래프 $y=f(k)$ 위 A점에서 그은 접선 AC의 기울기[$y'=f'(k)$]는 자본수익률 r(자본의 한계생산성)을 의미한다. 따라서 다음의 등식이 성립한다.

$r = CD/AD = CD/OE = CD/k^* = f'(k^*)$($k^*$점에서의 미분 값)

따라서 $CD = rk^*$가 성립한다.

k^*는 노동자 1인당 자본량(k^*)이고 r은 자본수익률이므로 이 둘을 곱한 값 $\boldsymbol{rk^*}$(= CD)는 노동자 1인당 산출량 중에서 자본에 분배된 소득의 크기를 나타낸다.

다른 한편 선분 OD는 노동자 1인당 산출량이다. 따라서 노동자 일인에게 분배된 몫 즉 임금(w)은 OD에서 CD를 뺀 값, 즉 OC가 된다($OD-CD=OC$).

한편, 선분 AB의 기울기 $f'(k^*)=r$(자본수익률) $=OC/OB=w/OB$가 성립하므로 이로부터 $OB=w/r$을 얻을 수 있다. 여기에서 선분 OB는 임금률과 자본수익률의 비율임을 알 수 있다.

이제 코브-더글러스 생산함수에서 자본이 가져가는 몫이 얼마인지 그 크기를 구해보자.

$F=(K, L)=K^{\alpha}L^{(1-\alpha)}$(코브 더글러스 생산함수)라고 할 때, 양변을 L로 나누고 다음과 같이 정리하자.

$$F(K, L)/L=f(k)=K^{\alpha}L^{(1-\alpha)}/L=(K/L)^{\alpha}=k^{\alpha}$$
$$=f(k)=k^{\alpha}$$
$$f'(k)=\alpha k^{(\alpha-1)}$$

지금까지 논의한 내용으로부터 코브-더글러스 생산함수로부터 계산한 자본의 몫(rK/Y)은 항상 일정하다는 것을 알 수 있다.

$$\frac{rK}{Y}=\frac{rK/L}{Y/L}=\frac{rk}{y}=f'(k^*)\times\frac{k^*}{f(k^*)}=\alpha(k^*)^{\alpha-1}\times\frac{k^*}{(k^*)^{\alpha}}=\alpha(\text{일정})$$

• 제5부 •

피케티와 현대철학

사회적 국가란 무엇인가

제10장

사회적 국가란 무엇인가: 자유주의와 공산주의의 사이

/

로크, 노직, 헤겔과 피케티의 국가론

들어가는 말

지금까지 우리는 $r > g$ 공식과 두 개의 자본주의 근본법칙, 불평등의 동학, 신고전파 경제성장 이론의 안정성 신화 등 피케티의 『21세기 자본』에서 다루었던 핵심적인 내용들에 대해 상세히 살펴보았다. 피케티는 『21세기 자본』의 제4부 '21세기의 자본규제'에서 본격적으로 '사회적 국가'에 대해 논의한다. 그는 서장에서부터 기회가 될 때마다 인류의 역사에서 불평등을 가장 낮은 수준으로 떨어뜨릴 수 있었던 1914년 이후의 시기, 특히 제2차 세계대전 이후의 30년간의 역사에 대해 자주 이야기했다. 특히 그는 이러한 역사적 위업을 달성할 수 있었던 사회적 국가의 모델로서 독일의 '라인 자본주의 및 사회적 소유', 그리고 '프랑스의 자본 없는 자본주의'에 대해 소개했고, 또한 지금도 선진국 중에서 여전히 가장 평등한 사회를 유지하고 있는 북유럽 복지국가에 대해서도 자주 언급했다.

피케티의 서술 순서를 따라서 제5부에서는 그가 말하는 사회적 국가에 대

해 집중적으로 논의하려고 한다. 사회적 국가란 무엇인가? 우선 용어상의 문제에 대해 간략히 언급하고 지나갈 필요가 있다. 피케티가 말하는 사회적 국가는 사실 크게 본다면 복지국가와 유사한 개념이다. 『21세기 자본』에서 피케티 자신은 복지국가보다는 사회적 국가 개념을 선호한다고 명시적으로 밝힌 바 있다. 이러한 피케티의 용법에 따라 필자 역시 이 책에서 주로 사회적 국가라는 표현을 사용했다. 하지만 피케티는 최근 논문 「'21세기 자본'에 관한 고찰」에서 복지국가라는 표현을 동시에 자유롭게 사용하고 있음을 확인할 수 있다. 그런 점에서 볼 때 피케티가 사회적 국가와 복지국가라는 개념을 명확하게 구분하지 않는다는 것을 알 수 있으며, 따라서 필자 역시 그 두 용어를 특별히 구분해 사용하지 않을 것이다.

피케티의 사회적 국가에 관한 서술 역시 무척 흥미로우며 『21세기 자본』의 대미를 장식하기에 전혀 손색이 없는 탁월한 논의로 가득 차 있다. 피케티의 사회적 국가 이론은 무엇보다도 **자유주의와 공산주의라는 이분법 속에서 사유하지 않는다는 장점**이 있다. 피케티는 탈출구 없는 이러한 이분법을 극복하고 '노동과 자본의 타협'으로서 혼합경제 또는 (전후의) 사회민주주의를 대안으로 제시한다. 오늘날 슈뢰더와 블레어의 제3의 길 사민주의 이후로 서유럽 사민주의가 방향을 상실하고 말았는데도 피케티는 여전히 사회민주주의라는 개념을 포기하지 않는다는 것을 볼 수 있다.

여기에서 우리는 피케티가 역사적으로, 그리고 이론적·실천적으로 유의미한 역할을 했던 (제3의 길 사민주의가 아니라) 전후의 (북유럽의 경우에는 더 이른 시기인 1930년대부터 자리 잡은) 사민주의 전통을 여전히 중시하고 있음을 알 수 있다. 『21세기 자본』의 핵심적 논제 중 하나가 누진세에 기반을 둔 자본 통제와 부의 재분배를 통해 1945~1970년대 유럽 국가들이 불평등을 역사상 가장 낮은 수준으로 떨어뜨릴 수 있었다는 것이다. 이를 가능하게 했던 정치체제가 사회민주주의였다. 피케티는 '노동과 자본의 타협'을 통해 이러한 업

적을 이룰 수 있었던 사회적 국가에 여전히 희망을 걸고 있다. 이러한 피케티의 입장은 정당하다고 할 수 있다. 오늘날 우경화한 사민주의는 피케티의 관점에서 본다면 '노동과 자본의 타협'이 아니라 '자본의 편을 너무 많이 드는' 사민주의에 지나지 않는다. 독일의 예를 들면 앙겔라 메르켈(Angela Merkel)의 기민당과 슈뢰더의 사민당이 사실상 거의 차이가 없는 정당이라는 점에서 이를 분명히 알 수 있다. 유럽에서 활동하는 (정치)경제학자로서 피케티는 오늘날 우경화한 사민주의 정치의 문제점을 누구보다도 잘 알고 있으며 바로 그러한 이유로 그는 오늘날 유럽에서도 불평등이 심화되고 있음을 신랄하게 비판하는 것이다.

피케티는 자신의 책 제4부에서 자본세 및 누진적 조세제도를 통한 자본 통제와 부의 재분배를 사회적 국가가 수행해야 할 핵심적 기능으로 간주하며 이 문제를 신중하고 심도 있게 다루고 있다. 필자 역시 이제 이 책 제5부 '피케티와 현대철학: 사회적 국가란 무엇인가'에서 피케티의 사회적 국가 이론에 대해 본격적으로 논의하고자 한다. 이미 제3장 '왜 글로벌 자본세인가'에서 피케티가 말하는 사회적 국가에 대해 길게 설명한 바 있지만, 제5부에서는 아직 논의하지 않은 다른 중요한 주제들에 대해 설명할 것이다. 그리고 피케티의 사회적 국가 이론을 근현대 정치철학사의 맥락에 위치시켜 논의를 더욱 확대함으로써 사회적 국가에 대한 이론적·철학적 근거를 마련해보고자 한다.

피케티의 사회적 국가

제1차 세계대전 이후의 시기에 미국은 심지어 선진국 중 가장 높은 누진세를 도입하는 등 불평등 완화를 위해 노력했다. 루스벨트 대통령은 민간자본

의 영향력을 줄이기 위해 임대료 통제 같은 정책을 도입했고, 제2차 세계대전 이후 미국의 부동산과 주식가격은 역사상 최저치를 기록했다. 누진세 도입에 관해서는 미국이 유럽보다도 한발 앞서갔다. 1932~1980년을 통틀어 미국의 최고 연방세율은 평균 81%였다(606). 왜 과거 이러했던 미국이 오늘날 부유한 국가 중 가장 불평등한 국가로 전락하고 말았는가? 피케티에 따르면 그것은 미국이 불평등을 줄이기 위해 누진세를 도입하기는 했지만 자유주의의 틀을 너무 강하게 고수했기 때문이다. "미국은 1930년대와 1940년대에 특히 사회기반시설과 관련된 주요 공동투자에 착수했지만 광범위한 국유화 정책은 시도하지 않았다"(185). 물론 여기에서 피케티가 이야기하는 것이 소련식의 전면적인 국유화나 계획경제를 뜻하지는 않는다. 그것은 전후 서유럽과 북유럽의 혼합경제 혹은 사회적 국가체제에서 채택했던 수준의 국유화를 말한다.

피케티에 따르면 미국은 유럽과는 구분되는 특수한 상황으로 인해 자유주의에 대한 강한 믿음을 고수했다. 앞에서 상세히 살펴보았듯이 신대륙이라는 다른 배경하에서 성장한 미국 자본주의는 역사적으로도 높은 인구성장률을 보였고 유럽에 비해 자본의 중요성이 덜했던 곳이다. 1770년부터 1810년까지 미국의 자본/소득 비율은 3배밖에 되지 않았다. 미국인이 소유한 1인당 자본량은 유럽인에 비해 더 많았지만 당시 미국은 땅이 넓었기 때문에 시장가격이 낮았다. 인적자본의 형태로 자본을 보유할 수 있도록 해준 노예제도가 오래 지속되었다는 사실도 자본/소득 비율이 낮은 수치를 유지하는 데 기여했다. 이러한 이유로 미국은 20세기에 들어와서도 유럽보다 훨씬 더 안정된 자본/소득 비율을 보이고 있다.

그럼에도 미국이 오늘날 가장 불평등한 국가가 되었다는 사실을 어떻게 설명할 수 있을까? 먼저 β값 그 자체가 불평등을 설명하는 유일한 것은 아니라는 점, 그리고 미국의 불평등은 노동소득의 불평등에서 기인한다는 사실을

기억할 필요가 있다. 그리고 미국의 자본/소득 비율이 유럽보다 낮다고 해서 그것이 **자본 소유** 또는 **자본소득**에서의 불평등이 유럽보다 낮다는 것을 의미하지 않는다는 사실도 기억할 필요가 있다. 미국의 β값은 유럽 국가들의 그것보다 낮지만 최상위층이 전체 부 중 더 많은 몫을 차지하고 있기 때문에 자본 소유 또는 자본소득과 관련된 불평등도 오히려 유럽보다 더 크다.

역사적으로 가장 높은 누진세를 도입했음에도 불구하고 신자유주의가 도입되어 누진세가 사라지자 미국의 복지는 대단히 열악한 상태에 있음이 드러났다. 맷 데이먼(Matt Damon)이 출연한 영화 〈엘리시움(Elysium)〉에서 미국의 의료복지체제의 문제점이 극명하게 드러난 바 있다. 개인주의 또는 자유주의라는 사상과 이념에는 분명한 한계가 있으며 따라서 혼합경제체제를 도입해야 한다는 것이 사회적 국가론과 관련해 피케티가 제기하는 핵심적 주장 중 하나이다. 자본세에 대해 설명할 때 언급한 바 있듯이, **자본세는 세수 증대가 아니라 무엇보다도 자본에 관한 투명한 정보를 바탕으로 자본을 통제하기 위해 필요한 제도라는** 피케티의 설명도 이러한 맥락에서 잘 이해될 수 있다. 피케티는 대단히 높은 자본세를 제안할 것이라고 많은 사람들이 편견을 갖고 있는데, 실제로 그가 제안하는 자본세 세율은 **그다지 높지 않다는** 점도 알아둘 필요가 있다(631~632). 피케티는 조세피난처를 통한 탈세를 막기 위해 국가들 간 **정보 공유**의 필요성을 강조한다. 조세피난처를 통해 자본소득에 대한 과세를 회피할 수 있는 길이 존재하는 오늘날의 현실에서는 어떤 조세제도라도 사회적 불평등을 제거하는 데 실패할 수밖에 없다.

영미인들은 불평등, **심지어 극단적인 불평등**조차 성장과 창조의 원동력이 된다고 믿으며 모든 것을 개인의 책임으로 돌리는 개인주의에 익숙해 있다. 『왜 미국인들은 복지를 싫어하는가(Why Americans hate welfare)』라는 흥미로운 책에서 마틴 길렌스(Martin Gilens)는 미국인들이 복지에 대해 편견을 갖고 있는 이유로 여러 가지 요인을 들고 있는데, 그중 하나가 다름 아닌 미

국인들의 개인주의이다. 개인주의는 성공과 실패 모두 자신의 노력과 능력에 달려 있고, 모든 것을 스스로 책임져야 한다는 측면에서 좋은 의미도 분명히 있다. 그러나 길렌스는 이러한 개인주의 혹은 책임주의가 흑인들에 대한 편견과 맞물려 복지 혐오와 같은 현상을 낳고 있다고 지적한다. 미국에서 흑인이 백인에 비해 더 가난해질 가능성이 높은 것은 사실이다. 하지만 실제로는 흑인이 가난한 사람들과 복지 수혜자 중에서 차지하는 비율은 각각 25%와 36%밖에 되지 않는다. 그러나 언론 매체는 아주 오랫동안 복지 수혜를 필요로 하는 빈곤한 계층의 사람들이 주로 흑인이며 이들은 게으른 사람들이라는 왜곡된 이미지를 국민에게 심어왔다. 길렌스에 따르면 이것이 미국인들의 복지 혐오 현상을 유발시켰다.[1] 그러나 자유주의 또는 개인주의에 대한 미국인의 확신에도 불구하고(혹은 확신 때문에) 오늘날 미국은 선진국 가운데 가장 불평등이 심한 국가가 되고 말았다.

사회적 국가는 20세기 인류의 가장 위대한 정치적 발명이다

피케티는 20세기 인류의 가장 큰 정치적 발명으로 **사회적 국가**를 꼽는다. 19세기를 거쳐 1914년에 이르기까지 정부는 치안과 국방 등 기본적 기능을 담당하는 데에만 만족했다. 하지만 오늘날 국가가 그러한 역할로 자신의 기능을 축소해야 한다고 믿는 사람은 그리 많지 않다. 심지어 작은 정부를 이야기하는 **자유주의자**조차도 오늘날 국가의 역할이 훨씬 커지고 복잡해졌다는 데 동의할 것이다. 물론 1980년 이후부터는 1950~1980년에 비해 시장과 특

1 마틴 길렌스, 『왜 미국인들은 복지를 싫어하는가』, 엄지현 옮김(서울: 영림카디널, 2012), 88쪽, 141쪽 등을 참조하라.

히 금융자본에 대한 규제가 완화되었다. 정부가 소유하던 산업·금융자산을 민영화했으며, 제2차 세계대전 이후 30년과 비교할 때 정부의 역할은 상당히 축소되었다. 그렇지만 오늘날 국가의 역할이 증대되었다는 것은 결코 부정할 수 없는 엄연한 사실이 되었다. 사실상 '작은 정부'는 오늘날 그 어디에도 존재하지 않는다.

> 세수와 정부지출이라는 측면에서 보면 정부는 최근 몇십 년 동안 국가 경제와 관련하여 그 이전 어느 때보다도 더 중요한 역할을 담당하고 있다. 때로 사람들이 말하는 것과 반대로, 정부의 역할이 축소되었다는 증거는 어디에도 없다 (567).

더욱 현실적이며 바람직한 대안은 국가 역할의 축소가 아니라 심각한 경제적 불평등에 맞서는 사회적 국가의 재건, 그리고 조세와 소득이전 제도의 개혁과 현대화라는 것이다.

『21세기 자본』에서 피케티는 국가와 관련된 철학적 논의를 길게 전개하지 않는다. 이는 철학자가 아니라 경제학자로서 당연한 일이다. 또한 신고전파 경제학자들의 사변적이고 모호한 논의를 비판하고 명확한 분석과 대안을 제시하고자 했던 『21세기 자본』의 성격상 철학적 논의를 최소한으로 제한할 필요가 있었을 것이다. 그럼에도 우리는 피케티가 국가에 대해 어떤 철학적 입장을 갖고 있는지 오해 없이 분명하게 파악할 수 있다.

무엇보다도 피케티는 신고전파 경제학자들을 포함해 자유주의 국가론이 갖고 있는 근본적 한계와 위험성을 간결하면서도 매우 설득력 있게 전달한다. 자유주의의 세례를 받은 현대인들은 사실 버릇처럼 '국가의 억압'에 대해 자주 이야기한다. 물론 맞는 말이다. 많은 이들이 억압적인 국가 때문에 고통받고 있다. 그러나 피케티는 동시에 국가 축소론이 갖는 위험성에 대해 우리

〈그림 10-1〉 부유한 국가들의 세수(1870~2010)

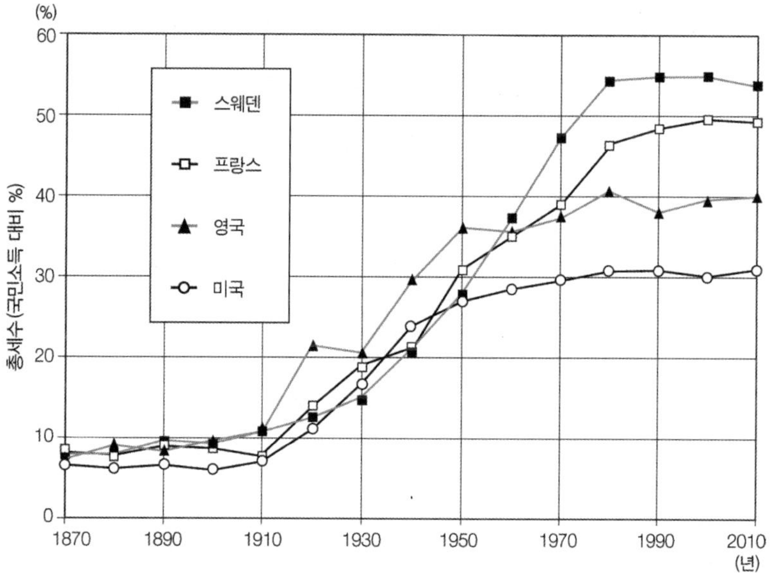

주: 부유한 국가에서 국민소득 대비 총세수의 비율은 1900~1910년 이전까지는 10% 이하였다. 2000~2010년에는 이 비율이 30~55%를 차지한다.
자료: piketty.pse.ens.fr/capital21c

에게 경고한다. 국가에 관한 피케티의 논의는 한마디로 다음과 같이 요약될 수 있다. 원하든 원하지 않든 오늘날 국가의 역할이 커졌다는 것은 돌이킬 수 없는 역사적 사실이다. 이미 역할이 커져서 모든 국민의 삶에 지대한 영향을 미치고 있는 국가의 역할 축소 요구는 오히려 국가의 억압적 기능을 더욱 강화하는 반대의 효과를 낳을 뿐이다. 더욱더 커져야 할 국가의 '긍정적인' 사회적 기능만 축소될 것이다. 바로 그것이 정확히 1980년 이후에 일어난 일이다.

1980년대 이후 (신)자유주의자들은 국가의 역할을 가능한 줄여야만 자유가 보장될 것이라는 오랜 이념을 다시 붙잡아 그것을 반복적으로 설파해왔다. 프리드먼과 (케인스를 극도로 혐오했던) 하이에크가 인류를 구원할 대중 스타로 부상하기 시작한 것도 그 무렵부터이다. 그러나 특히 2008년 미국발 금

융위기 이후, 그리고 최근 불평등에 관한 담론들이 인구에 회자되면서 많은 사람들이 자유주의의 순수한 형태는 오히려 인간의 기본적 권리를 지켜주지 못한다는 사실을 드디어 깨닫기 시작했다. **사회적 권리**(사회권) 없이는 기본적 자유도 보장될 수 없다는 것은 이미 잘 알려져 있는 사실이 아닌가?

영미권 국가나 한국과 달리 여전히 오늘날 "대부분의 **유럽 국가**에서 세금이 국민소득의 거의 절반을 차지하고 있다는 사실에는 여전히 변함이 없다"(567. 강조는 필자). 역사적으로 볼 때에도 불과 반세기 만에 국민소득에서 세금이 차지하는 비중은 적어도 3~4배, 북유럽 국가의 경우 5배 이상 늘어났다(566).

상당히 신자유주의화 되었지만 적어도 유럽 대륙 국가에서 **지금도 여전히** 정부가 폭넓은 사회적 기능을 수행할 수 있는 것은 증대된 세수 덕분이다. 1920년에서 1980년 사이 국민소득에서 사회적 지출에 투입되는 금액의 비중은 상당히 증가했다. 기본적인 국가의 기능(치안, 국방 등)을 담당하는 데 쓰는 비용은 전체 국민소득의 1/10 미만에 지나지 않는다. 하지만 나라마다 다소간 차이는 있지만 국민소득의 1/4 또는 1/3 정도가 **사회적 기능**을 수행하는 데 사용되고 있다. 그중 절반은 **의료**와 **교육** 분야에 쓰이고 나머지는 **대체소득**(연금과 실업급여)과 **이전지출**(가족수당, 최저 보장소득 등)을 위해 쓰인다. 대체소득과 이전지출은 오늘날 대부분의 선진국의 경우 국민소득의 10~15%를 차지한다(567~568).

(신)자유주의의 영향으로 사회적 국가가 상당히 훼손되었지만, 냉정히 생각해보면 앞으로 현대적인 의미의 사회적 국가를 새로 건설해야만 하는 이유는 간단하다. 우선 기대수명이 늘어나고, 만성적으로 높은 실업률이 지속될 것이므로 무엇보다도 이러한 상황에 대비해야 한다(물론 실업률 그 자체를 낮추기 위해서도 사회적 국가의 개입이 필요하다). 공공의료를 강화하고, 병원과 어린이집의 운영을 개선하고, 연금과 실업수당, 기초노령연금, 기초생활급여

등을 늘리고, 대학 학비 부담을 최소화할 뿐만 아니라 초등·중등교육을 포함해 공교육 체제를 강화해 세습자본주의의 희생자가 나오지 않도록 해야 한다. 한마디로 적어도 돈이 없어서 교육이나 의료 혜택을 못 받거나, 폭등하는 부동산 가격 때문에 고통받는 사람은 없어야 한다는 것이 사회적 국가의 원칙인 것이다.

잘 알려져 있듯이 선진국이라고 하더라도 복지국가의 운영 방식은 차이가 있다. 요스타 에스핑-안데르센(Gosta Esping-Andersen)의 '유명한' 분류 방식에 따르면 복지국가는 북유럽형 복지국가(사회민주주의적 유형), 조합주의적 복지국가(유럽 대륙형), 자유주의적 유형(영미권, 일본)으로 나누어진다.[2] 물론 한국은 자유주의적 복지국가에조차 포함되지 못할 정도로 최악의 복지 수준에 머무르고 있다. OECD 국가 중 한국이 최하위의 복지 수준을 기록하고 있다는 것은 너무나 잘 알려져 있는 사실이다. 에스핑-안데르센이 복지국가를 세 가지로 나눈 기준은 사회권(또는 사회적 시민권)[3]의 보장과 탈상품화의 정

2 요스타 에스핑-안데르센[에스핑-앤더슨(Gosta Esping-Andersen)], 『복지 자본주의의 세 가지 세계』, 박시종 옮김(서울: 성균관대학교 출판부, 2007), 62쪽 이하를 참조하라.

3 「시민권과 사회계급(Citizenship and Social Class」(1950)에서 토머스 험프리 마셜(T. H Marshall)은 시민권을 공민권·정치권·사회권으로 구분하고 이러한 권리들의 관계, 역사적 발전 과정 등을 탐구하면서, 특히 불평등 발생을 막기 위해 사회적 권리(사회권)를 강화함으로써 각 시민들이 인간다운 삶을 영위할 수 있도록 보장해야 함을 역설했다. **공민권**은 시민권 가운데 가장 먼저 발달한 권리로서 언론, 출판, 집회, 사상, 신앙의 자유, 사유재산 소유의 권리 등 인간의 기본적인 자유권을 핵심적 내용으로 포함한다. 시민권을 구성하는 두 번째 요소인 **정치권**은 한 국가의 구성원으로서 각 개인이 투표에 참여하고 정치기구의 대표로 선출될 수 있는 권리 등을 포함하는 광범위한 정치적 권리다. 정치권 그 자체가 새로운 권리는 아니지만 19세기까지 소수의 특권층만 정치권을 소유했음을 생각할 때 일반 시민, 특히 노동자의 참정권 획득은 그 자체로만으로도 민주주의의 발전과 확대를 의미하는 중대한 정치적 성과다. **사회권**은 역사적으로 가장 늦게(20세기) 확립된 권리다. 그것은 보편적 기준에 부합하는 인간적 삶을 누릴 수 있는 권리로서 구체적으로 그것은 사회적 국가(복지국가)의 등장을 통해 구현되었다. 시민들이 적절한 수준의 경제적 복지를 누리고 인간다운 삶을 살 수 있도록 국가는 시장과 자본을 규제하고 교육과 다양한 복지 프로그램을

도에 있다. 피케티는 이러한 기준에 따라 사회적 국가를 분류하지는 않지만 피케티의 논의는 에스핑-안데르센의 이야기와 근본적으로 상충하지 않는다. 피케티는 독일이나 프랑스 등 유럽 대륙형 복지국가와 북유럽형 복지국가를 특별히 구분하지 않지만 북유럽 국가들을 여전히 현재에도 가장 평등한 사회로 보고 있다. 그는 북유럽의 정치·경제제도의 역사와 현황에 대해서는 그다지 자세하게 언급하지 않는다. 피케티가 유럽형 복지국가, 즉 혼합경제의 대표적 모델로 제시하는 나라는 이 책 제3장에서 언급했듯이 독일이지만 상대적으로 가장 평등한 나라는 스칸디나비아 국가들이라고 본다.

영국을 제외한 대부분의 유럽 국가들은 심지어 **대학등록금**도 무료이거나 매우 저렴하다. **의료보험**의 경우에는 영국을 포함해 유럽의 거의 모든 국가에서 보편적이다. 하지만 미국의 경우에는 공적 의료보험이 빈곤층과 노년층에만 국한되는데, 그렇다고 해서 비용이 적게 드는 것도 아니다. 한국은 어떠한가? 유럽식 보편적 복지는커녕 선별적 복지라고도조차 말할 수 없을 만큼 복지에 인색한 나라이다. 전기세 만 원이 없어 한 여름에도 선풍기를 틀지 못하는 노인들, 실직 때문에 자살하는 가장, 학비 때문에 아르바이트를 하느라 공부할 시간이 없는 대학생, 청년실업 문제, 그리고 결혼은 말할 것도 없고 연애마저 포기했다는 한국 청년들에 관한 이야기 등은 이제 더 이상 비밀이 아니다. GDP 수준은 이미 세계 13위인 한국에서 어떻게 이런 일이 가능할 수 있을까? 얼마나 더 경제가 성장해야 복지국가가 가능하단 말인가. 북유럽 국가들은 1인당 GDP가 현재 한국보다도 훨씬 더 낮았던 시기에 이미 모범

제공해야 하며, 시민은 그것을 요구할 수 있는 권리를 갖는다. 로크에게서 시작된 자유주의 정치철학에서 시민권은 **재산권**(및 소극적 자유)의 보호를 핵심 내용으로 하지만 마셜은 적극적인 법적 권리로서의 사회권을 시민권의 본질적인 부분으로 확대했다. 에스핑-안데르센은 마셜이 말하는 사회권에 더욱 구체적인 법적·실천적 지위와 내용을 부여하고 시장에 맞서는 '탈상품화'의 가치를 강조한다.

적인 복지국가로의 길로 접어들었다. 한국은 이러한 역사적 현실을 직시하려 하지 않고 아직 때가 아니라거나 한국에서는 경제 상황상 유럽식 복지국가가 되는 것은 불가능한 일이라는 식의 근거 없는 이야기만 반복한다. 이제 한국도 유럽식 복지체제에 대한 기대와 희망 그리고 요청을 더 이상 헛된 꿈으로 치부해서는 안 될 것이다. 피케티가 말했듯이 사회적 국가를 건설하는 일은 단순히 경제의 문제가 아니라 의지와 정치적 선택의 문제다. 수많은 사람들이 입에 달고 사는 말 중 하나가 유럽은 한국과 현실이 다르다는 것이다. 심지어 스스로를 진보적이라고 주장하는 수많은 자유주의 경제학자들과 마르크스주의자 중에도 그렇게 말하는 사람이 많다는 것은 참으로 안타까운 일이다. 당장 스칸디나비아 국가들 또는 독일이나 프랑스만큼 복지체제를 갖출 수 없다면 서서히, 또 가능한 최대한 노력함으로써 꾸준히 만들어나가면 될 것인데 말이다.

유럽 대부분 국가의 대학에서 등록금을 받지 않거나 받는다고 하더라도 소액만 받는다는 것을 모르는 사람이 한국에 많다는 사실은 사뭇 놀라운 일이다. 돈을 안 내거나 조금만 내도 대학을 다닐 수 있다는 생각을 한 번도 해본 적이 없어서 그런 것일까. 학비를 많이 받을수록 좋은 대학이라고 공개적으로 말하는 정치가가 있는 나라이니 대학등록금을 받지 않는 나라가 있다는 것을 알지 못하는 것이 어쩌면 당연한 일인지도 모르겠다. 한국은 지금까지 주로 영미식 자유주의의 세례를 받아왔고 정치이념은 (공산주의 또는 사회주의를 제외할 때) 사실상 자유주의만 존재한다고 믿어왔다. 공산주의(사회주의)가 아니면 (영미식) 자유주의만이 존재한다고 믿는 한 사회적 국가의 미래는 없다. 엄연히 혼합경제 체제가 존재할 수 있었고 지금도 비록 제한된 형태로나마 여전히 존재하고 있다는 현실을 좀 더 진지하게 바라볼 필요가 있다.

모든 기준을 미국으로 삼고 있으니 유럽과 같은 복지국가가 (신자유주의화된 현재에 조차도) 여전히 존재한다는 사실을 모르는 것도 무리는 아니다. 그

리고 그러한 나라가 있다고 하더라도 그 나라는 한국의 현실과 다르다고 생각하며 유럽식 사회적 국가는 한국에서 불가능하다는 패배주의적인 생각에 처음부터 너무 익숙해져 있다.

20세기 후반부터 지금까지의 역사는 사회적 국가 해체의 역사다. 하지만 피케티가 직간접적으로 이야기하듯이 유럽 사회에서는 인간의 기본적 권리와 사회권에 대한 합의가 여전히 강하게 유지되고 있다는 사실을 잊지 말아야 한다. 보수적인 자유주의자 그리고 심지어 진보적 자유주의자, 그리고 마르크스-레닌주의자들은 현대사회에서 복지국가가 해체되었다는 점을 강조한다. 그들은 유럽이 신자유주의화 되었다는 둥, 혹은 한국은 그러한 식의 복지체제가 무의미하거나 불가능하다는 식의 담론을 전파한다. 그들은 복지국가가 해체되었다는 사실을 공통적으로 강조하면서 동상이몽을 하고 있다. 전자는 여전히 자유경쟁시장이 분배 정의를 이루어줄 것이라는 근거 없는 낙관주의를 이야기하고 있으며, 후자는 여전히 공산주의 사회를 꿈꾸고 있다.

오늘날 금융자본주의와 시장의 실패로 인해 다시금 사회적 국가를 생각해봐야 할 필요성이 부각되었다. 시의적절하게도 피케티의 『21세기 자본』은 마지막 부분에서 우리에게 사회적 국가에 관한 탁월한 논의를 제시한다. 피케티 자신만의 독자적인 논의에 대해 설명하기 전에 먼저 다음에서 사회적 국가에 대해 이론적·철학적으로 검토해볼 필요가 있다. 피케티는 현대의 가장 탁월한 정치철학자 롤스라는 이름을 한 번 언급하는 것 이외에 철학적 문제에 대해 길게 설명하지 않기 때문이다.

왜 많은 사람들이 국가를 주로 억압적 기구로만 간주하는가: 정치철학사적 맥락

정치철학사를 연구하면서 필자는 국가에 관한 철학적 담론이 대단히 편협하다는 사실에 커다란 당혹감을 느낀 적이 있다. 필자가 보기에 문제의 핵심은 이것이다. 대부분의 정치철학적 담론에서 국가는 주로 억압적 기능만을 담당하는 것으로 간주되어왔으며, 특히 경제문제와 관련해서 국가는 가능한 한 간섭하지 말아야 한다는 비개입주의나 방임주의가 자유주의라는 '멋진' 이름으로 포장되어 정치철학사 거의 전체를 주도해왔다. 그리하여 국가에 대한 대항 개념으로 시민사회가 부각된다. 누군가가 국가에 관해 이야기하면 많은 사람들이 국가는 자유를 억압하는 기구이므로 시민사회를 강화해야 한다고 말한다. 시민사회와 국가의 관계는 무엇인가? 이러한 맥락에서 필자는 헤겔의 국가 이론에 대해 소개하고 그것의 현대적 의미에 대해 설명하고자 한다. 결론부터 먼저 이야기하면 헤겔의 『법철학(Grundlinien der Philosophie des Rechts)』(1821)이 나오기까지 자유주의 정치철학자들은 국가와 시민사회를 혼동했다. 헤겔은 이러한 개념적 혼동을 비판하고 근대국가의 의미를 정치철학적으로 해명한 최초의 철학자였지만 불행하게도 헤겔의 국가론은 국가사회주의에 지나지 않는 것으로 폄하되고 말았다.

헤겔 국가 이론의 수용사

앞으로 다시 상세히 논의하겠지만 헤겔의 국가는 한마디로 '사회적 국가'다. 물론 피케티는 헤겔에 대해 언급하지 않고 롤스의 이름만을 인용하지만 헤겔은 국가의 사회적 역할에 대해 최초로 체계적인 이론적 작업을 수행하고

집대성한 진정한 사회적 국가론자였다는 사실을 기억해둘 필요가 있다. 하지만 불행히도 헤겔의 국가철학은 보수주의자, 급진적 자유주의자, 그리고 마르크스(주의자들)에 의해 맥락을 무시당한 채 아전인수 격으로 이용 또는 비판되었다. 보수주의자는 자신의 보수적인 국가 이데올로기를 위해 헤겔을 활용했고, 자유주의자는 자유방임주의를 위해 최소한의 국가를 원했으므로 사회적 국가의 필요성을 역설한 헤겔을 국가사회주의자로 몰아세웠다. 마르크스주의자에게 헤겔이 말하는 국가는 부르주아의 지배 도구에 지나지 않았다.

헤겔에 대한 오해와 낙인의 역사는 언제부터 시작되었는가? 이러한 헤겔의 이미지 형성에 결정적 역할을 한 것은 루돌프 폰 하임(Rudolf von Haym)의 『헤겔과 그의 시대에 대한 강의(Vorlesungen über Hegel und seine Zeit)』(1857)이다. 마르크스의 『헤겔의 '법철학' 비판(Zur Kritik der Hegelschen Rechtsphilosophie. Einleitung)』도 이러한 헤겔 이미지 형성에 커다란 영향을 미쳤다. 물론 마르크스와 레닌은 한편으로 헤겔을 정치적 보수주의자라고 철저하게 비판하면서도 다른 한편으론 그의 변증법 철학과 여타 사상에 담긴 긍정적 의미와 요소들을 추출하고 계승하고자 부단히 노력하기도 했다. 그러나 마르크스와 레닌에게 헤겔의 국가론(『법철학』)은 그 어떤 긍정적 의미도 발견할 수 없는 저작이었다. 그들에게 국가는 부르주아의 완벽한 도구였고 철폐되어야 할 근본 악에 지나지 않았다. 상부구조와 철학 사상, 이데올로기, 민중의 동의에 근거한 통치 등의 주제와 관련해 헤겔 『법철학』의 긍정적 의미를 날카롭게 꿰뚫어볼 수 있었던 『옥중수고(Prison Notebooks)』의 안토니오 그람시(Antonio Gramsci)도 궁극적으로 국가를 부르주아의 지배 도구로 간주하는 점에서는 마르크스와 레닌을 벗어날 수 없었다.

소련과 동유럽 등 과거 현실 사회주의 국가들의 여러 폐해가 서구 사회에 많이 알려지게 되면서 헤겔 철학을 진보적 관점에서 재해석하고자 하는 시도가 많이 생겨났다. 허버트 마르쿠제(Herbert Marcuse)는 『이성과 혁명(Reason

and Revolution)』과 같은 저작에서 헤겔 철학을 진보적으로 해석하고자 했으며 그의 철학은 68세대에게 커다란 정신적 영향을 미쳤다. 하지만 마르쿠제 역시 마르크스의 이론 틀 속에서 헤겔 철학을 수용했다는 한계를 보였다. 헤겔 '국가론'의 긍정적 의미에 대한 언급이 마르쿠제에게도 존재하지 않는다. 『이성과 혁명』보다도 훨씬 이전에 쓰인 죄르지 루카치(Georg Lukacs)의 『청년 헤겔(Der junger Hegel)』(1948) 역시 이와 비슷했다.

칼 포퍼(Karl Popper)의 유명한 책, 『열린사회와 그 적들(The Open Society and Its Enemies)』이나 이사야 벌린(Isaiah Berlin)의 영향력 있는 논문 「자유의 두 개념(Two Concepts of Liberty)」 등이 대표적인 저작들이겠지만 헤겔은 대부분의 현대 자유주의자들을 통해서 '전체주의자'로 우리의 뇌리 속에 강하게 각인되었다. 우파와 자유주의자, 마르크스-레닌주의자 모두에게 헤겔의 국가론은 저마다 이유는 다르지만 제거되어야 할 국가를 권좌에 올려놓은 '가장 나쁜 철학'으로 간주되었다.

이런 사고방식은 오늘날에도 여전히 강한 영향력을 행사하고 있다. 앞으로 좀 더 상세히 서술하겠지만 보수주의자, 자유주의자, 신자유주의자, 마르크스-레닌주의자, 그리고 들뢰즈(Gilles Deleuze)-네그리, 지젝-바디우(Alain Badiou) 철학을 따르는 모든 연구자들에게 국가, 따라서 헤겔의 국가철학은 공동의 비판 대상이 되었다. 권위주의적인 보수주의자들은 자신들이 사실은 전체주의적 사고방식을 갖고 있으면서도 '말로만' 국가의 개입을 반대하는 (신)자유주의 정책을 지지한다. 마르크스-레닌주의자는 어떤 경우에도 국가는 부르주아의 지배 도구이므로 해체되어야 한다고 믿고 있다. 오늘날 들뢰즈-네그리주의자들은 사실상 무정부주의 또는 마르크스주의를 지지하므로 그들에게도 국가는 사라져야 할 구시대의 유물에 지나지 않는다.[4] 하지만 피

4 지젝 및 네그리 이론의 문제점에 대한 논의로는 이 책 부록 1의 제3절을 참조하라.

케티와 마찬가지로 필자는 이러한 최소국가론 또는 국가해체론이 인간의 평등, 즉 적극적 자유와 마셜이 말하는 사회적 권리(사회권)를 구현하는 데 오히려 커다란 걸림돌이 된다고 생각한다.

자유주의자들과 마르크스-레닌주의자들이 사회적 국가를 반대하는 이유는 완전히 다르지만 국가를 축소 또는 폐지해야 한다는 점에서는 같은 입장을 견지한다는 사실이 놀랍다. 필자는 이미 이 책에서 신고전파 경제학자들과 마르크스주의 경제학자들이 지향하는 정치적 목표가 서로 완전히 다르면서도 피케티를 비판할 때에는 매우 유사한 입장을 취한다는 사실을 종종 지적한 바 있다. 이는 사회적 국가라는 피케티의 정치적 대안을 좌우의 이론가들이 모두 받아들일 수 없기 때문이다. (신)자유주의자와 공산주의자(사회주의자) 모두가 '사회적 국가'를 반대하는 담론이 지배적인 한국에서 복지국가 또는 사회적 국가가 발달할 수 없었다는 것은 당연한 일이다. 한쪽에서는 시장중심주의를 외치고 다른 한쪽에서는 평등한 공산주의 사회를 외치지만 정작 이들 모두 사람이 살 만한 사회를 만드는 데 핵심적인 역할을 해야 할 국가의 기능을 폄하하는 데에서는 의견의 일치를 보이고 있다. 국가의 역할을 부정적으로만 봐왔기 때문에 지금까지 한국은 사회적 국가 체제를 만들어가는 동력을 상실하고 말았다. OECD 국가 중 한국이 복지 최하위 국가가 된 것은 결코 우연이 아니다.

그러나 피케티가 1914~1970년대의 역사를 통해 보여준, 사회적 국가의 개입을 통한 불평등 완화라는 검증된 정치적 대안을 거부한다면 우리의 미래는 매우 불투명질 수밖에 없다. 국가 폄하론이라는 현상은 비단 한국뿐만 아니라 1980년대 이후 세계적인 경향이 되었다(한국에서 이러한 담론이 유행하게 된 것도 이러한 국제적인 경향과 국가 축소를 옹호하는 담론들을 '무비판적으로' 수용한 결과이다). 이러한 경향은 복지국가 폐지론 혹은 축소론으로 자연스럽게 연결되어 결국에는 자유주의적 최소국가 아니면 공산주의라는 잘못된 이분

법을 만들었으며, 불행하게도 이러한 이분법이 여전히 우리의 정치적 상상력을 지배하고 있다. 피케티가 『21세기 자본』 서장에서부터 신고전파 경제학과 마르크스주의 경제학이라는 대안을 모두 비판하는 것도 바로 이러한 정치철학적 상황과 밀접한 관련이 있다. 피케티는 이러한 정치철학적·경제학적 한계를 극복하고 자유주의도 공산주의도 아닌 혼합경제 또는 사회적 국가의 길을 모색하고자 하는 것이다. 바로 그것이 『21세기 자본』의 핵심적인 정치철학적 메시지다. 필자는 이러한 문제의식에 따라 다음에서는 이러한 정치철학사의 흐름을 개괄적으로 설명하고 피케티가 제시하는 사회적 국가가 왜 필요하고 그것이 역사적으로 어떠한 사상적·정치경제학적 지형에서 생겨났는지에 상세하게 설명하고자 한다. 먼저 지금까지의 논의를 요약하면 다음과 같다.

- **(신)자유주의: 로크, 노직, 프리드먼, 이사야 벌린 등**
  소극적 자유만이 진정한 자유이며 적극적 자유(평등과 사회적 권리)는 헤겔식의 전체주의로 귀결될 뿐이라고 주장한다.
- **공산주의: 마르크스, 레닌, 그람시, 지젝, 바디우, 네그리**
  국가는 억압적 기구이므로 철폐되어야 하고 프롤레타리아 독재 또는 프롤레타리아 공동체만이 유토피아로 이끄는 유일한 방법이라는 입장을 취한다.
- **사회적 국가론: 헤겔, 롤스, 피케티, 전후 사회민주주의 정치가들**
  소극적 자유는 물론 적극적 자유가 필요하며, 그것의 실현을 위해서는 "사회적-윤리적 국가"가 필요하다. 불평등은 사회적 약자에게 이익이 될 때에만 허용된다.

하지만 독일의 저명한 헤겔 연구자인 (심지어 보수적인 정치적 입장을 취하는) 디터 헨리히(Dieter Henrich)가 지적했듯이, 헤겔의 많은 책들 중, 예컨대

『논리학(Wissenschaft der Logik)』이나 『정신현상학(Phänomenologie des Geistes)』이 아니라 『법철학』이 오늘날 가장 "영향력 있는 저작"이 되었다는 것은 진정한 역설이 아닐 수 없다. 헤겔이 열정적으로 옹호했던 사회적 국가 혹은 인륜적 국가(윤리적 국가)[5]가 다름 아닌 전후에 서유럽과 북유럽 국가들을 통해 실제적으로 실현되었기 때문이다(물론 그렇다고 해서 현존하는 사회적 국가들이 완전한 이상적인 국가라는 뜻은 아니다).

홉스와 로크의 공통점: 사유재산의 보호

근대자유주의 정치철학자들의 국가 개념에 대해 논의해보자. 근대국가에 대한 최초의 논의는 토머스 홉스(Thomas Hobbes)로부터 출발했다. 잘 알려져 있듯이 홉스는 사회계약론을 통해 근대국가의 성립을 설명하고자 한 최초의 근대정치철학자였다. 일반적으로 홉스와 로크는 정반대의 경향을 가진 철

5 헤겔이 말하는 'Sitte'를 '인륜'으로 번역하면 뜻도 잘 통하지 않을 뿐만 아니라 헤겔 철학이 '매우 진부한' 이론이라는 느낌을 준다. 그리고 인륜이라는 용어는 현대적 문맥에서는 헤겔 철학의 의도를 제대로 전달하지 못하므로 필자는 오히려 '윤리'로 번역하는 것이 헤겔 철학에 의도에 부합한다고 생각한다. 유사하게, 인륜(Sitte)이라는 말이 칸트에 적용되었을 때 한국은 물론 다른 나라에서도 '도덕(Moral)'으로 번역한다. 예를 들면 칸트의 『인륜의 형이상학(Metaphysik der Sitte)』은 현대 언어로는 『도덕 형이상학』이다. 헤겔과 달리 칸트에서 인륜이 도덕으로 번역되는 것은 헤겔이 말하는 인륜이라는 개념이 칸트와 다르기 때문이다. 칸트는 주로 개인의 자유라는 관점에서 출발하므로 칸트에서 인륜은 도덕(Moral)이라는 의미를 갖는다. 하지만 칸트의 이론을 사회철학적으로 확대한 헤겔에서 인륜은 개인과 사회를 모두 포괄하는 도덕 개념이므로 이를 '윤리'로 번역하는 것이 더 적절하다. 오늘날 철학의 용법에서 도덕은 주로 개인 도덕을 의미하지만, 윤리는 근본적으로 개인을 넘어서 공동체, 즉 사회 및 국가에 적용되는 공동체 윤리를 의미한다. 그런 점에서도 우리는 헤겔을, 개인과 사회, 시민사회와 국가를 모두 포괄하는 폭넓은 윤리학, 혹은 사회·정치 철학의 창시자이며 집대성자로 간주할 수 있다.

학자로 간주되며 이는 물론 정당한 평가라고 할 수 있다. 홉스는 절대군주제를 지지했고 존 로크(John Locke)는 절대군주의 압제를 비판하고 입헌군주제를 옹호함으로써 자유로운 시민사회의 확립에 공헌한 자유주의 철학자이다.

홉스는 '만인에 대한 만인의 투쟁'을 종식시켜줄 힘 있는 절대적 국가를 요구했다. 홉스의 『리바이어던(Leviathan)』에 따르면 국가는 자연 상태에서 각 개인에게 발생하는 **생명**과 **재산**에 대한 위협, 즉 근본적인 인간의 **불안**과 **공포**에 대한 대답이었다. 홉스에 따르면 생명과 재산을 빼앗길 수도 있다는 불안과 공포를 이길 수 있는 유일한 방법은 사회계약을 맺어 국가를 창설하는 것이다. 물론 사람들이 실제로 사회계약을 맺어 국가를 만들었다고 홉스가 주장하는 것은 아니다. 어쨌든 홉스에 따르면 재산을 갈취하기 위해 또는 그것을 지키기 위해 벌어지는 서로 간의 처절한 투쟁이 야기하는 생명과 **재산**에 대한 불안을 잠재우기 위해, 각 개인은 계약을 체결해 국가에 자신의 주권을 양도했고, 그래서 국가가 생겨났다. 언급했듯이 홉스는 권위적인 군주제 국가를 염두에 두었고, 이에 대한 비판으로 로크의 국가론이 등장한다.

홉스 이후 로크는 『통치론』에서 사회계약론을 더욱 발전시킨다. 이때 로크가 염두에 두고 있는 국가는 개인의 자유를 보장하며, 개인의 재산과 생명 **보호**를 위해서 **최소한으로만 개입하는 자유(방임)주의 국가**이다. 자유방임적인 국가 개념이 자유주의 정치철학을 지배하게 된 근원에는 로크가 있다. 로크는 개인의 인격과 자유를 **재산권의 보호**라는 관점에서 설명하고자 했다. 홉스와 로크의 국가론은 국가의 기능을 사유재산권 보호라는 것에 집중시켜 설명했고, 따라서 국가는 주로 그러한 기능을 위해서만 존재하는 최소국가가 되어야만 했던 것이다.

여기에서 우리는 철학사에서 아주 상반된 입장을 취하고 있다고 여겨지는 홉스와 로크 사이에 존재하는 공통점에 다시 한 번 주목해볼 필요가 있다. 이 두 정치철학자는 다름 아닌 사유재산권 옹호를 국가의 핵심적 기능으로 간주

했다. 홉스는 권위주의적 국가를 옹호했고 로크는 자유방임주의를 주창했지만, 이들은 국가의 역할을 생명과 재산을 보호해주는 것, 즉 이사야 벌린의 유명한 표현을 빌리자면 **소극적 자유**만을 보장해주는 것으로 간주했다는 점에서 이들은 겉보기보다 유사성이 훨씬 많다.

시민사회와 국가: 국가는 보험회사인가

그렇다면 로크는 국가와 시민사회의 관계를 어떻게 설명하는가? 국가의 가장 중요한 기능이 재산권 보호에 있다면 국가가 재산관리업체(사적 보호대행업체)와 다른 점이 무엇일까? 후에 다시 언급하겠지만 헤겔이 철학적으로 개입하는 지점이 바로 여기이다. 국가의 가장 중요한 기능이 개인의 재산권을 보호에 있다면 궁극적으로 국가와 보호대행업체 또는 보험회사의 차이가 없어지고 말 것이라는 것이 헤겔이 (홉스, 로크 등으로부터 출발한) 근대정치철학자들에 대해 제기하는 가장 핵심적인 비판 중 하나이다.

로크의 국가 개념에 대한 가장 뛰어난(?) 현대적 해석은 아마도 (신)자유주의의 대표적인 철학자 로버트 노직(Robert Nozick)의 『아나키에서 유토피아로: 자유주의 국가의 철학적 기초(Anarchy, State, and Utopia)』일 것이다. 그는 **국가를 비용을 지불하는 사람만을 보호해주는 보호대행업체 또는 보험회사에 비유한다.** 물론 노직을 옹호하는 논자들은 노직 역시 국가와 사적 기업을 철저하게 구분한다고 필자에게 반론을 제기할 것이다. 노직의 책을 읽어보면 사실 그 말이 맞다. 그러나 문제는, 결국 노직이 사적 보호대행업체 또는 보험회사와 국가를 구분한다고는 하지만 그가 말하는 국가가 사적 보호대행업체와 근본적으로 다른 점이 없다는 데 있다. 노직은 신자유주의의 핵심적 이론가인 프리드먼의 『자본주의와 자유(Capitalism and Freedom)』를 인용하면

서 자신이 생각하는 국가 개념이 프리드먼이 이야기하는 자유주의 국가와 별 차이가 없다고 말하기도 한다.

헤겔의 용어로 표현하면 노직이나 프리드먼은 국가와 시민사회를 혼동하고 있다. 헤겔이 홉스와 로크로부터 시작된 근대정치철학이 재산권과 영업활동의 자유에 근거하고 있는 **시민사회와 국가를 혼동한** 것에 대해 비판하는 이유도 바로 그것이다. 국가가 보험회사와는 달라야 하는 것은 노직의 말대로 국가는 "보험증서를 사기 위한 금전적 대가"를 **충분히 지불하지 못한 사람들을 위해서도** 자신의 고유한 서비스를 수행하는 공동체이기 때문이다. 국가는 여건이 되지 않아 비용을 덜 지불하거나 극단적인 경우 전혀 지불하지 못하는 사람을 위해서도 존재하는 윤리적인 보편적 공동체다. '윤리적인 사회적 안전망 체제'로서 국가는 사적 보호대행업체라는 비유로는 결코 설명할 수 없다.

로크와 노직

홉스와 로크의 기본 가정에 따르면 자연 상태에서는 끊임없는 싸움이 일어나기 때문에 개인은 자신의 생명과 재산을 보호해줄 어떤 조직, 즉 국가를 필요로 한다. 『아나키에서 유토피아로』에서 노직은 로크가 말하는 국가를 **'최소국가**(야경국가)'로 해석한다. 이러한 해석은 이미 잘 알려져 있지만, 여기에서 흥미로운 것은 국가의 성격을 규정하는 노직의 논의 방식이다.

자연 상태에서 살아가는 인간은 자신을 방어하고 보상을 받아내고 부당한 공격자를 처벌해주는 대행자를 필요로 하는데, 일차적으로 생각할 수 있는 단체가 **사적 보호협회**이다. 이 사적 보호협회는 일종의 보험회사 같은 것으로서 시민사회에 속하는 사적 단체이다. 따라서 그것은 모든 사람들에게 서

비스를 제공하지는 않으며 오직 그 단체에 비용을 지불하고 일종의 보험증서를 구입한 사람들에게만 그가 필요로 하는 수준으로 보호해준다. 하지만 노직에 따르면 그것은 어떤 보편적으로 인정되는 독점적 권력을 소유한 단체가 아니므로 이는 아직 국가의 차원에 도달하지 못한 사적 협회이다.

이제 노직은 로크와 더불어 자신이 지지하는 '최소국가(야경국가)'에 도달하기 위해 사적 보호협회와 최소국가의 중간에 존재하는 '극소국가(ultra-minimal state)'라는 개념을 상정한다. 여기에서 우리는 노직이 국가와 사적 보호협회를 같은 것으로 간주하지 않는다는 것을 알 수 있다. 노직 역시 사적 보호단체와 국가는 무언가 다르다는 말을 하고자 하는 것이다. 그러나 그가 국가와 보험회사를 개념적으로 구분하고 있음에도 그가 말하는 국가는 근본적으로 사적 보호협회와 아주 많이 닮아 있다. 왜 그런지 노직의 논의를 따라가 보자.

사적 보호협회와 (로크 그리고 노직 자신이 말하는) 최소국가(야경국가) 사이에 노직이 가설적으로 설정하는 극소국가는 사적 보호협회와 달리 권력 사용에서 독점권을 보유하고 있다는 점에서 사적 보호협회와 구분된다. 극소국가는 사적 개인들이 다른 사람들을 보복하거나 처벌할 수 있는 권리를 인정하지 않으며 권력 사용을 독점하고 있다는 점에서 어떤 단체가 국가가 되기 위한 최소한의 기본 조건을 갖추고 있다. 그런데 이 국가는 다른 한편으로는 사적 보호단체와 마찬가지로 비용을 지불하고 보험증서를 구입한 사람들만 보호해주므로 노직이 이러한 국가를 '극소국가'라고 부르는 것이다. 이러한 국가는 실제로 존재하지 않지만 노직은 로크가 주창하고 자신도 지지하는 최소국가와 구분하기 위해 이러한 국가 개념을 상정한다.

노직에 따르면 최소국가(야경국가)는 비용을 지불하지 않은 사람에게도 도움을 청할 수 있는 **보증서**가 주어진다는 점에서 (비용을 지불한 사람만 보호해주는) 극소국가와 차이가 있다. "최소국가(야경국가)는 조세수입으로 재정 지

원을 받는 명백히 재분배적인 프리드먼식의 보증서 제도가 덧붙여진 국가"[6]인 것이다.

『아나키에서 유토피아로』에 등장하는 복잡한 논의들을 여기에서 일일이 설명할 여유는 없으며 그럴 필요도 없어 보인다. 그럼에도 필자가 노직에 대해 언급하는 것은 노직이 자신의 책에서 로크의 정치철학 또는 최소국가론에 대한 최적의 해석을 제시하고 있다고 믿고 있기 때문이다.

언급했듯이 노직은 자유주의 국가를 사적 보호협회 및 극소국가와 구분하기 위해 노력하고 있다. 노직에 따르면 자유주의 국가(최소국가)는 어쨌든 보험증서를 살 수 없는 사람들에게도 **최소의 보호**를 제공한다는 점에서 보험회사와 구분된다(그러나 그 보호가 충분한가?). 최소국가는 사람들이 타인에 의해 부당하게 신체적 공격을 받거나 자유를 침해당했을 때 그들을 보호해주는 기능을 담당한다. 이러한 보호 서비스의 재정적 기초는 **조세 징수**이다. 그러므로 노직에 따르면 국가는 순수한 사적 계약이 아니다.[7]

하지만 노직은 사적 보호단체로부터 국가를 구분하는 데 성공했는가? 로크처럼 노직도 국가의 가장 중요한 기능이 **재산권** 보장에 있다고 생각한다. 국가는 조세 징수를 통해 공적 재원을 마련하고 이를 바탕으로 궁핍한 사람들과 독립적인 사람들을 보호한다.[8] 국가는 사적 단체가 행할 수 없는 어떤 보편적인 기능을 가지고 있다는 것이다. 국가는 범법자를 처벌하고 폭력과 인권유린으로부터 개인들을 보호하며, 심지어 세금을 내지 않는 사람들의 생명까지도 지켜준다. 하지만 핵심적인 질문은 이러하다. 노직의 이러한 최소국가 개념으로 충분한가? 그가 말하는 최소국가는 과연 세금을 못 내거나 적

6 로버트 노직, 『아나키에서 유토피아로: 자유주의 국가의 철학적 기초』, 남경희 옮김(서울: 문학과 지성사), 49쪽.

7 같은 책, 48쪽.

8 같은 책, 147쪽.

게 내는 사람들의 자유와 인권을 충분히 잘 지켜주고 있는가?

한 걸음 더 나아가 이렇게 질문할 수 있다. 노직이 말하는 자유주의적 최소국가는 (이러저러한 방법으로 오히려 세금을 잘 내지 않는) 재산이 많은 사람을 주로 보호해주는 국가 아닌가? 노직은 국가가 비용을 지불하지 않은 사람도 보호해주기 때문에 보험회사와는 다른 단체라고 말하지만, 결국 그의 논리에 따르면 자유주의적 최소국가란 보험회사가 영업을 잘 할 수 있도록 '최소한으로' 개입하는 국가 아닌가? 노직의 이론에서 국가는 보험회사와 일치하지는 않지만, 사실 철저하게 구분되지도 않는다. 그는 보험회사와 국가를 혼동하고 있는 것이다.

게다가 그는 국가가 수행해야 할 고유한 기능에서 실질적인 재분배 정책을 제외해야 한다고 명시적으로 말한다.[9] 바로 이것이야말로 노직의 국가 이론이 궁극적으로 목표하는 것이다. 노직이 말하는 국가에 의한 보호는 '최소한의 형식적' 보호이며, 이사야 벌린이 말하는 소극적 자유에 대한 보호에 지나지 않는다. 물론 노직이 가장 관심을 갖는 것은 소유권의 보호다. 각 개인의 권리, 특히 소유권의 보호를 국가의 가장 중요한 기능으로 간주한다는 점에서 노직은 자신이 로크의 정치철학 또는 국가론에 대한 가장 적절한 해석을 제시한다고 믿고 있다. 여기에서 노직이 이론적으로 많이 의존하는 프리드먼의 말을 인용하는 것도 흥미로울 것 같다. 프리드먼은 케네디의 말을 패러디하면서 이렇게 말한다.

> 자유인은 국가가 자신을 위해 무엇을 할 수 있는지 묻지 않을 것이고, 자신이 국가를 위해 무엇을 할 수 있는지 묻지 않을 것이다. …… 무엇보다도 자유를 보호하기 위해 '나와 내 동료 시민들이 정부를 통하여 무엇을 할 수 있는지' 물

9 같은 책, 148쪽.

을 것이다.[10]

노직과 프리드먼이 물어볼 내용이 무엇인지 추측하는 것은 어렵지 않다. 자신들이 보험회사를 멋지게 운영할 수 있도록 정부(즉 자유주의적 최소국가)가 어떻게 도와줄 수 있는지 물어볼 것이다.

다시 로크로 돌아가자. 로크는 **재산권**이 인간의 노동을 통해 확보된 것이므로 **인격 그 자체와 동등한** 것이며, 사유재산은 침해되지 않아야 한다고 생각한다. 물론 **자유주의자** 로크는 재산권 남용을 막기 위한 단서 조항을 첨부하기를 잊지 않는다. "충분한 양의 그리고 똑같이 좋은 질의 것들이 다른 사람들을 위해 남아 있어야 한다."[11] 하지만 로크가 이러한 단서를 진지하게 발전시키고 소유권의 무제한 남용을 막기 위한 필수적인 규정으로 그것을 실제적으로 활용했는가? 물론 아니다.

노직도 로크와 마찬가지로 그 단서를 **사실상 존재하지 않는** 것으로 간주한다. 그냥 단서일 뿐 굳이 지키지 않아도 되는 단서인 것이다. 로크에 대해 논평하면서 노직은 재산권에 관한 자세한 이론은 오히려 자신(노직)의 이론에 대해 반대하는 사람들이 제시해야 한다고 공을 슬쩍 떠넘긴다.

> 공동재산제를 믿는 사람들도, 가령 한 지역에 사는 한 집단의 사람들이 공동으로 그 지역이나 또는 이 지역의 광물자원을 소유한다고 믿는 사람들도 역시 어떻게 그런 재산권이 발생하는가에 관한 이론을 마련해야 한다. 그들은 왜 그곳에 사는 사람들이 그 땅과 자원의 처리 방식에 관해 결정할 권리를 가지며 다른 사람들은 그 땅과 자원에 대해서 그런 권리를 갖지 않는지를 설명해

10 밀턴 프리드먼, 『자본주의와 자유』, 심준보·변동열 옮김(서울: 청어람미디어, 2014), 23쪽.
11 존 로크, 『통치론』, 강정인 옮김(서울: 까치글방, 2007), 222쪽.

야 한다.[12]

이러한 방식으로 노직은 논의의 초점을 흐리고 있다. 노직이 제시한 위의 예에서 어떤 지역의 광물자원은 그 지역 사람들이 **사적으로** 공유하는 것이 아니라 **공적으로** 관리되는 자원이 되어야 한다! 노직은 이런 부분들은 의도적으로 전혀 언급하지 않는다.

이렇듯 노직은 로크처럼 자유주의란 사유재산권에 대한 옹호와 사실상 동의어라는 것, 그리고 국가는 필요에 의해 약간의 세금을 걷을 수 있으며 이를 바탕으로 보편적인 보호를 제공한다는 확신을 사람들에게 심어주고자 했다. 그리하여 노직은 이렇게 결론짓는다. "시장체계의 자유로운 운용이 로크적 단서와 충돌하지 않으리라 나는 믿는다."[13]

결론적으로 로크와 노직, 그리고 프리드먼의 자유주의 국가론은 국가를 사적 단체 혹은 시민사회과 구분한다고는 하지만 다음의 공통점을 갖고 있다. 이들에게 국가는 그 기능에서 사적 영역(시민사회의 영역)과 사실상 크게 구분되지 않을 뿐만 아니라 많은 경우에 국가의 활동은 시민사회의 이해관계(더 정확히 말하면 **부유한 계급의 이해관계**)에 종속된다. 국가는 부르주아 이익의 도구일 뿐이라는 마르크스와 레닌의 국가 비판론이 나올 수 있는 대목이기도 하다.

헤겔이 『법철학』에서 제시하는 국가 이론이 의미를 획득하는 곳도 바로 이 부분이다. 헤겔은 근대정치철학자들이 시민사회와 국가를 혼동했으며 따라서 국가의 윤리적·정신적 기능을 파악하지 못했다고 비판한다. 이러한 비판은 로크의 충실한 해설가 노직에게도 적용될 수 있다. 우리가 **편견 없이** 헤

12 로버트 노직, 『아나키에서 유토피아로: 자유주의 국가의 철학적 기초』, 225쪽.

13 같은 책, 230쪽.

겔의 『법철학』을 읽는다면 헤겔의 국가 개념은 로크에서 시작해 노직에서 정점에 달한 도구로서의 국가 개념, 즉 재산을 지켜주는 사적 보호단체와 사실상 다를 것이 없는 자유주의적 국가 개념을 넘어선다는 것을 발견할 수 있다. 홉스와 로크 등 근대정치철학자들이 국가와 시민사회를 혼동했다는 헤겔 비판은 정확히 국가를 부유층의 재산권을 지켜주는 도구로만 간주해서는 안 된다는 강한 메시지를 담고 있다.

> 만약 국가가 시민사회와 혼동되어 국가의 사명이 재산과 인격적 자유의 안전과 보호에 있는 것으로 여겨진다면 개개인 그 자신의 이익이 곧 그들 모두가 떠받드는 궁극 목적이 되어버린다. 이로부터 국가의 구성원이 되는 것은 임의적인 일이라는 결론이 나온다.[14]

헤겔은 마치 오늘날의 (신)자유주의자들의 세계화 이데올로기를 미리 예견하고 있는 듯하다. 국가가 자본의 경제적 이익만을 위해서 존재하는 것이라면, 국가의 성원이 된다는 것에 별다른 의미를 부여할 이유가 없어진다. 자유주의 국가 이론에서 국경은 자본의 이익을 위해 가능한 한 허물어져야 할 장애물에 지나지 않는다. 그러나 자본은 자신의 이익에 도움이 된다면 (예컨대 금융구제를 받거나 투자자-국가 소송을 제기하기 위해) 언제라도 다시 국가를 살려내고자 한다.

지금도 헤겔의 정치철학에 대한 오해는 여전히 존재하겠지만 특히 2007년 금융위기 이후 헤겔의 정치철학이 갖고 있는 진보적 의미에 대한 관심이 높아지고 있다는 사실은 고무적이다. 헤겔이 사망한 직후부터 현재까지 헤겔

---

14 게오르크 헤겔, 『법철학』, 임석진 옮김(서울: 한길사, 2008), 450쪽, 주해. 번역은 필자에 의해 조금 수정되었음.

의 『법철학』은 가장 오해받은 철학 이론에 속하지만 금융위기 이후 상황이 많이 달라졌다. 헤겔은 '사회적 국가'의 최초의 이론가였으며, 그의 정치철학은 오늘날에도 여전히 유의미하다는 사실을 사람들이 서서히 깨닫기 시작했다. 제11장에서는 시민사회와 국가의 관계에 대한 헤겔의 논의에 대해 설명하기 전에 먼저 흥미로운 제목의 기고문 하나를 소개하고자 한다.

제11장

'월 스트리트'의 헤겔

뉴스쿨(New School)의 제이 번스타인(Jay Bernstein) 교수는 2010년 10월 3일 자 ≪뉴욕 타임스≫에 "월 스트리트의 헤겔(Hegel on Wall Street)"이라는 흥미로운 제목의 기고문을 발표했다. '우리는 왜 헤겔을 월 스트리트로 보내야 하는가? 금융자본을 통제하기 위해서이다.' 번스타인은 이 기고문에서 금융위기 이후 '구제금융'을 결정한 미국 정부의 정책에 대해 통렬하게 비판한다.

> 우리의 정치가들에 대한 월 스트리트의 정치적 거래와 영향이 이러한 실패[구제금융]를 설명하는 부분이라는 것은 분명한 사실이다. 그러나 이러한 실패는 또한 자유시장의 본성에 관한 계속되는 불일치를 표현한다. 이 문제를 숙고하면서 나는 다시 한 번 게오르크 G. 헤겔이라는 자원을 참조하고 싶다. 그는 이 영역에서 철학적 계몽의 빛을 제공한 유일한 철학자는 아니다. 하지만 그의 실천 철학의 일차적인 주제는 근대적 개인주의와 근대적 삶의 본질적인 제도들이 만나는 정확한 지점을 분석하는 것이었다.[1]

번스타인은 헤겔이 국가사회주의자라는 해묵은 견해가 완전한 오해임을 암시하면서 고전파 경제학의 비판자로서의 헤겔을 부각시킨다. 여기에서 번스타인이 인용하는 책은 『법철학』이 아니라 『정신현상학』이다. 『정신현상학』의 「덕과 세계의 흐름(Die Tugend und der Weltlauf)」에서 헤겔은 한 기사에 대해 언급하는데, 그 기사에는 스스로를 선하다고 믿으며 세상과 맞서 싸우는 돈키호테가 등장한다. 번스타인은 이 기사를 자유주의자로, 그 기사가 맞서 싸우는 세상을 금융자본가로 비유한 후 헤겔을 원용해 다음과 같이 해석한다. 자유주의자 돈키호테는 스스로 선하다고 믿으며 이기적인 은행가에 대항해 싸우고 있다고 믿지만 양자 모두 같은 오류를 범하고 있다. 자유주의자 돈키호테는 스스로를 본질적으로 선하다고 믿으며 세상과 싸우고, 은행가는 이기적인 행위가 '조화와 공익'을 가져다줄 것이라고 생각한다. 하지만 번스타인에 따르면 이 둘 모두 세계를 변화시키는 것은 동기가 아니라 실제적인 '행위'라는 사실을 알지 못한다. 실제적인 행위에서 이 둘은 결국 자신도 모르게 공모하고 있다. 헤겔을 따라 번스타인은 여기에서 중요한 것은 선한 의도 또는 (이기심이 모두에게 유익한 세계를 만들어줄 것이라는) 보이지 않는 손에 대한 믿음이 아니라 실제적인 행위임을 강조한다. 그리고 한 걸음 더 나아가 각 사람들의 행동을 통제하고 규율할 수 있는 '제도'의 필요성을 역설하면서 자신의 짧은 기고문을 마무리한다. 번스타인이 헤겔과 함께 이야기하는 제도, 즉 자유시장과 금융자본을 통제하는 역할을 해야 할 제도는 과연 무엇인가?

1 J. M. Bernstein, "Hegel on the Wallstreet," *The New York Times*, October 3, 2010. http://opinionator.blogs.nytimes.com/2010/10/03/hegel-on-wall-street/?_r=0#

헤겔 『법철학』에서의 시민사회와 국가 개념

헤겔은 사회적 존재로서의 인간이 속하게 되는 공동체를 가족, 시민사회, 국가로 구분한다. 그중 가족과 국가는 근대 이전에도 존재했지만 시민사회는 근대사회의 기반 아래에서만 성립할 수 있었다. 헤겔에 따르면 개인적 자유와 주체성은 종교개혁 이후 역사적으로 구현될 수 있었다. 젊은 시절 헤겔은 고대 그리스의 도시국가를 이상적인 공동체로 간주했지만, 시간이 지나면서 고대 폴리스에는 개인의 자유와 주체성의 이념이 결여되었다는 사실을 깨닫게 된다. 고대 도시국가에 대한 막연한 믿음에서 벗어난 후 헤겔은 개인의 주체적 자유와 인격성이라는 근본 사상은 종교개혁을 통해 역사에 도입되었으며, 그것은 특히 근대시민사회에서 꽃피울 수 있었다는 사실을 파악할 수 있었다. 헤겔에 따르면 시민사회는 비록 시기적으로는 국가보다 뒤늦게 형성되었지만, 자유와 주체성을 근간으로 하는 시민사회의 창조는 오직 근대세계에만 속하는 것이다.[2] 근대에 이르러서야 개인의 **특수한** 인격과 **자유**에 대한 자각이 생겨났고 마침내 그것은 근대시민사회를 특징짓는 가장 **보편적인 원리**로 자리 잡았다.

헤겔은 시민사회를 **특수성**과 **보편성**이라는 두 개의 원리로 설명한다. 시민사회의 보편적 원리인 자유에 대한 자각 속에서 각 개인은 자신의 특수한 "이기적인 목적"[3]을 추구한다. 그러나 그 특수한 목적은 동시에 필연적으로 "타인과의 관계를 통해 스스로의 형식을 마련하는 가운데"[4] 실현되어야 한다. 이를 **정치경제학적 관점**에서 말하면 각 개인의 특수한 목적은 보편적인 형식,

2 게오르크 헤겔, 『법철학』, §182 추가.

3 같은 책, §183.

4 같은 책, §183.

예를 들면 '시장'이라는 보편적 형식을 통해서만 구현될 수 있다는 것이다. 헤겔에게 이러한 보편적인 형식은 보편적인 원리인 자유를 실현하는 현실적인 매개이다.

추측할 수 있듯이 사실 헤겔이 시민사회를 설명하는 이러한 방식은 헤겔 이전의 정치철학자나 정치경제학자들의 설명과 크게 다를 것이 없다. 한편으로 시민사회에서 각 개인은 자신의 인격적 자유와 경제적 이익을 구현하기 위해 노력한다. 다른 한편으로 각 개인은 자신의 자유와 이익, 이기적인 목적을 추구하는 가운데 어떤 보편적인 형식(시장)을 필요로 하며, 이를 통해 국민 전체의 이익이라는 공동의 목표를 동시에 실현할 수 있으며 또 실현해야 한다. 헤겔은 제임스 스튜어트(James Steuart), 애덤 스미스, 데이비드 리카도의 정치경제학을 알고 있었다. 그는 '보이지 않는 손'으로 대표되는 고전 정치경제학 이론을 받아들여 자신의 시민사회 이론의 근거로 삼았으며, 고전파 정치경제학의 원리에 따라 시민사회를 "욕구의 체계"[5]라고 불렀다. 또한 헤겔은 이 욕구의 체계에서 각 개인이 저마다의 욕구를 충족시키며 이익을 추구하는 가운데 필연적으로 갈등과 분열이 발생한다는 사실도 알고 있었다. 헤겔은 『법철학』에서 시민사회를 다음 세 가지 관점에서 정의한다.

A. 개개인의 욕구 만족이 자기의 노동과 다른 모든 사람의 노동 그리고 욕구 만족과 매개되어 있는 것 — 욕구의 체계(System der Bedürfnisse)

B. 욕구의 체계에 포함되어 있는 자유라는 보편적인 것의 현실성, 즉 사법기구에 의한 소유물의 보호

C. 욕구의 체계 속에 잔존하는 우연성을 배려하여 특수한 이익을 공동의 이익으로 증진시키기 위해 힘쓰는 복지행정과 조합(Korporation)의 업무[6]

---

5 같은 책, §188.

짧은 인용문이지만 이는 많은 내용을 함축하고 있다. 헤겔은 애덤 스미스의 노동가치설을 받아들였다. 헤겔에 따르면 소유물에 대한 주관적 권리의 확보 또는 **주관적인 욕구**의 충족은 오직 노동이라는 **객관적인 활동**을 통해서만 가능하다.[7] 노동을 통해 산출한 생산물을 스스로 소비하는 자급자족의 방법도 가능하겠지만 근대사회에서 각 개인은 타인의 노동 생산물에 의존하며 살아간다(애덤 스미스의 노동분업론). 헤겔이 정치경제학적 관점에서 시민사회를 '욕구의 체계'라고 부르는 이유도 바로 여기에 있다. 그리하여 노동은 "욕구와 충족을 매개하는 활동",[8] 달리 말하면 주관적인 욕구와 객관적 세계를 결합시키는 매개적 활동이 되는 것이다.

로크를 따라 헤겔도 재산권을 개인적 자유와 인격의 **구체적인 표현**으로 간주했으며 재산권 또는 소유물에 대한 권리를 보호하는 사법기구의 필요성을 인정한다. 사법기구는 "욕구의 체계에 포함되어 있는" 보편적 자유에 구체적인 "현실성"을 부여하는 역할을 담당한다.

지금까지 간략하게 헤겔의 정치철학에 대해 설명했다. 여기까지만 본다면 헤겔 정치철학의 독자성을 주장하기 어려워 보인다. 전형적인 자유주의 철학 또는 고전파 정치경제학 이론과 그다지 다를 바가 없으며 따라서 마르크스의 격렬한 비판 대상이 된 것도 당연하다는 생각이 들 수 있다.

---

6 같은 책, §188. 강조는 필자의 것이며, 번역도 필자에 의해 약간 수정되었음.

7 같은 책, §189.

8 같은 책, §189.

천민의 발생을 막아야 하는 윤리적 국가

그러나 시민사회 또는 자본주의 경제체제에서 발생하는 문제들을 해결해 줄 수 있는 이론을 진지하게 모색했으며, 마침내 **윤리적 국가**라는 개념에 도달했다는 점에서 고전파 정치경제학자들 또는 자유주의 정치철학자들과 헤겔은 근본적으로 다르다. 헤겔은 시민사회 속에서의 갈등과 분열, 천민화[9] 그리고 "종속과 궁핍의 무한한 증대"[10]를 감지하고 이를 극복하는 것을 국가의 핵심적인 기능으로 간주한 최초의 철학자이다. 언급했듯이 헤겔 이후의 국가철학의 역사는 헤겔의 국가철학에 대한 오해의 역사라고 해도 과언이 아니다.

'천민'의 발생에 관한 헤겔의 '유명한' 다음 구절을 보자.

> 사회 성원에게 필요하다고 여겨지는 일정한 생계의 규모는 저절로 정해지기 마련인데, 많은 대중이 그 정도의 생활수준을 밑도는 상태로 영락하게 됨으로써 정의감이나 준법정신, 그리고 스스로의 활동과 노동으로 생계를 유지하는 데 대한 자긍심을 상실하기에 이를 때, 이것이 천민(Pöbel)의 출현을 가져오게 된다. 이것은 동시에 소수인의 수중에 과도한 부가 집중되는 것을 더욱 용이하게 한다. …… 어떻게 하면 빈곤을 퇴치할 것인가 하는 이 중대 문제야말로 특히 근대사회를 뒤흔들며 괴롭혀오고 있는 문제이다.[11]

여기에서 볼 수 있듯이 헤겔은 근대시민사회에서 천민이 발생할 수 있으

9 같은 책, §244 추가.

10 같은 책, §194 주해.

11 같은 책, §244.

며, 이에 상응해 소수의 손에 부가 집중하게 된다는 우려스러운 사실을 환기시킨다. 헤겔은 천민이 발생하는 이유에 대해서 다음과 같이 서술한다. 첫째, 시민사회에서 자신들의 생계를 유지시켜줄 안정적이고 적절한 직업을 갖고 있지 못한 계층들은 천민으로 전락하기 쉽다. 둘째, 노동의 기계화 역시 점진적인 궁핍화의 중요한 원인이다. 첫째 이유와 관련해 헤겔은 안정적인 직업을 갖고 있는 상공계층, 즉 부르주아 계층에 속하는 사람들의 사치와 낭비벽도 궁핍한 사람들이 생겨나게 하는 중요한 원인이라고 지적하고 있다.[12]

여기에서 또한 중요한 점은 헤겔에게 천민이란 단순히 물질적 궁핍만을 의미하지는 않는다는 것이다.

> 빈곤 그 자체가 사람을 천민화하지는 않는다. 천민은 빈곤에 결부된 마음의 자세에 따라, 즉 부자나 사회 또는 정부 등에 대한 내심으로부터의 분노 여하에 따라 그렇게 규정된다. 게다가 이런 마음가짐을 갖게 되면 인간은 우연에만 의존하게 되고 경박해지며 노동을 기피하게 [된다].[13]

현대적으로 이야기하면 '무차별적인 분노'에 빠져 자신을 소모하는 것이 아니라, 자신의 권리를 자각하고 이를 위해 투쟁하는 빈민은 결코 정신적으로 천민이 아니라는 것이다.

하지만 역으로 부자 천민도 존재한다.[14] 피케티가 과도한 부의 집중은 민주주의를 훼손한다고 종종 우려를 표명한 것처럼 헤겔 역시 경제적 이익만을 중시하면서, 사치와 낭비벽에 빠져 타인의 자긍심을 짓밟고 법과 정의를 상

12 같은 책, §253 주해.

13 같은 책, §244 추가.

14 Georg Wilhelm Friedrich Hegel, Hansgeorg Hoppe(ed), *Die Philosophie des Rechts. Nachschrift der Vorlesungen von 1821/22* (Frankfurt am Main: Surkampt, 2005), p.222.

실한 과도한 부의 소유자들로 인해 천민자본주의가 만연할 수 있다고 경고하고 있다.

바로 그러한 이유로 헤겔은 로크나 애덤 스미스식의 자유주의 철학 또는 정치경제학에 명시적으로 반대하면서 시민사회의 책임과 권리에 대해 강조하기를 잊지 않는다.

> 아테네에서는 시민 누구나 자기 생계를 어떻게 꾸려나가는지를 신고하도록 법률로 정해져 있었는데 오늘날에는 생계를 어떻게 꾸려나가느냐는 누구도 관여할 일이 아니라는 것이 일반인의 생각이다. …… 그러나 분명히 어떠한 개인도 한편으로는 자기만의 존재이지만 다른 한편으로는 또한 시민사회라는 조직의 한 성원이다. 따라서 각 개인은 시민사회로부터 생계의 보장을 요구할 권리를 갖는 한, 시민사회는 그 각 개인을 자신에 대해 보호해주어야 한다. 이 경우 단지 기아만이 문제가 되는 것이 아니며, 여기서 더 문제로 삼아야 할 관점은 단 한 명의 천민도 생겨나서는 안 된다는 것이다. 시민사회는 모든 개인을 부양해야 할 책임을 지고 있으므로 그들을 독려하고 생계를 위해 애쓸 권리도 갖고 있다.[15]

시민사회는 시민사회가 야기하는 문제로부터 각 개인을 보호해야 할 책임과 권리가 있다는 주장은 헤겔 이전의 근대정치철학자와 정치경제학자들에게서는 전혀 발견할 수 없는 놀라운 선언이다. 그것은 '요람에서 무덤까지'라는 보편적 복지이념에서 다시 발견되는 매우 현대적인 사상이다. 이렇듯 헤겔은 단순히 개인주의 또는 경제적 이익 추구라는 측면에서만 시민사회에 대

15 게오르크 헤겔, 『법철학』, §240 추가. 강조는 필자의 것이며, 번역도 필자에 의해 약간 수정되었음.

해 서술하는 것이 아니라 그것의 공동체적 성격, 즉 각 구성원의 생계에 책임을 지는 윤리적 측면을 동시에 강조한다. 근대사회는 "개인을 가족의 울타리에서 떼어내 뿔뿔이 흩어지게 하고 그들을 독립된 인격으로 인정한다."[16] 과거 근대사회에서 생계와 삶의 근원이며 뿌리였던 가족은 이제 시민사회를 위한 토대의 역할만을 행하는 것으로 그 기능이 축소되었다. 가족은 가족 구성원들의 삶을 책임질 수 있는 힘을 상실했고 시민사회에 종속되었다.

> 이제 가족의 힘이 미치는 범위는 그리 대단한 것이 못 된다. 오히려 시민사회야말로 거대한 위력의 소유자로, 인간을 자기 쪽으로 끌어당겨서 그로 하여금 시민사회를 위해 일하게 하고, 모든 것이 시민사회를 통해서 있게 함으로써 무엇이건 시민사회를 매개로 해서만 행해지도록 사람들에게 요구한다.[17]

이렇듯 헤겔은 근대사회가 가족 유대를 약화시킴으로써 개인을 원자화하고, 또 소외시킨다는 문제점을 지적하면서도 근대사회 이전의 세계, 즉 모든 것이 통합되어 있는 '좋았던 과거의 황금시대'로 되돌아가자고 말하지는 않는다. 근대사회는 가족과 자연적 공동체로부터 인간을 뿌리째 뽑아내 그를 냉혹한 시장의 세계로 내던졌지만, 다른 한편으로 인간은 오직 이러한 소외 경험을 통해서만 독립적 인격성과 자유를 획득할 수 있다. 하지만 헤겔에 따르면 정확히 그러한 이유로 '제2의 가족'인 시민사회가 개별화된 시민들의 교육과 생계·복지에 대한 책임과 권리를 갖게 된다. 따라서 헤겔이 가족과 시민사회의 분리를 이야기하면서 또한 **공공 교육**의 필요성을 주장하는 것도 결코 우연은 아니다. "교육은 더없는 공공성을 띠는 것인데도 부모 쪽에서 주로

---

16 같은 책, §238 추가.

17 같은 책, §238.

공교육에 대한 반대의 소리가 터져 나오곤 한다." 현재 유럽 대륙 국가들은 무상 공교육을 통해 헤겔의 이러한 사유를 실현했다.

헤겔은 『법철학』에서 시민사회에서의 빈곤 문제의 해결책에 관한 경제학적 논의를 제시하고 있는데 그 부분도 매우 흥미롭다. 헤겔에 따르면 비록 궁핍한 사람들이 노동을 하지 않는다고 해도 시민사회나 국가가 이들의 생계를 보장해줄 수 있다. 다른 한편으로 일자리를 마련해주는 방법이 있다. 그런데 그렇게 하면 생산량은 증가하지만 생산과잉이 초래된다는 문제가 발생한다. 말하자면 유효수요가 부족해 불황이 발생할 수 있다는 것이다. 헤겔에 따르면 이 두 가지 대안 모두 시민사회가 실천할 수 있는 대안이다.

하지만 헤겔은 시민사회가 이러한 대안을 실천할 수 있는 역량을 갖고 있지만 여전히 빈곤이 지배하고 있다는 역설을 해결하지 못한다. 그리하여 헤겔은 이렇게 말한다.

> 여기서 드러난 사실은 부의 과잉에도 불구하고 시민사회는 충분할 만큼 풍부하지는 않다는 것, 다시 말하면 빈곤의 과잉과 천민의 출현을 방지하기에 충분할 만큼 고유 재산을 소유하고 있지는 않다는 것이다.[18]

헤겔의 『법철학』이 출간된 것이 1821년이며, 19세기 초반까지 활동했던 이 철학자에게서 현대의 경제학자들도 제대로 해결하지 못한 문제의 답을 요구할 수는 없을 것이다. 어쨌든 헤겔은 이러저러한 대안을 제시하고자 노력한다. 그리하여 그는 시민사회가 식민지 개척을 통해 "노동생산물에 대한 새로운 수요와 시장을 창출"하고 있다는 사실을 지적하기도 한다. 헤겔은 식민지 개척을 통해 문제를 해결하고자 했던 식민주의자인가? 많은 사람들이 그

18 같은 책, §245.

럴 것이라고 막연히 오해하고 있지만 실제로 헤겔은 식민지 개척을 통해 수요 부족의 문제 또는 빈곤 문제를 해결하라고 결코 주장하지 않았다는 점을 인식할 필요가 있다. 오히려 반대로 헤겔은 식민지 해방 또는 노예해방을 촉구하고 있다.

> 식민지 해방은 그것 자체로 본국에 대한 최대 이익이 되는 것으로 증명되는데, 이는 노예의 해방이 주인에 대해 최대 이익이라는 점이 증명되는 데서 알 수 있다.[19]

헤겔은 빈곤과 수요 부족의 문제를 해결할 수 있는 구체적인 방법을 제시하지는 못했지만, 적어도 원리적인 면에서 빈곤 문제의 해결을 위해 **'복지정책'**과 **'노동정책'**을 시행해야 한다고 주장했다는 점이 중요하다. 아주 오래전에 쓰인 책이지만 헤겔은 현대의 신고전파 주류 경제학자들이 전혀 생각할 수 없는 '정답'을 이미 제시한 것이다. 반면 우리는 피케티의 『21세기 자본』을 헤겔이 시대적 한계로 인해 구체적으로 설명할 수 없었던 경제적 대안 또는 정책으로 읽을 수 있을 것이다. 피케티를 헤겔의 언어로 읽으면 다음과 같다. 현대사회에 부는 충분히 많이 존재하지만 그럼에도 절대적 궁핍과 불평등이 발생한다. 누진적 조세정책과 자본 통제에 바탕을 둔 사회적 국가 또는 복지국가의 건설만이 '천민'의 발생과 소수에 손에 부가 집중됨으로써 생겨나는 민주주의의 훼손을 막을 수 있다.

헤겔이 제시하는 구체적인 정책이 무엇인지에 대해 이야기하기보다는 철학적인 측면에 초점을 맞추어 논의를 진행하는 것이 더 유익할 것이다. 국가와 시민사회의 역할에 관한 헤겔의 논의가 어떻게 자유주의 철학과 고전파

---

19 같은 책, §248 추가.

정치경제학의 논의를 넘어섰으며, 헤겔이 국가에 부여한 기능이 무엇인가라는 문제에 집중해 논의를 진행해보자. 헤겔과 자유주의 정치철학자들과의 본질적 차이점은 지금까지 살펴보았듯이 헤겔에서 시민사회는 영리활동만 하는 것이 아니라 개인의 생계와 교육 등을 책임져야 할 의무와 권리를 갖는다는 것에 있다.

> 욕구의 체계[시민사회]에서는 각 개인의 생계와 복지는 가능성으로서 있을 뿐 그것의 실현 여부는 개인의 자의나 타고난 특성 그리고 이에 못지않게 욕구의 객관적 체계에 의해 좌우된다. 사법 활동을 통해서는 재산과 인격의 침해가 제거될 뿐이다. 그러나 법이 특수한 생활 영역에 현실로 등장하면 이러저러한 목적[생계와 복지]을 방해하는 우연성이 제거되고 인격과 재산의 안정이 확고히 지켜지며, 또한 개인의 생계와 복지가 확보되지 않으면 안 된다. 이로써 특수한 개인의 복지가 권리이며 법으로서 취급되고 또 실현되어야 한다.[20]

복지정책(경찰행정)과 조합, 그리고 국가

헤겔에 따르면 시민사회는 개인이 자신의 특수한 이익을 추구하는 자유의 영역이지만 그것은 국가라는 보편성에 의해 이미 침투되어 있는 곳이기도 하다.[21] 시민사회는 욕구의 체계로서 근본적으로 사적 이익의 원리에 따라 움직이는 곳이지만 시민사회에서 활동하는 개인과 단체는 공공의 목표를 따르고 윤리적 기능을 수행해야 할 책임으로부터 완전히 자유로울 수 없다는 것

20 같은 책, §231. 강조는 필자.
21 같은 책, §187.

이다. 그러한 의미에서 헤겔은 시민사회를 "외적 국가"[22]라고 부른다. 시민사회는 이기적인 영업 활동만을 행하는 것이 아니라 공동의 목표, 즉 "특수한 개인의 복지"를 "권리이며 법으로 취급하고 실현"할 수 있어야 한다.

시민사회가 행하는 대표적인 기능 또는 시민사회 속에 존재하는 대표적인 기관은 사법 작용, 복지행정(사회정책), 조합(Korporation)이다. 위의 인용문에서 말하듯이 사법활동은 주로 재산과 인격의 보호라는 보편적이지만 소극적인 기능을 수행한다. 시민사회가 담당해야 할 복지와 공적 기능은 **복지행정**(사회정책)과 **조합**이 수행한다. "그러나 개인으로서 나는 전적으로 특수성에 휘말려 있는 존재인 이상, 나는 이 연관성 속에서 나의 특수한 복지 또한 증진되도록 요구할 권리를 갖고 있다. 즉 나의 복지, 나의 특수성이 고려되지 않으면 안 되는데, 이를 행하는 것이 복지행정과 조합이다."

헤겔에서 **복지행정**(경찰행정)[23]은 공공 안정, 생업의 감독, (상공업 활동에서 사기나 기만이 발생하지 않도록 하는) 공권력의 감독과 예방조치[24], 그리고 더 나아가 현대적 의미의 **복지 기능**을 담당하는 조직이다. 그것은 단지 치안을 담당하는 경찰 기능만이 아니라 경제·사회 정책을 수립하고 실행하는 기관이며, 영업 활동에서 기만과 사기가 발생하지 않도록 감독한다. 복지행정은 시민사회에서의 무제한 이익 추구에 대항하고 유산계급의 과도한 부의 축적, 노동계급의 예속과 궁핍화,[25] 민중의 천민화가 발생하지 않도록 '윤리적'·'사

---

22 같은 책, §183.

23 같은 책, §229 추가. 복지행정은 『법철학』 번역본에서 사회정책 또는 경우에 따라서는 경찰행정이라고 번역되어 있다. 이것의 독일어 단어는 'Polizei(경찰)'이다. 『법철학』 번역본은 이 'Polizei'를 다양한 용어로 번역하고 있어 혼동이 생길 수 있다. 헤겔의 시대와 문맥에서 그것은 사회정책과 복지행정, 그리고 경찰행정을 뜻하는 포괄적인 용어로서, 이를 복지행정 또는 사회정책이라고 번역하는 편이 『법철학』의 원래 의도에 더 부합해 보인다.

24 같은 책, §235.

25 같은 책, §243.

회경제적' 기능을 수행하는 공적 조직이다.

시민사회에서 활동하는 또 하나의 중요한 집단으로 **조합**이 있다. 헤겔에 따르면 조합의 본래 목적은 **상공업**이라는 고유한 업무 범위를 벗어나지 않는다. 시민사회의 각 구성원은 자신의 특수한 기능에 따라 조합의 구성원이 된다. 조합은 상공계층, 즉 중산층이 "공권력의 감독"을 받으면서 "단체 스스로의 이익을 도모"하는 조직을 말한다. 그것은 "전체의 연관 속에서 필요한 수만큼의 인원을 받아들이고 소속된 구성원이 우연한 사건을 당하지 않도록 배려하고 그리고 그 구성원으로 하여금 자신들에게 어울리는 능력을 갖출 수 있도록 교육할 권리가 있다."[26] 조합이란 같은 직종에 속하는 성원들의 복지와 교육을 담당하고 집단의 이익을 위해 결합한 직업단체인 것이다.

헤겔에 따르면 조합은 단체 스스로의 이익을 추구하며 동시에 소속된 구성원들에 대해 "제2의 가족과 같은" 역할을 수행해야 한다. 시민사회에서는 가족의 기능이 약화되며 각 개인은 뿔뿔이 흩어져 원자화된 삶을 살아간다. 조합은 고립된 이러한 개인들이 시민사회에 뿌리를 내릴 수 있도록 (이익과 영리만을 추구하는 것이 아니라) 구성원들을 위한 공동체로서의 역할을 담당할 수 있어야 한다.[27] "이기적인 목적"을 "공동의 목적"으로 통합해야 한다는 것이다. 그것은 단순히 생계만이 아니라 "공동사회의 일익"을 담당하는 "비이기적 목적"에도 기여해야 한다. **비이기적인 목적**에 **관심**과 **노력**을 기울임으로서 "조합의 소속원은 자기 계층에게 **긍지**를 느[낄 수]"[28] 있다. 또한 조합은 상공계층에 의한 사치와 낭비벽으로 인해 **천민**이 발생하지 않도록 노력할 뿐만 아니라 빈곤한 자에게 원조를 베푸는 역할을 담당한다.[29]

---

26 같은 책, §252. 번역은 필자에 의해 약간 수정되었음.

27 같은 책, §252.

28 같은 책, §253. 강조는 필자.

29 같은 책, §253.

국가와 시민사회의 관계

헤겔에 따르면 조합은 또한 원자화된 시민사회에서 각 직업계층에 속하는 개인이 공적 활동에 참여할 수 있도록 해주는 일종의 **정치조직**이기도 하다.

> 우리가 살고 있는 현대국가에서 시민은 국가의 일반적인 업무에 단지 제한적으로 관여할 뿐이다. 그러나 윤리적인 인간에게는 그의 사적인 목적 이외에 공적인 활동에 참여하게 해주는 일이 반드시 필요하다. 현대국가가 그에게 언제나 제공해주지만은 않는 이 공적인 업무를 그는 바로 이 조합에서 발견하는 것이다.[30]

개인적 영업 활동과 공적 업무 참여, 그리고 공공의 이익에 기여함으로써 조합은 성원들의 생계와 자긍심을 유지시켜준다. 그것은 파편화된 시민사회를 공동의 목표와 삶으로 묶어주는 중간 매개인 것이다.[31] 고대 폴리스에서는 개인이 시민의 자격으로 직접적으로 국가 정치에 관여했다면 복잡해지고 다원화된 근대사회에서 각 개인은 오직 이러한 중간집단(조합)을 통해서만 사실상 공적 업무에 참여할 수 있다. 그리고 조합은 공적인 공동 목표를 추구하기 때문에 개인의 권리 또는 영업의 자유를 **제한**할 수도 있다.[32]

조합은 신분의 제약 아래 활동하는 길드와 달리 신분적 질서를 벗어난 자유로운 시민들의 결사이다. 그러나 그것은 동시에 보편적 공익을 위해 존재한다. 현대적 개념으로 말하면 기업은 직원의 복지기금 조성을 위해 사회적

30 같은 책, §255.
31 같은 책, §253, §254.
32 같은 책, §254.

분담금을 지불할 뿐만 아니라, 빈민 그리고 더 넓게 말하면 (단지 주주만을 위해서가 아니라) 다양한 이해를 가진 당사자(소비자, 환경단체, 노동자, 사회적 약자 등)에 대한 사회적 책임을 담당한다. 피케티가 매우 긍정적으로 언급한 바 있는 독일의 '이해당사자 자본주의'에 관한 이야기가 헤겔의 『법철학』에 이미 명확한 형태로 등장한다는 사실은 무척 놀라운 일이다. 근대에 와서 가족과 길드 등 전통적인 공동체가 약화되었고 이에 따라 조합의 역할이 더욱 중요해졌지만 그렇다고 스스로 자립해야 하는 개인의 책임이 사라지는 것은 아니다.[33]

시민사회는 단순히 원자화한 세계로 머무를 수 없다. 그것은 **이미 국가의 한 부분**이며 따라서 앞에서 언급한 바 있듯이 헤겔은 그것을 "외적 국가"[34]라고 불렀다. 외적 국가라는 표현을 통해 우리는 시민사회 또는 시민사회에 속하는 구성원들이 '모순적인' 위치에 서 있다는 것을 알 수 있다. 시민사회 속에서 각 개인은 이미 국가의 성원으로서 국가라는 더 포괄적인 공동체, 더 넓은 보편성에 참여하고 있지만 '욕구의 체계'로서 시민사회는 각 개인을 분열시키고, 이기적인 목적이나 경제적 이익에 몰두하도록 몰아간다. 조합 역시 시민사회에 속하므로 특수한 집단의 이익에 종속될 위험이 항상 존재한다. 외적인 국가로서 시민사회는 이러한 고유한 내적 한계를 갖고 있으며 따라서 시민사회와 조합은 국가의 감독을 받아야 한다. 그렇지 않으면 조합이 폐쇄적이고 매우 이기적인 조직으로 전락할 수 있다.[35] 바로 이 지점에서 시민사회는 국가로 이행한다.

조합의 목적은 제한적이고 유한한 것으로 …… 그것의 진리는 절대적인 공동

33 같은 책, §255.
34 같은 책, §183.
35 같은 책, §255 추가.

> 의 목적과 이 목적의 절대적인 실현 속에 있다. 이렇게 해서 시민사회의 영역은 국가로 이행하게 된다.[36]

자유로운 영업 활동의 영역인 시민사회가 이기심을 극복하고 공익을 구현하는 데는 한계가 있으며, 따라서 국가가 자유롭고 개별적인 주체성과 보편적 목적을 통합시키는 윤리적인 역할을 수행해야 한다. 국가에 의해 설립되고 운영되는 '정의로운 제도'와 '공공 정책'만이 사적 특수성과 공적 보편성을 통합할 수 있다.

> 근대국가의 본질은 공동적인 것이 특수성의 완전한 자유와 개인의 행복으로 결합되어 있어야 한다는 것. 따라서 가족과 시민사회의 이익이 국가에 총괄되어야 한다는 것, 그러면서도 목적의 보편성은 스스로의 권리를 보존하지 않을 수 없는 특수한 존재의 독자적인 의지와 의욕 없이는 전진할 수 없다는 것, 바로 이 점에 [근대국가의 본질이] 있다. 그러므로 보편적인 것은 실현되어 있어야 하지만 다른 한편으로는 주체성도 활력에 넘치는 발전을 해가야 하는 것이다. 이 두 요소가 든든한 바탕 위에서 존속함으로써만 비로소 국가는 각 부분이 조직화한, 진정으로 유기적인 국가라고 할 수 있다.[37]

핵심은 이것이다. 국가는 시민사회와 '외적으로' 중첩되지만 그것과는 본질적으로 구분되는 최고의 윤리적 실체다. 바로 그것이 로크(그리고 노직)에 대한 헤겔의 대답인 것이다. 국가는 개인이나 조합, 기업 등의 사적 이익으로 환원될 수 없으며, 특수한 존재의 독자적인 의지를 고려하면서도 동시에 공

36 같은 책, §256. 번역은 필자에 의해 약간 수정되었음.
37 같은 책, §244. 강조는 필자, 번역도 필자에 의해 조금 수정되었음.

익과 윤리(Sittlichkeit)을 실현하는 보편적 실체로 기능해야 한다. 앞에서 인용한 적이 있지만 다시 한 번 다음 구절을 음미해보자.

> 만약 국가가 시민사회와 혼동되어 국가의 사명이 재산과 인격적 자유의 안전과 보호에 있는 것으로 여겨진다면 개개인 그 자신의 이익이 곧 그들 모두가 떠받드는 궁극 목적이 되어버린다. 이로부터 국가의 구성원이 되는 것은 임의적인 일이라는 결론이 나온다.[38]

헤겔의 사회적 국가

이로부터 헤겔의 **사회적 국가** 이념이 도출된다. "영업의 자유는 결코 공공의 복리를 위태롭게 하는 그런 성질의 것이어서는 안 된다."[39] 자본의 무제한적인 이익 추구는 보편적인 공적 목적을 위해 제한될 수 있으며 반드시 제한되어야 한다. 그것을 통해서만 각 개인의 진정한 자유가 실현될 수 있다. 형식적·소극적 자유가 아니라 자신의 잠재력을 구현할 수 있는 적극적 자유 말이다. 바로 이것이 시민사회와 국가의 영역이 중첩되면서도 근본적으로 달라야 하는 이유이다. 시민사회 역시 공공의 기능을 수행하지만 그것은 **외적 국가**일 뿐이다. **진정한 윤리적 사회적** 국가는 "보편성과 개별성을 상호 침투"하게 함으로써 외적 국가 속에서 불완전하게 달성된 자유를 완전하게 실현한다. 그것은 소극적 자유뿐만 아니라 평등과 정의, 사회적 권리에 기반을 둔 적극적 자유를 구현하는 윤리적 실체이다.

---

38 같은 책, §258, §260 주해. 번역은 필자에 의해 조금 수정되었음.

39 같은 책, §236 추가.

국가는 가족과 시민사회의 법률과 이익을 국가 권력에 종속시키고, 다른 한편으로는 가족이나 시민사회에 내재하는 공동의 목적과 각 개인의 특수성을 통일한다. 헤겔에 따르면 국가가 권력을 갖고 개개인이 그것에 대해 의무를 지닌다는 것은 곧 개개인이 **권력**을 갖는다는 것을 의미한다.[40] 국가는 개인을 억압하는 권력이 아니라 시민사회가 달성할 수 없는 공공의 이익과 보편적 복지 실현을 위한 최종적인 윤리적 주체가 되어야 한다는 것이다.

시민사회를 통해 해방된 자유로운 사적 인격이 공동적 인격으로, 그리고 현실적인 권리와 자긍심으로 존재할 수 있기 위해서는 반드시 국가적 차원에서의 **제도적 보장**이 필요하다.[41] 헤겔이 주창했던 사회적 국가 이념은 역사의 오랜 굴곡을 거친 후 **헌법**과 그것에 근거해 마련된 다양한 정책과 제도들을 통해 마침내 현실로 실현되었다. 헤겔이 구상했던 사회적 국가는 20세기에 그 전성기를 맞았으며 정치사상 유래 없는 최고의 성과를 남겼다. 누진적 조세제도에 기반을 둔 무료 공교육, 보편적 의료 복지, 기초생계부조, 노령연금 등 결코 사라질 수 없을 최고의 공적·사회적 제도들을 발명했다. 사회적 국가만이 해낼 수 있는 이 모든 것을 경험한 피케티는 이제 이것들을 다시 다 사라지게 만들 수 있는 (신)자유주의의 위선과 위험을 경고하며 헤겔보다 더 멀리 나아간다. 그는 시대의 한계로 인해 헤겔이 결코 해낼 수 없었던 치밀한 현실 진단과 분석을 바탕으로 '21세기의 사회적 국가'(560)를 위한 정의롭고 효율적인 정책 대안들을 제시한다.

헤겔은 근대 자유주의 철학의 완성자이며, 동시에 근대세계가 피와 땀으로 쟁취한 중요한 자유가 오직 평등을 지향하는 사회적 국가 속에서만 진정한 실질적인 자유로 실현될 수 있음을 역설한 최초의 정치철학자라고 평가할

40 같은 책, §261.

41 같은 책, §264.

수 있다. 그는 자유주의가 필연적으로 산출하는 불평등의 문제를 해결해줄 수 있는 윤리적 국가가 존재할 때에만 근대의 자유의 이념이 진정으로 완성될 수 있다는 놀라운 사실을 간파했다.

그러나 불행히도 오늘날 자유주의 정치철학자들과 신고전파 경제학자들은 역사의 시계를 거꾸로 되돌리려 한다. 프랑스 혁명과 장 자크 루소(Jean-Jacques Rousseau), 그리고 헤겔이 그토록 강조한 평등의 이념을 낡은 집산주의의 산물로 치부하며 '재산권 보호'에 봉사하는 형식적·추상적 자유, 소극적 자유만을 가치 있는 유일한 이념으로 간주한다. 헤겔이 극복한 로크의 망령이 프리드먼과 하이에크, 그리고 노직 등을 통해 되살아났다.

이제 다음에서는 또 다른 뛰어난(?) 로크주의자 이사야 벌린의 고전적인 논문, 「자유의 두 개념」에서 개진된 소극적 자유와 적극적 자유 개념에 대해 살펴보고자 한다. 많은 사람들이 이사야 벌린이 적극적 자유 개념을 주창하고 이것을 옹호한 대표적인 인물이라고 생각하지만 놀랍게도 정작 이사야 벌린은 바로 그 논문에서 적극적 자유 개념을 폐기하기 위해 혼신의 힘을 기울였다.

평등 없는 자유가 가능한가: 이사야 벌린의 자유주의 비판

불평등에 직면하여 각 개인이 취할 수 있는 태도는 다양하다. 예를 들어 어떤 사람은 자신이 당한 불평등을 운명이나 자신의 태생적 무능력 탓으로 돌리거나 잘못된 방식으로 보상받으려고 한다. "난 원래 공부를 못하기 때문에 사는 게 어려운 건 당연한 일이야"라고 말하는 것이 전자의 태도이다. 삶에서 느끼는 불공정함과 부정의에 분노한 나머지 예컨대 '묻지마 범죄'를 저지르거나 비행이나 심각한 일탈로 '원한'을 해소하는 방식이 후자에 해당할

것이다.

공산주의 이론으로 회피하는 사람들도 많다. '지젝 현상'이 그 대표적인 증상일 것이다. 그의 이론이 앞뒤도 맞지 않으며, 특히 그가 말하는 공산주의가 현실성이 있다고 진정으로 믿지 않으면서도 많은 사람들은 지젝에 열광한다. 물론 어떤 이들은 (꼭 지젝식의 공산주의가 아니더라도) 공산주의가 진정한 답이라고 믿기도 한다. 공산주의 이론에도 다양한 형태가 있으므로 각자는 자신의 성격 혹은 '환상'에 맞는 이론을 선택하여 현실의 답답함을 극복하고자 한다. 어떤 이는 여전히 혁명에 희망을 걸고 어떤 사람은 개인주의적 공산주의 혹은 조합주의적 공산주의 이론을 신봉하며, 또 다른 사람은 각 '개인'이 '자발적으로' 결합해 하나가 되는 네그리식의 자유로운 공동체(코뮌주의 혹은 코뮌주의적 공산주의)를 꿈꾼다. 물론 불안이나 위선 혹은 비겁함의 등 뒤에 숨거나 말뿐인 공허한 이론으로 도피하지 않고, 자신과 타인을 위해 진정성 있게 투쟁하는 사람도 적지 않다.

불평등을 영구적으로 고착시키기를 원하는 사람은 현존하는 사회적 불평등을 통해 이익을 얻을 수 있는 위치의 사람일 것이다(물론 예외는 존재한다. 따라서 우리는 그러한 예외적 인물들을 존경한다). 예를 들면 엘리트 계층에 속하는 사람은 자신이 가진 인적·물적 자원으로 항상 안락한 삶을 유지할 수 있으므로 불평등을 영구불변한 진리 혹은 당연한 삶의 원리로 믿으며, 이를 다른 사람들에게 설파하고자 한다. 어찌 보면 이러한 위치에 있는 사람들이 그렇게 행동하는 것은 당연할 수도 있다.

문제는 자신에게 불리한 이론을 오히려 더욱 열심히 믿으면서 사회적 불평등의 당위성을 옹호하는 사람들이 의외로 많다는 사실이다. 어떻게 자기에게 불리한 이론과 신념을 적극적으로 믿고 따르는 일이 가능할까? 사실 이러한 질문 자체가 이미 우문일 것이다. 이 사회 속에는 자신에게 불리한 신념을 자신의 것으로 받아들이도록 은밀하고 교묘하게, 수많은 선량한 사람들을 잘

못된 확신으로 몰아가는 (정치적·경제적·철학적·심리적·종교적) 담론들이 강력한 힘을 발휘하고 있으니 말이다.

불평등이 당연한 현실이 된 이유: 담론의 상상적 효과

그런 담론 중의 하나로 예컨대 신자유주의의 핵심 교리 중 하나인 소위 '낙수 효과' 이론을 생각해보자. 이 이론에 따르면 부자들과 대기업의 세금을 깎아주는 방식 등으로 대기업과 상류층에게 돈을 더 많이 몰아주면 투자와 경제성장이 가속화되어 모두가 더 잘살게 될 것이라고 한다. 물론 여기에는 직장인들은 가능한 적은 돈을 받으면서도(심지어 정규직 일자리를 요구하지도 않으면서도) 열심히 일해야 한다는 전제가 깔려 있다. 빈부 격차를 유발시켜 불평등을 고착시키며 직장인은 물론 대다수 사람들의 삶을 피폐하게 만드는 이러한 잘못된 이론이 국민에게 그들을 위한 가장 훌륭한 이론이라고 설파되고 있다. 문제는 여전히 많은 이들이 자신에게 불리한 이 이론을 믿고 따른다는 사실이다.

이러한 가운데 우리들의 삶은 곪아갔고, 이는 세월호 사건, 윤 일병 집단구타 사망 사건 등 최악의 병리적 모습으로 등장해 우리를 경악하게 만들었다. 오늘날 한국 사회는 세월호 사건을 통해 우리 자신과 사회 속에 숨겨져 있는 치부의 끝을 보았다. 자유민주주의라는 이름하에 숨겨진 불의와 부패, 폭력성, 돈과 권력에 대한 탐욕스러운 욕망, 타락, 생명과 인권의 경시, 공무원과 국가 관료들의 뻔뻔스러운 책임 회피와 이기적인 당파주의, 그리고 이 모든 것을 묵과하는 수많은 사람들, 그리고 역시 마찬가지로 기회주의적인 야당들……. 열거하자면 한이 없을 것이다.

사회적 국가론자들이 자유뿐만 아니라 평등(혹은 정의)이라는 가치를 동시

에 강조하는 것은 결코 우연이 아니다. 그것은 전후 사회민주주의가 인류의 역사적·개인적 경험으로부터 물려받은 가장 탁월한 유산 중 하나이다. 평등(물론 기계적 평등이 아니다)이 실현되지 않는 사회에서는 자유라는 가장 기본적인 권리나 가치조차 의미가 없어지기 때문이다. 바로 이 점에서 사회적 국가론자들은 (신)자유주의자들과 결정적으로 달라진다. 물론 자유주의자들도 평등을 무시하지 않는다고 입버릇처럼 이야기하지만 그들의 철학은 진정성과 일관성을 결여하고 있다. 자유주의 이념만을 철저하게 받아들이는 나라와 사회적 국가 이념을 받아들인 나라 사이에는 근본적인 차이가 존재한다. 그리고 이 점에 대해 자유주의자들은 침묵하고 싶어 한다.

자유주의자들이 말하는 자유 개념의 모호성: 이사야 벌린의 소극적 자유와 적극적 자유

자유주의자들이 말하는 자유는 무척 제한적이다. 이 점에 대해 살펴보자. 자유에 관하여 자유주의자들이 쓴 수많은 글이 있는데, 그중에서도 이사야 벌린의 「자유의 두 개념」이라는 제목의 논문은 '고전'의 반열에 오른, 가장 많이 인용되는 글 중 하나이다.[42]

결론부터 이야기하면 이사야 벌린은 자유를 소극적 자유와 적극적 자유로 나누어 설명하는데, 우리의 기대와는 달리 그는 소극적 자유만을 고유한 의미의 자유로 간주한다. 그에 따르면 적극적 자유에서 "적극적"이라는 말의 의미는 "자신의 주인이 되기"를 원한다는 것을 뜻한다. 적극적 자유는, "나는 객체가 아닌 주체가 되고 싶다" 혹은 "하나의 물체, 동물 또는 노예와는 달리 인

42 이사야 벌린, 「자유의 두 개념」, 박동천 옮김, 『자유론』(서울: 아카넷, 2006).

간으로서의 역할 – 즉 나 자신의 목표 및 계획을 고안하여 그것을 실현시키는 역할 – 을 수행할 수 있기를 원한다는 각 개인의 소원에 뿌리를 두고 있다."[43] 이에 반해 소극적 자유란 "다른 사람 어느 누구도 내 활동에 개입하여 간섭하지 않는 만큼 내가 자유롭다"[44]는 것을 의미한다.

벌린의 글을 읽기 시작할 때 처음에는 그가 마치 평등이나 적극적 자유를 소극적 자유 못지않게 적극적으로 옹호하는 듯한 느낌을 받지만, 우리들의 기대와는 달리 그의 논의는 정반대의 방향으로 흘러간다. 오히려 벌린은 적극적 자유 개념을 비판하는데 그 이유는 더욱 놀랍다. 유명세에도 불구하고 그 논문은 사회적 국가론의 관점에서 볼 때 궤변이라고밖에 할 수 없는 실망스러운 논리를 설파한다. 그에 따르면 적극적 자유는 개인의 자유를 적극적으로 실현한다는 명목하에 타인의 자유를 억압하는 전체주의 혹은 공산주의로 귀결되는 자유를 의미할 뿐이다. 이런 점에서 이사야 벌린은 진정한 (신)자유주의 이론가에 속한다.

적극적 자유는 전체주의로 귀결?

벌린이 범하고 있는 대표적인 오류는 "적극적 자유에 대한 옹호는 반드시 전체주의나 공산주의로 귀결된다"고 주장하는 것이다. 이러한 터무니없는 결론이 나올 수밖에 없는 것은 벌린이 평등과 자유는 서로 개념적으로 아무런 상관이 없다고 믿기 때문이다. 그는 이렇게 말한다.

43 같은 글, 360쪽.

44 같은 글, 344쪽.

> 하지만 정의, 평등 및 이웃에 대한 사랑을 위해서 내가 포기하는 것은 어쨌든 자유이지 다른 것이 아니다 …… 자유를 희생함으로써 자유를 증진할 수는 없는 것이다. 자유는 자유일 뿐 평등, 공평, 정의, 문화, 인류의 행복, 마음 깊은 곳의 양심 등 그 어느 것과도 동등한 것이 아니다.[45]

형식논리의 극치 아닌가? 자유는 자유이고 평등은 평등이니 자유와 평등은 아무 상관이 없다는 것이다! 또한 이러한 논리를 더 발전시키면, '나는 나의 자유를 지킬 수만 있다면 평등, 정의, 양심을 저버려도 상관없다'는 것을 함축한다. 당연히 벌린은 이러한 주장을 하는 사람으로 낙인찍히고 싶지 않았으므로 단서를 붙이는 것을 잊지 않는다. "개인의 자유가 타인의 자유를 침해하지 못하도록 개인의 자유를 제한할 수 있다는 점도 인정할 수 있다. 그리고 다른 사람의 평등이 심각하게 침해될 때에도 개인의 자유를 제한할 수 있다"고 말이다.

하지만 벌린이 강변하듯이, 만약 자유가 평등, 양심, 정의와 아무런 관계가 없다면 왜 내가 평등과 정의, 양심을 위해서, 즉 타인을 위해서 나의 자유를 제한해야 한단 말인가? 평등과 정의, 양심을 위해서 나의 자유를 제한할 수 있다는 벌린의 말이 조금이라도 논리적으로 그리고 현실적으로 설득력이 있으려면, 나의 자유가 '이미 애초부터' 정의와 양심, 평등의 문제와 무관하지 않다고 말해야 하지 않겠는가? 내가 양심도 없고 정의감도 없는 사람이라면 왜 내가 타인을 위해 나의 자유를 제한하려고 하겠는가? 오히려 타인의 권리를 짓밟으면서도 아무런 느낌도 죄책감도 없이 나의 자유가 실현되었다고 쾌재를 불러야만 하지 않겠는가?

45 같은 글, 349쪽.

소극적 자유와 정의 그리고 평등

이번에는 벌린이 그토록 열렬하게 옹호하는 소극적 자유에 대해 생각해보자. 그는 소극적 자유, 즉 "종교, 의견, 표현, 재산의 자유만은 반드시 자의적 침해로부터 보호되어야 한다"[46]고 강력하게 주장한다. 그런데 그가 그렇게 중시하는 소극적 자유가 과연 정의, 평등과 무관한가? 예컨대 자발적으로 내가 나의 표현의 자유를 억압하는 상황을 생각해보자. 가령 내가 회사에서 부당한 대우를 받고 있는데, 해고당할 것이 두려워 스스로 표현의 자유를 억압한다. 그런데 이때 내가 포기하는 것은 단지 나의 자유만이 아니다. 나는 불안과 두려움 때문에 나에 대한, 나를 위한, 나 자신의 정의감과 양심을 배반하고 있는 셈이다. 벌린이 말하는 소극적 자유조차 정의와 양심, 평등의 문제와 결코 무관하지 않다는 것이다.

하지만 벌린의 논리 구조에 따르면 그 상황은 다음과 같이 설명될 것이다. "당신이 표현의 자유를 자발적으로 포기한 것은 양심과 정의, 평등의 문제와는 아무 상관이 없다. 단지 당신은 불안 혹은 두려움 때문에, 더 정확히 말하면 당신의 무능력 때문에, 자유를 지키지 못한 것뿐이다."

하지만 타인들(예컨대 직장 동료나 상사, 혹은 노동위원회 등)이 거의 일방적으로 고용주 편을 드는 경향이 매우 강한 한국 같은 곳에서 내가 살고 있다면, 그리고 더 극단적으로 말해서 대다수가 정의감이 없거나 양심적이지 못해 나를 옹호해줄 사람이 거의 없는 상황에 처해 있다면, 나는 부당하게 대우하는 회사에 맞서 나의 표현의 자유를 관철시킬 수 없는 것이 당연하다. 다시 말해서 오직 타인들이 나의 자유를 지켜주고자 하는 정의감과 양심, 그리고 불평등에 대한 분노심을 갖고 있을 때에만, 그들의 도움으로, 그들과의 심리

46 같은 글, 350쪽.

적·현실적 '연대'를 통해, 나는 두려움을 극복할 수 있고 나의 표현의 자유(소극적 자유)마저 스스로 지켜낼 수 있다.

그러므로 "자유는 자유일 뿐이며, 평등과 양심, 정의를 자유와 결부시키지 말라"는 이사야 벌린식의 자유주의 궤변은, 특히 신자유주의 시대에는 사회적 강자를 위해 약자의 자유를 희생시키는 전체주의적 논리로 귀결된다.

자유주의는 결국 '강자의 자유'를 옹호

벌린식의 자유론은 경제 발전을 위해서 부자들에게 더 많은 몫을 주어야 한다는 '낙수 이론' 같은 궤변을 깔끔하게 정당화할 수 있다. 경제성장이라는 대의를 위해서는 약자의 자유를 제한할 수 있다는 것이다. 그런데 왜 항상 약자들의 자유만 제약되어야 하는가? 벌린식의 자유주의에 따르면 그 어떤 경우든 강자는 자신의 자유를 자발적으로 제약할 필요가 없다. 왜냐하면 자유는 양심과 정의, 평등의 문제와 아무런 상관이 없기 때문이다. 실제 현실에서 자신의 자유를 관철할 힘이 있는데, 왜 강자가 자신의 자유를 자발적으로 제약하겠는가?

벌린의 자유론은 사실상 사회적 강자들만이 — 벌린 자신이 전체주의적인 것이라고 비판하는 — 적극적 자유를 실현할 수 있다는 것을 함축하고 있는 이론이며, 이러한 '적나라한 현실'을 옹호하는 것으로 귀결된다. 그리고 바로 이것이 벌린을 포함한 자유주의 이론, 즉 로크로부터 출발해 오늘날의 하이에크와 프리드만 또는 노직과 같은 신자유주의자들에서 그 절정에 달하는 자유주의 철학의 귀결이다. 이처럼 벌린의 자유론이 갖는 근본적인 한계는 그가 '적극적 자유'를 아예 인정하지 않는다는 것, 또는 가끔 인정하는 제스처를 취한다 하더라도 결국은 구색 맞추기용으로 '아주 조금만' 인정한다는 데 있

다. 그리고 이 점은 로크 이후로 근대 자본주의 사회를 지탱해온 핵심적 이념으로 지금까지 자리 잡아온 (신)자유주의 철학과 경제 이론의 근본적인 한계이다.

제12장

롤스의 정의론

지금까지 정치철학사의 맥락에서 '사회적 국가'를 명확히 이해하기 위해 필요한 다양한 철학적 문제들에 대해 살펴보았다. 이제 피케티가 직접 이름을 언급하는 롤스에 대해 이야기해보자. 『21세기 자본』에서 피케티가 긍정적으로 인용하는 철학자는 롤스뿐이다. 『21세기 자본』의 '결론'에서 피케티는 프랑스의 진보적인 철학자 장 폴 사르트르(Jean-Paul Sartre), 루이 알튀세르(Louis Althusser), 그리고 알랭 바디우(Alain Badiou)를 거명한다. 그 철학자들이 진보적이라고는 하지만 실제로는 그들이 불평등을 해결할 수 있는 구체적인 논의를 하지 않고 이론적·이념적 잣대만을 들이대었음을 비판하기 위해서다.

반면, 피케티는 롤스라는 이름을 긍정적으로 거명하지만 롤스에 대해 자세히 설명하는 것을 사회과학자로서 자신의 임무라고 느끼지 않는 듯하다. 롤스에 대해서는 이미 많은 연구가 진행되었고, 그에 대해서 참조할 수 있는 책도 많이 있으므로 굳이 피케티가 롤스에 대해 설명할 이유를 느끼지 못했을 것이며 이는 당연한 일이다. 『불평등 경제』에서도 피케티는 롤스에 대해

한두 번 언급한다. 최소 수혜자(사회적 약자)에게 최대의 혜택이 돌아가는 한에서 불평등은 용인될 수 있다는 **맥스민**(maxmin, 최소 수혜자의 최대 혜택) **원리**를 언급하는 대목에서 말이다. 롤스는 사회적 약자의 몫이 작아지더라도 상관없으며, 오직 전체의 크기만 커진다면(실제로는 부유한 사람의 몫이 더 커진다면) 그것은 윤리적이며 사회복지에 기여한다고 주장하는 **공리주의의 원리 혹은 신고전파 경제학의 원리**에 반대하기 위해 맥스민 원리를 제시했다. 바로 이 점에서 롤스의 이론은 피케티 이론과 상통한다.

피케티가 『21세기 자본』에서 "사회적 차별은 오직 공익에 바탕을 둘 때만 가능하다"는 것을 천명한 1789년 프랑스혁명 당시의 '인간과 시민의 권리에 관한 선언 제1조'를 인용하는 것도 바로 이러한 맥락에서이다. 현대정치철학에서 롤스의 사상사적 의의는 매우 크다. 현대에 수많은 정치철학과 사회철학 이론이 존재하지만 롤스처럼 정의와 (불)평등 문제를 명확하게 다루는 철학자는 거의 찾아보기 힘들기 때문이다. 근대정치철학사에서 헤겔만큼 사회·정치철학적으로 매우 독창적이면서도 진보적인 입장을 취한 철학자가 별로 없었던 것과 유사한 상황이다.[1] 정의의 문제는 고대부터 지금까지 정치철

1 하지만 롤스는 칸트주의자이며 따라서 그는 헤겔의 국가 개념을 (치명적이지는 않은 방식으로) 비판하며 일정 정도 또는 상당 부분 거리를 취한다. 왜 롤스가 헤겔에 대해 긍정적인 입장을 취할 수 없었는가라는 문제는 우리의 논의의 범위를 넘어서므로 길게 다룰 여유가 없다. 그것은 언급한 바 있듯이 롤스가 활동하던 당시 정치철학 또는 윤리학 연구자들 사이에서는 물론, 철학계 전반의 분위기가 헤겔에 대해 매우 부정적이었으며 그를 보수주의자로 간주하는 경향이 매우 강했기 때문이라고 말할 수 있다. 더욱이 롤스가 미국인이었다는 것을 감안하면 롤스가 헤겔의 긍정적 측면을 발견하기는 더욱 어려웠을 것이라고 추측할 수 있다. 잘 알려져 있듯이 칼 포퍼의 『열린사회와 그 적들』은 플라톤, 마르크스와 더불어 헤겔을 전체주의의 대표적 철학자로 간주한다. 앞에서 언급한 이사야 벌린도 로크주의자였으며 칼 포퍼를 매우 존경했다는 것을 생각해본다면, 당시(물론 지금도 마찬가지지만) 영미권의 자유주의 철학자들의 정치철학적 입장이 얼마나 편향적이었는지를 충분히 짐작할 수 있다. 사실 롤스는 헤겔에 대해 거의 언급한 바가 없다. 헤겔에 대한 그의 아주 짧은 논평 정도가 있을 뿐인데, 그것을 읽어보면 롤스는 헤겔의 정치철학에 대해 상당히 우호적

학·윤리학·경제학의 핵심 주제였으며 특히 롤스의 『정의론』은 오늘날 이 문제에 대한 가장 뛰어난 정치철학 책으로 평가받고 있다. 이제 이하에서 피케티 이론과 직접적으로 관련되는 부분을 중심으로 롤스 이론에 대해 살펴볼 것이다.

그의 정의론의 특징은 정의 문제를 다루면서도 형이상학적 우회로를 거치지 않고 좀 더 직접적으로 **정치적 관점**에서 접근한다는 것이다. 물론 롤스의 『정의론』이 좁은 의미의 정치학 책이라는 말은 아니다. 여느 철학자처럼 그 역시도 정의 문제에 대해 철학적으로 접근하지만 모호하고 비현실적인 논쟁에 빠지지 않기 위해 (피케티처럼) 불평등 문제, 달리 말하면 '기본적 재화'의 분배 문제에 직접적으로 관심을 갖는다. 그는 현실 속에 구현되어야 할 정의의 구체적인 모습, 즉 공적 차원에서 정치적·경제적으로 실현되어야 할 정의가 무엇인지 오해의 여지 없이 명료하게 말하고 싶어 한다.

공리주의와 과도한 능력주의를 넘어서: 차등의 원리

먼저 예를 들어 설명해보자. '재능이 있고 노력하면 성공할 수 있다'는 생각 그 자체가 잘못된 것이라고 할 수는 없다. 자신의 자유와 능력을 바탕으로

인 태도를 갖고 있었다고 추측할 수도 있다. 롤스가 헤겔에 대해 비판한 이유는 헤겔이 (사회)계약론의 비판자였다는 사실과 관련되어 있다. 잘 알려져 있듯이 롤스는 칸트적 관점에서 사회계약론을 발전시킨 철학자로 자신을 위치 짓는다. 바로 그 점에서 롤스는 사회계약론에 대해 우호적이지 않은 헤겔에 대해 거리를 취할 수밖에 없었던 것이다. 그러나 더 중요한 것은 어떤 사상가가 사회계약론자인가 아닌가라는 문제가 아니다. 그가 (신)자유주의의 한계를 넘어서려고 했느냐의 여부가 진정한 관건이다. 그러한 이유로 필자는 롤스와 헤겔 모두가 자유주의 국가론의 한계를 극복하고자 했으며, 이 점에서 이 두 철학자 모두를 사회적 국가의 옹호론자로 간주할 수 있다고 생각한다.

어떤 사람은 다른 사람보다 더 안락한 삶을 누릴 수 있다. 하지만 롤스는 이러한 과도한 능력주의와 책임주의에는 근본적 문제가 있다고 생각한다. 예컨대 재능도 있고 노력도 하지만 가난한 집안에 태어나 교육을 제대로 받지 못했기 때문에 재능과 노력이 빛을 보지 못하는 경우도 종종 발생한다. 무제약적인 자유는 과도한 경쟁과 능력주의를 낳으며, 이미 처음부터 좋은 자원(상속된 재산이나 재능)을 부여받지 못한 사람들에게는 기회의 평등마저 박탈한다.

구체적인 예를 들어보자.

A 집단과 B 집단이 각각 100만큼의 소득을 얻는 사회가 있다고 하자. 이제 경제성장이 이루어져서 전체 부가 20만큼 증가했다고 하자. 그렇다면 이 20의 증가분을 어떻게 분배하는 것이 가장 바람직하겠는가?

〈표 12-1〉

구분	출발점	대안 1	대안 2	대안 3	대안 4
A 집단	100	120	110	112	130
B 집단	100	100	110	108	90

〈표 12-1〉에서처럼 네 가지 대안이 현실적으로 가능하다고 가정해보자. 그렇다면 각 대안에 대해서 다음과 같이 말할 수 있을 것이다.

① 능력 있는 A 집단이 잘해서 20만큼의 전체적 부의 증가가 가능했다고 믿는 사람은 대안 1이 가장 바람직한 선택지라고 생각할 것이다. 그렇게 믿는 사람은 이것이 적절한 분배 방식이라고 생각하겠지만, B 집단에 속하는 사람은 불평등한 대우를 받았다고 느낄 것이다. 실제로는 B 집단도 전체 부의 증가에 상당히 기여했지만, A 집단이 자신의 지위와 권력을 이용해 부의 증가분 전체를 자신에게 귀속시키려고 하는 경우도 이에 해당할 것이다(실제적으로는 이런 경우가 더 많을 수 있다).

② 공평한 분배에 가치를 두는 사람은 물론 대안 2를 선호할 것이다. A 집단

이 실제로 좀 더 많이 기여한 것이 사실이라고 할지라도, A 집단은 이러저러한 이유로 혜택을 많이 받았기 때문에(좋은 교육의 기회나 상속 등) 능력을 발휘할 수 있었다면, 그 모든 부의 증가를 A 집단만 가져가서는 안 될 것이다. 물론 이는 극단적인 평등주의자가 지지하는 입장이다.

③ 대안 1과 대안 2를 절충할 수도 있다. 대안 3은 A 집단이 조금 더 기여했다는 것을 인정하지만 어느 정도 평등주의적인 입장을 받아들여 B 집단에도 혜택을 부여한다. B 집단이 많이 노력했음에도 주어진 여건이 좋지 못해 상대적으로 적게 기여할 수밖에 없는 상황이었음을 고려하는 것이다. 바로 이것이 롤스가 지지하는 '민주주의적 평등'에 근거한 입장이다.

그러나 롤스가 대안 2를 처음부터 배제하는 것은 아니다. 명령경제 체제에 의해서가 아니라 민주적인 합의에 의해 대안 2에 도달할 수만 있다면 롤스는 대안 2를 적극 환영할 것이다. 마찬가지로 A 집단에게 112가 아니라 111을, B 집단에게 108이 아니라 109를 분배하기로 사회적으로 합의했다면 롤스는 당연히 이 대안을 더 선호할 것이다.

④ 대안 4는 가장 불평등한 분배다. 전체 부가 20이 증가했지만 A 집단이 부의 증가분보다 더 많은 몫을 가져가 B 집단의 몫은 오히려 줄어들었다.

그렇다면 어떤 기준에 따라 분배가 이루어져야 하는가? 롤스에 따르면 최소 수혜자에게 최대 이익이 돌아가도록 이익을 나누는 것, 즉 가장 적게 받는 사람에게 가장 유리하게 분배가 이루어지도록 하는 것이 정의에 부합하며 이것이 롤스가 지지하는 원리이다.

롤스가 대결하고 비판하는 정치·사회철학 또는 윤리학의 분파는 다양하지만, 특히 롤스가 염두에 두고 있는 것은 신고전파 경제학의 가장 중요한 철학적 근거인 공리주의다. 잘 알려져 있듯이 공리주의는 제러미 벤담(Jeremy Bentham)에 의해 주창된 철학 사상이며 오늘날 신고전파 경제학을 통해 효

용이론 또는 한계효용이론으로 재해석되었다. 공리주의는 쾌락, 즉 좋음을 윤리의 기준으로 간주한다는 매우 놀라운 착상에 근거하고 있는 철학 사상이다. 어떻게 쾌락(좋음)이 윤리의 기준이 될 수 있겠는가? 인간의 이기심을 윤리적 가치 그 자체로 승격시킨 이러한 공리주의에 반대해 롤스는 쾌락이나 좋음이 아니라 옳음(윤리적 정당성, 정의)을 윤리의 기준으로 복원하는 정치철학을 발전시켰다. 이 점이 롤스가 칸트의 후예이며, 스스로도 자신을 칸트주의자라고 말하는 이유이다.

현대의 신고전파 후생경제학(복지경제학, welfare economics)에서 공리주의는 주로 전체의 효용(만족)을 증가시키는 것이 선(善)이라는 방식으로 해석·수용되었다(그런데 이때 증가하는 것은 전체의 효용이라기보다는 사실상 부유층 혹은 권력층의 효용이 아니겠는가). 기본적으로 공리주의 후생경제학은 분배와 복지, 그리고 다양한 사회적·정치적 행위, 법률 및 제도 등의 평가에서 사람들의 행복의 총합을 극대화하는가 그렇지 않은가라는 평가 기준을 적용한다. 공리주의는 모든 개인을 '동등한 개인'으로 간주하므로 각 개인이나 특정한 집단의 효용 증감을 평가 기준으로 삼는 것이 아니라, 사회 전체의 효용 증감에 따라 주어진 상황을 도덕적으로 평가한다(이렇듯 공리주의는 모든 개인을 동등한 개인으로 간주한다고는 하지만 결국은 특정한 개인들의 효용만을 증가시키는 결과를 낳는 것이 아닌가).

롤스는 모든 개인을 동등한 사람으로 간주하는 '형식주의적 평등'을 주창하는 공리주의에 반대해 옳음, 즉 "공정으로서의 정의(justice as fairness)"에 관한 이론을 제시하고자 한다.

〈표 12-1〉의 예에서는 전체적으로 20만큼 효용이 증가했으므로 공리주의적 관점에서 볼 때 대안 1, 2, 3, 4는 모두 윤리적으로 대등하다. 이 중 어떤 것을 더 선호하고 선택해야 할 이유가 없다. 그러나 이러한 공리주의의 접근방식은 우리의 합리적이고 이성적인 사유에 부합하지 않는다. 대안 2를 선택

하지는 않는다고 하더라도 최소한 대안 3이 옳다고(정의에 부합한다고) 많은 이들이 믿을 수 있는 충분한 이유가 있기 때문이다. 하지만 신고전파 경제학이 지배하는 현재의 (신)자유주의적 상황에서 공리주의자는 주로 대안 4를 가장 도덕적인 분배방식으로 간주한다. 이의 근거로 이들은 전체 효용이 20만큼 증가했다는 점에서는 모든 대안이 대등하다고 할지라도 기업가를 성장시킴으로써 향후 더 큰 효용의 증가를 기대할 수 있다는 논거를 제시한다.

〈표 12-2〉

구분	출발점	대안 1	대안 2
A 집단	100	113	127
B 집단	100	108	95

〈표 12-2〉의 예를 살펴보자. 현재 A 집단, B 집단이 각각 100의 소득을 얻고 있다. 향후 경제성장을 위한 두 가지 대안이 있다고 가정해보자. 대안 1은 전체 부가 21만큼 증가하고, 대안 2는 전체 부가 22만큼 증가하는 경우이다. 다음과 같이 부의 분배가 이루어진다면 어떤 대안을 선택하는 것이 바람직하겠는가?

공리주의자에게는 대안 2가 윤리적인 선택지이다. 집단 B의 소득이 과거에 비해 감소했지만 사회 전체의 효용이 22만큼 증가했으므로, 전체 효용이 21밖에 증가하지 않은 대안 1보다 대안 2를 받아들이는 사회가 더 윤리적인(좋은) 사회라는 것이다. 반면 롤스는 전체 효용(부)이 21밖에 증가하지 않았더라도 최소 수혜자에게 이익이 되는 방향으로 분배되는 대안 1을 선택해야 한다고 주장한다.

정의의 두 원칙: 자유와 (불)평등의 관계

롤스는 정의론을 전개하는 가운데 정의의 두 원칙을 제시한다. 정의의 두 원칙은 정치철학사에서 가장 핵심적인 가치로 간주되어온 자유와 평등의 문

제와 직접적으로 관련되어 있다. 이사야 벌린의 자유론에서 살펴보았듯이 자유주의자들은 자유와 평등은 아무 상관이 없는 가치라고 생각하거나 그것들을 대립적인 가치로 간주한다. 자유주의자들의 이러한 견해에 반대해 롤스는 인간이 '보편적으로' 채택할 것이라 합리적으로 기대할 수 있는 정의의 두 원칙을 제시함으로써 자유와 평등의 문제에 대한 자신의(정의론적) 대답을 제시하고자 한다.

제1원칙

각 사람은 다른 사람들의 유사한 자유의 체계와 양립할 수 있는 평등한 기본적 자유의 가장 광범위한 체계에 대해 평등한 권리를 가져야 한다.

제2원칙

사회적·경제적 불평등은 다음 조건을 만족시키도록, 즉 (a) 모든 사람들의 이익이 되는 것이 합당하게 기대되고, (b) 모든 사람들에게 개방된 직위와 직책이 결부되게끔 편성되어야 한다.[2]

이 두 원칙은 많은 것들을 함축하고 있다. 롤스는 제1원칙을 "평등한 자유의 원칙"이라고 요약한다. 롤스에 따르면 이 제1원칙이 제2원칙에 대해 우선성을 갖는다. 그는 이를 "자유의 우선성"[3]이라고 부른다.

이 두 원칙을 읽어보면 롤스가 자유주의의 세례를 받은 많은 사람들이 통상적으로 자유와 평등을 이야기하는 방식과는 약간 다르게 논의를 전개하고 있음을 알 수 있다. 보통의 경우 사람들은 자유주의에서 가장 중요한 가치는 자유이고 평등은 자유를 위해 제한될 수 있다는 관점에서 이 두 가치의 관계

---

2 존 롤스, 『정의론』, 황경식 옮김(서울:이학사, 2003), 105쪽.

3 같은 책, 329쪽.

를 설정한다. 롤스는 제1원칙과 제2원칙이 "축자적 서열(lexical order)"을 따른다고 말한다. 이는 그가 제1원칙이 우선적으로 적용된다는 의미에서 자유의 우선성을 말했던 것처럼, 제1원칙이 준수된다는 전제하에서 제2원칙을 적용할 수 있다는 것을 의미한다.

그런데 우리는 롤스가 자유의 우선성을 이야기하면서도 제1원칙을 "평등한 자유의 원칙"이라고 부른다는 점을 주목할 필요가 있다. 롤스 역시 자유주의자들처럼 자유의 우선성을 이야기하지만 그럼에도 평등의 원리를 결코 부차적인 것으로 간주하지 않는다는 것이다. 롤스는 '원리적인' 차원에서 **자유와 평등의 동등성**을 강조한 후 이제 제2원칙에서는 '그럼에도 불평등을 용인할 수 있다는 원리'를 제시한다. 그런데 여기에서도 롤스는 사회적 강자를 위해서가 아니라 **사회적 약자**를 위해서 제2원칙을 통해 불평등을 용인한다는 점에서 자유주의자와 결정적으로 다르다. 롤스에 따르면 평등한 자유는 다음의 조건이 충족될 경우 제한되어 불평등을 용인할 수 있다. 불평등의 도입이 '모든 사람에게 이익이 될 수 있을 때', 그리고 불평등을 통해 '모든 사람들에게 직위와 직책이 개방될 수 있다'는 공익이 실현될 수 있을 때 말이다.

물론 롤스가 제1원칙에서 천명하고 있는 **평등한 자유**는 자유주의자들도 인정하는 원리라고 할 수 있다. 자유주의자들은 물론 심지어 보수주의자도 롤스의 이 제1원칙에 대해 반대하지 않는다고 스스로 주장하므로 오히려 이 원칙은 자유주의의 핵심 원리라고 말할 수 있다. 또한 자유주의자들도 종종 평등한 자유를 옹호하는 것으로부터 출발해 불평등을 용인하는 조건에 대해 논의하는 방식으로 논리를 전개하므로 자유주의자들도 롤스가 말하는 제2원칙에 대해서도 반대할 이유가 없다고 우리는 생각할 수 있다.

그렇다면 롤스의 정의론의 독자성은 어디에서 찾을 수 있을 것인가? 그것은 불평등이 용인되는 조건을 '구체적으로' 어떻게 해석하는가에서다. 이 점과 관련해 롤스는 이렇게 말한다. "**모든 사람들의 이익과 모든 사람들에게 평**

등하게 개방된이라는 구절은 애매한 것이기 때문에 제2원칙의 이 두 부분은 자연스럽게 두 가지 의미를 갖게 된다."[4] 그리하여 롤스는 자신이 제시하는 두 개의 원칙과 연관 지어 정의에 부합하는 사회경제구조 또는 이에 상응하는 원리가 무엇인지 구체적으로 설명하고자 한다. 롤스는 불평등을 용인할 수 있도록 해주는 조건의 구체적 내용이 어떻게 정치철학적 입장에 따라 달라지는지를 보이기 위해 이를 **자연적 자유 체제**, **자유주의적 평등**, **민주주의적 평등**이라는 세 가지 항목으로 분류한다.[5] 롤스가 제시한 다음 〈표 12-3〉에 따르면 자연적 귀족주의도 그중 하나에 포함되어 있지만 롤스는 주로 앞에서 언급한 세 가지에 집중해 논의를 진행한다.

〈표 12-3〉

"평등하게 개방됨"	"모든 사람들의 이익"	
	효율성 원칙	차등의 원칙
재능이 있으면 출세할 것이라는 식의 평등	자연적 자유의 체계	자연적 귀족주의
공정한 기회균등으로서의 평등	자유주의적 평등	민주주의적 평등

물론 롤스가 생각하는 가장 정의로운 체제는 **민주주의적 평등**이라는 기본구조가 구현될 수 있는 체제이다. 〈표 12-3〉에서 볼 수 있듯이 민주주의적 평등은 "모든 사람들의 이익"과 "평등하게 개방됨(특히 공정한 기회균등)"이라는 제2원칙에 "**차등의 원칙**"이 덧붙여질 때 구현될 수 있다.

자연적 자유체제와 **자유주의적 평등**을 지배하는 가치는 **효율성**이다. 전자는 **자유방임주의**를 의미하고, 후자는 완전한 자유방임주의는 아니지만 그럼에도 **완전경쟁시장**의 원리에 따라 움직이는 사회다. 자유주의적 평등 체제는 말할 것도 없고 자연적 자유체제 역시 제1원칙이 천명하는 **평등한 자유**를 신

4 같은 책, 111쪽. 강조는 원문.

5 같은 책, 111쪽.

봉하며 모든 사람들이 동등한 법적 권리를 갖게 되는 형식적 기회균등을 요구한다.[6] 자유주의적 평등론자는 "공정한 기회균등"의 "여건을 제공하는 정치적·법적 제도"를 확립하고자 노력함으로써 사회적 우연성이나 천부적 운명의 영향을 감소시키고자" 하는 나름대로의 기획을 갖고 있다.[7] 이 점에서 자유주의적 평등 체제가 자연적 자유주의 — 자유방임주의 — 보다는 더 바람직하다. 그러나 민주주의적 평등과 달리 자연적 자유주의는 **차등의 원리**가 아니라 **효율성의 원리**에 의해 지배되므로 민주주의적 평등에 비해 정의의 가치에 덜 부합한다.

롤스가 지나가면서 잠깐 이야기하는 "자연적 귀족주의"란 무엇인가? 한마디로 그것은 "귀족에게는 귀족으로서의 의무가 있다(noblesse oblige)"[8]는 것으로 표현된다. 롤스에 따르면 자연적 자유체제와 마찬가지로 자연적 귀족주의 역시 '형식적 기회균등(즉 재능이 있으면 출세할 것이라는 식의 형식적 기회균등)'의 보장을 지지하기는 하지만 이를 넘어 실질적인 기회균등 확보를 위해 노력하는 체제는 아니다. 하지만 자연적 귀족주의 체제 역시 적어도 법적인 관점에서는 개방된 체제를 전제하고 있으며, 사회의 가난한 부류의 사람들의 선을 증진시키기 위해 더 큰 천부적 재능을 가진 사람들의 이익이 제한될 수 있다는 것(차등의 원칙)을 일정 정도 받아들인다(민주주의적 평등이 공정한 기회균등, 즉 실제적인 기회균등 확보를 위해 노력하지만 자연적 귀족주의는 궁극적으로 형식적 평등만을 받아들인다는 점에서 차이가 있다).

롤스의 종합적인 평가에 따르면 자연적 자유체제는 물론 자유주의적 평등(즉 자유주의), 그리고 자연적 귀족주의의 입장은 모두 불완전하다.[9] 여기에서

6 같은 책, 119쪽.

7 따라서 이는 에스핑-안데르센이 말하는 '자유주의적 복지체제'와 유사한 입장이라고 할 수 있을 것이다.

8 존 롤스, 『정의론』, 121쪽.

롤스는 '민주주의적 평등'의 필요성을 이야기하며 이를 구현하기 위한 원칙으로서 차등의 원칙과 '최소 수혜자의 최대 이익 원리'를 도입한다. 최대 수혜자들이 이익을 얻는 일이 생기지 않을 경우에도 차등의 원칙과 맥스민 원리[10]를 유지하는 경우에만 민주주의적 평등을 지향하는 사회구조가 실현될 수 있다. 롤스는 차등의 원리를 도입한 후 정의의 제2원칙을 다음과 같이 더욱 명확하게 기술한다.

> 사회적·경제적 불평등은 다음과 같은 두 조건을 만족시키도록, 즉 (a) 최소 수혜자에게 최대의 이익이 되고, (b) 공정한 기회균등의 조건 아래 모든 사람들에게 개방된 직책과 직위가 결부되게끔 편성되어야 한다.[11]

지금까지의 논의를 정리하면, 첫 번째 정의의 원칙은 모두가 평등하게 다양한 종류의 '기본적 자유'를 누려야 한다는 원칙이다. 따라서 이는 자유의 원칙이며 동시에 평등의 원칙이기도 하다. 모두가 향유해야 할 기본적 자유의 목록으로서 롤스는 다음을 제시한다.

> 정치적 자유(투표의 자유와 공직에 선출될 자유)와 언론과 결사의 자유, 양심의 자유와 사상의 자유, 심리적 억압과 신체적 폭행 및 절단을 포함하는 인신

9 같은 책, 122쪽.

10 같은 책, 132쪽. 롤스에 따르면 정확히 말해 차등의 원리와 맥스민 원리는 이론적으로 구분된다. 경제학에서는 차등의 원칙을 최소 극대화의 기준이라고 말할 수 있겠지만 롤스의 『정의론』에서 최소 극대화의 기준은 "일반적으로 매우 불확실한 상황에서의 선택 규칙"이며, "차등의 원칙은 정의의 원칙"이다(132). 차등의 원칙은 약자에게 실질적인 평등한 자유와 삶을 살아가는 데 필요한 기본적 재화들을 획득할 수 있도록 실질적인 기회균등을 보장해주는 정의의 보편적 원리이고 최소 극대화라는 기준은 이러한 차등의 원리를 구체적으로 실행할 수 있도록 이끌어주는 기술적인 준칙이다.

11 같은 책, 132쪽. 강조는 필자.

> 의 자유(인신의 온전성)와 사유재산을 소유할 권리, 법의 지배가 규정하는 임의적인 체포와 구금으로부터의 자유. 이와 같은 자유들은 제1원칙에 의거해서 평등해야 한다"[12]

두 번째 정의의 원칙을 통해 롤스는 어떤 경우에 사회적·경제적 불평등이 허용되는가의 문제에 대해 서술하며 차등의 원칙을 도입했다. 이 두 번째 원칙은 **기본적 재화**(primary goods)들과 관련되어 있다. 첫 번째 원칙이 기본적 자유에 관한 이야기라면 두 번째 원칙은 **기본적 재화**들을 어떤 경우에 불평등하게, 즉 사회적 약자에게 유리하게끔 불평등하게 분배하는 것이 허용될 수 있는가를 말하는 원칙이다. 기본적 재화들이란 "자유롭고 평등한 존재로서 자신들에 대한 정치적 자아관을 수용"한 시민들이 "종교적·철학적 교리의 차이가 아무리 있다고 하더라도" 자신들이 스스로에게 허용할 수 있는 선의 추구를 위해 반드시 필요로 하는 가장 기본적인 재화들을 의미한다.[13]

> 이 기본적 재화들이란 개략적으로 동등한 기본적 권리들, 자유들, 그리고 기회들, 수입과 부와 같은 동등한 다목적의 수단들을 포함하는데, 이 모든 것들은 동등한 자존감의 사회적 기반들에 의해 지지되는 것들이다. 우리가 말하는 이러한 선들은 자유롭고 평등한 개인들로서 시민들이 필요로 하는 것들이며, 이러한 선들에 대한 주장은 타당한 것으로 간주된다.[14]

롤스가 말하는 기본적 재화들의 구체적 목록은 다음과 같다.

---

12 같은 책, 106쪽.

13 존 롤스, 『정치적 자유주의』, 장동진 옮김(서울: 동명사, 1998), 223쪽.

14 같은 책, 223쪽. 번역은 필자에 의해 약간 수정되었음.

a. 기본적 권리들과 자유들
b. 다양한 기회들의 배경하에서 이전의 자유와 자유로운 직업의 선택
c. 기본 구조의 정치적·경제적 제도 내에서 책임이 있는 직책과 직위의 권한과 특권
d. 수입과 부
e. 자존감의 사회적 기반들[15]

자유의 우선성?

언급했듯이 롤스는 제1원리를 "평등한 자유의 원리"라고 부르며 이것이 제2원리에 우선한다는 의미에서 "자유의 우선성"을 이야기한다. 롤스는 제1원리가 제2원리에 축차적으로(lexically) 우선한다고도 말했다는 점도 살펴보았다. 필자가 보기에 여기에서 롤스의 이러한 표현은 독자들의 혼란을 불러일으킬 수 있다. '평등한 자유의 원리'는 **자유와 평등의 동등성**을 의미하는 것이지 '자유의 우선성'이라고 할 수는 없지 않은가? 롤스의 책을 읽을 때 '자유의 우선성'이라는 롤스의 표현으로 인해 롤스 철학을 자유주의 정치철학 혹은 '진보적 자유주의의 틀' 속에서 축소 해석하고자 하는 경향이 생겨났다. 롤스의 두 번째 저작 『정치적 자유주의(Political liberalism)』라는 **제목**도 그러한 오해를 불러일으킬 수 있다. 여기에서 필자가 이러한 말을 하는 것은 롤스의 '모호성'을 비난하고자 함이 아니라 롤스 자신이 적어도 이러한 오해가 생기지 않도록 하기 위해 충분히 노력한 흔적을 많이 발견할 수 있다는 점을 지적

15 같은 책, 223~224쪽. 여기에서 볼 수 있듯이 제1원칙에서 이야기된 기본적 자유가 제2원칙에서는 기본적 재화 중 첫 번째 목록으로 다시 등장한다.

하기 위해서다.

정의의 제1원칙이 제2원칙에 우선하는 것이 아니라 이 두 원칙은 롤스에 따르면 사실상 **동시**에 작동하는 원칙이다. 롤스는 이에 대해 다음과 같이 말한다.

> 차등원칙을 이해하기 위하여 몇 가지 사항을 염두에 두어야 한다. 첫째, 정의의 두 가지 원칙은 **함께** 작용하기 때문에 ……[16]

물론 앞에 언급한 인용문을 그 반대 방향으로도 읽을 수 있을 것이다. 두 개의 원칙이 동시에 작동하므로 **형식적** 자유와 평등의 원칙도 무시해서는 안 된다는 방식으로 말이다. 이러한 독법은 제1원칙의 우선성, 즉 자유의 우선성을 강조하는 독법이 될 것이다. 이러한 독해 역시 전적으로 불가능한 것은 아니라고 생각할 수 있다. 롤스 자신이 정의로운 구조를 실현하는 데 '절차적 요소'의 중요성을 동시에 강조하고 있으니 말이다. 어쨌든 이러한 방식으로 독해한다면 사실상 롤스의 철학은 자유주의 철학으로 축소되어버릴 위험이 있다는 사실을 필자는 지적하고 싶은 것이다.

하지만 간과해서는 안 될 분명한 사실은 롤스가 '자유의 우선성'의 의미를 '민주주의적 평등'의 방향으로 해석하고자 노력했다는 점이다. 법철학자 허버트 하트(Herbert Hart)의 비판에 답하기 위해 롤스는 「기본적 자유와 그 우선성」[17]에서 자신이 '자유의 우선성'에 대해 이야기할 때 그것은 "자유 그 자체의 우선성"을 이야기하는 것이 아니라는 점을 강조한다.[18] 그것은 "어떤 구

16 같은 책, 349쪽. 강조는 필자.

17 같은 책, 357쪽 이하에 수록되어 있음. 또한 하트의 반론에 대한 논평으로 롤스의 『정의론』, 17쪽을 참조하라.

18 같은 책, 360쪽.

체적인 자유를 성취하고 헌법적 보장을 받으려는 데" 그 초점이 있다.[19] 그러므로 기본적 자유는 "다른 기본적 자유들에 의해서만 제한되거나 부인될 수 있다는 점에서 자유는 우선성을 갖는다. 무제한적으로 누릴 수 있는 자유란 존재하지 않으며 자유는 다른 자유들에 의해 제한될 수 있다는 것이다.

> 기본적 자유는 서로 충돌할 때 제한되기 때문에 이러한 자유는 결코 절대적이지 않다.[20]

또 롤스는 이렇게 말한다.

> 기본적 자유의 우선성을 이해하기 위해서는 기본적 자유의 제한과 규제를 구분해야 한다. 이러한 자유의 우선성은 단지 규제한다고 해서 곧 침해되는 것은 아니다. 하나의 일관된 구조를 유지하고 지속적으로 변화하는 사회 조건에 적용하기 위해서는 자유의 우선성은 규제되어야 한다.[21]

한 개인의 자유가 다른 사람의 자유를 침해할 수 있을 때 이 다른 사람의 자유의 성취를 위해 그 개인의 자유는 규제될 수 있다는 것이다. 또 같은 논문에서 롤스는 "차등원칙과의 연계선상에서 받아들여진 기본적 자유"[22]라는 표현도 사용하고 있다.

지금까지의 설명을 통해 우리는 롤스가 적어도 이사야 벌린이 말하는 '소극적 자유'의 우선성 이라는 의미에서 자유의 우선성을 말하고 있지 않다는 것만

19 같은 책. 강조는 필자.
20 같은 책, 364쪽.
21 같은 책.
22 같은 책, 388쪽.

은 분명하게 알 수 있다. 또한 역으로 롤스가 정의의 제2원칙으로부터 출발해 정의의 제1원칙을 옹호한다는 점, 즉 정의의 두 원칙이 기본적 자유들을 보장해준다고 말한다는 점에 주목하자.[23] 이렇게 해석된 자유의 우선성 원칙이 자리 잡을 때에만, 즉 평등한 자유의 원칙(제1원칙)이 차등의 원칙(제2원칙)과 함께 작동해 피케티와 마찬가지로 롤스가 강조하는 "제도"와 "법의 지배"가 자리 잡을 때 민주주의적 평등 체제 혹은 정의로운 기본적 사회구조가 형성될 수 있다.

이러한 사실은 롤스가 기본적 자유에 대해 논의하면서 '기본적 재화'를 동시에 언급한다는 사실에서 더욱 분명하게 드러난다. 롤스는 자신이 기본적 재화 중 하나에 포함시킨 '자존감'을 '기본적 자유'와 연관시킨다.

> 자존감은 정의의 두 원칙에 의해 효과적으로 장려되고 지지될 수 있다. …… 그 이유는 자존감이 …… 평등한 기본적 자유와 그 우선성으로 인하여 보장될 수 있기 때문이다. …… 자존감이 없다면 어떠한 것도 추구할 가치가 없는 것처럼 여겨질 수 있으며 설사 어떠한 것들이 우리에게 가치가 있다고 할지라도 우리는 그러한 것들을 추구할 의지를 결여하게 되는 것이다.[24]

여기에서 볼 수 있듯이 롤스는 소극적 자유가 아니라 적극적 자유라는 관점에서 '자유의 우선성'을 설명하기 위해 노력하며, 시민의 자존감과 그것을 유지시켜주는 공적인 기본적 제도의 필요성을 역설한다. 롤스에 따르면 기본적 재화 중 하나인 자존감의 기반은 자신감과 (사회적 안전망에 의해 지지되는 개인적) 안정감이다. 자신감과 안정감을 얻기 위해서는 물론 다른 기본적 재

23 같은 책, 390쪽.
24 같은 책, 388~389쪽.

화들 — 자유, 소득과 부, 기회, 직위 등 — 의 공정한 분배가 반드시 필요하다. 이런 것 없이 자신감과 안정감을 가지라고 말하는 것은 무의미하기 때문이다. 그리고 이것이 가능하기 위해서는 물론 **바람직한 국가**(정치경제체제)가 존재해야만 한다.

롤스는 어떤 정치경제체제를 원하는가

지금까지 롤스가 정치적 자유주의 또는 자유의 우선성이라는 표현을 사용한다고 해서 그의 이론을 전통적인 자유주의의 틀 속에서 해석해서는 안 되는 이유에 대해 상세히 살펴보았다. 그렇다면 롤스가 지지하는 정치경제체제는 무엇인가? 그동안 직간접적으로 언급했듯이 롤스가 **명령경제**나 **자유방임주의**를 옹호하지 않는다는 것은 분명하다. 롤스는 시민의 인격적 독립성과 완전성을 위한 재산권은 옹호하지만 로크식의 자연권 개념, 즉 사유재산권이 자연권이라는 것은 인정하지 않는다(마찬가지로 피케티도 로크가 재산 소유자에게만 정치적 권리를 부여하는 정치이론을 발전시켰다는 이유로 로크의 정치철학을 비판한다). 그리고 롤스는 노동자가 소유-경영하는 기업에 대한 자연권 역시 인정하지 않는다.[25]

롤스의 관점에서 **긍정적으로** 검토할 수 있는 대안으로는 **복지국가**와 **재산 소유 민주주의**, **자유주의적 사회주의**가 있다. 하지만 롤스는 자신이 바람직하다고 생각하는 정치경제체제에 대해서 그다지 상세하게 이야기하지 않기 때문에 우리는 그의 책으로부터 어떤 확실한 결론을 이끌어낼 수 없다. 바로 이것이 롤스를 둘러싼 (특히 한국에서의) '거시적 논쟁'에서 많은 혼란이 일어나

25 존 롤스, 『정의론』, 22쪽.

는 이유가 되었으며 지금도 여전히 그렇다. 롤스가 원했던 것은 복지국가가 아니라 결국은 사회주의였다는 주장이 제기되기도 하고, 혹은 사회주의를 자유주의적으로 운영할 수 있다고 믿는 사람도 많다(진보적 자유주의자들). 하지만 과연 그것이 가능하겠는가? 자유주의는 자본을 근본적으로 통제하지 않는 정치경제체제인데, 어떻게 자본을 통제하는 사회주의가 자유주의적으로 운용될 수 있겠는가? 차라리 롤스가 '자유주의적 사회주의'라는 표현을 쓰지 않고 피케티처럼 '혼합경제'라는 용어를 사용했다면 이러한 혼란을 피할 수 있었을 것이다.

사회주의 이념을 자유주의적으로 구현할 수 있다고 믿는 사람 중에는 마르크스주의를 중시하는 사람들도 포함되어 있다. 또한 마르크스주의와 자유주의를 결합시킬 수 있다는 모호한 입장을 취하는 사람이 진보적 자유주의자가 되는 경우도 많다. 하지만 많은 경우에 진보적 자유주의자는 자유주의 그 자체가 진보적이라고 믿는 논자들이다. '바람직한 정치경제체제'에 대한 논쟁이 한국에서 혼란스럽고 모호한 상태에 빠져 있는 것이 물론 롤스의 탓은 아니다. 하지만 롤스의 개념적 모호함이 이러한 상황에 일정 정도 영향을 미친 것도 사실이다.[26] 그러나 그렇다고 해서 롤스의 정의론이 무의미하다는 말은 아니다. 이러한 문제에 대해 롤스 스스로 혼란에 빠졌고 따라서 후대의 논쟁에 혼선을 빚도록 만든 것은 사실이지만 그렇다고 롤스의 정치철학 그 자체를 거부할 이유는 없다.

롤스는 자신의 책은 정치경제학 책이 아니며 정치경제학적 문제, 즉 가장 바람직한 국가체제가 어떤 것일지에 대해 깊이 논하는 것은 자신의 능력 밖이라고 말한다(필자는 롤스가 그러한 문제에 대해서는 실제로 능력 밖이었다고 생

26 여기에서 상세히 논의할 여유는 없지만 롤스가 이러한 모호한 입장을 취하게 된 가장 중요한 이유로 '존 스튜어트 밀'의 영향을 지적할 수 있다. 밀은 자유주의의 폐해를 극복하기 위한 대안으로 '사회주의적 자유주의'를 옹호한 원조 사상가다.

각한다). 그러한 이유로 롤스는 바람직한 정치경제체제 문제에 대해 애매한 대답을 남겨놓을 수밖에 없었다. 지금까지 살펴보았듯이 다행스럽게도 피케티는 『21세기 자본』에서 롤스가 논의하지 못한 정치경제학적 문제에 대해 상세히 논의했으며, 이러한 점에서 우리는 피케티의 책을 롤스가 해결하지 못하고 남겨놓은 문제에 대한 '정치경제학적 대답'으로도 다시 읽을 수 있다.

분명한 것은 롤스가 '복지국가'에 대해 강한 지지를 표명하지 않는다는 사실이다. 복지국가는 사람들을 우연한 사고나 불행으로부터 보호해줄 수는 있지만 그럼에도 부와 정치적 영향력의 격차가 발생할 때 그 보호는 불충분하거나 실효성이 없다는 이유에서다. 롤스에 따르면 복지국가는 차등의 원칙을 위반하는 과도한 소득격차를 용인할 수 있다.[27] 여기에서 우리는 롤스와 피케티의 용어 사용법이 달라진다는 것을 알 수 있다. 피케티는 사회적 국가와 복지국가를 사실상 같은 개념으로 활용한다. 그러므로 복지국가를 옹호하는 피케티와 그렇지 않은 롤스는 여기에서 견해를 달리한다고 할 수 있다.[28] 사실 정확히 말하면 롤스와 피케티의 견해가 달라진다기보다는 롤스가 이 문제에 대해 판단을 유보하고 있다고 말하는 편이 더 정확하다. 하지만 피케티 역시 (신)자유주의화한 복지국가를 지지하는 것은 아니므로 우리는 이 점에서 롤스와 피케티가 같은 생각을 갖고 있다고 말할 수도 있다. 피케티와 롤스의 이러한 차이는 용어를 이해하는 방식의 차이에서 유래한다는 것만은 분명하며, 따라서 롤스의 견해와 전문적인 정치경제학자인 피케티의 입장을 직접 비교하는 것은 무의미하다.

---

27 존 롤스, 『정의론』, 21쪽.

28 아니면 복지국가에 대한 롤스의 유보적 태도는 복지를 싫어하는(자유를 중시하는) 미국적 편견에서 유래한 것이라고 말할 수 있을까? 아니면 롤스가 알고 있는 복지국가는 자유주의적 복지국가, 즉 빈약한 미국적 복지국가밖에 없기 때문일까? 롤스와 같이 탁월한 정치철학자가 이 문제를 이토록 소홀히 다루었다는 것은 참으로 안타까우면서도 이해할 수 없는 일이다.

롤스에 따르면 복지국가가 아니라 **재산 소유 민주주의**(그리고 자유주의적 사회주의)가 차등의 원리를 효과적으로 관철시키는 체제이다. 롤스는 다음과 같이 말한다.

> 차등의 원칙의 위력을 충분히 이해하기 위해서는 차등의 원칙이 복지국가의 맥락이 아니라 반드시 재산 소유 민주주의(혹은 자유주의적 사회주의 체제)의 맥락에서 이해되어야 한다.[29]

> 재산 소유 민주주의의 배경적 제도들은 (효과적인) 경쟁 시장 체계를 구비하고 있으면서도 부와 자본의 소유의 분산을 시도하며 따라서 사회의 소수가 경제 및 간접적으로는 정치적 삶 그 자체를 통제하는 것을 방지하고자 한다.[30]

롤스에 따르면 재산 소유 민주주의가 복지국가와 다른 점은 전자는 소득의 단순한 재분배가 아니라 "생산적 자산과 인간 자본(교육된 능력과 훈련된 기예)의 광범위한 소유를 보장함으로써 부의 집중을 피하[도록]"해주는 체제이다. 그것은 "시민들로 하여금 스스로 자기 자신들의 일을 꾸려나갈 수 있는 위치에 서게 하는 것이며, 적절히 평등한 조건하에서 상호 존중에 기초하여 사회적 협력을 지원하게 [한다]" 롤스에 따르면 재산 소유 민주주의의 기본제도들은 (단지 사후적으로 재분배하는 것이 아니라) 처음부터 일부 소수의 수중이 아니라 시민 일반의 수중에 생산적 자산들을 두는 체제이다. 그러므로 여기에서는 "상속 및 증여에 관한 법률을 통해 자본과 자원의 소유를 상당 기간 지속적으로 분산시킨다." 그뿐만 아니라 "각종 제도를 통해 교육과 훈련을 제

29 존 롤스, 『정의론』, 22쪽.

30 같은 책, 21쪽.

공함으로써 보장되는 공정한 기회균등을 역시 강조"[31]한다(하지만 이것은 전후 유럽의 복지국가가 추구했고 높은 수준으로 달성한 일이 아닌가?).

재산 소유 민주주의에 대한 롤스의 설명을 보면 이것이 피케티가 염두에 두고 있는 사회적 국가와 반드시 모순되는 개념이라고 말할 수 없는 것이 분명하지만, 적어도 이 문제에 관해서는 두 이론가의 논의 방식이 다르고 특히 롤스의 책에는 상세한 정치경제학적 논의가 없기 때문에 롤스의 재산 소유 민주주의와 피케티가 생각하는 사회적 국가를 체계적으로 비교하는 것도 마찬가지로 큰 의미가 없어 보인다. 다만 원리적 측면에서 롤스와 피케티는 평등한 자유와 차등의 원칙이 지켜지는 국가를 건설해야 한다고 하는 점에서는 일치한다고 말할 수 있다. 그러나 필자가 보기에 재산 소유 민주주의라는 표현은 혼란을 유발할 뿐 그다지 성공한 것으로 보이지 않는다.

또한 롤스는 재산 소유 민주주의와 자유주의적 사회주의를 구분하지만 이 둘의 차이가 무엇인지 설명하지 않을뿐더러 이 두 가지 대안 중 어떤 것이 더 우월한 제도인지에 대해서도 열린 문제로 남겨둔다. "이 문제는 각 국가의 역사적인 제반 조건과 전통·제도 및 사회적 역학 관계를 통해 해결될 문제로 남는다."[32]

지금까지의 논평은 주로 『정의론』 개정판 서문을 근거로 한 것인데, 『정의론』 본문에서는 시장경제와 사회주의적 제도가 양립 가능하다고 말한 바 있다.[33] 달리 말하면 롤스는 자유주의적 사회주의라는 대안의 가능성을 인정하는 것이다. 롤스에 따르면 사회주의에서는 생산수단과 천연자원이 공유되므로 분배적 기능은 상당히 제한된다. 이때 제한된다는 말의 의미는 사회주의

31 같은 책.

32 같은 책, 22쪽.

33 같은 책, 366쪽.

는 이미 분배 문제를 상당 부분 해결한 상태이므로 분배 문제는 (더 이상) 생기지 않는다는 말로 이해할 수 있을 것이다. 그리고 시장제도는 경제적 효율성을 달성하기 위한 자원의 할당 기능과 소득의 분배적 기능 모두를 수행해야 한다.

그리하여 롤스는 "이러한 두 체제[시장경제와 사회주의 체제]나 여러 가지 그 중간 형태 가운데서 정의의 요구 사항에 가장 충실히 부응하는 것이 어느 것인가는 미리 결정할 수가 없다고 생각한다"고 덧붙인다. 즉 자신은 자유주의적 사회주의를 원칙적으로 옹호하지만 그것이 구체적으로 어떤 모습이어야 하는지는 알 수 없다는 것이다. 이러한 모든 유보적 태도들이 특히 한국에서 롤스의 정의론이 진보적 자유주의라는 혼란스러운 모습으로 잘못 포장되어 다시 등장하게 만든 원인이 되었다.

『정의론』에서 롤스가 사유재산제적 민주체제를 조금은 더 선호하는 듯한 뉘앙스를 풍기는 것도 사실이다.

> 처음부터 나는 사유재산제적 민주체제임을 가정하는데 이는 그러한 경우가 더 잘 알려진 것이기 때문이다. 그러나 이미 주목한 바와 같이 그것은 편견을 가지고 특정한 경우의 체제를 선택하려는 의도에서 나온 것은 아니다. 물론 그것은 생산수단을 사유(私有)하는 현실 사회가 심각한 부정의의 어려움을 갖지 않는다는 것을 뜻하는 것도 아니다. 정의로운 이상적인 사유재산 체제가 존재한다 해서 역사적으로 나타났던 형태들까지 정의롭다거나 용납할 만하다는 뜻은 아니다. 물론 이와 똑같은 말이 사회주의에 있어서도 타당할 것이다.[34]

어쨌든 분명한 것은 롤스 역시 정의로운 분배를 위해 누진적 소득세나 상

34 같은 책, 367~368쪽.

속세 등의 도입 필요성을 주장하며, 민주주의적 절차만 지켜질 수 있다면 사회주의적 생산 형태를 긍정할 수 있다고 말한다는 사실이다. 지금까지 보았듯이 경제체제에 대한 롤스의 논의는 모호하고 원리적인 이야기만을 하고 있어 정확히 그가 어떤 정치경제체제를 원하는지를 확정할 수 없지만 "필요에 대한 요구"[35]를 존중하고, 공정한 분배의 필요성을 강조하고 있다는 것은 분명하다. 또한 단순히 경제적 효율성이 아니라 정치경제학적 관점에서의 시민의 안정성, 즉 사회적 안전망의 확립을 옹호하며[36] 공공의 이익에 투자된 전체 자원의 비율을 중시하는 등 여러 가지 면에서 롤스의 정의론은 근본적으로 피케티의 기본 사상과 맥을 같이한다는 것을 확인할 수 있다. 굳이 한 가지 더 언급한다면 흥미롭게도 롤스의 케인스에 대한 평가도 피케티와 유사하다. 롤스 역시 '나름 상당히 진보적이었던 케인스'의 대안보다 더 정의로운 대안이 가능하다고 말하는 것에서 볼 수 있듯이 말이다.[37]

롤스는 피케티와 달리 국가의 역할에 그 자체에 대해 그다지 언급하지 하지 않는다는 점에서 약간의 또는 상당한 차이가 있음을 볼 수 있다. 롤스에서 국가의 기능에 대한 논의는 최소화되어 있고 대부분 원론적인 수준에 머무르고 있다. 피케티의 정치경제학이나 헤겔 철학과 달리 롤스의 정의론은 국가의 역할을 중시하지 않는 것일까? 국가가 무언가 적극적으로 복지 업무를 수행하는 것에 대해 반대하는 것일까? 그러나 그렇게 말하기도 어렵다. 롤스는 "적절히 조직된 민주국가"의 필요성과 그 기능에 대해 나름 상세히 서술하고 있기 때문이다.[38]

지금까지 언급했듯이 롤스의 경제 이론 또는 국가 개념이 갖는 모호한 성

35 같은 책, 370쪽.
36 같은 책, 352쪽.
37 같은 책, 397쪽.
38 같은 책, 368쪽 이하.

격으로 인해 그의 이론은 구체적으로 어떤 국가 체제를 건설할 수 있는가라는 논의로 확장될 때 논자에 따라 자의적으로 해석될 수 있다. 실제로 한국에서 롤스는 자유주의자, 복지국가론자, 진보적 자유주의자, 자유주의적 사회주의자 등 다양한 형태로 수용되어 지금도 여전히 논쟁에서의 혼란이 야기되고 있다. 특히 우려할 만한 것은 (신)자유주의적 입장을 지지하는 논자들이 롤스에 의존해 스스로를 진보적인 사람으로 포장하는 경우이다. 롤스는 그러한 문제에 대해 명확한 대답을 제시하는 것은 정의론의 과제가 아니라고 대답할 것임에 틀림없다. 이 문제에 대한 좀 더 구체적인 논의는 피케티에 의해 본격적으로 수행되었다.

원초적 입장

지금까지 우리는 정의의 두 원칙을 중심으로 롤스의 정의론의 핵심적 내용들을 살펴보았다. 그렇다면 이 정의의 두 원칙은 어떻게 우리에게 주어지는 것일까? 롤스는 근대정치철학자들의 사회계약론과 연결시켜 정의의 원칙이 어떻게 합의의 결과로 생겨날 수 있는지 설명하고자 한다. 로크, 루소, 칸트 등에서 사회계약이 실제적으로 존재했던 현실이 아니었듯이, 롤스에게도 정의의 두 원칙을 합의하게 되는 **원초적 입장** — 자연 상태[39] — 과 그 속에서 맺는 계약(즉 정의의 두 원칙) 역시 실제로 존재하는 현실은 아니다. 로크나 루소, 칸트에서처럼 롤스의 정의론에서도 사회계약은 자연 상태에서 사회 상태로의 이행을 설명하기 위한 이론적 또는 가상적 구성물이다.

롤스에 따르면 이러한 원초적인 사회적 계약은 어떤 사람이 **특정 형태의**

39 같은 책, 46쪽.

정부를 세우는 계약이 아니다. 그것은 인간이 몸담고 살아가게 될 사회의 기**본 구조**에 대한 **원칙**들의 **내용**이 무엇이 될지를 합의하는 계약이다. 그것은 "자신의 이익 증진에 관심을 가진 자유롭고 합리적인 사람들이 평등한 최초의 입장에서 그들 조직체의 기본 조건을 규정하는 것으로 채택하게 될 원칙들이다."[40]

롤스는 다음과 같은 사고 실험을 통해 이를 설명한다. 예를 들어 케이크를 어떻게 분배하는 것이 공정하고 합리적인가? 어떤 사람이 케이크를 자르고 난 후 맨 마지막에 자신이 자른 케이크의 조각을 먹는 규칙이 있다고 생각해 보자. 크기를 서로 다르게 자른다면, 케이크를 자른 사람은 다른 사람이 큰 것을 다 고르고 난 후 남는 가장 작은 조각을 선택할 수밖에 없다. 이러한 상황이라면 이 사람은 케이크를 모두 같은 크기로 자를 것이다.

이 예에서 알 수 있듯이 롤스의 원초적 입장은 가상적인 상황이지만 그것에는 "도덕이론의 특유한 특징"이 함축되어 있다. 원초적 입장은 "선택되어질 원칙들이 **도덕적인 견지에서 볼 때 받아들일 만한 것**이 되도록 그러한 상황을 **구체화**"[41] 시키는 역할을 한다. 원초적 입장이라는 가상적 상황은 합리적으로 숙고하고 보편적으로 사유하는 자유로운 개인이 앞으로의 자신과 타인의 삶에 닥칠 **우연적 사건**과 자신이 갖고 있는 **능력**이나 **자원**에 대해 **알지 못하는 상황**에서, 선택할 수 있는 사회 기본 구조의 원칙을 연역할 수 있게 해주는 사유 실험장치인 것이다.

---

40 같은 책, 45쪽.

41 같은 책, 175쪽. 강조는 필자.

무지의 베일

그러므로 롤스는 원초적 입장을 구성하는 조건으로 '**무지의 베일**'을 이야기한다. 원초적 상황에서 사회계약을 맺을 때 각 개인은 향후 발생할 우연한 사건, 자신의 자연적 재능과 사회적 지위, 그리고 인생 계획의 상세한 내용, 소속된 세대 등 특수한 사정을 알지 못하는 무지의 상태라고 가정한다. 그리고 이러한 가정하에서 어떤 정의의 원칙에 합의할 것이지를 숙고한다는 것이다. 롤스에 따르면 이러한 상황에서 자신이 말하는 정의의 두 원칙을 도출하는 것은 합리적이며 공정하다. 각 개인은 가능한 선택 대안 중에서 각 대안이 가져올 최악의 결과를 회피하고 기본적인 삶을 보장해줄 수 있는 대안을 선택하려고 할 것이기 때문이다. 사람들은 **기본적 자유**는 물론 자신의 기본적 자유와 품위 및 복지 유지를 위해 필수적인 **기본적 재화**를 모두 상실할 수 있는 모험을 회피할 것이다. 그 누구라도 최소 수혜자가 될 수 있다면, 사람들은 그 최소 수혜자에게 최대한의 이익이 돌아가는 방식으로 사회를 구성하고자 할 것이다.

사실 롤스의 원초적 입장에 대해 많은 반론이 제기될 수 있다. 예컨대 어떤 사람은 자신이 나중에 거지가 되어도 좋으니 일단은 완전한 능력주의 혹은 경쟁지상주의를 선택하겠다고 주장할 수 있다. 이러한 논리에 따르면 롤스의 이론은 보편성이 없어진다. **그러므로** 우리는 롤스의 이론을 **심리주의적·경험주의적 해석으로부터 처음부터** 떼어내 해석해야만 한다. 경험주의적 또는 심리주의적 접근을 취할 때에는 방금 이야기한 이러한 종류의 반론을 피할 방법이 없다. 게다가 엘리트주의를 선호하는 심리를 갖고 있거나 그러한 삶 속에서 **이미 특권을 경험한 권위주의적인 사람**은 특별한 경우가 아니라면 롤스 이론은 항상, 처음부터 잘못된 이론이라고 주장할 것이다. 좀 더 일반적으로 말하면 (신)자유주의의 옹호자의 눈에 롤스의 이론은 처음부터 무

의미하고 못마땅한 이론이 될 수밖에 없다. 그러한 사람들은 신고전파 경제학자들이 묘사하는 자본 중심주의적 세계를 선택할 것이다.

개인이 타인과 어떤 관계를 맺고 살아갈지에 대한 합리적인 숙고 없이 자신의 경험과 처지만을 유일한 기준으로 생각한다면 사회는 존재하지 않게 된다. 홉스가 말하는 '만인에 대한 만인의 투쟁'의 상태에서 계속 살아야 할 것이다. 일단 사회 속에서 살기로 선택한 이상, 혹은 선택하지는 않았더라도 그것을 받아들여야 한다면 그 누구도 자신이 경험한 세계와 심리적 느낌이나 취향을 절대적인 것으로 강요할 수 없다.

롤스가 **칸트 철학**에 의존하는 이유가 바로 여기에 있다. 칸트에 따르면 윤리, 정의, 선이란 구체적인 심리적 상태 또는 경험적인 상태로부터 거리를 둘 때에만 가능하다. 그것이 칸트 철학을 선험철학(transzendentale Philosophie)이라고 부르는 이유이다. 칸트적 의미의 선험철학은 누군가가 경험과 심리 상태를 초월해 피안에 존재하는 어떤 보편적인 원리와 법칙을 다 알 수 있다고 주장하는 독단주의 철학이 아니다. 그것은 오히려 독단주의를 거부하는 철학이다. 칸트에 따르면 윤리는 사람들의 경험이나 취향, 혹은 그리고 쾌락과 같은 감정이나 느낌 속에 존재하지도 않는다. 그것은 특정 경험을 절대화하는 또 하나의 독단을 낳을 뿐이다.

칸트가 공리주의를 거부한 이유도 바로 여기에 있다. 자신의 쾌락(경험적 또는 심리적 기준)을 윤리의 기준으로 삼고 그것으로부터 연역한 윤리 체계는 **이미 윤리가 아니다.** 특정한 개인이나 계층의 경험, 심리적 취향이 아니라 (완벽하지는 않더라도 합의를 통해 도달할 수 있는) **정당하고 옳은 원칙**에 기반을 둔 사회구조만이 윤리적 혹은 정치적으로 정당한 사회구조로 용인될 수 있다. 바로 그것이 롤스가 '원초적 상황'과 '무지의 베일'이라는 다소 생소하거나 억지스러울 수도 있는 가설을 통해 던지고자 하는 칸트적 메시지인 것이다.

바로 여기에서 왜 롤스가 칸트주의자인지 명확히 드러난다. 롤스가 문자

적으로 칸트를 따르는 것은 아니다. 롤스는 칸트의 도덕적 자율성에 관한 이론을 정치적으로 유의미한 정치철학으로 전환시키고자 하기 때문이다. 롤스와 칸트의 일치점과 차이점에 대한 논의도 흥미로운 주제가 될 수 있겠지만 여기에서 이러한 논쟁은 크게 중요하지 않아 보이므로 다음 인용 구절에 대해 간략히 논평하는 것으로 만족하기로 하자.[42]

> 나는 완전한 자율성이 시민들에 의해 달성된다는 것을 강조한다. 그것은 정치적인 가치이지 윤리적인 가치가 아니다. 그것은 정치적 정의의 원칙을 확증하고 기본적 권리와 자유의 보호를 향유함으로써 공적 생활에서 실현된다는 것을 의미한다.[43]

여기서 롤스가 정치적인 가치를 강조하면서 윤리적인 가치를 부정하는 것처럼 이야기하지만 어떤 의미에서 이 표현 역시 조금 과장되었다고 할 수 있다. 실제로 롤스 자신도 구체적인 현실에서 작동하는 윤리에 관심을 가지며, 이것이 사회의 기본 구조를 형성하는 데 추동력이 되기 위해서는 윤리가 정치적 연관성을 가져야 한다고 말하는 것뿐이다. 정치경제적 현실에서 시민의 자율성이라는 정치적 가치는 결국 "가난한 자들의 이익"(694), 또는 최소 수혜자의 최대 이익에 관심을 갖는 합리적이고 윤리적인 시민들의 합의를 통해서만 공정한 형태로 정치 사회 속에 등장할 것이기 때문이다.

---

42 관심 있는 독자들은 존 롤스, 『정치적 자유주의』 중 예컨대 123쪽 이하 등을 참조하라.
43 존 롤스, 『정치적 자유주의』, 97쪽.

제13장

피케티의 사회적 국가 이론

바람직한 자본축적의 수준은?

지금까지 필자는 정치철학적 맥락에서 피케티, 헤겔, 롤스 등 현대의 가장 뛰어난 사회적 국가론자들에 대해 논의했다. 그렇다면 정치경제학자로서 피케티는 이 주제에 대해 무엇을 말하고 있는가? 피케티의 경제 이론에 대해 서술하는 가운데 필자는 기회가 될 때마다 그의 사회적 국가 이론에 관해서도 논의해왔다. 지금부터는 『21세기 자본』의 제4부 '21세기의 자본규제'에서 기술한 내용을 중심으로 지금까지 다루지 않은 부분에 대해 논의하고자 한다.

먼저 바람직한 β값의 수준에 관한 이야기로부터 시작하자. 자본주의가 성장해감에 따라 β값이 상승하는 것은 자연스럽고, 또 필요한 일이다. 피케티에 따르면 β값 그 자체가 불평등을 말하는 것은 아니지만 그럼에도 β값의 상승은 많은 문제를 야기한다. 피케티는 『21세기 자본』의 제4부에서 적절한 자본량 수준 또는 자본축적의 한계에 관한 질문을 던진다.

> 이상적인 사회에서 자본총량은 5년 치 국민소득과 같아야 할까? 아니면 10년 혹은 20년 치와 같아야 할까? 이 질문에 관해 우리는 어떻게 생각해야 하는가? 정확한 대답을 하는 것은 불가능한 일이다. 하지만 어떤 가설 아래에서 선험적으로 자본축적을 상상해 자본총량의 최고 한도를 설정해볼 수는 있다(678).

예상할 수 있듯이 적절한 자본총량의 수준에 대한 정확한 대답은 존재하지 않는다. 하지만 β값이 무한히 상승하는 것은 과연 바람직한가? 그것의 한계는 어디인가?

세대 간 정의의 문제

정의로운 사회가 요청하는 **바람직한 자본축적의 정도**에 관한 피케티의 질문은 롤스가 『정의론』에서 자주 이야기했던 '세대 간 정의'에 관한 문제와 직결되어 있다. 앞에서 롤스에 대해 논의할 때에는 언급하지 않았지만 롤스가 『정의론』에서 정의의 두 번째 원칙인 차등의 원칙을 이야기할 때 **정의로운 저축**에 관한 논의를 덧붙인다는 사실도 매우 중요하다. 현세대가 미래 세대가 활용할 수 있도록 저축(자본축적)을 하지 않고 현재의 삶 동안에 모두 소비해버린다면 미래 세대는 경제적으로 불리한 상황에서 새로 삶을 시작해야 한다. 그러므로 현세대는 현재 사용할 수 있는 모든 자본을 **소비**해서는 안 되며 미래 세대를 위해 일정량을 비축해두어야 한다. 현세대가 이전 세대로부터 부와 문화, 시설 등 다양한 문화적·경제적 자산을 물려받아 더 풍족한 삶을 살 수 있었던 것처럼 말이다.

바람직한 저축의 크기와 관련해 롤스가 던지는 세대 간 정의의 문제와 적절한 자본축적의 총량과 관련해 피케티가 제기하는 적절한 자본축적 수준에

관한 질문은 경제성장 이론 또는 후생경제학(welfare economics)에서 자주 논의되는 중요한 주제 중 하나이다. 현세대는 미래 세대를 위해 얼마만큼의 부를 남겨두어야 할까?

세대 갈등 또는 정의의 문제가 가장 첨예하게 드러나는 한 예로 한국의 국민연금이 있다. 한국에서 국민연금은 1988년 전두환 정부 때 처음 도입되었다. 당시 국민연금은 미래를 고려하지 않고 가입하는 사람들에게 너무 유리하도록 설계되었다. 당시의 국민연금은 가입자가 상여금을 뺀 급여에서 소득의 3%를 내면, 60세 이후 평생 동안 소득의 70%를 받을 수 있는 구조를 갖고 있었다. 가입자에게 터무니없이 많은 연금 지급액을 제공하는 당시의 국민연금은 미래 세대의 부담을 과도하게 가중시킬 수밖에 없었고, 이 때문에 훗날의 개혁은 불가피했다. 그리하여 김영삼 정부는 월 급여의 6%를 내고 소득의 70%의 연금을 받는 방식으로, 그리고 김대중 정부는 9%를 내고 소득의 60%를 받는 방식으로 국민연금을 개혁했다. 노무현 정부는 현세대 가입자의 연금보험료를 인상하려 했지만 반대에 부딪혀 실패했고, 단지 연금 지급액을 소득의 40% 선까지 낮추는 것으로 개혁이 이루어졌다. 계속적으로 국민연금개혁이 이루어졌지만 기존 연금가입자의 기득권을 인정해주었기 때문에 국민연금 가입자의 나이가 어릴수록 손해를 보는 구조가 정착되고 만 것이다. 더 젊은 세대의 희생을 바탕으로 연금을 지급하는 이러한 구조가 2060년까지 지속된다면 자신의 소득의 9%를 연금 보험료로 내는 기성세대와는 달리 미래 세대는 현세대보다 2.5배나 많은 23%를 연금보험료로 내야 한다.

국민연금 지급액과 연관되어 있는 또 다른 문제로서 기초노령연금이 있다. 이 지급액은 어느 정도가 적절한가? 물론 각 나라가 처해 있는 구체적인 상황에 따라 달라질 것이다. 그러나 분명한 것은 한국의 경우 처음에 최고 20만 원까지 점진적으로 높아지도록 기초노령연금으로 설계되었지만 박근혜

정부는 하위 70%인 노인들에게 20만 원의 기초연금을 지급하는 대신, 국민연금 가입 기간이 긴 젊은 세대에게는 10만 원을 지급하도록 했다. 이 또한 젊은 세대에게 공정하지 못한 구조를 보여주는 복지정책의 사례에 속한다.[1]

『정의론』에서 롤스는 논의를 진행해나가는 가운데 세대 간 정의의 문제를 정의의 원칙에 포함시킨다. 롤스는 44절에서 "정의로운 저축 원칙"에 대해 언급한 후 46절에서 그것을 정의의 두 원칙 중 제2원칙에 포함시키고 제2원칙을 다음과 같이 더 명확하게 정식화한다.

> 사회적·경제적 불평등은 다음 두 가지, 즉 (a) 그것이 **정의로운 저축 원칙**과 양립하면서 최소 수혜자에게 최대 이득이 되고, (b) 공정한 기회균등의 조건 아래 모든 사람들에게 개방된 직책과 직위가 결부되게끔 편성되어야 한다.[2]

공리주의의 문제점

세대 간 정의에 관한 문제는 저축과 연금 등의 재원이나 소득의 재분배뿐만 아니라 자원, 환경 등 광범위한 영역을 포괄하는 매우 중요한 문제다. 이러한 문제들을 포함해 피케티도 다양한 관점에서 세대 간 정의의 문제에 대해 자신의 견해를 피력하지만 언급했듯이 그는 특히 **자본축적의 한계**에 관한 정치경제학적 질문을 제기하면서 문제에 접근한다. 피케티의 말을 들어보자.

> 만약 생산성이 해마다 1%씩 영원히 증가한다는 것을 사람들이 미리 안다면,

1 박종훈, 『세대 전쟁』(서울: 21세기북스, 2013), 143~144쪽.

2 강조는 필자.

> 당연히 미래 세대는 현세대보다 더 생산적이고 번영하게 되리라는 것을 알 수 있다. 이런 경우에는 현재의 소비를 희생해 방대한 양의 자본을 축적하는 것이 합리적인가?(681).

이는 저축(자본축적)과 관련해 제기되는 세대 간 정의 문제에 대한 피케티의 입장을 잘 정리해주는 인용문이라고 할 수 있다. 그는 현재보다 미래가 더 생산적이고 풍요로워질 것이라 예상할 수 있다면 현재의 소비를 과도하게 희생시켜가며 미래 세대를 위해 방대한 자본을 축적하는 것은 합리적이지 않다고 말한다. 그런데 이러한 피케티의 견해는 세대 간 정의 문제와 관련해 조금 역설적으로 보인다. 피케티가 마치 일방적으로 현세대 편만 드는 것처럼 보일 수 있기 때문이다. 하지만 여기에서 그가 염두에 두고 있는 것은 신고전파 경제 이론의 가장 핵심적인 사상인 공리주의 이론이다. 세대 간 정의 문제와 관련해 공리주의자들은 '현재의 작은 복지가 미래의 더 큰 복지 증대보다 선호되어서는 안 된다'고 주장한다. 달리 말하면 미래 사회의 효용을 '극대화하기' 위해 현세대를 희생시킬 수 있다는 것이다.

공리주의적 신고전파 이론은 미래 세대의 효용과 복지를 옹호하는 매우 정의로운 이론처럼 보이지만 사실은 그렇지 않다는 문제가 있다. 공리주의적 입장에 따르면 미래 세대의 복지 증대를 위해 현세대 전체, 그리고 특히 현세대의 사회적 약자를 희생시킬 수 있으며 또 그래야 한다는 논리가 성립하기 때문이다. 공리주의자들은 (언젠가 도래하게 될) 풍요로운 미래를 위해 현세대가 허리띠를 졸라매야 한다는 보수주의적 또는 (신)자유주의적 관점을 취하고 있다. 현세대 전체가 미래 세대를 위해 허리띠를 졸라매는 것이 왜 보수적인 관점인가? 공리주의자들은 여기에서 묘사된 그 미래가 도래했을 때 그 시대의 현세대(현재 우리의 관점에서 미래 세대에 속하는 사람들)에게도 똑같이 말할 것이기 때문이다. '당신들 현세대는 미래 세대의 효용 극대화를 위해 소비

를 줄이고 저축(자본축적)을 하시오'라고 말이다.

언제나 항상, 미래를 위해 현재를 희생하는 영원한 '연기' 또는 기다림(희망?)의 논리가 공리주의 속에 내재해 있다. 요컨대 이러한 공리주의 이론은 현세대의 사회적 약자뿐만 아니라 미래 세대의 사회적 약자마저도 '영원히' 희생시킨다는 근본적인 문제점을 갖고 있다. 지금보다 더 풍요로운 미래 세계가 도래해도 공리주의자는 그다음 미래 세대의 효용 극대화를 위해 다시금 미래 세대의 약자를 희생할 것을 요구할 것이기 때문이다. 공리주의는 미래로 무한히 확대되는 시간관에 근거한 경제모델('무한 확대 모형')을 갖고 있다. 이에 따르면 항상, 어떤 경우든 사회적 약자는 미래 세대를 위해서 희생할 뿐 그들이 충분한 복지 혜택을 보는 순간은 영원히 도래하지 않는다! 공리주의자의 이러한 경제모델에서는 오늘의 복지가 끊임없이 미래로 연기되므로 현재와 미래에 가난한 사람들은 항상 고통받는다. 하지만 이러한 와중에서도 현실적으로 부유층들은 '항상 모든 세대에서' 풍요롭다.

여기에서 우리는 경제성장이 이루어지면 (미래에) 우리 모두가 잘살게 될 것이라는 (신)자유주의적 논리와 위에서 말한 공리주의의 논리가 조금도 다르지 않다는 것을 쉽게 알 수 있다. 나치의 강제 수용소에는 "노동이 너희를 자유롭게 하리라"는 문구가 쓰여 있었다. (신)자유주의의 구호는 아마도 다음과 같을 것이다. '비록 일자리는 없고 임금은 낮지만 그래도 열심히 노동하고 저축하라. 저축(자본축적)이 너희를 자유롭게 하리라.'

바로 이것이 "현재의 소비를 희생해 방대한 양의 자본을 축적하는 것이 합리적이지 않다"고 피케티가 말하는 이유이다. 피케티에 따르면 과도한 저축 또는 자본축적이라는 공리주의적 사고방식에서 벗어나 "사회가 어떻게 서로 다른 세대 간의 복지를 비교하고 각 세대에 얼마만큼 비중을 둘 것인지 선택"(681)해야 한다. 우리에게 필요한 것은 모든 세대에 대해 현실적이고 정의로운 관점이며 이 점에서 피케티의 입장은 롤스의 견해와 맥을 같이한다.

세대 갈등이 계급 갈등에 우선하는 것은 아니다

피케티는 세대 갈등이 계급 갈등에 우선한다거나 그것을 대체했다고 잘못 믿어서는 안 된다고 강조한다. 피케티는 이미 서장에서 "계급 전쟁이 …… 자동으로 세대 전쟁에 자리를 내줄 것이라는 생각"은 근거 없는 낙관적인 믿음이라고 지적한 바 있다(34). 세대 간 정의 문제는 각 세대 내부에서의 정의 문제와 결코 무관하게 결정되지 않는다. 각 세대에서 계층 간 빈부 격차가 이미 심각한 상황에서는 현세대가 미래 세대를 위해 저축을 많이 한다고 해도 미래 세대 내부에서 생겨나는 계층 간의 불평등 문제는 여전히 동일한 형태로 지속될 것이기 때문이다. 저축 또는 축적된 자본의 형태로 상속되는 세습자본은 미래 세대 전체에게 도움이 된다기보다는 자본을 상속받을 수 있는 계층의 후손들에게만 주로 도움이 될 것이다.

물론 그렇다고 해서 피케티가 세대 간 정의의 문제에 대해 무관심해도 좋다고 말하는 것은 아니다. 피케티가 기회가 있을 때마다 우선적으로 교육에 투자해야 한다고 말하는 것은 우연이 아니다. 오늘날 최소 수혜자의 위치를 차지하는 계층에 속하는 청년들의 빈곤 문제를 해결하기 위해서는 청년을 위한 복지 및 교육투자(가능한 한 저렴한 혹은 무상의 공교육과 직업교육 등)를 늘려야 할 뿐 아니라 청년들을 위해 일자리를 만들고 주거문제를 해결해주어야 한다.

일반적으로 현세대보다는 미래 세대(청년과 아동, 그리고 특히 아직 태어나지 않은 미래의 후손)가 희생되기가 더 쉽다. 현세대는 (특히 아직 태어나지 않아 투표권을 행사할 수 없는) 미래 세대보다 의사 결정에서 항상 우위에 있기 때문이다. 아동이나 유아들도 자신을 위해 투표할 수 있는 상황에 있지는 않지만 이들의 경우에는 부모들이, 그리고 청년들의 경우에는 스스로 자신의 현재와 미래를 위한 의사결정에 참여할 수 있다. 특히 청년들의 경우에는 스스로 자

신들의 권리를 의식하고 자발적으로 자신을 위해 정치적 결정에 적극적으로 참여해야 한다. 물론 그렇다고 해서 기성세대들이 청년세대들에 대해 가져야 할 책임이 면제된다는 말은 아니다. 청년들은 자신들의 삶에 중요한 영향을 미칠 수 있는 중대한 사항들에 대해 권력을 직접 행사하거나 의사결정을 내릴 수 있는 위치에 있지 않으므로 청년세대들에 대한 궁극적 책임은 대부분 사회 기득권층에게 있다. 그러나 청년들이 자신의 삶에 대해 결정적으로 영향을 미칠 수 있는 중대한 사안들에 대해 무관심하다면 그것은 청년들 자신을 위해서 매우 불행한 일이 아닐 수 없다. 청년들은 어떤 방식으로든 스스로의 권리 보호를 위해 적극적으로 정치 문제에 관심을 가지고 참여해야 한다. (세대 문제이든 계층 또는 계급 문제이든) 불평등을 재생산하는 기득권층의 잘못된 의사결정을 적극적으로 비판하고 그들이 올바른 의사결정을 내리도록 압력을 행사할 수 있는 방법을 적극적으로 찾아야 한다.

청년, 아동, 유아, 보육 등의 문제는 개인적 차원에서는 물론 한 나라의 거시경제적 관점에서도 매우 중요한 사안이다. (초)고령화사회에서 청년, 아동, 유아 복지정책의 실패, 달리 말하면 세대 간 정의 구현의 실패는 한 국가의 장기적인 발전에도 결정적인 걸림돌이 된다. 많은 논자들이 지적하고 있듯이 미래 세대를 위한 복지 및 투자 정책을 소홀히 한 결과는 궁극적으로 생산인구의 감소로 이어진다. 그리하여 결국 현세대의 복지를 감소시키는 부메랑 효과를 낳는다. 특히 오늘날 많은 국가들이 고령화사회로 접어들고 있기 때문에 이는 더욱 심각하게 고려해야 할 중요한 문제이다. 한국 역시 2020년 생산가능인구가 급감하기 시작하며 2030년에 초고령화사회로 진입할 것이라고 많은 이들이 전망한다. 노인의 수가 많아지면서 국가에서 부담해야 할 연금 지급액은 물론 다양한 노인복지 비용이 급증하는데, 이를 부담해야 할 젊은 생산연령층의 수가 줄어든다면 결국은 노인층의 연금 수급액은 물론 그 밖의 다른 많은 복지 혜택도 줄여야 하는 상황이 반드시 도래한다.

스웨덴의 청년 정책

여기에서 우리는 청년을 위한 복지 투자 및 일자리 창출의 중요성을 거의 고려하지 않고, 선거에서의 표를 의식해 노인복지에만 주로 관심을 기울인 일본의 사례를 타산지석으로 삼을 수 있다. 이와 반대로 금융위기가 한창 진행 중이던 1990년대 초반에도 스웨덴은 심각한 경제위기와 이로 인한 재정적자의 부담 속에서도 청년과 실직자를 위한 실업대책과 각종 복지제도를 포기하지 않았다. 실직자들은 국가의 적극적인 구직 알선과 직업 재교육을 통해 빠른 속도로 재취업할 수 있었으며, 이를 통해 내수시장 역시 빠른 속도로 회복될 수 있었다. 금융위기로 재정난을 겪는 중에서도 출산율을 높이기 위한 정책을 더욱 강화했다는 점도 중요하다. 경제위기가 한창 진행 중이던 1991년 GDP의 1%가 넘는 재원을 투입해 공공보육시설을 확대했다. 육아휴직의 철저한 보장도 출산율을 높이는 데 기여했다. 1990년대 초반에 겪었던 금융위기 이후 스웨덴은 이를 해결하기 위한 신속한 조치를 취하고 금융위기 발생의 책임을 철저히 물었던 것은 물론, 더 나아가 다른 사회복지 지출은 줄였지만 청년층과 미래 세대를 위한 복지 지출은 대폭 강화했다. 이러한 일련의 조치를 통해 스웨덴은 1990년대 중반부터 경제위기를 극복하고 경제성장률도 서서히 회복하기 시작했다.[3]

보수주의자와 자유주의자는 물론 마르크스주의자들도 신자유주의의 영향으로 심지어 스웨덴과 같은 북유럽 국가들도 복지지출을 줄이고 시장중심 경제체제로 전환했다고 종종 주장한다. 이들이 이러한 비판을 하는 이유는 각자 다르다. 하지만 공교롭게도 복지국가의 쇠퇴를 내심 모두 반기고 있다는 점에서는 동일하다는 사실이 참으로 역설적이다.

3 박종훈, 『세대 전쟁』, 132쪽 이하.

스웨덴이 1990년대에 들어와 과거의 전통적인 복지정책을 후퇴시켰고, 오늘날 신자유주의자들이 건전한 경제의 기준으로 삼는 긴축재정 정책을 실제로 활용하기도 했다는 역사적 사실은 선의를 가지고 북유럽의 복지정책을 지지하는 사람들에게도 적지 않은 실망을 준다. 그러나 우리는 스웨덴의 복지정책을 평가할 때 좀 더 냉정한 시선으로 바라볼 필요가 있다. 피케티 역시 심지어 북유럽 국가에서도 불평등이 과거에 비해 심화되었다는 사실을 냉소적으로 지적한다. 그러나 그가 오늘날 가장 불평등 정도가 낮은 국가들은 여전히 스칸디나비아 국가라는 사실을 강조하기를 잊지 않았다는 사실 또한 중요하다. 결국 스웨덴이 어느 정도로 신자유주의화 되었는가를 평가하는 것은 어떤 이데올로기적 입장을 취하느냐에 따라, 그리고 연구자의 평가 기준에 따라 달라질 수밖에 없다.[4] 그러나 어떤 경우든 잊지 말아야 할 중요한 사실은 몇몇 서유럽 국가를 포함해 북유럽 국가들은 여전히 사회적 국가의 기본적 합의와 가치들을 유지하고 있으며, 그것을 보존하고 좀 더 합리적이고 공정한 형태로 다시 만개시키기를 원하는 많은 민주적인 시민들과 학자들이 존재한다는 사실이다.

이 점이 (신)자유주의 이데올로기를 과도하게 높이 평가하는 영미권 국가들과 스칸디나비아 국가들이 근본적으로 다른 점인데, 이 차이는 매우 중요하다. 1990년 초에 시작된 경제 침체기 때 스웨덴 정부는 극심한 재정 문제에 시달리고 있었다. 당시 스웨덴에서 공공부분이 차지하는 비중이 국민총생산의 약 70%, 그리고 재정 적자는 국민총생산의 12%를 넘었다. 따라서 정부는 지금까지 당연하게 여겨져오던 복지지출과 공공서비스 지출을 감소시키는 것 이외에는 다른 대안을 찾을 수 없었다. 그렇지만 스웨덴은 전체 경제가

4 Erik Gurgsdies, "Schweden. Zivilgesellschaft im universalistischen Wohlfahrtsstaat," in Thomas Meyer(ed.), *Praxis der Sozialen Demokratie* (Wiesbaden: VS Verlag, 2006), p.114.

정상적 상태를 되찾은 이후에는 공공복지지출을 부분적으로 다시 증가시켰으며, 공공부문 고용 비율 또한 침체가 시작되던 1991년에는 25.3%였지만 1998년에는 다시 30% 이상의 수준을 되찾았다.[5] 이러한 사실은 스웨덴이 신자유주의적 정책으로 완전히 경도되지 않았음을 보여준다.[6]

스웨덴의 정책들은 여전히 가능한 한 평등주의를 유지해야 한다는 기본적인 사회적 합의를 포기하지 않았다는 사실을 잘 보여준다. 경제침체 시기에 스웨덴 정부는 전체적으로 복지지출을 감소하는 정책을 수행했지만 청년, 육아, 아동 등 미래 세대를 포함해 사회적 약자(가난한 노인, 실업자 등)를 위한 공공 정책을 결코 포기하지 않았으며, 경우에 따라서는 복지지출을 증가시켰다. 이러한 정책에 힘입어 스웨덴은 1998~1999년에 다시 경기를 회복할 수 있었으며, 2008년 금융위기에 커다란 타격을 받지 않고 경제를 지속시킬 수 있었다. 스웨덴은 경제 위기의 순간에도 기업의 이윤 증가가 미래의 부와 소비를 보장해준다는 명목하에 현세대는 물론 미래 세대의 최소 수혜자를 희생시키는 (신)자유주의적 국가들과는 완전히 다른 길을 걸었던 것이다.

여기에서 중요한 사항으로, 미래 세대가 감당할 수 없을 만큼 높아진 연금지급액을 낮추기 위해 단행한 1998년의 연금개혁에 대해 언급할 필요가 있다. 이 새로운 공적 연금제도는 현역 시절 급여소득의 18.5%를 연금보험료로 납부하도록 했다. 그중 16%는 소득비례연금의 기금으로 활용되고 남은 2.5%는 개인마다 적립해 스스로 투자처를 정하고 운영하는 적립연금 기금이 된다. 앞으로 자신이 부담해야 할 연금부담액이 얼마인지 처음부터 정확히 알 수 있기 때문에 이 제도를 '확정기여형' 연금제도라고 부른다.

---

5 재정 적자 폭도 1993년에는 국민총생산의 12%를 넘어섰지만 1998년에 국민총생산의 2.1% 수준의 흑자재정으로 전환되었다.

6 Erik Gurgsdies, "Schweden. Zivilgesellschaft im universalistischen Wohlfahrtsstaat," p.114, p.125.

하지만 이 **소득비례연금**만을 강조하고 그것과 더불어 시행되고 있는 **보장연금**에 대해 언급하지 않는다면 이는 스웨덴의 공적연금제도의 의미를 왜곡하는 것이 될 것이다. 이것은 다양한 이유로 연금보험료를 지불할 수 없거나 낮은 액수만을 지불할 수밖에 없어서 확정기여형 연금으로는 일정 수준 이상의 연금 혜택을 받지 못하는 사람들을 위해 그 부족분을 메워주는 제도이다. 그 최저 보장 수준은 독신자는 7526크로나(약 100만~120만 원), 부부 또는 동거세대는 1인당 6713크로나(약 85만~100만 원)이다. 이 재원은 연금보험료가 아니라 **세금**으로 충당된다.

스웨덴에서 1998년 개혁된 연금제도는 또한 실업수당, 질병수당과 같은 사회복지수당도 소득에 포함시킴으로써 연금 금액을 상승시키는 효과를 추가시켰다. 그리고 학생들이 직업교육이나 대학교육을 받은 시간, 아동 양육 시간도 노동시간으로 산정해 소득으로 간주함으로써 은퇴 후 받을 수 있는 연금액을 증가시킬 수 있도록 조처했다. 이는 과거에는 없던 제도로서 자칫 신자유주의적으로 퇴락할 수 있는 스웨덴의 공공 정책에 균형을 잡아주는 중요한 역할을 했다.[7]

스웨덴과 대조되는 가장 심각한 경우는 언급했듯이 현세대와 미래 세대를 위한 복지 및 교육투자 정책이 거의 없거나 그나마 존재하는 복지체제마저 무너뜨리는 경우이다. 신자유주의적 방식의 일자리 감소는 출산율 감소와 이에 따른 경기침체로 인해 향후 경제성장에 커다란 장애물로 등장할 것이다. 특히 현세대의 복지를 위해 미래 세대를 희생시키는 것은 세대 간 정의의 원칙에 부합하지 않을뿐더러 결국은 현세대의 복지마저 해치는 결과를 낳을 것이다.

언급했듯이 스웨덴의 연금정책은 세대 갈등과 계급 갈등의 문제를 동시에

7 같은 글, p.82.

해결한 좋은 사례이다. 스웨덴은 현세대의 연금보험료 기여분을 (확정기여형으로) 현실화해서 미래 세대의 부담을 덜어주면서도, 동시에 기초보장제도를 통해 계급 갈등, 즉 빈부 격차 문제를 해결하고자 했다. 스웨덴이 세대 갈등 문제에만 신경을 쓰고 계층갈등의 문제를 소홀히 한다면, 스웨덴의 미래 세대는 결국 계급 갈등으로 분열되어 고통받는 사회에서 살게 될 것이다.

요컨대, 세대 갈등과 계급 갈등은 서로 밀접하게 관련되어 있으며 이 양자를 동시에 고려하는 공정한 공적 정책이 필요하다는 것이다. 그리고 피케티가 강조하듯이 궁극적으로 계층 간의 불평등이 문제의 핵심이라는 점을 놓쳐서는 안 된다.

> 분명 나이 든 사람이 젊은 사람보다 평균적으로 더 부유하다.[8] 하지만 실제로 각 연령 집단 내 부의 집중은 전체 인구의 부의 집중과 비슷할 정도로 크다. 즉 통념과 달리 세대 간 전쟁은 계층 간 전쟁을 대체하지 않았다. 고도의 자본집중은 주로 상속받은 재산과 이 재산이 일으키는 누적 효과로 설명된다. 예를 들어 아파트 한 채를 상속받으면 집세를 낼 필요가 없어서 저축하기가 더 쉬워진다 (296~297. 강조는 필자).

계급 갈등 문제가 해결되지 않는다면 현세대든 미래 세대든 결국 중산층을 포함한 서민 계층은 항상 불평등으로 인해 고통받을 것이며, 모든 세대에서 부유층은 항상 안락한 삶을 살게 될 것이다. 이러한 상황에서는 세대 갈등이 해결되었다고 할지라도 각 세대 내부에는 계급 갈등 또는 빈부 격차가 여전히 존재하게 될 것이다. 부유한 아버지를 둔 청년은 상속재산을 물려받지

8 물론 이는 서구 선진국에 해당하는 말이다. 잘 알려져 있듯이 한국은 OECD 국가 중 노인 빈곤율과 자살률이 1위인 나라다.

못한 가난한 계층의 청년에 비해 처음부터 월등하게 우월한 위치에 서 있다. 세대 갈등이 해결되었다고 할지라도 계급 갈등을 해결하지 못하면 각 세대 내부에 빈부 격차가 여전히 존재하게 될 것이라는 말조차도 사실 무의미하다. 빈부 격차 문제를 해결하지 못하는 사회가 세대 갈등을 정의롭게 해결할 수 있을 것이라고 결코 기대할 수 없기 때문이다.

국민연금과 공무원연금: 비정규직자에 대한 차별의 상징으로서의 공무원연금, 왜 보편적 복지가 필요한가

최근 한국에서 공무원연금 개혁 문제가 화두가 되었다. 필자는 여기에서 공무원연금 개혁과 관련해 쟁점으로 부각되었던 문제들에 대해 살펴봄으로써 **보편적 복지**라는 개념이 무엇을 의미하는지 함께 생각해보는 기회를 갖고자 한다. 공무원연금의 소득대체율, 그리고 연금 수급자의 보험금 부담률이 어느 정도가 가장 적절한지 등과 관련된 기술적인 문제를 논의하기보다는 왜 개혁이 이루어져야 하고 어떤 방향으로 이루어져야 하는지 원칙적인 문제에 대해 논의하려고 한다.

공무원연금 개혁의 골자는 분명하다. 국민이 공무원연금 지급을 위해 부담해야 하는 세금이 너무 많으므로 공무원들이 **더 많이 내고 덜 받는 방향으**로 개혁이 이루어져야 한다는 것이다. 많은 논자들이 지적하고 있듯이 개혁이 이루어지지 않고 기존의 방식으로 계속 유지된다면 한국 역시 그리스처럼 재정 적자 문제로 향후 큰 어려움에 빠지게 될 뿐만 아니라 이로 인해 공무원 대 비공무원이라는 사회 갈등 구조가 형성될 것이다.

공무원연금을 세대 간 정의에 부합하도록 개혁해야 한다는 것도 매우 중요한 쟁점이다. 그러나 동시에 현재의 공무원연금 제도를 계층 간의 불평등

을 완화시키는 방향으로 개혁해야 하는 것도 핵심적인 문제라는 것을 인식할 필요가 있다. 공무원연금 개혁을 국민연금 개혁과 연계시켜야 할 당위성이 제기되는 것도 바로 그 때문이다. 쉽게 말하면 공무원은 정규직 노동자로서 평생에 걸쳐 안정된 노동소득을 얻을 뿐만 아니라 정규직이라는 이유만으로 은퇴 후 연금을 받을 수 있게 된다. 자신이 일해서 번 소득으로 연금보험료를 납부하고 연금을 받는다는 것 그 자체가 문제가 아니다. 문제는 공무원이 자신이 부담한 보험료보다 더 많은 연금을 받게 되는데, 그 차액분을 국민이 메워준다는 것이다. 이러한 상황에서 한국에서 비정규직으로 오래 일한 사람들은 다음과 같은 4중의 차별을 겪게 된다.

첫째, 비정규직자들은 노동소득이 정규직자에 비해 매우 낮을 뿐만 아니라 실직 기간에는 수입이 전혀 없는 경우가 종종 발생한다.

둘째, 비정규직자들은 공무원연금과 같은 유리한 연금 혜택을 받을 자격이 없고, 어쨌든 연금을 받고자 한다면 (사보험에 가입할 여유가 없는 대부분의 영세한) 비정규직자들은 국민연금에 가입해야 한다. 그런데 비정규직자들은 소득이 적으므로 국민연금 수급액 또한 적어 이들은 노후에도 불안한 삶을 살아갈 수밖에 없다. 비정규직자는 소득이 적어 보험료를 많이 내고 싶어도 낼 수가 없을 뿐만 아니라, 그나마도 국민연금은 공무원연금에 비해 소득대체율이 매우 낮다.

셋째, 은퇴 전 노동소득도 적었을 뿐만 아니라, 은퇴 후에도(비정규직자에게는 은퇴라는 개념도 사실상 사치이지만) 보잘것없는 국민연금을 받아야 하는 비정규직 사람들이, 은퇴 전이나 은퇴 후에 안정된 급여 그리고 안정된 연금을 받는 공무원들을 위해 세금을 내야 한다. 소득수준도 연금 수급액도 적어서 살기 힘든 비정규직이 심지어 정규직인 공무원들이 안정된 높은 수준의 연금도 받을 수 있도록 세금을 내야 한다는 것이다. 이는 매우 불합리하고 공정치 못한 처사이다.

넷째, 현재의 구조에서는 국민연금의 가입 기간까지 긴 사람들은 후에 기초연금마저도 적게 받게 된다.

바로 이것이 공무원연금이 개혁되어야 할 뿐만 아니라, 더 나아가 공무원연금 개혁이 국민연금 개혁과 연계되어 진행되어야 하는 이유이다. 원리는 간단하다. 공무원연금과 국민연금을 하나로 통폐합해서 소득대체율과 연금 수급액을 동일한 수준으로 맞추는 것이다.

보편적 복지라는 개념이 중요한 이유도 바로 그것이다. 앞에서 언급한 바 있듯이 요스타 에스핑-안데르센[9]은 복지체제를 사회민주주의적 복지, 조합주의적 복지, 자유주의적 복지로 구분한 바 있다. 시대가 많이 변했기 때문에 에스핑-안데르센의 분류가 현대사회에 정확하게 들어맞지는 않게 되었지만 편의상 그의 분류법을 따라가 보자.

공무원연금에 특혜를 부여하는 한국과 같은 방식은 조합주의적 복지체제에 속한다. 그런데 에스핑-안데르센의 분류에 따르면 한국은 조합주의적 복지체제에 속하지도 못한다. 조합주의적 복지체제는 (스칸디나비아 국가를 제외한) 유럽 대륙의 복지체제이다. 말하자면 국가가 고용한 직업집단인 공무원들에게 상당한 혜택을 주었던 제도이기 때문에 조합주의적 복지라고 부르는 것이다. 그런데 독일, 프랑스와 같은 유럽 대륙 국가들에서는 점차적으로 공무원이 아닌 일반인에게도 상당한 수준의 복지 혜택이 주어지도록 제도를 보완해나갔다. 예컨대 공무원이 아닌 사람들도 한국의 국민연금에 해당하는 공적 보험에 가입할 수 있도록 길을 열어놓았고 소득대체율이나 연금 수급액 등에서도 큰 차이가 없다. 그리고 등록금 면제, 아동수당 등 모든 국민에게 보편적으로 주어지는 복지 혜택이 존재한다. 이러한 점에서 에스핑-안데르센이 말하는 조합주의적 복지국가는 영미권의 자유주의적 선별적 복지보다

9 요스타 에스핑-안데르센 지음, 『복지 자본주의의 세 가지 세계』, 62쪽 이하 참조.

훨씬 우수한 체제이다.

한국은 불행히도 복지 수준이 가장 낮은 자유주의적인 선별적 복지체제에도 포함되지 못할 만큼 복지 후진국이다. 한국은 공무원들에게 너무 특권을 많이 주고, 국민 전체가 받을 수 있는 복지 혜택은 매우 미미하다. 따라서 차라리 굳이 용어를 하나 만들어서 이야기한다면 한국은 **차별적 복지체제**에 해당한다고 할 수 있을 것이다. 가난한 사람들이 세금을 내서 정규직자, 그것도 **국가가 고용한 정규직자를 노후에도 부양하는 매우 차별적이고 특권주의적인 복지체제**인 것이다.

북유럽식 복지체제는 고유한 의미의 **보편적 복지체제**에 속한다. 국민이 내는 세금이 어떤 특정한 집단에 더 유리한 방식으로 활용되는 것이 아니라 **보편적으로**, 즉 **평등하게** 재분배될 수 있도록 제도를 만들고 운영한다. 보편적 복지는 평등을 지향하는 체제이다. 국가가 징수하는 세금이 연금, 교육, 의료, 주택, 일자리 창출 등 다양한 분야에서 모두에게 가능한 한 평등한 방식으로 활용되어 (특정 직업군이나 계층이 아니라) **모든 국민**이 사회적으로 안전감을 느끼며 살아갈 수 있도록 해주는 복지체제가 바로 보편적 복지체제다. 한국에서 공무원연금이 국민연금과 통폐합되어 차별이 사라져야 한다고 말이 나오는 것도 바로 그러한 이유에서다.

보편적 복지를 반대하는 사람들은 보편적 복지를 적용하는 것이 정의롭지 못하다는 논리를 내세운다. 한국의 무상급식 문제에서 그 점이 분명하게 드러났다. 최근 한국에서 돈 많은 가정의 자녀들은 급식비를 내고 밥을 먹는 것이 형평에 맞다는 논리를 내세워 보편적 복지의 한 형태인 무상급식(물론 무상급식이라는 표현은 적절한 표현이 아니다. 아이들은 결코 무상으로 밥을 먹는 것이 아니라 아이들의 부모, 그리고 국민이 낸 세금으로 식사를 하는 것이기 때문이다) 제도를 폐지했다. 부유한 가정의 자녀들이 돈을 내고 밥을 먹음으로써 돈을 못 내는 아이들의 자존감을 떨어뜨리는 **야비하고 지독한 특권주의**를 정의로

포장하는 것이 다름 아닌 선별적 복지, 아니 차별적 복지의 본질인 것이다. 보편적 복지를 항상 반대해왔던 홍준표 도지사가 "학교는 밥 먹으러 가는 곳이 아니다"라고 했다니 참으로 놀라운 일이다. 학교를 다녀본 사람은 다 알겠지만 학교는 절대 공부만 하러 가는 곳이 아니다! 학교에서는 밥도 먹고 운동도 하고 친구도 사귀고 공부도 하는 곳이라는 것을 왜 특권주의자들은 알지 못하는 것일까.

피케티와 롤스

다시 잠시 롤스에 대해 언급해보자. 롤스가 정의로운 저축원리가 결국 정의의 두 원칙과 관련되어야 한다고 생각하는 것은 결코 우연이 아니다. 그에 따르면 저축의 원칙도 각 세대의 최소 수혜자의 입장에서 규정되어야 한다.[10] 물론 앞 세대와 미래 세대를 달리 취급해서도 안 된다.[11] 롤스는 여기에서 케인스가 비록 가장 적절한 분배 방식을 생각하지 못했지만 케인스 역시 어쨌든 빈자들의 노고가 다음 세대들의 더 큰 복지에 의해 정당화된다고 말하지 않았음을 환기시킨다.[12] 세대 간 정의의 문제를 논의할 때에도 무지의 베일의 원칙과 최소 수혜자의 최대 이익의 원칙이 지켜져야 하며, 어떤 세대이든지 보편적인 정의의 원칙(자유로운 평등의 원칙과 차등의 원칙)에 따라 자신의 몫을 얻을 수 있어야 한다. 롤스는 자신의 논의가 초보적인 원칙적 수준에서의 논의라는 것을 알고 있으며 따라서 세대 간 정의에 합당한 저축 수준을 명

10 존 롤스, 『정의론』, 380쪽, 389쪽.

11 같은 책, 392쪽.

12 같은 책, 397쪽.

확히 정의하기는 어렵다는 사실을 인정한다. 사실 이 점에 대해서 피케티도 마찬가지의 견해를 피력한다.

> 사실 단순한 상식만으로도 미래 세대를 위해 얼마만큼의 자본을 남겨줄지를 결정하는 복잡한 문제를 수학 공식으로 해결할 수 없다는 것을 알 수 있다(681).

그럼에도 피케티는 (롤스는 물론 신고전파 경제학자들이 명확히 대답하지 못했던 질문에 대해) 좀 더 이론적이며 현실적인 대답을 제시하고자 한다. 여기에서 피케티는 자본축적의 황금률 개념을 상기시킨다. 그것은 자본축적의 포화상태, 즉 더 이상 자본을 축적하는 것이 자본 소유자 자신에게도 도움이 되지 않는 상태를 지칭한다. 자본축적의 황금률은 자본축적의 이론적 한계가 어디인지를 말하는 공식이다. 이제 이와 관련해 피케티가 생각하는 자본축적 또는 저축의 한계와 그 정치경제학적 의미에 대해 살펴보자.

자본축적의 황금률

피케티는 1961년 에드먼드 펠프스(Edmund Phelps)의 논문을 인용하며 흥미로운 논평을 가한다(642). 펠프스는 자신의 논문 「자본축적의 황금률(The Golden Rule of Accumulation)」에서 $r=g$를 **자본축적의 황금률**이라고 불렀다. 펠프스에 따르면 국가 내에 자본량이 너무 많아 추가로 투입되는 자본수익률이 낮아져서 자본수익률과 성장률이 일치하는 상황($r=g$)이 도래할 때 더 이상의 자본축적은 이루어지지 않는다. $r=g$의 상황이 자본축적의 한계라는 것인데, 이 지점을 넘어 계속 자본을 축적하면 오히려 경제 전체에 손실이 야기된다.

그렇다면 등식 $r=g$가 성립하는 사회는 정확히 어떤 모습일까? 우리는 앞에서 $r>g$에 대해서 살펴보았다. 이를 상기하기 위해 다시 간략히 언급해보자. 피케티에 따르면 19세기 이전에 r은 g보다 훨씬 높았고(자본수익률은 4.5~5%, 성장률은 1% 미만), 21세기에도 성장률이 1.5%를 넘지 못하는 상황이 재현될 것이다. 피케티는 이것을 불변하는 필연적·논리적 법칙이 아니라 역사적 법칙으로 해석했다. 20세기에는 $r<g$(세후)가 성립했고, 바람직한 공공 정책 없이 (신)자유주의적 파행이 지속된다면 21세기의 어느 시점에서 다시 $r>g$(세후)가 성립할 것이다. $r>g$인가 $r<g$인가를 말할 때 그것이 세전인가 세후인가라는 차이는 중요하다. 세전에는 어떤 경우든 $r>g$가 성립한다. 20세기에는 세후 $r<g$가 성립했지만 21세기에는 세후 $r>g$가 되는 지극히 불평등한 상황이 도래할 수 있다고 피케티는 우려한다.

왜 $r=g$ 상태가 자본축적의 한계점인가? 피케티는 자신이 말하는 자본주의의 두 법칙을 가지고 $r=g$의 경제학적 의미를 설명한다. 우선 등식 $\beta=s/g$를 $s=\beta/g$로 고쳐 쓰자. 또 자본주의의 제1근본법칙, $\alpha=r\times\beta$를 $\beta=\alpha/r$로 변형시키면, $s=\beta/g=(\alpha/r)/g=\alpha\times(g/r)$이 도출된다. 이로부터 우리는 $r=g$(세전)가 성립할 때 $\alpha=s$가 된다는 것을 알 수 있다. 자본수익률과 성장률이 일치할 때($r=g$) 자본소득의 몫이 저축률과 일치($\alpha=s$)하게 된다는 것이다.

자본소득의 몫(α)과 저축률(s)이 일치하는 상황은 과연 어떤 상황일까? 그것은 경제를 균형 상태로 유지하기 위해서 (즉 기존의 자본을 파괴 혹은 감소시키지 않고 경제성장에 맞추어 자본량을 성장시키기 위해서는) 저축률(s)을 α의 수준으로 유지해야 하는 상황을 가리킨다.

일반적으로 말하면 국민소득 증가에 비례해 자본총량을 유지할 수 있도록 해주는 투자율(저축률)은 $\alpha\times(g/r)$이다.[13] 이는 $r>g$ 상황에서 자본소득자가

13 이에 대한 상세한 논의로는 이 책 제7장을 참조하라. 자본주의 제1법칙, $\alpha=r\times\beta$에서 β에

경제성장률 g에 상응해 자본량을 증가시키기 위해서는 자본소득(α) 중에서 g/r만큼 투자해야 한다는 의미이다. $r>g$일 경우에는 자본소득 중 g/r만큼만 재투자해도 자본총량을 유지할 수 있다는 것이다.[14] 이는 또한 자본가는 역으로 자본소득 중 $(1-g/r)$만큼을 소비할 수 있다는 것을 의미한다. $r>g$ 상황에서 자본 소유자는 충분히 호화로운 소비를 할 만큼의 여유가 있다.[15]

$r=g$인 사회는 자본가가 자신의 모든 자본소득을 재투자할 때에만($s=\alpha$) 경제성장에 비례해 자본총량을 유지할 수 있을 정도로 자본축적이 과도하게

---

s/g를 대입하면 $\alpha=r\times s/g=s\times r/g$를 얻을 수 있다. 이로부터 저축률($s$)은 자본소득($\alpha$)에 g/r을 곱한 값과 같다는 것을 알 수 있다($s=\alpha\times g/r$).

14 Thomas Piketty, "Putting Distribution Back at the Center of Economics: Reflections on *Capital in the Twenty-First Centry*," p.74 참조.

15 $r>g$ 상황에서는 r과 g의 격차가 크면 클수록 자본가가 소비할 수 있는 여력이 많아진다는 것이다. "그러므로 …… 자본소득자는 $r-g$의 차이만큼 자신의 자본소득을 소비할 수 있다. 따라서 $r>g$ 부등식은 자본소득자 사회의 기반이 된다"(680). 그러므로 피케티에 따르면 반대로 "…… **자본수익률을 성장률과 동일한 수치로 하락시킬 만큼 충분히 많은 자본이 축적되면 [오히려] 자본소득자의 지배는 끝날 수 있다**"(680, 강조는 필자). $r-g$의 격차가 무엇을 의미하는지 더 분명히 이해하기 위해서는 $r=g$가 되는 사회와 비교해 생각해보면 더 직관적으로 이해할 수 있다. 언급했듯이 $r=g$ 상황에서는 $\alpha=s$가 성립한다. 따라서 $r-g$의 차이가 크다는 것은 자본 소유자는 자본소득의 일부를 투자한 후에도(감가상각분 포함) 소비할 수 있는 자본소득의 여분이 많다는 것을 뜻한다. $r-g$의 차이가 자본소득자의 권위와 위광을 유지하기 위한 기반이 된다는 것이다.

그렇다면 $r>g$인 상태는 정확히 무엇인가? 피케티에 따르면 $r-g$는 자본소득을 전혀 소비하지 않고 모두 자본에 재투자할 때의 자본소득과 평균 소득 간 격차의 정도를 의미한다(436). 실제로는 자본가가 자본소득의 상당 부분을 소비하겠지만, 소비하지 않고 자본소득을 모두를 투자(저축)한다고 가정해보자. 이때 r과 g의 차이 $r-g$는 (자본가의) 자본소득과 (국민 전체의) 평균 소득과의 격차이다. 따라서 그 격차만큼 자본가는 호화로운 소비생활을 유지할 수 있다. 달리 말하면 $r>g$ 상태에서는 자본소득자의 (평균) 자본소득이 (자본이 없거나 적은) 노동자의 평균 소득보다 훨씬 크다는 것이다. 현재 유럽 사회에서는 상위 10%가 국부의 약 60%를 차지하고 있다. 세후 $r>g$가 될 수 있는 미래에는 상위층에 자본이 더욱 많이 집중되고 자본소득의 비중이 훨씬 더 큰 사회일 것이므로 이러한 사회에서는 자본소득자의 (평균) 자본소득은 노동자의 평균임금보다 매우 클 것이라고 추측할 수 있다. 그 격차는 다름 아닌 $r-g$의 차이다.

이루어진 사회이다. 이 경우 자본가는 모든 자본소득을 투자해야 하므로 호화로운 소비를 위한 여지가 존재하지 않는다.

그렇다면 (결코 현실에서는 일어나지 않을 상황이겠지만) $r < g$ (세전)의 경우에는 어떤 일이 일어나는가? 이 경우에는 $\alpha < s$가 성립한다. 이 상황은 경제성장에 상응해 자본총량을 유지하기 위해 투자해야 할 자본금, 더 정확히 말하면 저축률(s)이 자본가의 자본소득의 몫(α)을 초과하는 상황을 의미한다. 투자할 수 있는 자본소득이 부족한 상황이므로 이때에는 자본소득자들이 전혀 소비하지 않고 저축(즉 투자)을 한다고 해도 경제성장에 맞추어 자본총량을 현재의 수준으로 유지할 수 없다. β값이 너무 커져서 현재의 β값 수준을 유지할 수 없을 만큼 자본축적이 심화된 경제인 것이다.

그러므로 이러한 상황에서는 사람들이 아무리 계속 저축을 해도 현재는 물론 미래에도 사람들이 누릴 수 있는 **소비수준**은 더욱 떨어지게 될 것이다. 이러한 상황이 올 때까지 저축(자본축적)을 지속시킨다는 것은 물론 어리석은 일이다. 자본이 너무 많이 축적되어 추가적으로 자본을 투자할수록 오히려 자본이 파괴되는 상황이므로 현실적으로 경제가 이러한 상태에 도달할 때까지 사람들이 자본을 계속 축적하지는 않을 것이다. 실제로는 $r > g$ (세전)이 유지되는 어느 지점에서 자본축적을 멈추겠지만 이론적으로는 $r = g$가 성립할 때까지 자본축적을 계속할 수 있다. $r = g$가 되는 지점이 자본축적의 이론적 한계라는 것이다.

> 자본이 너무 많이 축적되어 이론상 자본의 한계생산성과 동일한 자본수익률 r이 성장률 g와 똑같아질 때 자본은 최대 수준에 도달한다(678).

실제적으로는 $r = g$가 될 때까지 자본축적이 이루어지지도 않을 것이다. 현실적으로는 다음 두 가지 대안이 있다. 첫째, 현세대가 모두 소비하고 아무것

도 남기지 않는 것, 둘째, $r=g$가 되어 현세대와 미래 세대 모두가 아무것도 소비할 수 없는 상황이라는 두 극단 사이 어디에서 선택이 이루어지는 것이다. 그렇다면 현세대는 얼마만큼 소비해야 하고 미래 세대는 얼마만큼 소비해야 하는가? 피케티에 따르면 이 선택은 궁극적으로 한 사회의 **윤리적·정치적·이념적 태도**에 의해 결정될 것이며 이 지점을 결정해주는 최후의 완벽한 수학 공식 같은 것은 없다.

$r=g$가 자본축적의 이론적 한계라고 할 때 이때의 β값은 얼마나 될까? 이론적으로는 $\alpha=s$인 상태까지 β값의 증가가 가능하다. 피케티는 이는 6~7보다는 훨씬 더 큰 수치일 것이라고 말한다. 경제성장률이 18세기 이전처럼 0.2% 정도 되는 사회에서라면, 자본수익률이 성장률만큼 떨어지려면 β값이 20~30 정도가 될 것이라고 피케티는 추측한다. 이는 현재의 자본축적의 수준은 아직 **황금률 수준**에 **훨씬 못 미치는 상태**에 있다는 것을 의미한다. 따라서 피케티에 따르면 이론적으로 β값은 앞으로도 매우 큰 값으로 상승할 수 있으며 이에 따라 불평등도 더욱 심화될 수 있다.

마르크스와 피케티: 무한축적의 욕망

한 걸음 더 나아가 피케티는 자본축적의 황금률에 관한 논의와 마르크스의 경제 이론을 연관시켜 흥미로운 논평을 덧붙인다. '무한축적의 욕망'은 자본주의뿐만 아니라 마르크스와 구소련의 경제학자들에서도 마찬가지로 작동하고 있었다.

피케티에 따르면 마르크스가 자본주의가 붕괴할 것이라고 전망했던 것도 자본주의에 내재해 있는 이러한 무한한 자본축적에 대한 욕망을 간파할 수 있었기 때문이다. 마르크스는 자본의 무한한 축적이라는 탐욕스러운 욕망에

의해 자본주의는 붕괴하고, 생산수단은 집단적으로 전유될 것으로 보았다. 마르크스에 따르면 자본축적이 심화됨에 따라 가까운 장래에 평균 자본수익률은 하락하고 결국은 종말을 맞게 된다.

피케티는 여기에서 마르크스가 인구증가율과 생산성 증가를 암묵적으로 제로로 가정했기 때문에(681), 그리고 제한적인 역사적 자료만을 사용했기 때문에 자본주의가 곧 종말을 고하리라고 믿었다고 비판한다. 생산성과 인구가 증가하면서 평균 자본수익률은 마르크스가 예견했던 것과 달리 4~5%를 계속 유지할 수 있었다. 그래서 평균 자본수익률 감소에 따른 공황이나 혁명의 순간이 도래하지 않았으며, 도래한다고 해도 아주 오랜 시간이 지난 후에나 가능하다는 것을 마르크스는 파악하지 못했다.[16]

바로 여기에서 피케티는 구소련도 국가가 무한하게 산업자본을 축적하고 끊임없이 기계의 수를 증가시켜 공익에 봉사하게 할 수 있다는 믿음을 갖고 있었다는 흥미로운 논평 또한 덧붙인다.

> 사실 소련에서는 국가가 무한하게 산업자본을 축적하고 끊임없이 기계의 수를 증가시켜 공익에 봉사한다고 주장했다. 하지만 자본축적이 어느 선에서 끝나야 한다고 생각했는지 아는 사람은 없었다(681).

왜 피케티는 자본축적의 한계에 관해 이렇듯 길게 논평했는가? 바로 자본주의 사회에서든 공산주의 사회에서든 공공의 이익의 진정한 달성은 무한축

---

16 제3부 제7장의 결론부에서 상세히 논의했듯이 $\beta = s/g$ 법칙은 성장률이 0%로 수렴하는 상황에는 적용되지 않는다. 성장률이 0으로 수렴함에도 계속적으로 투자량을 늘려가는 자본가는 존재하지 않는다. 피케티는 주로 성장률 1.5% 정도를 유지하는 경제를 염두에 두고 있는데, 주류 경제학자들이나 마르크스주의 경제학자들은 그 점을 전혀 파악하지 못하고 있다.

적 욕망의 실현을 통해 이루어지는 아니라는 사실을 강조하고자 하는 것이다. 공익에 봉사하기 위해 과연 무한히 자본을 축적할 필요가 있는가? 정의로운 국가의 요건을 단지 축적된 자본의 크기와 같은 경제적 변수만을 가지고 설명할 수 있을까? 아마도 이러한 태도를 **'경제주의'**라고 부를 수 있을 것이다. 피케티는 이러한 경제주의적 태도는 자본주의나 현실 사회주의 모두에서 나타난 현상이라고 비판하고 있는 것이다.

집단의 정치적 의지와 결정의 중요성

지금까지 살펴보았듯이 자본축적의 황금률에 관한 문제는 현재(현세대가) 얼마만큼 자본을 축적하고(저축하고) 소비하는 것이 합리적이고 정당한가라는 문제와 연관되어 있다. 한 사회는 (세전) $r > g$를 유지하는 한에서만 자본을 계속 축적할 수 있다. 무한한 자본축적 욕망에 빠져 $r = g$에 도달할 때까지 현세대를 희생시키고 미래 세대를 위해 저축(자본축적)할 수는 있겠지만 그렇다고 해서 미래에 소비가 늘어난다는 보장도 없다.

현실적으로는 $r > g$ (세전)가 유지되는 한에서 자본축적이 이루어진다. 하지만 정의로운 저축 수준을 정해주는 일반적인 규칙은 없다. 이를 투표로 결정할 수 있을까? 미래 세대는 (현재)에 투표를 할 수 없으므로 대부분의 경우 현세대가 자신에게 유리한 정책 결정을 할 것이라고 예상할 수 있다. 연금보험 그리고 또한 **환경**문제와 관련해서도 그 점은 잘 드러난다. 현세대는 미래 세대가 언젠가 겪게 될 환경오염 문제를 잘 해결할 수 있도록 충분히 기금을 조성해 미래 세대에 물려주어야 하지만 현실적으로는 그렇지 못하다. 정작 반드시 필요한 '정의로운 저축'에는 인색하다.

지금까지 살펴보았듯이 무한한 저축(자본축적)이 현세대와 미래 세대의 공

익에 도움이 되는 것은 아니다. 은퇴 후에도 거의 동일한 생활수준 혹은 그것의 일정한 비율을 유지하기 위해 많은 사람들이 자신의 임금수준에 비례해 자본을 축적할 것으로 예상할 수 있다. "하지만 이 경우 부의 불평등은 노동소득의 불평등을 시간적으로 옮겨놓은 데 지나지 않을 것이고, 따라서 중요성이 그리 크지 않을 것이다. 여기서 사회적 불평등을 일으키는 유일한 현실 요인은 노동과 관련된 불평등일" 뿐이다(296).

은퇴 후의 소비를 위해 젊은 시절 노동소득의 상당 부분을 저축한다고 할 때, 이러한 의미의 저축은 불평등을 미래로 옮겨 놓은 것에 지나지 않으며 세대 간 정의 실현과 아무런 상관이 없다는 것이다. 이는 세대 내부의 계층 간의 불평등을 심화시킬 뿐이다. 충분히 저축한 노인이 그 저축액의 상당 부분을 자녀에게 상속하는 경우에는 더욱 그러하다. 피케티가 다음과 같이 말하듯이 말이다. "고도의 자본집중은 주로 상속받은 재산과 이 재산이 일으키는 누적 효과로 설명된다. 예를 들어 아파트 한 채를 상속받으면 집세를 낼 필요가 없어서 저축하기가 더 쉬워진다"(297).

그리하여 피케티는 이렇게 결론짓는다. "분명한 점은 황금률의 현실적인 유용성이 그리 크지 않다는 것이다"(681). 그렇다면 피케티는 왜 단지 이론적 논의에 지나지 않는 자본축적의 황금률에 대해 굳이 언급했던 것일까? 이를 통해 계급 갈등 및 세대 갈등의 해결을 위한 집단의 정치적 선택과 의지, 결단과 행동의 중요성을 오히려 역으로 강조하기 위해서이다. 그러나 황금률에 대한 피케티의 논의가 사실 단순히 이론적 가치만을 갖는 것만은 아니다. 그러한 논의는 지나칠 정도로 재정 적자를 금기시하는 유럽 공동체의 재정정책의 문제점을 평가할 때, 현실 정치적으로도 유의미한 이론적 참조점이 될 수 있다. 피케티는 일차적으로 유럽공동체의 재정정책과 관련해 문제를 제기하지만, 그의 문제 제기와 해법은 한국을 포함해 다른 많은 국가들에도 적용될 수 있다.

재정 적자와 인플레이션, 무엇이 문제인가

이러한 맥락에서 피케티는 공공적자에 관한 유럽연합(EU)의 마스트리흐트 조약(1992년), 즉 회원국은 재정 적자를 GDP의 3% 미만, 공공부채 총액을 GDP의 60% 미만의 상태로 유지해야 한다는 재정 적자에 관한 유럽공동체 규정의 경직성을 비판한다.

물론 피케티가 공공부채 혹은 재정 적자가 커지는 것이 특별히 바람직하다고 주장하는 것은 아니다. 그럼에도 피케티는 공공적자가 늘어나는 것을 막는 것을 국가정책의 목표로 삼는 것만큼 위험하거나 어리석은 일은 없다고 유럽공동체의 재정정책의 문제점에 대해 강하게 경고한다. 특히 오늘날 유럽연합의 국가들에서처럼 헌법이나 법률에 정부 예산에 관한 제한을 명시하는 것은 현명하지 못한 처사이다(683). 심각한 경제위기 상황에서 그전까지는 생각하지도 못했던 막대한 규모의 긴급예산을 편성해야 할 필요가 대두될 수 있다는 역사적 경험 때문이다. 헌법이나 법률에 긴축재정에 관한 규정을 명시했을 때 위기의 상황에서 국가 시스템은 마비될 수 있다.

피케티는 과거에 인플레이션을 통해 재정 적자 문제를 해결한 경험이 있는 프랑스, 영국, 독일과 같은 나라가 요즘은 균형수지 달성에 최우선 순위를 두고 있는 현실을 개탄한다. 인플레이션은 채권자에게 불리한 상황을 야기하므로, 따라서 특히 국채 보유자가 부유한 사람인 경우에 인플레이션을 통한 재정 적자 해소는 부의 재분배 효과를 동반하는 바람직한 정책이 될 수 있다(160). 과도한 인플레이션은 경제에 큰 문제를 야기하겠지만 그럼에도 인플레이션 억제를 경제 정책의 목표로 삼는 것은 어리석은 일이다.

인플레이션에 대한 스티글리츠의 논평도 매우 유익하며 참고할 만하다. 인플레이션에 대한 스티글리츠의 견해 역시 피케티의 그것과 상당히 유사하므로 여기에서 스티글리츠의 논의를 소개해보고자 한다.

일반적으로 선진국의 중앙은행들은 특정한 금리(2%)를 목표로 설정한다. 중앙은행들은 인플레이션율이 금리보다 높아질 때마다 금리를 인상했다. 금리를 인상하면 성장이 둔화되고 이에 따라 인플레이션도 둔화되기 때문이다. 그러나 경제가 너무 과열되어 인플레이션이 정말로 문제가 되는 상황에서라면 이러한 정책도 의미가 있겠지만 대부분의 국가가 저성장과 실업률 상승 때문에 어려움에 처해 있는 상황에서조차 인플레이션 억제를 경제정책의 주요 목표로 삼는 것은 본말이 전도된 것이다. 스티글리츠에 따르면 인플레이션 목표 관리 이론은 다음 세 가지 가설에 근거하고 있다.

첫째, 인플레이션은 최대 악이라는 가설, 둘째는 인플레이션을 낮게 안정적으로만 유지하면 실물경제 성장률을 높게 안정적으로 유지할 수 있다는 가설, 셋째는 낮은 인플레이션은 만인에게 혜택을 준다는 가설이 그것이다.[17] 하지만 미국과 유럽에서는 30년째 인플레이션이 심각한 문제로 대두되지 않았다. 그러므로 스티글리츠는 상황이 오히려 정반대인 경우, 즉 실업률이 매우 높은 상황에서조차 연방준비위원회가 인플레이션 억제를 위해 금리인상 정책에 집착한다고 비판한다. "인플레이션 강박증에서 벗어나지 못한 채 금리 인상에 찬성한다."[18]

물론 스티글리츠도 과도한 인플레이션에 찬성하지 않는다. 부의 재분배 효과가 원하지 않는 방향으로 이루어질 수도 있으며 인플레이션을 통제할 수 없는 상황에 빠질 수도 있다. 인플레이션은 가난한 사람들에게도 큰 타격을 입히며 고통을 준다. 하지만 피케티와 마찬가지로 스티글리츠도 인플레이션 억제를 경제정책의 목표로 삼는 것에 대해서는 반대한다. 오랫동안 실직 상태에 있는 사람에게 소폭의 인플레이션과 실직으로 인한 고통 중에서 선택하

17 조지프 스티글리츠, 『불평등의 대가』, 이순희 옮김(파주: 열린책들, 2013), 420~421쪽.

18 같은 책, 421쪽.

라고 한다면 그는 당연히 소폭의 인플레이션으로 인한 손해를 기꺼이 더 받아들이려고 할 것이다.

'공공의 적'인 인플레이션 억제를 위해 당국이 금리를 인상한다면 누가 더 많은 이득을 볼 것인가? 이를 통해 이익을 보는 사람은 주로 채권자이다. 스티글리츠에 따르면 인플레이션 억제책은 주로 채권자들에게만 이익이 되는 일방적인 게임규칙인 것이다. 인플레이션 억제 정책을 과도하게 사용해서 인플레이션율이 예상보다 더 낮아지거나 실질 물가가 하락하는 추세를 보이는 경우에도 채권보유자는 이득을 본다. 보유한 채권에 지불되는 이자가 늘어나고 채권 만기 시에 돌려받은 금액의 가치가 높아지기 때문이다.[19]

피케티는 남유럽의 예를 들어 유럽은행의 일괄적인 경제정책의 문제점을 지적한다. 2002년 유로화가 도입되고, 2007~2008년 금융위기가 발생하기 전까지 유로존의 이자율은 대체로 동일했다. 그때까지는 커다란 문제가 존재하지 않았다. 그런데 글로벌 금융위기가 발생한 이후 금리 차이가 커졌고, 이는 정부 예산에 심각한 영향을 미쳤다. 어떤 정부의 부채가 GDP에 육박하면 작은 금리 차이만으로도 엄청난 결과를 가져올 수 있으므로 정부는 이에 대응할 수 있는 권한을 가져야만 한다. 그런데 남유럽 국가들은 선택권이 없었다. 유로존에 가입하기 전이라면 자국의 통화가치를 하락시켜 적어도 가격경쟁력을 회복하고 경제활동을 촉진시킬 수 있었을 것이다. 그리스는 드라크마(drachma, 유로화 통합 이전의 그리스 화폐)를 평가절하시켜 수출을 증가시킬 수 있었을 것이다. 하지만 유로화를 사용하는 현시점에서는 이러한 정책이 불가능하다. 또한 경제 사정이 악화되어 심각한 자본 유출이 발생했을 때 각국은 저금리로 자금을 차입할 수 있도록 보완해주어야 했지만 이러한 보완책이 존재하지 않았다. 그리스인들에게 통화주권은 존재하지 않았으며 경제위기에

---

19 같은 책, 423쪽.

주권적으로 대응할 수 있는 여지가 존재하지 않았던 것이다(672).

유럽예산 위원회의 필요성

따라서 유로존의 탈퇴 혹은 보호무역이라는 대안이 다시 머리를 드는 것도 우연은 아니다. 피케티가 유로존으로부터 무조건적인 탈퇴나 폐쇄적인 보호무역주의로의 회기를 옹호하는 것은 아니다. 그는 오늘날 유럽 국가에서 부상하고 있는 '민족주의적' 관점에서 유럽공동체를 비판하는 우파적 태도와도 거리를 취한다. 하지만 그는 불가피한 경우 어느 정도 보호무역이 필요하다는 것을 인정한다. 그러나 궁극적으로 배타주의보다는 유럽공동체가 취해야 할 향후 방향성이 무엇인지 대안 마련에 더 큰 무게를 두고 있다. 핵심은 남유럽과 같은 상대적으로 취약한 유럽 국가들이 현재의 경직된 유럽공동체의 조약 때문에 오히려 더 큰 어려움에 빠지지 않도록 유럽공동체의 재정정책을 근본적으로 수정해야 한다는 것이다. 통화주권이 부재하며 공공부채의 상한선에 대해 엄격한 규칙을 부과하는 유럽연합의 정책 기조가 오히려 문제의 근원이다.

그리스 사태와 관련해 게으른 그리스인, 나치 독일이라는 원색적인 구호가 흘러나왔지만 피케티는 그러한 감정적인 비난보다는 구조적인 해결책을 모색해야 한다고 주장한다. 유럽중앙은행은 "인플레이션을 낮게 유지하는 목표[를] 지속적인 경제성장과 완전고용이라는 목표보다 전적으로 우선시[하기] 때문"(671)에 유럽 각국은 자국에 필요한 조처를 취하는 데 엄청난 제약을 받기 때문이다.

2013년 봄 이탈리아는 유럽연합의 의장을 보통선거로 선출하자는 독일 정부의 제안을 지지하기로 약속했다. 이러한 정치적 맥락에서 피케티는 유럽

공동체의 **진정한 의회**의 역할을 수행하는 "**유럽예산위원회**", 그리고 "예산위원회에 책임을 지는 **유럽 재무장관**"을 둘 것을 제안한다. 보통선거에 의해 의장을 선출한다면 논리적으로 이 의장은 좀 더 확대된 권한을 갖게 될 것이므로, 피케티는 유로존의 예산의회에 대해 책임을 지는 재무장관이 필요하다고 또한 제안하는 것이다. 유럽예산의원회는 "유로존의 부채에 관한 사항을 결정"하는 기관이며, 유럽재무장관이 "유로존의 예산액과 연간 재정 적자액을 제안하고 예산의회에 책임"을 진다는 것이다(674. 강조는 필자). 피케티의 매우 혁신적인 다음 말을 기억해둘 필요가 있다.

> 확실한 것은 **공적이고 민주적이며 독립적인 방식**으로 예산 전략을 세우고 궁지에 빠진 유럽의 재정 및 금융위기를 극복할 방법을 논의할 **진정한 의미의 의회**가 **유로존에 꼭 필요하다**는 것이다. 그러나 현재 회원국의 국가원수와 재무장관들이 포함된 **유럽이사회는 이런 예산기구의 역할을 할 수 없다. 그들은 비밀리에 만나고, 공개적인 토론도 하지 않으며 대개는 유럽의 사태가 진정되었다며 한밤중에 득의에 찬 공동성명을 발표하는 것으로 회의를 마치곤 한다.** 심지어 참가자들 스스로도 자신의 결정에 관해 항상 확신하지는 못하면서 말이다. 키프로스의 세금에 관한 결정은 이런 점에서 전형적인 사례라고 할 수 있다. 왜냐하면 비록 그 결정이 만장일치로 승인되었지만 아무도 공개적으로 책임을 지려고 하지 않았기 때문이다. 이런 유형의 의사결정 절차는 (1815년의) 빈 의회에서는 통할지 몰라도 21세기 유럽에서는 설 자리가 없다. 위에서 이야기했던 독일과 이탈리아의 제안은 이러한 진전이 가능하다는 것을 보여준다. 그럼에도 불구하고 프랑스의 경우 두 명의 대통령이 집권할 동안 이 논의에 참가조차 하지 않았다는 것은 매우 놀라운 일이다. 유럽의 연대 및 채무 공동 분담의 필요성을 다른 국가들에 설파하는 것에는 (적어도 수사적으로는) 그렇게 적극적이면서 말이다(674. 강조는 필자).

국경 없는 통화제도보다 훨씬 더 현실적인 글로벌 자본세

피케티는 지금까지 논의한 방향으로의 정책 변화가 나타나지 않는다면 유로존 위기에 대한 효과적이고 지속적인 다른 해결책을 떠올리기는 어려울 것이라고 말한다. 이러한 정책 변화와 더불어 글로벌 자본세의 도입도 필수적이다. 피케티는 자본세 징수를 위한 원칙으로 (자본 소유자의 거주지가 아니라) 자본자산의 거주지 우선 원칙을 제안하는데(676), 이것이 부동산에 국한되는 것이 아니라 **금융자산**에 대해서까지 확대되기 위해서도 글로벌 자본세가 필요하다고 제안한다. 앞서 언급한 유럽예산위원회는 글로벌 자본세의 효과적이고 공정한 실행과 이것의 실행 과정에서 발생할 수 있는 문제점을 해결하기 위해서 필요한 기관이다. 글로벌 자본세에 대해서는 이 책 제3장에서 상세히 언급한 바 있으므로 피케티의 다음 말을 인용하면서 자본세와 관련된 논의를 마치기로 하자.

> 이 모든 제안이 지나치게 이상적인가? 적어도 **국경 없는 통화**를 만들고자 하는 **시도보다는 이상적이지 않다**. 국가들이 통화 주권을 포기한 때에는 공공부채의 이자율을 비롯해 누진적 자본세, 다국적 기업에 대한 과세 등 더 이상 국민국가 차원의 권한으로는 해결할 수 없는 사안들에 대한 재정 주권의 회복이 반드시 필요하다. 유럽 국가들의 발전을 위해서는, 우선적으로 **세습자본주의 및 사적 이익에 대한 통제를 강화하고, 21세기의 유럽식 사회모델을 발전시킬 수 있는 유럽 대륙 차원의 정치적 기구를 신설해야 한다**(677. 강조는 필자).

공공부채, 세대 갈등, 계급 갈등, 그리고 자본축적의 황금률

그리스 사태는 통화주권을 빼앗겨 자신의 사정에 맞게 통화정책이나 재정 정책을 활용할 수 없도록 만든 (신)자유주의적 유럽통합 정책이 낳은 불가피한 산물이기도 하다. 잘 알려져 있듯이 그리스의 심각한 국가부채 문제는 그리스 부유층 및 중산층의 탈세와도 직접 관련이 있다. 피케티가 글로벌 자본세와 누진적 소득세 정책을 통해 공공영역을 강화해야 한다고 말하는 것은 이러한 상황과 무관하지 않다. 그리스의 부유층 및 중산층의 탈세에 관한 이야기는 이미 식상해져 버렸지만, 그럼에도 분명한 사실은 조세정의의 실현을 통해서만 심각한 재정위기로부터 벗어날 수 있으며 확보된 재원을 바탕으로 사회적 국가 체제를 정비할 수 있다는 것이다.

증세가 뒷받침되지 않는다면 국가는 필연적으로 빚을 지거나 아니면 복지지출 등 국민의 생활에 필요한 정부지출을 극단적으로 줄일 수밖에 없다. 대개의 경우 경제적으로 취약한 국가가 재정지출을 확대한다면 언젠가 필연적으로 국가부도 위기에 직면할 수밖에 없을 것이다. 하지만 디폴트를 피하기 위해 구제금융을 얻거나 지불 기한을 연장하고자 한다면 유럽중앙은행 또는 세계은행의 신자유주의적 요구(복지지출 감소, 노동자 감원과 같은 구조 조정, 규제 철폐 등)를 받아들여야 하는 악순환에 빠진다.

스티글리츠에 따르면 미국의 재정 적자 문제는 레이건의 감세 정책 이래로 보수적인 정부가 계속 추진해오는 세금 인하 정책, 그리고 전쟁 비용, 그리고 (의약품 혜택을 제공하는 것 자체는 올바른 선택이지만) 노인 의료보험 의약품을 공급하는 제약 산업에 제공되는 부당한 이윤 때문이다. 예를 들면 미국 정부는 방위 시스템 관련 지출을 계속 늘려왔고, 방위 업체 록히드 마틴(Lockheed Martin)사가 제작하는 F-35 합동 타격 전투기 사업비용은 오바마 정부가 추진하는 경기 부양 프로그램 전체 비용의 절반에 해당한다.[20] 예산 긴축

과 작은 정부라는 이데올로기를 끊임없이 강조하면서도 사실 미국이 만성적인 재정 적자로부터 벗어나지 못하는 것은 바람직하지 못한 방식으로 정부지출을 늘려왔기 때문이다. 그리하여 스티글리츠는 '균형예산승수 이론', 즉 세금과 재정 지출을 똑같이 늘리는 방법을 제안하기도 한다. 조세와 재정지출을 동시에 늘리면 경제를 부양하는 효과가 나타난다. 경제가 완전고용 상태에 있을 때에는 정부지출을 늘려도 국내총생산이 증가하지 않지만 그렇지 않은 상황에서 정부지출은 경기를 부양하는 효과가 크다. 반면, 조세 감소와 정부지출 감소는 마찬가지로 균형예산을 유지하도록 해주지만 그럼에도 그것은 오히려 경제를 수축시키는 효과를 낳는다.[21]

작은 정부, 균형재정 이데올로기는 필연적으로 복지지출의 감소, 사회적 국가의 해체를 통해 필연적으로 경제적 불평등을 야기한다. 경제적 불평등은 그 자체로 문제이지만 이러한 불평등이 또한 역으로 최근 금융위기의 가장 중요한 원인 중 하나였다는 사실도 기억해둘 필요가 있다.[22]

피케티에 따르면 유럽공동체는 "자본축적의 황금률"에 대한 자유주의적, 혹은 보수주의적 해석 – 현세대는 미래 세대에 빚을 남겨주어서는 안 된다 – 을 통해 자신의 잘못된 재정정책(재정 적자나 공공부채의 억제)을 정당화한다. 미래 세대가 공공적자 때문에 비용을 부담하지 않도록 현세대는 저축해야 한다는 것, 즉 자본을 축적해야 한다는 논리이다. 피케티는 잘못 적용된 세대 간 정의의 논리를 비판하며 이렇게 말한다.

우리가 지금 후대의 자손들에게 수치스러운 빚더미를 남겨줄 상황에 처했느니, 이런 죄를 참회하고 용서를 구해야 한다느니 하는 생각은 참으로 어처구

20 같은 책, 356~357쪽.

21 같은 책, 366쪽.

22 로버트 라이시, 『위기는 왜 반복되는가』, 안진환 옮김(서울: 김영사, 2011), 75쪽.

> 니없는 것이다. 유럽의 국가들은 지금처럼 부자인 적이 없었다. 반면 이 막대한 국부가 대단히 불공평하게 분배되어 있다는 것은 수치스러운 현실이다. 민간의 부는 공공의 빈곤 위에 서 있는데, 이것이 야기한 특히 안타까운 결과는 우리가 현재 고등교육에 투자한 것보다 공공부채의 이자를 지불하는 데 더 많은 지출을 하고 있다는 사실이다. 게다가 이런 현상은 매우 오랫동안 계속되고 있다 (684).

공공부채를 줄이는 방법

피케티의 사회적 국가론의 핵심적인 논제 중 하나가 이 인용문에 들어 있다고 해도 과언이 아니다. 오늘날 유럽은 너무나 부유한데 나라는 너무 가난해서 빚을 갚느라, 즉 이자를 지불하는 데 예를 들면 교육복지에 지출하는 돈보다 더 많은 돈을 쓰고 있다는 것이다! 사실 한국도 그렇게 가난하지 않다. 국내총생산 순위가 세계 13위인 부자 축에 속하는 나라다. 유럽의 많은 나라들은 한국의 현재 1인당 국민소득 수준보다 소득수준이 낮을 때에 이미 상당 수준의 복지국가를 만들었다는 사실을 기억할 필요가 있다.

피케티가 위 인용문에서 하고자 하는 말은, 오늘날 게다가 경제성장률이 전반적으로 낮아진 사회에서 공공부채를 털어내기 위해 신자유주의적 정책에 집착하는 것은 비효율적일 뿐만 아니라 사회적으로도 바람직하지 못하다는 것이다. 이러한 방법으로 공공적자를 해결하는 데에는 많은 시간이 걸린다. 국가적 차원에서는 재정 적자를 해결할 수 있는 방법이 있는데 왜 그러한 해결책을 취하지 않으며, 오직 부유층에게만 도움이 되는 방법을 사용하는지 피케티는 의문을 제기하는 것이다.

복지지출 감소 등의 긴축재정 정책을 통해 공공적자를 줄이며 자본을 축적

해야 할 이유가 없다는 것이다. 물론 피케티도 채무불이행 사태를 낳을 수 있는 과도한 재정 적자 정책 그 자체를 지지하는 것은 아니다. 특히 한국처럼 전시용 행정이나 정치가들의 방만한 재정지출, 또는 불법적 또는 편법적 탈세 등 혈세를 낭비해 생겨난 재정 적자라면 더욱 그러할 것이다. 공정하면서도 효율적인 방식으로 공공부채를 줄이고 경기를 부양하는 방법을 찾아야 한다는 것인데, 피케티에 따르면 공공적자를 줄이는 데에는 세 가지 방법이 있다. 자본에 대한 세금, 인플레이션, 긴축재정이 그것이다. 그리고 피케티에 따르면 긴축재정이 공공부채를 줄이는 가장 나쁜 방법이다.

> 공정성과 효율성 측면에서 최악의 해결책은 지속적인 긴축정책인데, 이것이 바로 현재 유럽[물론 미국도 마찬가지다]이 따르고 있는 방식이다(650).

지속적인 긴축재정을 통해 재정 적자를 해결한 가장 흥미로운 예는 영국이다. 피케티는 영국이 나폴레옹 전쟁을 거친 후 남겨진 엄청난 공공부채를 없애는 데 한 세기 동안의 기초재정수지 흑자(1815~1914년까지 GDP의 2~3%)가 필요했다는 사실을 지적한다. 이 기간 영국 납세자들은 교육보다는 부채에 대한 이자에 더 많은 지출을 했다. 이러한 선택은 국채 보유자들의 이익에는 부합했겠지만 공익에는 큰 손실을 입혔다. 피케티는 영국이 교육에서 엄청난 퇴보를 한 것은 그 때문일 것이라고 추측한다(656). 유럽 대륙의 국가들은 대학등록금이 없거나 매우 적은데 영국 대학의 등록금은 천문학적 숫자다.

영국의 예에서 보았듯이 긴축재정을 통해 공공부채를 청산하는 것은 엄청난 시간을 필요로 한다. 현재 유럽의 긴축재정은 100년이 아니라 10년, 20년만 지속하면 될 것이라는 희망을 갖고 있다고 하더라도 10년, 20년도 사실 충분히 긴 시간이다. 한 세대 전체의 운명을 결정하고도 남을 정도로 긴 시간 아닌가? 유럽 대륙의 많은 국가들이 공공교육에 많은 투자를 하고 있지만 그

럼에도 불구하고 피케티에 따르면 공교육 투자는 여전히 부족하다. “유럽 국가들”조차도 대학에는 연간 GDP의 1%도 안 되는 비용을 쓰면서 연간 GDP의 몇 %나 되는 이자를 부채에 지불”한다. “이러한 방법보다는 21세기의 경제적 도전을 준비하기 위한 더 나은 방법을 찾아야 한다는 생각이 합리적일 것이다”(657).

또한 공공자산을 매각해 공공부채를 줄이는 일도 어리석을 뿐만 아니라 효율적이지 못하다. 국가가 공공자산을 매각한 후에도 교육, 의료, 치안 등 공공서비스와 관련해 사회적 국가의 업무를 수행하기 위해서는 여전히 공공건물, 학교, 대학, 병원, 경찰서 등 많은 사회기반시설이 필요하다. 국가는 이 모든 시설들을 매각해버린 후에도 여전히 그것들을 필요로 하므로 계속해서 막대한 비용을 지불하고 있다. 따라서 피케티에 따르면 민영화 역시 “고려할 필요도 없이 제외되어야 하는” 대안이다.

앞에서도 길게 언급했듯이 인플레이션은 공공부채를 줄이는 효과를 갖는다. 하지만 피케티에 따르면 이는 아주 좋은 방법은 아니다. 유럽 사회는 특히 독일이 그랬듯이 인플레이션을 통해 공공부채를 줄인 역사적 경험이 있다. 1945~1948년 프랑스에서는 인플레이션이 4년 연속 50%를 넘었고 공공부채를 거의 제로로 만들었다. 인플레이션이 심하면 채권자가 손해를 보기 때문에 공공부채를 줄이는 효과를 발생시키기는 하지만 인플레이션은 통제 불가능한 상황을 발생시킬 수 있는 위험이 있다. 임금이나 자산 가격 상승을 통해 인플레이션이 더욱 악화될 수 있다. 그리고 인플레이션은 부의 재분배 효과를 발생시키는데, 특히 부유한 계층에게 유리한 효과가 발생한다. 이때 예컨대 수백만의 소액 예금자들이 손해를 보게 되며, 이는 1950년대 노년층의 빈곤 문제를 지속적으로 악화시켰다. 그뿐만 아니라 인플레이션이 지속되리라는 예측이 가능해지면 특히 정부에 돈을 빌려주는 대자본 소유자는 더 높은 이자율을 요구할 것이기 때문에 인플레이션의 바람직한 효과는 사라진

다(658).

공공부채의 감소 혹은 재정 건전성 유지를 목표로 삼는다는 것은 가능한 한 많은 자본을 축적하고자 한다는 것을 의미하는데, 과도한 자본축적은 현 세대와 미래 세대 사이의, 그리고 각 세대에서 계층 간의 불평등을 심화시킬 뿐이다. 그러므로 피케티에 따르면 핵심적인 문제는 **자본축적을 통해 발생하는 자본소득을** (단순히 공공부채를 줄이는 것이나 재정의 건전성을 유지하는 데 사용할 것이 아니라) **무엇을 위해 사용하는가**에 있다.

책을 마무리하며:
사회적 국가론자 또는 사회민주주의 좌파 피케티

그렇다면 이 모든 논의가 자본축적 문제와 어떻게 관련되는가? 자본축적이 너무 많으면 경제 내의 비효율성이 발생하므로 과도한 자본축적은 바람직하지 못하다는 것이다(790). 개인들은 종종 **수익률에 신경을 쓰지 않고** 저축을 하게 되는데, 이때에도 경제 내에 비효율성이 발생한다. 개인들이 노후에 대비해 저축할 때나 기대수명이 매우 긴 경우에 그러하다.

이렇듯 그다지 효율성이 높지 않은 자본축적(저축)의 방식보다는, 피케티에 따르면 이러한 경우 효율적인 정책은 역으로 정부가 자본총량을 줄이는 것이다. 이를 달성하기 위한 좋은 수단이 고율의 누진적 소득세 및 자본세이다. 그것은 자본에 대한 공적 통제와 공적 소유를 일정 정도 구현하고, (세후) $r < g$를 유지할 수 있도록 해준다. 이는 $\alpha < s$ 상태에 도달한다는 것을 의미한다. 하지만 여기에서 $\alpha < s$는 앞에서 언급한 바 있는, 자본축적이 너무 많이 이루어져 오히려 자본소득보다 투자액이 더 많아지는 자기파괴적인 상황을 말하는 것이 아니다. 그것은 공익을 위한 사업에 투자되는 자본축적(저축)의

비율이 자본가가 개인적으로 처분할 수 있는 자본소득 비율보다 높아진 바람직한 상황을 가리킨다. 피케티에 따르면 바로 그것이 전후 사회적 국가가 지향했던 이상이었다.

> 실제로 자본세(또는 공적 소유)는 그토록 많은 자본을 축적할 필요 없이, 국민소득 가운데 민간자본의 (세후) 소득으로 돌아가는 비율을 저축률보다 낮게 만든다. 이것이 전후 사회민주주의의 이상이었다. 즉 이윤(자본소득)이 주주들의 고급스러운 삶을 위한 재원이 아니라 투자의 재원이 되어야 한다는 것이다. 독일의 전 수상 헬무트 슈미트의 말처럼 오늘날의 이윤은 내일의 투자이자 모레의 일자리다. 자본과 노동은 협력한다는 것이다(791: 주 43. 강조는 필자).[23]

자본소득이 "오늘의 투자"와 "내일의 일자리"를 위해, 즉 (미래로 무한히 연기되지 않고) 현재, 그리고 공익을 위해 저절로 활용되는 법은 없다. 무한한 자본축적은 자본주의에 내재해 있는 근본적 욕망이다. 이러한 위험한 욕망을 개인에게 맡겨두지 말자. 그것은 공적 통제를 통해, 즉 정의로운 "조세제도와 공적 소유와 같은 제도"를 통해서만 달성할 수 있다는 것을 우리 모두가 "이

---

23 피케티가 특별히 언급하지는 않지만 스칸디나비아에서는 사회민주주의에 바탕을 둔 사회적 국가 및 복지국가의 역사가 1930년대에 본격적으로 시작되었다. 스웨덴은 오토 폰 비스마르크(Otto Eduard Leopold von Bismarck)가 사회보장제도를 역사적으로 처음 도입한 후 이에 자극을 받아 본격적인 사회적 국가의 건설에 매진했다. 제2차 세계대전에 휘말리지 않았기 때문에 이러한 정책을 펼칠 여력이 있었던 것도 사실이지만, 그것만으로 북유럽 복지국가의 성립을 설명하는 것은 공정하지 못하다. 전쟁에 휘말리지 않았다고 모든 국가들이 보편적 복지체제를 수립할 수 있었던 것은 아니기 때문이다. 그것은 자유주의와 공산주의라는 이념적 대립 속에서 진정으로 국민을 위한 국가를 건설하고자 했던 당대의 뛰어난 스웨덴 사민주의 정치가들과 국민의 정치적 선의와 의지, 결단의 산물이었다는 점을 기억해야만 한다. 이러한 주체적 노력을 간과한 채 북유럽의 복지시스템을 설명하는 것은 무의미하다.

해하는 것이 중요하다"(791: 주 43).

피케티가 말하는 전후 사회민주주의란 슈뢰더나 블레어 등이 제창한 제3의 길 사민주의가 아니라 전후에 역사상 불평등과 자본/소득 비율을 가장 낮은 수치로 유지할 수 있었던 사회민주주의를 의미한다. 마르크스주의자들의 주장하는 것처럼 법과 의회가 단지 부르주아의 도구인 것만은 아니다(696). 헤겔, 롤스, 또는 피케티가 말하듯이 국가는 공익을 위해 기능하는 어떤 자율적인 영역을 가질 수 있다. 마르크스주의자들은 여전히 이 점을 인정하지 않으며, 신고전파 주류 경제학자들 또는 (신)자유주의자들은 국가가 주로 부유층만을 위해 존재하기를 원하므로 이에 적합한 '작은 국가'를 원한다.

오늘날 자본주의와 공산주의의 충돌은 이제 더 이상 경제학자, 역사학자, 심지어 철학자들의 연구를 자극하는 구실을 하지 못한다(696). 물론 아직도 한국에서는 자본주의냐 공산주의냐라는 낡은 이분법이 지배하고 있지만 말이다. 피케티는 자본주의와 공산주의의 대립이라는 낡은 논쟁을 버리고 구체적인 현실에 관심을 가지라고 우리에게 촉구한다. 이러한 맥락에서 프랑스인으로서 피케티는 과거로부터 현재에 이르기까지 철학적 논쟁에서 중심적 역할을 차지했던 핵심적인 프랑스 (공산주의) 철학자 3인의 이름을 거명한다. 사르트르, 알튀세르, 바디우가 그들이다. 피케티는 이들의 철학 사상이 현실과 무관한 이론이라고 꼬집고 있는 것이다. 그 밖에도 논의할 수 있는 철학자들이 많이 있겠지만 경제학자로서 피케티는 철학적 논쟁에 깊이 들어가기를 원하지 않았을 것이고 또 불필요하다고 생각했기 때문에 이 3인의 이름만을 언급했을 것이다.

필자는 오늘날 이러한 논의의 연장선상에 지젝, 들뢰즈-네그리를 첨가하고 싶다.[24] 철학 또는 인문학을 폄하하고자 함이 아니다. 오늘날 철학, 경제

24 이들에 관한 논의로는 이 책의 부록 1을 참조하라.

학, 사회과학이 자본주의와 공산주의라는 이분법으로 사유하는 한 우리는 왜 우리가 책을 읽고 공부하며, 무엇을 사유해야 하는지에 대해 자칫 방향을 상실할 수 있다는 위험성을 상기시키기 위함이다.

공산주의와 (신)자유주의라는 이분법을 벗어나야 한다는 필자(그리고 피케티)의 주장은 또한 시민, 지식인, 철학자, 사회과학자들이 경제적 사실들에 대한 연구를 경제학자들에게만 맡겨서는 안 된다(694)는 좀 더 적극적인 요청을 포함하고 있다. 그렇게 되는 순간 우리의 현재와 미래를 결정하는 수많은 중요한 사실들을 외면하고 어떤 현학적이거나 이념적인 논쟁에 빠져들고 말 것이다.

『21세기 자본』이라는 대작을 마무리하는 '결론'에서 피케티는 "경제는 너무나 중요한 분야이기 때문에 그것을 결코 경제학자들의 손에만 맡겨 두어서는 안 된다"(694)고 말한다. 피케티의 이 말은 매우 낯설게 들리지만 바로 그러한 이유로 그의 진정성이 느껴진다. 신뢰할 수 없는 '어용' 경제학자들이라면 결코 입 밖에 내지 않을 말이다. 애덤 스미스 이래로 경제학이 그렇게 발전했건만 이런 말을 할 수 있을 만큼 내공 깊고 진정성 있는 경제학자가 그리 많지 않았다는 것일까? 어쨌든 확실한 것은 피케티의 이 말은 단지 수사적 표현이 아니라는 것이다. 결코 신뢰할 수 없는 신고전파 주류 경제학자들과, 자신의 이득을 위해 신고전파 경제학자를 필요로 하는 '부패한 정치가들'의 손에 경제를 맡겨두고 우리 국민이 다른 일만 하기에는 경제가 우리에게 미치는 영향이 너무나 크다.

피케티가 요청하고 우리에게 상기시키고자 하는 국가는, 본질적으로 공익을 위해서만 불평등을 허용하는 보편적인 사회적 국가다. 그것은 저절로 생기는 것이 아니다. 개인주의 또는 자유주의를 넘어서기 위해 적극적으로 노력하며 사회적 국가 건설에 필요한 뛰어난 정책과 제도들을 고안하고 이에 합의할 수 있는 집단적인 의지와 결단, 행위가 존재할 때에만 비로소 실현될

수 있다. 이를 위해 피케티는 끝으로 국가, 조세, 부채를 구체적으로 연구하라고 우리에게 호소한다. 우리는 때로는 숫자에 민감하지만 많은 경우에 다양한 이유로 불행하게도 그것에 매우 무관심하다. 하지만 그러한 무관심은 커다란 대가를 요구하다는 사실을 기억하자.

> 돈이 많은 사람은 자신의 이익을 지키는 데 결코 실패하지 않는다. 숫자를 다루기를 거부하는 것이 '가난한 이들'의 이익에 도움이 되는 경우는 거의 없다(697. 강조는 필자).

철학, 역사학 등 인문학과 사회과학, 경제학에 관심을 갖고 있는 민주시민과 지식인은 '데이터 없는' 공허한 논쟁에서 벗어나 구체적으로 현실을 분석하고, "**특정 제도와 정책들에 대해 선택하고 주장해야 한다**"(693). 이를 통해서만 사회적 국가의 미래가 우리에게 열릴 수 있다. 이것이 『21세기 자본』에서 피케티가 던지고자 했던 마지막 메시지인 것이다.

부록 1

피케티 비판의 유형

/

주류 경제학, 진보적 자유주의, 마르크스-레닌주의,

포스트모던 마르크스주의(지젝, 네그리)

1. 진보적 자유주의자들과 피케티

1) 주류 경제학자와 마르크스주의 경제학자들의 피케티 비판의 공통점

지금까지 필자는 『21세기 자본』의 개별 주제들과 그와 관련된 경제학적·철학적 문제에 대해 설명했다. 부록 1에서는 피케티에 대한 비판의 유형들을 정리해보고자 한다. 지금까지 기회가 될 때마다 여러 논자들의 피케티 비판의 문제점에 대해 언급해왔지만 여기에서는 각 비판들의 유형들을 나누어 조금 더 체계적으로 정리해보고자 한다. 눈에 띄는 점은 주류 경제학자들과 마르크스주의자들이 한편은 보수를, 다른 한편은 진보를 지향한다고 하지만 정작 비판의 내용은 유사한 경우가 많다는 것이다. 주류 경제학자들은 완전경쟁시장을 적극적으로 옹호하고, 마르크스-레닌주의자들은 사회주의 사회를 꿈꾸지만 공교롭게도 이들의 비판에는 몇 가지 공통점이 있다. 무엇보다도 피케티의 자본 및 생산 개념에 대해 비판한다는 것이다.

(1) 자본

마르크스주의자들이 공동 저술한 『왜 우리는 더 불평등해지는가』를 인용해보자.

> 피케티는 마르크스가 가치 증식이 일어나는 비밀스러운 장소, 즉 출입구에 '관계자 외 출입금지'라는 팻말이 걸려 있는 곳이라고 일컬은 생산의 장소로 한 발짝도 들어가지 않는다 …… 피케티가 생산을 고려하는 경우는 대체탄력성을 설명하기 위해 신고전파의 생산함수 모델을 원용할 때뿐이다. 이 추상적인 모델에서 자본과 노동은 서로 대체 가능한 생산 요소로서만 구분되며, 자본가와 노동자는 각자의 한계생산성에 따라 생산에 기여하는 만큼 분배받는다.[1]

위의 인용문에서 저자는 피케티가 대체탄력성 문제를 고려할 때만 생산에 대해 이야기한다고 말하지만 우리가 앞에서 살펴보았듯이 피케티는 대체탄력성 문제를 제기함으로써 마르크스주의자들이 생각하는 것을 훨씬 넘어서고 있다. 피케티는 대체탄력성 문제를 제기함으로써 생산과 분배와 관련해 제기되는 매우 중요한 이론적·실질적 문제를 해결하고자 했다. 이는 **마르크스 자신도 이룰 수 없었던 탁월한 업적**이다. 마르크스주의자들은 막연히 대체탄력성은 1보다 크다 또는 무한하다고 주장하지만 정작 이들은 경제학적으로, 그리고 실증적으로 이에 관해 명확히 설명하지 못했다. 반면 피케티는 역사적 자료를 활용하고, 자본 개념을 확대함으로써 대체탄력성이 1보다 크다는 사실을 입증한다. 피케티의 이러한 업적을 이해하지 못한 채 마르크스주의자들은 피케티가 단순히 신고전파 경제학 이론, 예를 들면 한계생산성 이론을 받아들인다고 과도하게 비판한다. 이정구도 피케티는 한계생산성주의

1 최철웅, 「불평등인가 착취인가」, 『왜 우리는 더 불평등해지는가』, 87쪽.

로 복귀했다고 단정한다.[2] 이들이 『21세기 자본』을 제대로 읽지 않고 피케티를 비판하고 있다는 것을 알 수 있다. 피케티는 예를 들면 슈퍼경영자들의 고액 연봉 문제를 논의할 때 한계생산성 이론으로는 결코 이들의 엄청난 급여를 설명할 수 없다고 말한 바 있다.

또한 마르크스주의자들은 피케티의 이론에는 "기업가의 생산적인 투자 활동이 빠져 있다"[3]고 비판한다.

> 피케티는 자본가들이 자본의 양을 가지고 있기 때문에 자본소득을 얻는다고 말한다. 이것은 달리 표현하면 자본은 가지고만 있으면 저절로 소득을 낸다는 말이다. 이것은 산술적으로는 맞을지 모르지만 경제학적으로는 혹은 실제에서는 전혀 옳지 않은 이야기다. 왜냐하면 자본은 저절로 소득(수익)을 낳지 않기 때문이다. 자본이 소득을 낳는 경우는 그것이 자본 소유자에 의해 생산적인 것에 사용되고 그 결정이 성공했을 때이다.[4]

보수적인 주류 경제학자들은 피케티 이론에 '기업가'가 빠져 있다고 비판하는데, 마르크스주의 경제학자들의 비판이 이들 보수주의자의 비판과 내용이 거의 동일하다는 점이 놀랍다. 당연한 이야기이지만 피케티는 생산에 투자되는 자본과, 부동산이나 금융 등 투기자본에 투자되는 자본의 구분을 알고 있었다. 그는 우리가 만약 생산에 투자되는 자본만을 경제학의 고려 대상으로 삼는다면 오히려 자본 소유자가 왜 그렇게 많은 자본소득을 얻게 되는지를 완전히 설명할 수 없다는 사실을 지적한다. 그런데 최철웅도 기업가의

2 이정구, 「피케티의 자본주의」, 『왜 우리는 더 불평등해지는가』, 115쪽.
3 최철웅, 「불평등인가 착취인가」, 『왜 우리는 더 불평등해지는가』, 87쪽.
4 같은 글, 88쪽.

생산적인 활동을 고려하지 않는다고 주류 경제학들과 동일한 목소리로 피케티를 비판한다.

공교롭게도 신고전파 경제학과 마르크스 경제학은 좁은 의미의 생산, 자본 개념에 집착한다는 공통점이 있다. 그들은 피케티가 자본축적 및 불평등 양산에 결정적인 역할을 하는 금융자본이나 부동산 등을 포함해 넓은 의미의 자본(부)을 오히려 경제 분석의 대상으로 끌어들이는 탁월한 업적을 이루었다는 사실을 전혀 이해하지 못하고 있다. 주류 경제학과 마르크스주의 경제학이 피케티를 비판할 때 그 내용이 유사해지는 이유는 무엇일까? 그것은 '좁은 의미의 경제'와 관련된 변수로 전체 상황을 설명하고자 하는 경향, 즉 양쪽 모두 환원주의적 혹은 과학주의적 경향을 갖고 있다는 공통점이 있기 때문이다.

물론 다른 측면에서 (신)고전파 경제학과 마르크스 경제학은 서로 비판적 입장을 취한다. (신)고전파 경제학은 논자에 따라 조금씩 차이는 있지만 자본에 대해 거의 항상 우호적인 태도를 취하는 반면 마르크스주의 경제학은 자본의 폐지를 주장한다는 점에서 극명하게 대립된다. 이렇게 극명하게 대립되면서도 피케티에 대한 비판이 일치할 수 있는 것은 피케티가 말하는 고율의 누진적 소득세 혹은 글로벌 자본세나 상속세라는 정책을 못마땅하게 여긴다는 공통점 때문이다. 주류 경제학자들은 피케티가 말하는 세율이 너무 높다고 비판하는 반면 마르크스주의자는 그것이 너무 낮다고, 더 정확히 말하면 자본 그 자체를 철폐해야 한다고 주장한다. 이유는 다르지만 조세정책이라는 피케티의 대안을 문제 삼는다는 점에서 이들의 의견이 일치한다는 것은 역설적이다. 마르크스주의자는 궁극적으로는 혁명 이외에는 자본주의의 개혁을 위한 어떤 대안도 사실상 원하지 않는다.

피케티의 분석에 따르면 넓은 의미의 자본소득이야말로 세습자본주의를 지탱해주는 가장 중요한 원천이다. 이 점을 철저하게 분석하고 실증하고 이

론화한 것이 피케티의 경제학적 공헌이다. 보수적인 주류 경제학자와 마르크스주의 경제학자들은 피케티의 이 점을 파악하지 못하거나 받아들일 수 없다는 공통점이 있다.

(2) 노동

이러한 공통점으로 인해 심지어 스스로를 진보적 자유주의 경제학자라고 칭하는 사람들조차도 피케티 이론을 잘못 비판하는 경우가 종종 생기는데, 그중 대표적인 것으로 피케티는 조세정책만을 이야기할 뿐 노동운동에 대해 말하지 않는다는 비판이 있다. 한국은 일자리 창출, 비정규직 문제 해결 등 노동문제가 시급하지 조세정책만을 이야기하는 것은 잘못이며, 피케티의 이론은 한국 상황에 맞지 않는다는 것이다. 꼭 피케티에 대해서가 아니더라도 우리는 어떤 이론이나 정책이 한국 상황에는 맞지 않는다는 식의 유보적인 발언을 종종 듣는다. 이러한 종류의 비판은 특히 피케티의 경우에 더욱 미묘하게 들린다. 피케티 자신도 『21세기 자본』이 모든 나라에 문자적으로 적용될 수 있는 책이라고 생각하지 않는다. 당연하지 않은가? 주로 서양의 선진국을 대상으로 쓴 책이 어떻게 한국에까지 문자적으로 전부 적용될 수 있겠는가? 피케티 스스로가 말하고 있듯이 『21세기 자본』은 기본적으로 '자본'에 관한 책이지 직접적으로 노동문제를 다루는 책이 아니라는 사실을 이들 논자들은 고려하지 않으려 한다.

이러한 종류의 비판을 제기하는 대표적인 진보적 자유주의 경제학자로 『한국 자본주의』의 저자인 장하성이 있다. 이에 대해서는 곧 상세히 언급할 것이다. 이러한 비판은 예상할 수 있듯이 마르크스주의자들도 제기하는 비판이기도 하다. 그 점에서 마르크스주의자들은 다시 한 번 자유주의자들과 일맥상통한다는 것을 알 수 있다. 피케티가 노동문제를 다루지 않는다는 비판은 의도적이든 비의도적이든 피케티 이론의 장점을 은폐하는 역할을 한다. 이

비판은 피케티가 노동운동을 하지 말라고 이야기한 적이 없음에도 불구하고 피케티가 노동문제에 대해서는 매우 보수적인 입장을 취하고 있다는 인상을 불러일으킨다. 이후 장하성의 피케티 비판에 대해 검토할 때 자세히 설명하겠지만 이들 비판가들은 피케티가 임금정책이나 노동운동과 재정정책(고율의 누진세를 통한 소득재분배 정책)을 동시에 혹은 상황에 따라 선택적으로 사용할 수 있다고 이야기한다는 점을 전혀 고려하지 않는다. 일자리 창출이나 정규직 전환에 시간이 걸리거나 상황상 어려움에 부딪힐 수 있다. 그런 경우 손 놓고 기다릴 것이 아니라 우리는 조세 및 재정정책을 통해 소득재분배를 시도해야 한다. 그리고 좋은 일자리를 창출하기 위한 재원 마련을 위해서라도 누진적 조세정책은 필수적이다. 이러한 점을 고려하지 않고 '일자리' 혹은 '노동운동'만이 중요한 것처럼 말하는 것은 매우 진보적인 외양을 갖고 있지만 종종 그것이 매우 보수적인 역할을 할 수 있다는 점을 인식할 필요가 있다. 장하성의 피케티 비판은 진지한 학문적 태도 또는 진보적 태도에서 기인하기보다는 비판을 위한 비판에 지나지 않아 보인다. 장하성은 스스로를 진보적 자유주의자라고 말하며 애덤 스미스를 자신의 이론적 지주로 제시하지만 사실상 그는 보수적인(또는 그다지 진보적이지 않은) 정치적 입장을 취하고 있다.

(3) 사회적 국가(복지국가)

또한 중요한 공통점은 사회적 국가에 대한 거부이다. 제4부에서 상세히 언급했듯이 보수주의자와 마르크스주의자는 국가의 역할을 축소 또는 폐지하려 한다는 공통점을 갖고 있다. 특히 마르크스주의자들은 세금만으로 불평등이 제거되지 않는다는 점을 부각시키는데, 문제는 이러한 논리가 진보적인 인상을 주지만 결국은 민주적인 사회적 국가의 건설에 직간접적인 장애물이 된다는 데 있다. 사회적 국가와 관련된 논의에 대해서는 제4부에서 상세히

논의했으므로 이제 이하에서 좀 더 구체적으로 피케티의 『21세기 자본』에 대한 비판을 세 유형, 즉 보수주의, 진보적 자유주의, 마르크스-레닌주의로 나누어 서술하고 이들의 문제점에 대해 살펴보고자 한다.

2) 진보적 자유주의

(1) 장하성: 보수주의와 매우 닮아 있는 진보적 자유주의자

스스로를 진보적 자유주의자로 칭하며 진보적인 제스처를 취하지만 그의 경제사상은 '무늬만 진보일 뿐' 사실상 보수주의자와 매우 닮아 있다.

장하성은 『21세기 자본』에서 피케티가 제시하는 제안을 고려할 가치도 없는, 즉 지극히 비현실적이라고 일축하는 보수적인 자유주의적 태도를 보인다. 장하성은 우선 피케티가 제안하는 소득세 최고세율 80%를 반대하는데 그 반대의 이유가 그다지 설득력이 없어 보인다. 소득불평등의 완화를 위해 누진세를 강화하자는 피케티의 주장은 새로울 것이 없다는 게 바로 그 이유이다. 이러한 말을 하면서 장하성은 50%의 소득세 최고세율을 제안한다.[5]

장하성의 이러한 논리가 주류 경제학자들이 즐겨 사용하는 전형적인 '물타기 논리'이다. 사실 경제학을 조금이라도 공부한 사람이라면 경제학에 특별히 새로운 이론이란 존재하지 않는다는 것은 다 알고 있을 것이다(사실 새로운 것이 없는 분야가 비단 경제학 분야뿐이겠는가). 그런데 장하성은 최고 소득세율을 강화해 불평등을 완화하자는 피케티의 논리는 전혀 새로운 것이 없다고 '다시 한 번' 말한다. 장하성이 이러한 소피스트적 논리를 사용하는 이유는 명백하다. 그는 여느 보수주의자들과 마찬가지로 피케티를, 그리고 그가 던지는 메시지의 가치를 폄하하고 싶은 것이다.

5 장하성, 『한국 자본주의』(서울: 헤이북스, 2014), 563~564쪽.

우리는 장하성과 반대로 이렇게 말해야 한다. 피케티가 최고소득세율 80%를 제안한 것 자체가 그의 새로운 점이라고 말이다(물론 그것은 진정으로 새로운 것은 아니다. 피케티는 자신의 제안의 근거를 미국과 유럽의 소득세의 역사에서 찾았으니 말이다!). 물론 피케티가 최고세율을 당장 80%로 올려야 한다고 주장하는 것도 아니다. 사회적 합의와 민주적 토론을 거쳐 언젠가 달성해야 할, '사회적 국가의 재건'이라는 목표를 위한 전략을 제시하는 것이다. 주류 경제학자들이 좋아하는 용어로 표현한다면 '장기적' 목표 말이다. 실제로 피케티가 말하는 80%의 최고소득세율은 터무니없는 제안이 아니다. 피케티가 길게 언급했듯이 실제로 그것을 실행했던 때가 있었고, 바로 이때가 인류 역사상 경제적 불평등이 가장 낮았던 시기였다는 엄연한 역사적 사실에 근거한 이야기다.

또한 피케티는 불평등의 근본적인 완화가 단기간에 불가능하다면 국가는 의료, 교육, (퇴직)연금과 관련해 우선적으로 사회적 투자(복지지출)를 해야 할 것을 권하고 있다. 피케티의 '현실주의적'인 측면을 잘 엿볼 수 있는 대목이다.

그럼에도 장하성은 피케티의 이러한 '새로운 이야기'를 조롱하고 최고세율 50%를 이야기하면서 스스로 진보적인 경제학자인 양 행세한다. 왜 50%인가? 75% 혹은 70% 정도로 좀 올려서 말하면 안 되는가? 스스로도 합리적 이유를 댈 수 없다고 말하면서도 굳이 50%로 '팍 깎은 후' 자신 있게 제안하는 이유는 무엇인가? 장하성의 이러한 태도야말로 우리가 그동안의 한국 역사에서 보아왔던 너무나 진부한, 새로울 것 없는 '자유주의적' 태도 아니겠는가?

장하성의 진보적 자유주의에는 아직 한국은 경제성장이 제대로 되지 않았다는 진부한 보수주의적 논리가 깔려 있다. 북유럽 국가들은 1인당 GDP가 한국보다 낮을 때 이미 모범적인 복지국가가 되었다. 장하성은 마치 자신이 한국의 경제 현실을 잘 알고 있다는 듯이 말하지만 사실 정말로 우리가 알아

야 할 중요한 내용은 의도적으로 은폐하고 있다.

(2) 피케티가 말하는 자본세는 세수 증가를 위한 것이 아니다

장하성은 자신이 특히 비판하는 것은 피케티가 말하는 자본세라고 말한다. 실제로는 누진소득세에 대한 비판도 장하성의 중요한 목표이지만 그는 특히 자본세가 문제라는 식으로 돌려 말하고 있다. 장하성은 "자본세로 정부 수입을 늘려서 재분배하기보다는 적극적인 노동정책이나 임금정책이 더 시급하다"고 피케티를 비판한다. "한국의 소득불평등이 심화된 이유는 …… 임금으로의 분배 몫을 줄여온 기업 행태의 문제와, 임금도 낮고 고용도 불안정한 비정규직 노동자와 자영업 노동자의 비중이 높은 노동 구조에 근본적인 원인이 있다"[6]라는 이유를 대면서 말이다. 피케티가 제안하는 글로벌 자본세와 관련해서도 장하성은 몇 가지 결정적인 중대한 오류를 범하고 있다.

첫째, 장하성은 피케티가 제안하는 글로벌 자본세를 실현 불가능한 유토피아적인 이상이라고 단칼에 거부한다. 사실 피케티 역시 자신의 제안이 당장 완전한 형태로 실현될 수 있으리라고 생각하지 않는다. 하지만 그는 그것이 결코 불가능한 것만은 아니라고 생각한다는 점에서 진보적 자유주의자와 다르다. 예를 들어 피케티는 2010년에 채택되었으며 2014년과 2015년에 시행될 예정인 미국의 해외금융계좌신고법(Foreign Account Tax Compliance Act: FATCA)을 그 사례로 제시한다(626).[7]

장하성은 피케티 제안의 이러한 현실적인 측면을 숨기면서 마치 자신만이 현실을 잘 아는 경제학자라는 이미지를 부각시키고자 애쓴다. 그래서 그는 피케티가 제안하는 1~2%의 자본세가 비현실적이라고 비판하면서 0.1~1% 정

6 같은 책, 568쪽.

7 이에 대해서는 이 책 제2장, 제13장에서 이미 상세히 언급한 바 있다.

도가 적절하다고 제안한다. 하지만 이미 피케티는 "0.1% 정도의 자본세는 실제 세금이라기보다는 의무신고제도에 가깝다"(623)는 견해를 피력한 바 있다.

이러저러한 이유를 제시하고 있지만 사실 장하성의 책을 읽어보면 그가 자본세를 최소화하려는 진정한 이유는 간단하다. 세금을 너무 많이 걷지 말자는 것이다! **프리드먼**이나 **하이에크**의 자유주의와 똑같은 말을 하는 이 '**진보적 자유주의 경제학자**'의 말을 직접 들어보자.

> 성장 속도에 비해 자본수익률이 너무 낮을 경우에 자본세를 부과하면 어떤 현상이 발생할까? 먼저 상정할 수 있는 것은 투자율이 낮아지는 것으로 일종의 '자본파업'이다.[8]

둘째, 앞에서 언급했듯이 장하성은 한국에서의 불평등의 근본 원인은 임금으로의 분배 몫을 줄여온 기업 행태의 문제와, 임금도 낮고 고용도 불안정한 비정규직 노동자와 자영업 노동자의 비중이 높은 노동 구조에 근본적인 원인이 있다고 말한다. 그리하여 그는 한국이 소득불평등을 완화하려면 초과 내부 유보세를 도입하고, 정규직 전환제를 우선적으로 수행해야 한다고 주장한다.

장하성의 이러한 주장에 반대할 사람이 없을 것이다. 하지만 이것이 피케티가 틀렸다는 이유가 되지 않는다는 것이 문제다. 피케티가 장하성이 제시하는 대안을 반대하지 않을 것은 분명하다. 하지만 피케티와 장하성이 다른 점은 피케티는 직접적인 임금소득 상승이 '현실적으로' 불가능하거나 어려움에 봉착할 때 재정적 재분배 정책을 사용하는 것이 효과적이라고 말하고 있다는 데 있다.[9]

---

8 장하성, 『한국 자본주의』, 567쪽.

첫째, 정책적 측면에서 말하면 피케티 역시 장하성처럼 직접적인 임금투쟁이나 정규직 전환이라는 전략을 배제하지 않는다. 그런데 장하성은 마치 피케티가 그러한 노선을 배제하고 조세 전략만을 말하고 있다고 비판하고 있는 것이다. 피케티는 직접적 재분배(임금 인상 등)와, 세제 개혁을 통한 재정적 재분배 정책을 유기적으로 활용할 것을 권하지만 장하성은 이 두 개의 전략이 마치 상반되는 것처럼 서술하면서 피케티를 비판한다.

장하성의 논리에 따르면 비정규직의 정규직화나 임금 상승이 현실적으로 어려울 때 노동자는 아무 할 일 없이 마냥 기다려야만 한다. 반면 피케티는 이 경우에는 세제 개혁을 통한 재정적 재분배 정책을 사용해야 한다고 권하고 있다. 여느 주류 경제학자들처럼 장하성도 '경제적' 상상력이 부족하다는 것, 그리고 피케티의 책을 일부만 읽고 성급하게 비판하는 비학문적 태도를 보이고 있다는 것을 파악할 수 있는 대목이다.

둘째, 효과적인 누진세율 정책에 대해서도 반대하는 것에서 알 수 있듯이 장하성은 입버릇처럼 복지를 이야기하지만 그는 기껏해야 빈약한 미국식 복지, 즉 자유주의적인 시혜적 복지를 염두에 두고 있다는 것을 알 수 있다.

셋째, 이론적 측면에서도 장하성은 피케티가 말하는 자본세가 증세를 통한 재정 확보의 목적이 아니라는 점을 보지 못하고 있다. "자본세는 현대의 사회적 국가가 의존하는 다른 세원을 적당히 보충해주는 정도 이상은 아[니다]"(620). 장하성은 "자본세로 정부 수입을 늘려서 재분배하기보다는 …… " 이라고 말하는데, 이는 장하성이 피케티의 책을 제대로 파악하지 못했음을 보여주는 또 하나의 단적인 예다. 피케티에 따르면 글로벌 자본세는 자본을 통제해 무분별한 이윤추구를 규제함으로써 국가 내, 그리고 국가 간의 불평등을 완화하기 위한 목적을 갖는다.

9 토마 피케티, 『불평등 경제』, 68쪽.

> 자본세의 주된 목적은 사회적 국가의 재원을 조달하는 게 아니라 자본주의를 규제하는 것이다. 두 번째 목적은 금융 및 은행 제도의 위기를 피하기 위해 금융과 은행 시스템에 효과적인 규제를 가하는 것이다. 이 두 가지 목표를 달성하기 위해, 자본세는 우선 민주적 투명성과 금융 투명성을 확보해야 한다. 즉 누가 전 세계에 어떠한 자산을 소유하고 있는지가 명확해야만 한다(621. 강조는 필자).

피케티는 여기에서 자유주의 경제학자들의 전형적인 논리를 다시 한 번 꼬집고 지나간다. 금융정보의 투명화가 이루어지면 각국의 정부가 그 정보를 남용할 것이라는 우려 말이다. 하지만 피케티에 따르면 이는 설득력 있는 주장이 아니다. 자유주의 경제학자와는 달리 그는 이렇게 말한다.

> 조세피난처가 은행 비밀을 지키려는 가장 그럴듯한 이유는 고객이 납세 의무를 피할 수 있도록 해주어, 조세피난처가 그 이익을 공유하는 데 있다. 분명히 이는 시장경제원리와는 아무 상관이 없다. 자신의 세율을 정할 권리는 누구에게도 없다. 또한 개개인이 자유무역과 경제통합으로 더욱 부유해지고 단지 이웃을 희생시킨 대가로 이익을 챙기는 것은 옳지 못하다. 그것은 한마디로 도둑질이다(625~626).

장하성은 피케티의 이론을 받아들이는 것이 "학문적 사대주의"라고 그럴듯하게 포장하며 조롱하지만 필자는 적어도 피케티의 경우라면 '한국형 진보적 자유주의 경제학'보다는 차라리 '학문적 사대주의' 혹은 '수입된 논쟁'에 한 표를 던지고 싶다.

지금까지 장하성이 어떤 방식으로 피케티를 오독·왜곡하는지 살펴보았다. 이러한 점에서 피케티는 '진보적 자유주의자'와는 근본적으로 구분된다. 그렇다면 피케티가 추구하는 사회적 국가의 방향은 무엇일까? 장하성은 미국식

복지제도를 주장한다. 그는 놀랍게도 유럽식 복지제도를 비판하는 데 많은 노력을 기울인다.

반면 피케티는 현재 혹은 과거 유럽 국가들에 존재하는 불평등을 가차 없이 비판하지만 그럼에도 여전히 **유럽식 사회모델**에 희망을 걸고 있다. 사실 이 점도 그다지 새로울 것이 없는 '진부한 이야기'다. 유럽 사회는 미국 사회와 달리 적어도 의료, 교육, 연금 등과 관련된 기본적인 **사회적 권리**(사회권)에 대한 폭넓은 합의가 존재한다는 것도 잘 알려져 있기 때문이다.

> 20세기의 선진국들이 보여주었던 사회적 국가의 현대적 재분배는 교육, 의료 및 퇴직연금과 관련된 **기본적인 사회적 권리들**에 기초하고 있다. 오늘날 이런 조세제도 및 사회적 지출이 직면한 한계와 도전이 무엇이든 간에, 이것들은 역사적인 측면에서 거대한 일보를 내디뎠다고 할 수 있다. 정파적인 갈등을 제외한다면 이런 사회제도의 바탕에는 폭넓은 합의가 형성되어 있다. 특히 유럽에는 '**유럽식 사회 모델**'로 볼 수 있는 것들에 어떤 합의가 깊이 내재되어 있다(573. 강조는 필자).

그럼에도 장하성은 왜 유럽형 복지국가가 아니라 미국식 복지체제를 그렇게 옹호하는가? 그의 진보적 자유주의는 사실상 보수적인 자유주의일 뿐이기 때문이다.

(3) 이정우의 피케티 딴지 걸기?

피케티의 『21세기 자본』에 대한 해제를 쓴 또 한 명의 '진보적 자유주의 경제학자' 이정우의 피케티 해설 역시 매우 아이러니하다. 진보적 입장을 취하는 경제학자로 알려진 이정우는 오히려 피케티를 해설하기보다는 그를 상당히 '치명적으로' 비판하면서 미국 주류 경제학자의 견해에 동조하고 있다.

그의 입장이 그러하다면 그가 주류 경제학에 동조하는 것 그 자체를 비난할 수는 없다.

그러나 문제는 피케티가 '통계에는 강하지만 이론적으로는 약한 학자'라고 비꼬는 듯 이야기하면서 정작 이정우가 자신이 왜 그렇게 말할 수 있는지 이론적 근거를 전혀 제시하지 않는다는 데 있다. 학문적으로 전혀 신뢰가 가지 않는 논평인 것이다. 이정우는 (자신의 표현을 빌리자면) "정통파 경제학자"이자 "하버드대학" 교수인 "경제학계의 신동" 로런스 서머스(Lawrence Summers)를 인용하고 있을 뿐이다. 초일류대학인 자신의 모교 하버드 대학과 정통파 경제학의 권위에 슬쩍 묻어가려는 것일까? 그도 장하성처럼 고율의 누진소득세에 대해 사실상 반대하고 있는 것일까? 알 수는 없지만 어쨌든 자유주의 경제학자 이정우는 이렇게 말했다.

> 자료 문제라면 누구라도 15년간 통계자료를 만져온 피케티를 대적하기는 어려울 것으로 보인다. 오히려 피케티의 약점은 이론 쪽에 있을지 모른다. 경제학자들은 피케티가 말하는 자본/소득 비율(β)의 장기적인 상승이 사실이라고 하더라도, 좀 더 풍부해진 자본은 그 수익률(r)이 하락할 수밖에 없으므로 국민소득에서 자본의 몫($\alpha = r \times \beta$)이 반드시 증가하리라는 법은 없다는 점을 지적한다. 이것은 자본의 수량이 증가하면 그 가격은 하락하므로 가격에 수량을 곱한 값은 증가할지 감소할지 알 수 없다는 아주 기본적인 이야기다.
>
> 이것은 경제학에서 자본과 노동이라는 두 생산요소 사이의 대체탄력성에 따라 결판이 나는 다소 전문적인 문제인데, 피케티는 대체탄력성이 1보다 크다고 주장하는 반면 정통파 경제학자들은 이를 난센스로 해석한다. 경제학계의 신동이자 악동으로 소문난 하버드대의 로런스 서머스(오바마 행정부의 국민경제회의 의장 역임)는 대체탄력성이 1보다 크다는 것은 금시초문이라며 일축했다.[10]

이정우는 『21세기 자본』이 던지는 엄청난 이론적 도전과 공적을 그다지 파악하지 못한 것 같다. 또한 그는 피케티가 두 케임브리지 논쟁을 잘못 이해할 뿐만 아니라 미국 MIT 편을 들고 있다고 다시 한 번 성토한다.

> 그리고 이것은 아주 전문적인 내용이지만 피케티 책에 제법 길게 소개되어 있는 소위 케임브리지 자본 논쟁(The Capital Controversy, 혹은 케임브리지-케임브리지 논쟁)에 대해서 제임스 갤브레이스(James K. Galbraith)는 피케티 해석에 오류가 있다고 지적하고 있다 …….

이정우의 말처럼 아주 전문적인 내용이므로 여기에서 이 논쟁의 내용을 상세히 서술할 여유는 없다.[11] 분명하게 말할 수 있는 것은 피케티가 MIT에서 연구했기 때문에 부당하게 MIT 편을 들었다는 주장은 지극히 '비경제학적인', 즉 '심리주의적인' 주장이며 따라서 이러한 이정우의 논의는 이번에도 그다지 학문적이지 않다. 이정우는 이번에도 다시 한 번 '유명인사', 이번에는 갤브레이스를 끌어들여 피케티가 틀렸다고 성토한다. 하지만 갤브레이스를 인용한다 해도 상황은 달라지지 않는다. 이정우의 주장과 달리 영국 케임브리지 학파가 이 논쟁에서 '완전히' 승리했다고 손쉽게 단정하지 않는 전문가도 많이 있다. 피케티야말로 정치경제학의 진정한 '전문가' 아닌가? 필자가 보기에는 갤브레이스의 『불확실성의 시대(The age of uncertainty)』보다 『21세기 자본』이 훨씬 더 독창적이고 진보적이다. 그런데 이정우는 오히려 갤브레이스를 기준으로 삼아 피케티를 비판한다.

---

10 이정우, 「피케티 현상, 어떻게 볼 것인가?」, 『21세기 자본』의 별책, 22쪽.

11 이에 대한 전문적인 논의로는 다음 문헌을 참조하라. G. C. Harcourt, *Some Cambridge Controversities in the Theory of Capital* (Cambridge: Cambridge University Press, 1972).

이정우는 피케티가 MIT 경제학자들의 편을 들었다기보다는 두 케임브리지 논쟁을 통해서도 해결되지 않은 문제가 있음을 지적하고자 했다는 사실을 전혀 이해하지 못하고 있다. 제3부에서 살펴보았듯이 그렇다고 해서 피케티가 솔로의 이론을 무조건 지지하는 것도 아니다. 반대로 오히려 그는 MIT의 '안정성 신화'를 통렬하게 비판한다. 피케티는 솔로가 균형성장 경로의 의미를 과장했음을 통렬하게 비판했으며(280), 자신은 비록 경제학자이지만 심지어 솔로보다는 프랑스의 여러 사회과학자를 더 존경한다고까지 말하지(46~47) 않았는가. 피케티는 『21세기 자본』을 통해 MIT의 경제성장 이론과 한계생산성 이론을 비판할 뿐만 아니라 영국 케임브리지 학파도 해결하지 못한 분배 문제에 대해 새로운 대답을 제시하기 위해 노력한 것이다. 궁극적으로는 피케티가 하고자 하는 일이 솔로 모형뿐만 아니라 영국 케임브리지 학파의 한계도 넘어서는 것이라는 점을 이정우는 전혀 이해하지 못한다. 이정우의 주장과 달리 피케티는 단순히 MIT의 편을 들고 있지 않으며 영국 케임브리지 학파의 편도 '완전히' 들지 않는다.

또 이와 관련해 피케티가 '케인스주의' 그 자체가 진보성을 담보해주는 것은 아니라는 점을 말하고 싶었다고 해석할 수 있다. 영국 케임브리지 학파는 케인스를 옹호하려 했다. 그러나 MIT의 새뮤얼슨도 케인스주의자가 아니었는가? 피케티는 모두 케인스주의자였던 두 케임브리지 대학의 학자들이 말하지 못했던 어떤 새로운 이론을 제시하고자 노력하고 있는데, 이정우는 이러한 피케티의 업적을 폄하하고 싶은 것이다. 그럼에도 이정우는 불평등을 극복해야 할 필요성에 대해 열심히 역설하는 것으로 자신의 '해설'을 마친다. 하지만 그러한 뻔한 결론을 내리기 전에 왜 그가 피케티를 비판하는지 (수필가처럼 글을 쓰지 말고) 경제학자답게 좀 더 경제학적인 대답을 제시할 수 있었더라면 좋았을 것이다. 이정우의 피케티 해설은 이론적·실증적 근거도 제시하지 않은 채 무조건 피케티를 비판하는 아마추어적인 보수적 경제학자들의

해설처럼 보인다.

2. 보수적 주류 경제학자와 피케티

1) 안재욱·현진권의 『피케티의 '21세기 자본' 바로읽기』에 대한 논평

이미 언급한 적이 있듯이 안재욱과 현진권이 공동 편집한 『피케티의 '21세기 자본' 바로읽기』는 노골적으로 보수주의적인 입장을 취하는 책이다. 이 책은 노골적인 표현으로 피케티를 공격하거나 혹은 수학을 이용해 피케티 이론이 오류라는 것을 보여주고자 한다. 이 책의 공저자는 대부분 경제학자들인데, 철학 전공자도 그 책에 한 명 참여했다. 철학적으로 볼 때에도 피케티가 틀렸다는 인상을 주기 위한 편집 전략의 일환이겠지만, 그의 글은 사실 누구라도 들어봤을 진부한 보수적인 철학적 견해를 제시하고 있을 뿐이다. 궁극적으로 중요한 것은 어떤 전공을 했느냐가 아니라 어떤 윤리적·정치적 태도를 갖고 있느냐이다. 무엇을 공부하든 보수적인 사람들은 결국 보수적인 이야기만 할 것이기 때문이다.

어쨌든 『피케티의 '21세기 자본' 바로읽기』에서 눈에 띄는 점은 저자들이 피케티를 비판하면서 수학을 많이 사용한다는 것이다. 주류 경제학자들이 수학적인 문제에 몰두함으로써 현실을 보지 않거나 은폐한다는 피케티의 비판은 『피케티의 '21세기 자본' 바로읽기』에도 잘 들어맞는다. 이 책에서 특히 몇몇 저자들은 수학을 이용해 피케티 이론이 오류라는 것을 증명하기 위해 많은 노력을 기울인다. 그런데 이 책은 이들의 수학적인 설명이 너무 단순하거나 혹은 심지어 자신들이 신봉하는 신고전파 경제학을 제대로 이해하지 못해 피케티를 잘못 비판하는 심각한 오류를 범하고 있다.

이제 다음에서는 그 점에 대해 다시 한 번 이야기하고자 한다. 이를 통해 우리는 피케티 비판자들이 수학을 활용하지만, 이것은 자신들의 논의가 매우 학문적이라는 외양을 주기 위한 장치에 지나지 않으며 자세히 들여다보면 그들의 논의는 매우 단순하고 공허하며 심지어 기만적이기까지 하다는 것을 확인할 수 있다.

(1) $r>g$는 제약식인가: 조동근 비판

언급했듯이 $r>g$는 제약식이라는 비판은 조동근의 글 「신화(myth)와 열병(fever)의 '21세기 자본'」에 등장하는 것이다. 서양의 여러 주류 경제학자들이 이러한 비판을 이미 제기한 바 있고, 조동근도 이들을 따라 같은 방식으로 피케티를 비판한다. 조동근의 핵심 논지는, 해러드 성장모델에 따르면 $r>g$는 제약식이므로 결코 불평등을 설명하는 공식이 될 수 없다는 것이다.[12] 그는 이렇게 말한다.

> 해러드 성장모형에 따르면 소득(산출량)은 자본량에 선형으로 의존한다. 즉 '$Y=r\times K$'의 관계가 성립한다. 해러드 모형에서 r은 자본의 생산성과 연결되어 있다. '$Y=r\times K$'를 다시 쓰면 $1/r=K/Y$가 되고 1차 차분을 취하면 '$\Delta K/\Delta Y=1/r$'이 된다. 즉 산출을 한 단위 증가시키기 위해서 자본을 '$1/r$'만큼 투입해야 한다. 이때 '$1/r$'은 고정자본계수로 자본계수의 값이 커지면 자본의 생산성(수익률)은 작아진다. 자본의 생산성($1/r$)과 자본/소득 비율(K/Y)을 연결하면 다음 식을 얻을 수 있다.

12 피케티가 말하는 $r>g$ 공식의 의미에 대해서는 이 책 제2부와 제3부에서 상세히 논의한 바 있다.

$$s = g \times \beta = g \times (K/Y) = g/r$$

일반적으로 저축률은 정의상 1보다 작다. 이는 일종의 제약식이다. 따라서 다음의 부등식이 성립한다.

$$0 < g/r < 1$$
$$\Rightarrow 0 < g < r$$ [13]

과연 이 비판과 논증이 피케티에 대한 비판으로서 유의미한 것인가? 필자는 이 책 제3부에서 해러드 성장모형에 대해 상세히 설명했다. 그 내용을 염두에 두면서 조동근의 이 설명을 간추려 다시 정리해보면 이렇다.

해러드 성장모델에서 산출량은 노동과 자본 중 더 희소한 자원에 의해 결정되는데, 일반적으로 자본에 의해 결정된다고 할 수 있다면, 이때 산출과 자본의 관계는 $Y = K/v$로 쓸 수 있다. 이 등식의 양변을 미분하면 $\Delta Y = \Delta K/v$, 그리고 $\Delta K/\Delta Y = v$를 얻는다. 해러드 모델에서 그대로 가져온 이 등식과 조동근의 설명을 비교하면 $v = 1/r$이라는 것을 알 수 있다($Y = rK$로부터 $K/Y = 1/r$, 따라서 $\Delta K/\Delta Y = 1/r$이 성립하기 때문이다). 해러드 모델에서 자본계수인 v는 자본수익률 r의 역수($1/r$)라는 것이다. 조동근은 $Y = rK$라고 쓰는데 이는 해러드 모형에서 말하는 자본계수 v를 이자율(또는 자본수익률)로 바꿔 쓴 것이다($r = 1/v$).

언급했듯이 해러드 모델에서 v는 자본계수, u는 노동계수로서 모두 일정한 상수라고 가정한다. $Y = K/v$라는 등식은 K만큼 자본을 투입할 때 K/v만큼

---

13 조동근, 「신화(myth)와 열병(fever)의 '21세기 자본'」, 『피케티의 '21세기 자본' 바로읽기』, 138~139쪽.

산출을 얻을 수 있다는 것을 의미한다. 또는 추가적으로 한 단위 자본을 투여했을 때 추가적으로 얻을 수 있는 산출의 크기(ΔY)는 추가적으로 투하된 자본(ΔK)의 $1/v$배라는 것을 의미한다($\Delta Y/\Delta K = 1/v$). 또는 한 단위 산출을 추가적으로 더 얻기 위해서는 v배만큼 자본을 더 투여해야 한다는 것을 의미할 수도 있다($\Delta K/\Delta Y = v$).

이제 피케티의 제2공식($\beta = s/g$)을 $s = g \times \beta$로 고쳐 쓰자. 피케티가 말하는 β는 K/Y(자본/소득 비율)와 같으므로 위의 공식에 $K/Y = v = 1/r$을 대입해보면 $s = g \times \beta = g \times (K/Y) = g/r$을 얻을 수 있다. 조동근은 이로부터 제약식 $r > g$를 도출하고 피케티를 비판하는 것이다. 저축률 s는 1보다 클 수 없으므로 $r > g$ 공식은 당연히 성립하는 제약식이며 결코 현실의 불평등을 설명하는 공식이 될 수 없다는 것이다.

하지만 이러한 아주 쉬운 '산수'를 가지고 피케티를 완전히 비판했다고 말할 수 있을까? 아마도 피케티를 제대로 읽었다면, 그리고 양심적인 학자라면 차마 이런 식의 비판을 해서는 안 될 것이다. 언급했듯이 $r > g$ 공식에 대한 피케티의 수많은 논의는 차치하더라도 피케티 자신도 (세전의 경우) $r > g$는 사실상 제약식이라는 것을 이미 알고 있었다는 사실을 조동근은 전혀 파악하지 못하거나 알면서도 모른 척하고 있다고 말할 수밖에 없다. 피케티는 (세전) $r > g$가 일종의 제약식이라는 것을 이미 『21세기 자본』에서 여러 차례 언급하고 있다.[14] 조동근은 $r > g$가 반드시 불평등을 의미하지 않는다고 주장하지만 사실 이는 피케티 자신도 인정하는 내용이다. $r > g$에서 r과 g의 차이가 얼마만큼 큰가에 따라 불평등 정도는 차이가 날 수 있으며, 특히 중요한 점은

14 자본축적의 황금률과 관련해 피케티는 $r = g$ 상황이 자본축적의 한계라는 점에 대해 길게 언급한 바 있다. 피케티에 따르면 $r = g$가 자본축적의 이론적 한계이며, 따라서 $r > g$인 경우에 한해서만 자본축적이 진행되며 $r < g$의 경우 계속적으로 투자하는 사람은 존재하지 않는다. 이 책 제5부 제13장을 참조하라.

세전 $r>g$인지 세후 $r>g$인지에 따라 불평등 정도가 다를 수 있다는 것이다. 세전 $r>g$가 성립한다고 세후 $r<g$라면 이것은 반드시 불평등을 의미하지 않는다. 조동근에게는 이러한 현실적이면서도 치밀한 '변증법적' 사유가 없다. 자신이 배운 주류 경제학 지식을 앵무새처럼 반복할 뿐이다.

또한 조동근은 r값이 어떻게 정해지는지 구체적인 현실을 고려하지 않고 현실 설명력이 매우 부족한 해러드 모형을 기계적으로 활용한다는 데 문제가 있다. 조동근이 제시한 설명에서 K는 '좁은 의미의 생산'에 투여되는 자본을 의미하지만 피케티가 말하는 자본은 다양한 종류의 부와 자산, 부동산, 산업자본 등을 포괄하는 넓은 개념이다. 현실적으로 자본은 다양한 형태를 갖지만 조동근은 이를 단순화해 좁은 의미의 자본만을 염두에 두고 있다. 피케티의 β 개념을 해러드 모델에 기계적으로 짜 맞추는 것은 아무런 의미가 없다는 것이다. 조동근의 설명 방식은 피케티가 해러드-도마-솔로 모형에 완전히 새로운 의미를 부여하고 있다는 사실을 완전히 은폐한다.

피케티의 목표는 단순한 해러드-도마-솔로 모형이 지향하고 있는 '안정성 신화', 즉 불평등의 현실을 비판하고자 하는 것이라는 점을 염두에 두자. 주류 경제학자들의 피케티 비판을 읽어보면 매우 특징적으로 느껴지는 두 가지 태도가 눈에 띈다. 첫 번째는 피케티 책을 제대로 읽지 않은 채 피케티를 비판한다는 것이다. 두 번째는 자신이 경제학의 대가라는 인상을 주기 위해 수학을 활용해 피케티를 비판한다. 그러나 지금까지 보아왔듯이 주류 경제학자들의 이러한 접근 방식은 매우 공허하며 비학문적이라는 것을 어렵지 않게 알 수 있다. 주류 경제학자들의 이러한 태도는 솔로 모형조차 이해하지 못한 주류 경제학자 오정근의 피케티 비판에서 다시 한 번 잘 드러난다.[15]

15 이에 대해서는 이 책 제3부 제7장을 참조하라.

3. 마르크스주의자

1) 마르크스주의 경제학자들과 피케티

피케티가 말하는 $r > g$는 미래가 아니라 우선적으로 20세기 초반부의 상황까지의 역사를 설명하는 부등식이라는 사실을 다시 한 번 기억하자. 20세기 초에 발생했던 다양한 충격적 사건과 경제성장의 결과로 r은 현격히 감소했다. 하지만 불평등을 완화시킬 수 있는 적절한 공공 정책이 실행되지 않는다면 21세기의 어느 시점에서 $r > g$의 동학이 다시 나타날 것이다.

그렇다면 자본수익률은 어느 정도까지 상승할 수 있을까? 피케티 또한 자본수익률이 무한히 상승할 수 있을 것이라고 생각하지 않는다(438). 부유한 개인에게 부와 자산의 집중이 심해져 자본/소득 비율(β)이 크게 증가하면, 자본수익률은 결국 감소하게 될 것이라는 것을 피케티도 당연히 알고 있다. 자본축적이 과도하게 진행되어 노동소득이 정체되거나 감소되면 결국 자본이 이윤을 실현할 수 있는 기회 또한 사라지게 될 것이다. 피케티에 따르면 이 시점에 오기 전까지 자본수익률은 경제성장률보다 더 빨리 증가하거나 높게 유지된다. 막대한 자본의 소유자들은 자본이득의 상당 부분을 저축하고 더 부유해진다.

그러나 이러한 불평등의 악순환이 무한히 지속될 수는 없다. 결국 저축을 투자할 곳이 없어지기 때문이다. 더 이상 지탱할 수 없는 불평등의 악순환이 중지되는 순간이 결국은 도래할 것이다. 그렇다면 피케티는 이러한 파국을 고대하고 기다리는가? 물론 아니다. 바로 이 점에서도 피케티는 마르크스주의자와 구분된다.

마르크스주의자들이 그러한 파국을 원한다고 명시적으로 말하지는 않지만, 그럼에도 마르크스주의자들의 담론에 전쟁이나 공황, 혁명 등과 같은 파

국적 상황이 핵심 주제로 종종 등장하는 것은 사실이다. 현실 정치·경제의 설명을 위해서든 아니면 정말로 파국이 오기를 원해서든 간에 말이다. 김공회의 「세금으로 '고르디우스의 매듭'을 끊을 수 있을까?」라는 글의 중간쯤에는 '세제보다는 전쟁을, 전쟁보다는 공황을'이라는 소제목이 달린 부분이 포함되어 있다.[16] 종말을 기다린다는 점에서 이들은 종말론적 기독교인들과 상당히 닮아 있다.

피케티가 파국을 원하는 것은 아니지만, 그는 어쩔 수 없이 이러한 순간이 도래할 수도 있다는 것을 알고 있다. 이때 도래한 파국은 부의 불평등을 제한된 수준으로 유지시켜줄 수 있는 **사실상** 유일한 힘으로 작동하게 될 것이다. 피케티는 이러한 상황이 발생하려면 **오랜 시간**이 걸릴 것이라고 말한다. 하지만 이 '오랜 시간'이란 무엇을 의미하는가? 얼마나 오랜 시간인가?

자본의 양이 **'너무'** 많아져 자본수익률이 빠르게 감소하는 시기, 즉 파국을 불러올 수 있는 시기란 결국 불평등의 정도가 더 이상 견딜 수 없을 만큼 극심해진 상황을 말한다. 언급했듯이 피케티는 이러한 극단적인 상황이 발생하지 않기를 원한다. 이미 현재에도 불평등은 심각한 수준에 도달했고 앞으로도 더욱 심각해질 것이다. 그런데도 이 불평등 완화를 위한 '정책적 개입'이 존재하지 않는다면, 결국 지금처럼 역사가 진행되어 마침내 극소수의 손에 거의 모든 사회의 부가 완전히 집중되어 **자본수익률이 급격하게 하락하게** 될 것이다. 불평등이 최악의 극한적인 수준에 도달하면 이러한 일이 발생하리라는 것은 분명한 일이다.

그러나 '정확히' 언제 그런 일이 발생할까? 물론 피케티 자신도 이에 대해서는 알 길이 없다. 그 대신 그는 다음과 같이 질문한다. "1913년 파리의 전

16 김공회, 「세금으로 '고르디우스의 매듭'을 끊을 수 있을까」, 『왜 우리는 더 불평등해지는가』, 213쪽.

체 부에서 상위 1%가 차지하는 몫이 이미 70%를 넘어섰다는 점에서, 제1차 세계대전으로 인한 충격이 없었더라면 **균형 수준**이 얼마나 **높아졌을지**에 대한 질문을 던져볼 만하다"(438. 강조는 필자).

공황이든 혁명이든 전면적인 파국 없이 불평등은 어느 정도까지 심화될 수 있을까? 1913년 파리에서 상위 1%가 70%의 부를 차지하고 있었다고 하니, 예를 들면 80~90%까지도 높아질 수 있을까? 하지만 현실 역사에서는 그렇게 되기 전에 전쟁이 일어나 자본이 파괴되었다.

바로 이 대목에서 피케티에 대한 마르크스주의자들의 비판을 검토해볼 필요가 있을 것 같다. 필자가 보기에 너무 억지스러운 것처럼 보이는 여러 비판이 있는데, 그중 하나가 피케티가 **공황**과 **전쟁**의 역할을 강조하지 않았다는 것이다. "피케티와 같이 마르크스주의 사회과학의 의의를 전면 부정하는 학자로서는 감조차도 못 잡는 것이 바로 그것이다."[17] 이렇듯 김공회는 피케티가 마르크스주의 사회과학의 의의를 전면 부정하기 때문에 자본주의적 세계체제에서 공황과 전쟁의 역할에 대해 전혀 감도 못 잡고 있다고 말한다. 물론 이는 터무니없는 과도한 비판으로 보인다. 마르크스주의자가 아니더라도 돈 때문에 전쟁이 일어날 수 있다는 것 정도는 사람들이 알 수 있지 않겠는가.

어쨌든 피케티의 책을 읽어보면, 자본주의의 모순과 불평등이 극에 달하면 자본주의는 공황이든 전쟁이든 어떤 파국적인 사태에 반드시 직면하게 되리라고 명확하게 말하고 있다는 것을 알 수 있다.

> 마르크스가 지적한 동태적 모순은 따라서 현실적인 어려움에 직면하게 되는데, 이 문제를 해결할 유일한 논리적 탈출구는 자본축적 과정을 (어느 정도) 균형 잡히게 할 수 있는 구조적 성장뿐이다. 법칙 $\beta = s/g$가 명확히 보여주듯

17 같은 글, 217쪽.

이, 새로운 자본의 단위들이 영원히 추가되는 것을 상쇄할 수 있는 요소는 생산성과 인구의 영원한 증가뿐이다. 그렇지 않은 경우, 자본가들은 정말로 자기 무덤을 판다. 그들은 이윤율 하락에 대응하기 위해 (예를 들어 1905년과 1911년 모로코 사태에서 독일과 프랑스가 최상의 식민지 투자를 놓고 전쟁을 벌였던 것처럼), 필사적으로 서로를 물어뜯거나 아니면 국민소득에서 노동이 점점 더 작은 몫을 가져가도록 강요해 결국 프롤레타리아 혁명과 전면 몰수로 이어지도록 하는 것이다. 어쨌든 자본주의는 이와 같은 내적 모순으로 그 토대가 약화된다(276).

그렇다면 왜 마르크스주의자들은 피케티를 비판하는 것일까? 바로 피케티가 공황이나 전쟁이 **필연적으로** 발생한다고 '마르크스주의자처럼' 말하지 않기 때문이다. 마르크스주의자들은 피케티가 공황과 전쟁의 **우연적 성격**만을 이야기하기 때문에 틀렸다고 말하는 것이다. 이정구는 이렇게 말한다. "심지어 그[피케티]는 제1차 세계대전과 제2차 세계대전 그리고 대공황 같은 사건을 자본축적 과정에서 생긴 결과가 아니라 체제의 작동과는 무관한 외부적 요소에서 발생한 사건으로 본다."[18] 김공회도 유사한 이유로 이렇게 피케티를 비난한다. "피케티는 20세기 초 두 번에 걸친 전쟁이 이후 엄청난 양의 자본을 파괴하고, 그럼으로써 의도치 않게 이후 불평등 완화에 크게 기여했다고 말한다. 하지만 이렇게 자본주의의 위기와 재편의 반복을 **우연적인 사건의 결과로만** 보는 태도는 일찍이 마르크스가 당대의 경제학을 보면서 비판했던 바다."[19]

하지만 과연 이들의 비판처럼 피케티가 제1차 세계대전과 제2차 세계대전

---

18 이정구, 「피케티의 자본주의」, 『왜 우리는 더 불평등해지는가』, 118쪽.

19 김공회, 「세금으로 '고르디우스의 매듭'을 끊을 수 있을까」, 『왜 우리는 더 불평등해지는가』, 216쪽. 강조는 필자.

이 자본주의 체제의 작동과 무관한 완벽한 외부적 요소 때문에 발생했다고 생각하고 있을까? 어쨌든 실제로 피케티가 전쟁이 자본의 법칙에 따라 필연적으로 발생한다고 말하지 않는 것은 사실이다. 그러한 의미라면 피케티는 차라리 전쟁은 우연적으로 발생하는 것이라고 말할 것이다. 『21세기 자본』을 읽어보면 사실 피케티는 마르크스주의자와 달리 '개념을 둘러싼 그러한 논쟁'이나 '개념의 유희'에 별 관심이 없다는 것을 알 수 있다. 만약 피케티가 김공회식의 비판에 대답해줄 것을 요청받는다면, 그는 우연이니 필연 같은 쓸데없는 개념 유희로 자신을 엉터리로 비판하지 말라고 할 것임에 틀림없다.

설령 피케티가 '우연'을 더 선호한다고 말할 수 있다고 해도, 그것이 주사위를 던져 6이라는 숫자가 나오는 것과 같은 단순한 의미의 우연을 뜻하지는 않는다. 자본의 흐름이라는 맥락을 완전히 무시한 채 전쟁의 발발은 그저 순수한 우연일 뿐이라고 말할 정도로 피케티가 순진하지는 않다. 누군가가 의도를 가지고 혹은 통제할 수 없는 대중의 분노를 등에 업고 정치가나 정부가 전쟁을 일으킬 때에만 전쟁은 시작된다는 것을 피케티가 모를 리 없으니 말이다.

계속해서 김공회의 말을 들어보자. "어떤 의미에선 경제 상황에 대한 온갖 정보와 이를 다룰 수 있는 고급 인력을 가지고 있는 최강대국 정부나 대자본들조차도 예측하지 못하는 공황보다도, 정부가 어느 정도 통제할 수 있는 전쟁과 같은 수단은 경제의 조절을 위한 꽤 매혹적인 수단일지 모른다."[20]

전쟁과 공황을 중시하는 김공회 글을 극단적으로 읽으면 마치 이 글의 저자는 전쟁이 일어나기를 바라는 사람 같다는 느낌도 든다. 물론 김공회 스스로가 그런 것은 아니라고 말하니 그 말을 받아들이기로 하자. 김공회의 의도가 무엇인지 알고 싶다는 것이 아니다. 필자는 마르크스주의자들의 피케티 비

20 같은 글, 218쪽.

판이 도대체 피케티의 무엇을 겨냥하고 있는지 매우 모호하다는 말을 하고 싶은 것뿐이다.

반면, 피케티의 의도는 분명하다. 우연적 요소가 개입되어 발생하든 철의 법칙과 같은 필연성의 고리에 의해서 발생하든 극단적인 파국이 일어나기 전에 이 사회를 가능한 한 평등한 사회로 되돌려 놓자는 것이다. 피케티에 따르면 자본/소득 비율이 무한히 높아져서 자본수익률이 급격히 감소하는 상황이 오기까지는 수십 년이 걸릴 수도 있다. 물론 피케티는 그때까지 기다리자고 말하지 않는다. 이미 불평등의 정도는 심각한 수준에 도달했으며, 앞으로는 더 심각해질 것이므로 다양한 정치적 노력을 통해 불평등을 완화해야 한다고 제안한다. 현시점에서 그리고 향후 계속적인 노력을 통해 바람직한 제도를 확립하고 적절한 공공 정책을 실행함으로써 1945~1975년에 존재했던 것과 같은, 아니 그보다 더 나을 수 있는 사회적 국가를 건설해야 한다고 제안하는 것이다.

김공회가 말하고자 하는 바는 궁극적으로 분명하다. 피케티가 말하는 조세제도 변혁은 불평등 해소에 큰 효과가 없다는 것이다! 물론 이런 비판은 피케티가 오직 조세제도 변혁에만 관심이 있다는 평가에 근거하고 있다. 김공회는 자신의 글 말미에 "물론 피케티의 세제를 통한 처방이 쓸모없다는 뜻은 아니다"[21]라는 말을 덧붙여주는 관용을 베풀기도 한다. 하지만 전반적으로 볼 때 피케티에 대한 그의 비판은 무의미하거나 부당한 발언들로 넘쳐난다. 예컨대 마치 피케티가 세입의 측면에만 관심이 있지 세출의 측면에 대해서는 무관심하다는 듯이 그는 이렇게 말하기도 한다. "그러나 세금의 불평등 완화 효과, 재분배 효과를 세입 측면만 봐서는 안 되고 세출 측면도 봐야 한다."

마르크스주의자들은 놀랍게도 자신들 이외에는 다른 사람들이 사회과학

21 같은 글, 233쪽.

을 잘 모른다고 생각하는 경향이 있는 것 같다. 하지만 필자는 오히려 마르크스주의자들이 사회과학을 정말로 잘 알고 있는가라고 되묻고 싶어진다. 피케티는 다양한 이야기를 하고 있지만 이들은 오직 피케티가 세금을 많이 걷자는 이야기만 하는 것으로 오해 혹은 오독하며 피케티 책이 가진 다양한 긍정적인 의미를 폄하하고 있다.

(1) $\beta=s/g$ 법칙과 마르크스의 이윤율 하락 법칙

제3부에서 상세히 살펴보았듯이 신고전파 주류 경제학자들은 (0에 근접하는 성장률을 가진) 저성장 사회에서는 저축률도 0이 될 것이라고 피케티를 비판한다.[22] 그러나 언급했듯이 피케티는 $\beta=s/g$ 법칙을 활용하면서 성장률이 0에 근접한 사회를 염두에 두지 않았다. 그렇다면 실제로 자본축적이 과도하게 진행되어 자본수익률과 성장률이 (따라서 저축률도) 실제로 0으로 수렴하게 되면 어떤 일이 발생하는가? 바로 이 시점이 마르크스가 이윤율 하락의 법칙으로 궁극적으로 설명하고자 했던 '파국의' 시기다. 실제로 피케티도 정말로 이런 시점에 도달한다면 혁명이 발생할 수 있다고 말한다. 그런데 김공회는 그러한 사실을 알지 못하기 때문에 신고전파 경제학자들과 마찬가지의 방식으로 피케티를 잘못 비판하고 있다.

김공회의 피케티 비판에는 서로 양립하기 어려운 매우 모호한 비판들이 혼재되어 있다. 김공회는 피케티가 '필연적 혁명'을 말하지 않는다고 비판하지만, 사실 김공회는 피케티가 생각한 성장률이 0이든 1.5%이든 심지어 5%이든 결국에는 아무 상관이 없다. 피케티가 무슨 이야기를 하든 간에 김공회는 피케티의 '조세정책'에 만족할 수 없을 것이니 말이다. 궁극적으로 그에게

22 김영용, 「자본 이론 없는 자본 분석은 현상을 오도할 뿐이다」, 『피케티의 '21세기 자본' 바로읽기』, 213쪽.

는 공황과 혁명만이 자본주의의 유일한 치유책이다.

또한 대부분의 마르크스주의자들처럼 이정구도 피케티가 마르크스를 '오독'했다고 지적한다. 피케티가 마르크스가 성장률이 0이거나 0에 가까운 사회를 묘사했다고 말했음을 지적하면서 이는 마르크스에 대한 오독이라고 비판하는 것이다.[23]

이 역시도 독자들을 혼란에 빠뜨릴 수 있는 비판이다. 피케티가 마르크스의 무엇을 오독했다는 것인가? 실제로 『자본론』을 읽어보면 마르크스가 성장률과 자본수익률이 0으로 수렴하는 사회를 상정했다는 것은 사실 아닌가? 피케티에 따르면 이는 마르크스가 제한된 역사적 자료만을 사용했고 기술진보와 인구증가를 암묵적으로 제로로 가정했기 때문이다.

이정구는 피케티 이론이 갖는 정치경제학적 함의를 고려하지 않고 단지 피케티가 마르크스를 오독했다고 주장하면서 마르크스는 성장이 정체된 사회를 묘사하지 않았으며, 오히려 반대로 자본주의의 역동적 성격을 언급했다고 주장한다. 그렇다면 마르크스가 말하는 자본주의의 역동적 성격은 무엇인가? 전쟁? 공황? 기술진보를 통한 생산성 향상? 부자와 가난한 사람들 사이의 불평등 관계? 자본들 사이의 경쟁, 자본에 의한 노동의 착취? 이러한 자본주의의 역동적인 성격에 대해 마르크스가 모두 이야기한 것은 사실이다. 하지만 생산성 향상과 인구증가를 통해 자본주의가 마르크스 이후에도 엄청난 성장을 했으며, 앞으로 1.5%의 저성장 사회에서도 높은 자본수익률을 유지할 수 있다는 피케티의 고유한 핵심 논제를 과연 마르크스 이론 속에서 발견할 수 있는가? 마르크스가 자본주의의 역동적 성격에 대해 이야기한 것은 사실이지만 그러한 사실 그 자체가 피케티 이론을 논박할 수 있는 근거가 되는 것은 아니다. 그뿐만 아니라 마르크스의 자본주의 묘사에는 결정론적이고 환원

23 이정구, 「피케티의 자본주의」, 『왜 우리는 더 불평등해지는가』, 123쪽.

주의적인 무엇인가가 존재하는 것도 사실 아닌가?

피케티의 마르크스 비판의 의미를 좀 더 살펴보자. 마르크스에게는 19세기와 20세기의 모든 경제학자들처럼 **구조적 성장**이라는 개념이 명백히 정립되거나 공식화되어 있지 않았다. 당시의 암묵적인 가정은 생산, 특히 제조업 생산의 증가는 주로 **산업자본**의 **축적**으로 설명될 수 있다는 것이다. 즉 더 많은 생산은 각각의 노동자가 더 많은 기계와 설비를 이용했기 때문이지 노동과 자본의 생산성 자체가 증가했기 때문이라는 개념이 잘 정립되어 있지 않았다는 것이다. 오늘날 사람들은 1950년대 로버트 솔로가 성장이론에 대해 전반적으로 연구한 이후로 **생산성 증가**만이 **장기적인 구조적 성장**을 가져온다는 것을 알고 있다. 피케티에 따르면 마르크스 시대에는 역사적인 관점과 좋은 자료의 부족으로 이런 개념을 정립할 수 없었다.

피케티에 따르면 마르크스 이론은 이렇게 설명될 수 있다. 구조적 성장이 없는 사회, 즉 생산성과 인구증가율의 합인 성장률 g가 제로에 가까워지면 $\beta = s/g$ 법칙에 따라 β값은 무한히 상승한다. β가 극단적으로 상승하면 자본소득을 실현하기가 어려워지므로 r도 0으로 수렴한다.

r이 0으로 수렴하지 않으면 어떤 일이 벌어질까? $\alpha = r \times \beta$ 법칙이 말하듯이 β가 무한히 상승하면 α값도 상승해 국민소득의 거의 전체를 자본소득이 잠식하게 된다. 말하자면 노동소득은 전혀 존재하지 않고 자본소득만 존재하는 세계가 되어버린다는 것인데, 현실에서 그러한 사회는 존재할 수 없으므로 β값이 극단적으로 상승하면 r이 하락할 수밖에 없다. 이때 자본가들은 이윤율 하락을 상쇄하기 위해 자본을 더욱 축적하고 이윤을 실현하기 위해 제국주의적 전쟁을 벌인다. 그리고 최대한 자본소득을 실현하기 위해 가능한 노동자들이 차지하는 몫을 줄이고자 한다. 자본주의에 내재하는 이러한 모순으로 인해 자본주의의 내적 토대는 서서히 와해되며 혁명을 맞이하게 된다. 세계가 이런 지경에 다다를 정도로 자본축적도가 높고, 이에 따라 불평등이 견딜

수 없는 수준에 도달하면 혁명이 발생할 것이다.

이렇듯 마르크스는 탁월한 통찰력을 지니고 있었음에도 불구하고 구조적 성장 개념을 갖고 있지 않았고 제한된 역사적 자료만을 사용할 수 있었기 때문에(277) 자본주의가 그의 시대 이후 어떤 방식으로 존속할 수 있는지를 파악할 수 없었으며, 자본주의의 내적 역동을 좀 더 치밀하게 파악하는 데 실패했다.

피케티에 대한 마르크스주의자들의 사소한 비판 몇 가지를 더 소개하고 이 항목을 마치고자 한다. 피케티가 한계생산성주의로 복귀했다는 비판이 있다.[24] 피케티가 주류 경제학을 너무 많이 받아들였다는 비판인데, 이는 피케티가 주류 경제학을 취사선택해 활용함으로서 오히려 주류 경제학을 효과적으로 넘어서고 있다는 사실을 간과하고 있다. 또한 마르크스주의 경제학자들은 세계 제2차 세계대전 이후 노동자들의 소득은 누진적 "소득세 때문에 오른 것이 아니[다]", 노동소득의 상승은 "노동력 비용을 높일 수밖에 없었던 자본주의 체제의 동학에서 찾아야 한다"[25]고 주장하기도 한다. 자본주의의 구조상 호황 국면이었고, 자본가들이 "복지의 형태로 사회적 소득을 제공"했기 때문에 불평등이 줄어들었다는 것이다.[26] 노동자들의 소득 상승은 소득세나 복지국가 때문이 아니라 자본주의의 국면상 임금이 상승할 수밖에 없었다는 상황에 기인한다는 주장이다. 하지만 왜 이것이 피케티 이론에 대한 비판이 될 수 있는지 이해하기 어렵다. 피케티 역시 그 시기에 자본주의가 호황 국면이었다는 점을 전혀 부정하지 않는다. 어쨌든 이 비판은 소득 상승은 노동자의 몫을 당연히 받았기 때문에 가능했던 것이지 복지정책 때문은 아니라는

24 같은 글, 115쪽.
25 같은 글, 119쪽.
26 같은 글, 118쪽.

주장을 함축하고 있다. 하지만 이들이 주장하듯이 노동자가 받아야 할 몫을 사회적 임금, 즉 복지의 형태로 되돌려줌으로써 임금이 상승한 것이라면, 곧 그것이 복지국가의 장점이 아니겠는가? 노동자의 투쟁을 통해서 노동소득이 상승했든 아니면 사회적 합의를 통해서든 또는 양자 모두를 통해서든 상관없이 말이다.

김공회는 심지어 $r < g$라도 불평등은 커질 수 있기 때문에 피케티의 주장이 오류라고 주장한다. "대자본을 가진 최상위 1% 또는 0.1%가 거두는 자본수익률은 세금을 제하더라도 g보다 높을 수 있기 때문이다."[27] 이것 역시 놀라운 주장이다. 피케티가 고율의 누진적 소득세와 자본세 도입을 주장하는 것은 그러한 상황이 발생하지 않도록 하기 위함이 아닌가? 김공회는 피케티의 제안을 반대함으로써 피케티의 오류를 증명하려는 모순을 범하고 있다.

이제 다음에서는 최근 한국에서는 공산주의 이론가로 널리 알려져 있는 지젝의 공산주의 이론에 대해 간단히 언급하고자 한다. 지젝 이론은 정치경제학과는 직접적인 상관은 없지만 지젝 역시도 피케티와 롤스를 강하게 비판한 적이 있다. 그리고 그것과 무관하게 오늘날 사회적 국가 또는 복지국가에 반대하는 대표적인 공산주의 철학자로서 지젝은 한국 인문학계에 큰 영향을 미치고 있다. 이러한 이유로 여기에서 지젝의 공산주의론에 대해 잠시 논평하는 것이 무의미하지는 않은 것 같다.

27 김공회, 「99%를 위한 경제학인가, 9%를 위한 경제학인가」, 『왜 우리는 더 불평등해지는가』, 41쪽.

2) 지젝의 공산주의론 비판[28]

지젝은 어떤 사상가인가? 분명한 것은 오늘날 대중적으로 가장 많이 알려진 학자 중 하나라는 사실이다. 지젝은 라캉 정신분석을 바탕으로 헤겔(독일 관념론 철학), 유대-기독교 전통, 마르크스-레닌주의를 종합한 사상가라고 평가된다(지젝 애호가들 중에는 필자가 지젝에 대해서 전혀 알지 못하면서 지젝을 단순화시킨다고 말하는 사람도 있겠지만 어쩔 수 없이 지면이 많지 않으므로 단적으로 말할 수밖에 없다). 지젝은 다양한 전통을 자신의 논의에 끌어들였지만 많은 지젝주의자들이 주장하는 것과는 달리 이것들을 종합하는 데 결코 성공한 사람이 아니다. 지젝은 중요한 사상적 전통을 종합했다는 이미지를 대중에게 부각시키는 데 성공한 사람이라고는 말할 수 있다(바로 이것이 지젝의 진정한 능력이다!). 하지만 지젝의 사상 원용 방식은 지극히 자의적일뿐만 아니라 궁극적으로는 그것들을 마르크스-레닌주의적 공산주의 이데올로기에 종속시키고자 노력한 사상가에 지나지 않는다. 심지어 『시차적 관점(The Parallax View)』에서는 다른 책에서 단지 암시적으로만 긍정하던 스탈린주의를 명시적으로 옹호하기도 한다. 그런 의미에서 그는 스탈린주의자이기도 하다.

어쨌든 필자가 말하고자 하는 것은 지젝은 근본적으로 정치철학자라는 것이다. 정치철학자이기 때문에 지젝이 문제라는 말은 물론 아니다. 오늘날 우리는 진정으로 유능한 정치철학자를 필요로 한다. 다행스럽게도 최근에는 피케티와 같은 탁월한 정치경제학자가 등장한 것만으로도 무척 위안이 된다. 그런데 공교롭게도 지젝은 『낙원에서의 곤경(Trouble in Paradise)』이라는 책에서 피케티의 대안을 철저히 거부하고 공산주의만이 유일한 답이라는 매우

28 이 부분은 ≪경희대학교 대학원보≫에 발표된 다음 기고문을 재수록한 것이다. 홍준기, “사회적 국가가 어쨌다구?: 지젝의 공산주의론 비판”, ≪경희대학교 대학원보≫, 2015년 6월 8일 자, 5면.

관념론적인 이야기를 반복하고 있다. 800쪽 가까이 되는 『21세기 자본』은 물론, 피케티가 그동안 쓴 다른 책이나 논문도 많이 있으므로 이미 피케티의 정치경제학은 스티글리츠나 크루그먼 등 탁월한 진보적인 경제학자들도 경탄해 마지않는 대단한 업적으로 평가되고 있다. 피케티는 분배 문제를 마침내 경제학의 중심으로 복원시킨 탁월한 경제학자다. 그런데 『낙원에서의 곤경』에서 지젝의 피케티 비판은 고작 몇 쪽 되지 않는다. 진지한 정치경제학적 논의 없이 지젝은 피케티처럼 분배 문제로 접근하면 결코 문제를 해결할 수 없으며, 공산주의라는 대안이 필요하다는 뻔한 비판으로 독자들을 이끌어간다. 사실 피케티에 대한 이런 식의 비판은 지젝 책을 많이 읽은 독자들에게는 전혀 이상할 것이 없다. 지젝주의자라면 당연히 피케티를 그렇게 비판할 것이라고 어렵지 않게 예상할 수 있기 때문이다. 공산주의 이외에는 어떠한 것도 답이 아니라고 말할 것이다. 이미 오래전에 지젝은 롤스의 '정의론'에 대해서도 유사한 비판을 행한 바 있다.

필자가 하고자 하는 말은 바로 이것이다. (신)자유주의에 대한 대안은 오직 공산주의밖에 없다는 지젝식의 이분법은 오늘날 심각한 불평등 상황을 교정하는 데 오히려 방해가 된다. 피케티나 롤스와 같은 매우 진보적이며 동시에 탁월한 정치경제학자나 정치철학자를 아주 싫어한다는 점에서 지젝은 자신이 그렇게 싫어하는 (신)자유주의자들의 진정한 동맹자이다. 피케티의 책이 출간된 이후 마르크스주의자들도 피케티의 '사회적 국가론' 또는 '복지국가론'을 엄청나게 비판한다. 그 비판의 핵심적 내용 중 하나가 피케티의 이론 속에는 엄밀한 자본 개념이 없다는 것인데, 이러한 비판은 놀랍게도 신고전파 주류 경제학자들도 동시에 제기하고 있다. 물론 (신)자유주의자들은 불평등을 옹호하는 (신)자유주의 체제를 계속 유지하고자 하는 목표가 있고 마르크스주의자들은 (신)자유주의를 극복하자는 목적이 있을 테지만, 결국에는 불평등 문제를 해결할 수 있는 가장 진지하고 이론적인 노력을 '가장 나쁜 이

론'으로 만드는 데서는 의견의 일치를 보고 있다는 것이다. 누진적 과세를 통해 **자본을 통제**하고 더 나아가 (제2차 세계대전 이후 1970년대까지 아주 모범적으로 서유럽과 북유럽에 유지되었던) 사회적 국가 또는 복지국가 체제를 다시 구축하자는 대안을 철저히 무시한다면 과연 어떤 더 평등한 체계가 가능할 수 있겠는가?

(신)자유주의의 대안은 공산주의밖에 없다는 주장을 뒷받침하기 위해 지젝은 엄청나게 많은 글을 쓰고 있는데 이러한 논의를 여기에서 일일이 다 논평할 수는 없으므로 『전체주의가 어쨌다구?(Did somebody say totalitarianism?)』에서 한 가지 예를 들어보자. 그 책에서 지젝은 오늘날 사람들이 '자유주의(또는 민주주의) 대 전체주의'라는 이분법 속에 빠져 있는 것이 문제라고 비판한다. 자유주의가 아니면 전체주의라고 믿기 때문에 사람들은 어쩔 수 없이 (신)자유주의를 택한다는 것이다. 이에 대한 지젝의 대안은 다음과 같다. 항상 그렇듯이 지젝의 주장은 분명하며 동시에 매우 궤변적이다. (신)자유주의는 자유를 중시하는 체제 같지만 사실상 전체주의에 지나지 않는다. 따라서 어차피 같은 전체주의라면 자유주의가 아니라 공산주의라는 전체주의를 채택하자는 것이다.

지젝의 이러한 논의가 논리적·이론적으로 설득력이 없으며, 그 역시 잘못된 이분법에 빠져 있다는 것을 우리는 금방 알 수 있다. 스스로 주장하듯이 지젝이 진정한 헤겔주의자라면 그는 자유주의도 전체주의도 아닌, 즉 민주적인 방식으로 자본을 통제하는 '변증법적 종합'의 단계가 있다는 것을 말했어야만 했다. 말이 나온 김에 지젝의 헤겔 수용의 문제점에 대해서 언급해보자. 헤겔 전문가라고 알려져 있지만 사실 지젝의 헤겔에 대한 설명은 매우 단편적이다. 이러한 한계를 스스로 의식했는지(그리고 아마도 그가 공산주의로 선회할 때 사실상 가장 많이 의존한 바디우에 대한 '질투' 때문에) 지젝은 최근 『헤겔 레스토랑(Less Than Nothing)』에서 헤겔에 대해 체계적인 서술을 시도했다.

필자는 『헤겔 레스토랑』에서의 헤겔에 대한 설명이 그가 여태껏 헤겔에 대해 서술한 것 중 가장 체계적이라고 생각하는데, 그 이유는 사실 간단하다. 지젝이 그 책에서 헤겔에 대해 쓸 때 독일의 가장 뛰어난 헤겔 전문가 중 하나인 디터 헨리히의 『칸트와 헤겔 사이(Between Kant and Hegel)』의 논의를 따라가면서 헤겔에 대해 서술했기 때문이다. 그런데 결정적으로 마지막에 한 가지 문제가 발생한다. 『헤겔 레스토랑』에서 헤겔에 대해 그렇게 잘 서술하던 지젝이 헤겔이 국가 이론을 다룬 『법철학』에 대해 언급할 때에는 완전히 문외한이 되고 마는 것이다. 왜 '헤겔 전문가' 지젝이 국가에 대해 이야기할 때는 말꼬리를 슬쩍 흐리고 자신이 그렇게 싫어하는 자유주의적 입장을 취하는 것일까? 그것은 복지적 개입을 주장하는 헤겔의 '국가론'에 결코 찬성할 수 없기 때문이다. 즉 국가의 개입을 싫어한다는 점에서 자유주의자와 공산주의자는 다시 한 번 일치한다. 전체주의를 옹호한다고 말하면서 사회적 국가(복지국가)라는 '전체주의'는 왜 싫어하는 것일까? 왜 국가에 의한 자본 통제, 그리고 그것을 바탕으로 한 사회적 국가를 주장하는 피케티를 그토록 비판하는 것일까? 아마도 전체주의적이지 않은 민주적 사회국가가 존재할 수 있다는 사실을 공산주의자들이 가장 싫어하기 때문일 것이다! 그런 점에서 지젝이 『헤겔 레스토랑』에서 디터 헨리히의 책을 요약하면서 헤겔에 대해 기술한 것은 그가 진정으로 원하는 것이 무엇인지 보여준다. 디터 헨리히는 헤겔 전문가이기는 하지만 매우 보수적인 정치적 입장을 가졌기 때문에 사회적 국가를 이야기하는 헤겔의 『법철학』의 정치철학적 의미에 대해서는 그다지 건설적인 이야기를 하고 싶지 않은 사람이다. 지젝은 국가 부분에 대해서 보수주의자적인 입장을 취하는 디터 헨리히와 입장을 같이하는 것이다.

3) 다양한 공산주의 담론들: 네그리-들뢰즈 철학 및 기본소득론을 중심으로[29]

(1) 자유주의까지 포함하는 공산주의 담론의 모호성

한국에 존재하는 공산주의 담론으로 지젝(그리고 바디우) 이외에도 몇몇 영향력 있는 이론들이 존재한다. 오늘날 우리사회에서 과거의 공산주의자, 즉 정통 마르크스-레닌주의자(구좌파)는 적어도 표면적으로는 그 수가 현저하게 줄어들었다. 그렇게 된 것은 요즘에는 마르크스-레닌주의자들이 지젝, 바디우, 들뢰즈, 네그리, 에티엔 발리바르(Étienne Balibar) 등 프랑스 철학자를 등에 업고 다른 이름으로 등장하기 때문이다. 심지어 정통 마르크스-레닌주의자도 적어도 공개적으로는 자신을 공산주의자로 지칭하지 않는다. 이름을 바꾸어 무대에 다시 등장하면서 원조인 마르크스-레닌주의를 좀 더 '부드럽게 치장'하거나 몇 가지 교리를 수정한다. 바로 그러한 이유로 변장된 이들 공산주의는 더욱 모호해지고 앞뒤가 맞지 않게 된다. 이 때문에 오히려 차라리 솔직하게 정통 마르크스-레닌주의를 주장하는 것이 더 낫지 않느냐라는 비판이 생겨나기도 한다.

어쨌든 중요한 점은 공산주의가 어떤 이름, 어떤 철학 사상으로 자신을 치장하든 내용 없고 공허한 공산주의의 환상을 버리지 않는 한 진정한 진보는 불가능하며, 따라서 오히려 신자유주의를 강화하는 결과를 낳는다는 것이다.

오늘날에는 심지어 **진보적 자유주의**가 공산주의의 '대용어'로 사용되기도 한다. 진보적 자유주의는 한국에서는 글자 그대로 **자유주의자로부터 출발해 공산주의자까지 포함하는 매우 모호한 정치사상**인 셈이다.

---

29 이 부분은 다음 글을 수정·보완해 재수록한 것이다. 홍준기, "무비판적 담론이 '지젝' 환상 키워", ≪르몽드 디플로마티크≫, 2014년 6월 3일 자, 제69호.

문제는 이러한 넓은 스펙트럼을 가진 진보적 자유주의자들은 사회적 국가 또는 복지국가를 비판하는 경향이 매우 강하다는 것이다. 놀랍게도 다음과 같은 어처구니없는 비판을 하는 논자도 있다. 국민이 사회적 국가를 주창하는 사회민주주의자를 "빨갱이"로 생각하기 때문에 그것에 근거한 복지정책은 반드시 실패할 수밖에 없다는 것이다. 또 반대로 자신을 복지국가 옹호론자로 지칭하는 진보적 자유주의자들도 존재한다. 복지국가론이 진보적 자유주의와 반드시 충돌해야 할 이유는 없지만 예컨대 소액주주운동 등을 주창하면서 이러한 실천을 진보적이라고 부른다면 그것은 진보적이라는 개념을 악용 혹은 착취하는 것에 지나지 않는다. 소액주주운동은 결국 (신)자유주의 운동과 전혀 다름없지 않은가?

보이지 않는 손, 또는 완전경쟁시장의 확립을 통해 시장경제의 왜곡 요소를 제거하는 고전적인 형태의 자유주의를 진보적 자유주의로 개념화하는 사람도 있다. 이들 진보적 자유주의자들은 자신의 입장을 자유주의로 부른다는 점에서는 옳지만 이러한 자유주의 교리에 근본적으로 뿌리박고 있는 정책이 얼마나 진보적일 수 있는지 의구심이 생긴다. 이들은 자유주의와 완전경쟁시장이 빈부 격차를 줄여준다는 환상을 다시금 확산시키고 있다.

(2) 알튀세르와 발리바르

공산주의라는 단어가 진보성을 보장해주지 않을 뿐만 아니라 오히려 부르주아 이데올로기 – 즉 요즘 용어로는 (신)자유주의 – 와 일맥상통할 수 있음을 주장한 사람으로 알튀세르라는 유명한 공산주의 철학자가 있었다. 특히 초중기의 알튀세르는 부르주아 이데올로기를 벗어난 진정한 공산주의를 주창하기에 이르렀다. 이것이 주체 없는 구조들의 계급투쟁이라는 '기형적인' 이론으로 우리에게 잘 알려진 구조주의 마르크스주의이다(한때 한국에서는 알튀세르를 PD계열의 공산주의 철학자로 해석하는 것이 유행이었다).

이 과정에서 바뤼흐 스피노자(Baruch de Spinoza)의 철학이 공산주의를 위해 이용 – 착취 – 되었다. 프랑스 철학에는 기묘한 이분법이 있다. 스피노자는 진보(즉 공산주의)이고 헤겔은 보수라는 이분법이다. 이러한 이분법은 점점 확대되어 스피노자=들뢰즈=네그리는 진보적이고, 예컨대 헤겔은 보수주의자 또는 국가사회주의자라는 학문적 이데올로기가 생겨났고 언제부턴가 그것은 한국에 상륙해 우리의 정치적·실천적·학문적 상상력을 마비시켰다. 지젝이 그랬던 것처럼 말이다.

이러한 잘못된 학문적 이데올로기를 전파시킨 데는 알튀세르의 책임이 크다. 그나마 다행인 것은 알튀세르가 말기에 자신의 이데올로기적 오류를 벗어났다는 사실이다. 알튀세르는 말기에 '부자와 가난한 사람'의 투쟁이라는 표현을 쓰기에 이르렀다. 노동자계급과 자본가계급이 아니라 '부자와 가난한 사람'의 투쟁이라는 말은 노동과 자본의 대립이라는 전통적인 공산주의 이념으로부터 벗어났다는 것을 의미한다. 자본과 노동의 타협 가능성을 승인한 것이다. 그리고 알튀세르는 역시 후기에 공산주의자는 의회민주주의를 존중해야 한다고 말했으며 마르크스의 이론은 제한적이라는 논제를 제시하기도 했다. 그런데 정확히 이 무렵 알튀세르를 추앙하던 발리바르가 스승과 결별한다. 이렇게 해서 정통 마르크스-레닌주의는 발리바르를 통해 프랑스 철학에 잔존해 있으며, 비록 영향력은 적지만 한국에서도 여전히 공산주의 이론의 한 흐름을 차지하고 있다.

(3) 들뢰즈와 네그리

요즘 영향력이 큰 공산주의 이론가는 물론 지젝, 바디우, 그리고 들뢰즈, 네그리이다. 한국의 철학 연구 경향을 보면 매우 특이한 점을 발견할 수 있다. 그것은 앞에서 언급했듯이 들뢰즈, 네그리, 푸코(Michel Foucault), 지젝, 바디우를 인용하면 무조건 진보적이라는 편견이다. 놀라운 것은 한국에서 정

통 마르크스-레닌주의자였던 사람들이 공산주의 이론을 전파하기 위해 의존하는 들뢰즈는 결코 공산주의자가 아니라는 사실이다. 그런데 어떻게 들뢰즈가 공산주의자로 받아들여졌는가? 들뢰즈 스스로가 명시적으로 공산주의자가 아니라고 이야기하는데 말이다.

들뢰즈는 상징계를 거부하고 실재를 중시하는 철학자다. 이는 인간을 억압하고 소외시키는 규범, 법, 제도 등을 모두 철폐하고 제약이 없는 있는 그대로의 세계, 즉 실재의 세계를 추구한다는 것을 의미한다. 여기에서 상징계=자본주의라는 등식이 덧붙여지면, 상징계를 벗어난 실재는 (공산주의자들의 환상 속에서) 소외와 억압이 없는 공산주의와 동의어가 된다.

하지만 우리는 『안티 오이디푸스(Anti-Oedipus)』 등 들뢰즈의 주저 등에서 들뢰즈가 옹호하는 것은 정신분열증이지 공산주의가 아니라는 점을 잊어서는 안 된다. 그러므로 들뢰즈는 정신분열증자를 억압하는 자본주의는 물론 사회주의라는 상징계도 동시에 공격한다. 그러나 이러한 사실을 간과한 채 많은 공산주의자들 손에서 들뢰즈는 갑자기 공산주의자로 번역된다. 이러한 방식으로 들뢰즈를 해석하는 대표적인 사람이 다름 아닌 네그리다. 진정한 자유인으로서 들뢰즈가 '예찬하는' 정신분열증 환자는 네그리의 손에서 **다중**으로 '번역'된다. 네그리는 들뢰즈를 아전인수 격으로 해석해 **국가**의 억압으로부터 벗어난 개인(과 그들이 결합한 다중)을 무제한적으로 예찬한다. 그리고 이러한 자유로운 다중들이 공산주의를 성취할 것이라는 '근거 없는' 낙관주의적인(공산주의적) **목적론**을 만들어낸다. "생산수단이 재전유 …… 그리고 지식, 정보, 소통, 정서에 대한 자유로운 접근과 통제."[30]

많은 논자들이 지적하듯이 네그리의 탈근대론은 신자유주의적 지구화와 정보사회화의 허구적 논리를 충실하게, 즉 무비판적으로 따른다. 네그리에

30 안토니오 네그리·마이클 하트, 『제국』, 윤수종 옮김(서울: 이학사, 2001), 513쪽.

따르면 전근대, 근대와 달리 포스트모던 시대의 단일한 제국은 영토적 경계나 권력의 중심을 갖지 않는다. 그리고 이러한 포스트모던적 제국은 하나의 틀, 즉 국가에 포섭되지 않는, 그리고 물질적 노동으로부터도 자유로운 다중을 산출한다. 국가의 해체 경향 및 자본의 탈중심화, 자유로운 국제적 이동 및 노동의 유연성, 즉 정주하는 개인이 아니라 '유목민'을 찬미하는 네그리 이론은 신자유주의적 지구화·정보사회화 이데올로기와 그 점에서 매우 유사하다. '공산주의적 목적론'이라는 요술을 통해 그러한 이론이 진보적인 이론으로 순식간에 포장된다는 점에서만 차이가 있다. 여기에서 우리는 지젝에서 보았던 신자유주의와 공산주의의 공모를 다시 한 번 발견한다.

(4) 사회적 국가를 반대하는 네그리

네그리 이론에서 또한 흥미로운 점은 '사회적 국가론'을 반대한다는 것이다.[31] 이는 네그리가 제시하는 실천적 대안이 무엇인지, 더 정확히 말하면 사실상 아무런 실천도 제시하지 못한다는 것을 보여준다는 점에서 중요하다. 네그리는 '지구화 시대'에 가능한 세 가지 실천적 대안을 검토한다. 지구적 시민권, 사회적 시민권, 재전유권(=궁극 목적)이 그것이다.[32]

---

31 김종철이 피케티에 대해 쓴 글을 보면 분배 문제에 매우 무관심한 '무정부주의' 또는 직접 민주주의를 주창하는 네그리주의의 입장이 다시 반복되고 있음을 발견할 수 있다. 김종철은 피케티에 대해 칭찬을 늘어놓는 듯하다가 글의 끝에 가서 갑자기 다음과 같은 무책임한 이야기로 피케티를 비판한다. "피케티의 최종적 해법은 '민주주의의 강화'다. 그러나 종래의 민주적 제도와 관행이 완전히 실패한 것으로 드러난 지금, 민주주의의 강화란 대체 무슨 뜻일까? 원천적으로 불합리한 선거를 통해서 선출된 '엘리트' …… 직업 정치가들에게 국가 운영을 맡기고 있는 지금과 같은 대의민주제를 가지고 과연 인간다운 세상을 만들 수 있을까? 우리는 더 이상 가짜 민주주의에 속지 않기 위해서라도 정말로 민주정치란 무엇인지 '원점'에서부터 재고해볼 필요가 있다." 김종철, "피케티, 자본주의, 민주주의", ≪한겨레신문≫, 2015년 2월 15일 자, A30면.

32 안토니오 네그리·마이클 하트, 『제국』, 509쪽.

물론 네그리가 지지하는 것은 세 번째의 것이다. 마르크스를 넘어선 마르크스주의로서 네그리가 제안하는 새로운 '코뮤니즘'은 이러하다.

> 오늘날 포스트포드적이고 정보화된 생산 체제와 일치하는 노동자 전투성의 국면에서 사회적 노동자라는 형상이 등장한다. 사회적 노동자라는 형상에서는 비물질적 노동력의 다양한 흐름들이 함께 엮어진 상태로 존재한다. 유연하고 유목적인 생산적 사회 협동의 모든 장에서 '대중의 지성과 자기 가치 증식을 연결하는 구성 권력이 당대의 질서이다.[33]

완전히 자유로운 개인의 연합체인 '다중'이 즉 "집단적 주체성 속에서" 생산수단을 사회적으로 "재전유"하자는 공산주의적 기획인 것이다. "재전유권이란 무엇보다도 생산수단을 재전유하는 권리이다."[34] 물론 이는 환상 속에만 가능한 공허하고 무의미한 기획이다. 이 점에서도 네그리 이론은 지젝 이론만큼이나 허구적이다.

네그리는 성 프란체스코를 인용함으로써 자신의 '환상적인(!) 이론'을 뒷받침하고자 한다.

> 초기 자본주의에 반대하여 프란체스코는 모든 도구적 훈육을 거부했고 (빈곤 속에서 구성된 질서 속에서의) 육신의 고통에 반대하여 그는 모든 존재와 자연, 동물, 달 자매, 해 형제, 들판의 새, 가난하고 착취당하는 사람들을 포함하고, 권력 의지와 부패에 대항하면서 즐거운 삶을 제시했다. …… 바로 이것이 코뮤니스트가 지닌 억누를 수 없는 밝음이자 기쁨이다."[35]

---

33 같은 책, 516쪽.

34 같은 책, 51쪽.

35 같은 책, 521쪽.

네그리는 첫 번째 가능한 대안인 '지구적 시민권'을 흔쾌히 받아들이지 않는다. 두 번째 대안은 사회적 국가라는 대안인데, 네그리는 이를 "모두에게 사회적 임금과 보장된 수입", "동일 임금, 동일 노동"이라는 것으로 (부당하게 간략하게) 요약하며 이를 거부한다.

(5) 기본소득론

과거의 정통 마르크스-레닌주의자들이 오늘날에는 종종 자신을 기본소득론자로 외양만 바꾸어 다시 등장한다는 사실에 대해서 언급한 바 있다. 여기에서 기본소득론과 관련해 논자들이 서구 공산주의 이론가를 수용하는 방식은 무척 자의적이라는 사실을 또한 지적할 수 있다. 네그리와 관련해 다음 두 가지 경우를 생각해볼 수 있다.

첫째, 기본소득론을 주창하면서 이를 뒷받침하기 위해 네그리(들뢰즈)를 원용하는 논자들이 있다. 하지만 이 경우, 네그리가 기본소득론을 반대한다는 점에서 이들 논자들은 스스로 모순에 빠진다. 네그리가 원하는 것은 생산수단의 전유이지 기본소득이 아니다.

둘째, 네그리를 원용하지 않으면서 기본소득론을 지지하는 논자들도 있다. 이는 네그리를 읽지 않았거나 이해하지 못하는 경우, 혹은 반대로 네그리를 정확히 이해한 경우에 해당한다. **네그리를 정확히 읽고 이해했다면 네그리주의자는 기본소득론을 지지할 수 없다는** 것을 알고 있을 것이기 때문이다.

(6) 기본소득론의 문제점

하지만 놀랍게도 한국의 네그리주의자들은 기본소득론과 네그리주의를 결합시키고자 한다. 기본소득론과 네그리가 결합될 수 있는 이유는 네그리가 즉각적인 국가의 폐지, 자본의 폐지를 주장하는 아나키즘-코뮌주의 입장에서 있기 때문이다. 김종철은 이러한 이유에서 네그리를 환영하며 동시에 기

본소득론을 지지한다. 어떤 경우든 기본소득론은 정통 공산주의 혁명을 대체하는 새로운 전략으로서 여전히 허구적이다. 그것은 외양만 바꾼 후 무대에 다시 등장한 것에 지나지 않는다. 실제로 한국에서 대부분의 기본소득론 주창자 중 많은 사람들이 과거에는 '겉으로도' 정통 마르크스-레닌주의를 표방했다.

우선, 보편적 복지는커녕 자유주의적 복지체제 수준도 되지 않는 한국에서 기본소득을 이야기하는 것은 위험하다. 한국은 이미 빈부 격차가 벌어질 대로 벌어져 있다. 그리고 교육, 의료, 주택 등 기본적인 삶의 유지를 위한 기본적인 사회적 국가 시스템이 전혀 갖춰지지 않은 상태에서 기본소득이 시행되면, 아마도 신자유주의자들이 무척 즐거워할 것이다. 자본가들은 소비를 조장하고 결국 그 돈을 다시 자신의 수중으로 끌어들일 것이다.

네그리주의자들은 국가의 축소 또는 폐지를 주장하면서 동시에 기본소득 제도를 주장한다. 그런데 어떻게 그것이 가능하겠는가? 그것은 현실적으로도 논리적으로도 불가능한 일이다. 이렇듯 '국가'의 경제적 역할을 줄여야 한다는 데서, (신)좌파적 기본소득론과 (신)우파적 기본소득론은 일치한다. 신좌파들은 아나키즘-코뮌주의 입장에서 국가의 역할을 줄이거나 폐지하려 들고, 신우파들은 시장만능주의의 입장에서 국가의 역할을 줄이거나 폐지하려 든다. 국가의 축소를 전제로 하는 기본소득론이라는 점에서 '신좌파 자유주의자'들과 신우파(뉴라이트) 자유주의자들은 사실상 공동전선을 펼치고 있는 셈이다.

그에 반해 피케티와 같은 사회적 국가론자들은 민주주의 국가와 참여민주주의의 가능성과 권력을 최고조로 발전시키고자 하며, 그 민주적 권력체에 의한 자본 통제(capital control)와 시장 통제(market control)를 통해 자본과 시장, 즉 부르주아 권력을 대다수 국민의 행복을 위해 복무하는 충실한 일꾼으로 위치시키고자 한다. 정의롭고 공정한 제도를 만들지 못한다면 우리가

염원하는 자유는 결국 지켜질 수 없다. 생계를 유지하기 위해 과중한 노동에 시달리고 매순간 불안하게 살아가는 사람들이 궁극적으로 자신의 소중한 자유를 지킬 수 없다는 것은 당연한 일이다.

기본소득론을 실행할 수는 있다고 하더라도 그것은 이러한 사회적 국가 체계가 갖추어지고 난 후에 생각할 수 있는 일이다. 모든 일에는 순서가 있다. 신자유주의 시스템이 지배하고 있는 상황에서 기본소득이 관철된다고 해도(관철될 리도 없겠지만) 여전히 한국은 신자유주의 국가로 남을 것이다.

기본소득론자들의 말대로 국가의 개입과 비용을 최소화하면, 예컨대 신좌파들이 좋아하는 '자율적인 협동조합'들 간의 경쟁, 즉 '공산주의자들 간의 무한한 경쟁'과 또 그로 인해 생겨나는 빈부 격차는 어떻게 해결할 것이며, 실업 문제, 그리고 생산설비 투자 등 경제체제의 지속 가능성을 위해 필요한 개입은 과연 누가 담당할 것인가? 물론 협동조합 운동 그 자체를 비판하거나 그것이 불필요하다고 주장하는 것이 아니다. 그러한 미시적인 노력과 더불어 우리는 사회와 국가를 좀 더 거시적으로 바라봐야 한다는 것이다. 현 단계에서 기본소득을 전 국민에게 나눠준다고 이런 문제가 해결될 것이라고는 결코 생각할 수 없다. 이러한 '기본소득론적 신자유주의'의 파행을 막기 위해서 우리는 전통적인 사회적 국가의 역할에 관한 '선입관'을 버리고 이를 긍정하며, 우선적으로 그러한 국가 시스템을 만들어야 한다. 오늘날 우리의 국가가 부패했다고 해서 신자유주의적 자유관을 옹호할 수는 없다. 잘못된 것을 냉엄하게 고치고 개혁하며 감독해서, 시간이 좀 걸리겠지만 깨끗한 국가를 건설해야 한다. 이는 우리 모두가 함께해야 할 일이다.

또한 기본소득론은 '지속 가능성'의 측면에서 볼 때에도 사실상 불가능하다. 이것이 가능하기 위해서는 혁명을 통해 자본 전체가 사실상 국유화되어야 한다. 차라리 여전히 혁명을 주장하는 정통 마르크스-레닌주의자가 더 정직하다고 할 수 있다. 어느 학술대회에서 기본소득론에 대해 발표한 곽노완

이 기본소득을 위한 재원 마련 방안으로 "주식 유상 몰수"를 제안한 적이 있다는 것은 결코 우연이 아니다. 우리가 역사적 경험을 통해 알고 있듯이 국유화 혹은 몰수 이후에 그 나라가 제대로 잘 굴러갈 것이라는 보장은 어디에도 없다.

기본소득을 청년층까지 전면적으로 시행하는 것이 아니라 아동과 노인, 극빈층을 중심으로 먼저 시행하자는 기본소득론의 논리도 있다. 하지만 이러한 계층을 위한 복지적 개입은 전통적인 사민주의 국가에서 이미 실행하고 있는 정책이다. 이미 시행되고 있는 사회적 국가의 기본 정책을 말을 바꾸어 기본소득론이라고 주장하는 것은 문제의 초점을 흐리는 것에 지나지 않는다.

복지 사각지대를 없애기 위해서 기본소득을 시행해야 한다는 논리도 마찬가지다. 사각지대가 존재하지 않도록 담당자들이 '진정성 있게' 노력하고 철저하고 **정의로운 규정**을 만들어야 한다. 구색만 갖춘 가짜 복지가 아니라 어려운 사람들의 삶에 진정으로 도움이 되는 실효성 있는 보편적 복지 말이다. 이러한 노력을 통해 문제를 해결할 생각은 하지 않고 오직 기본소득만이 정답이라고 말하는 것은 위험하다. 한국 같은 신자유주의적 방임 체계에 복지 사각지대가 존재하는 것은 당연한 일이 아닌가? 기본소득론자는 이러한 방식으로 사회적 국가가 주창하는 복지체제와 신자유주의적 복지 체계의 차이를 다시 한 번 무화시키고자 한다.

사각지대는 복지에만 존재하는 것이 아니다. 사회 전 분야에 걸쳐 허술한 규정 때문에 사각지대는 무수히 많이 존재한다. 이 때문에 힘 없는 사람은 항상 고통받으며, 힘이 있으면 법은 지킬 필요가 없어진다. 복지체계를 포함해 사회 전 분야에 걸쳐 빈틈없고 정의로운 체제와 제도를 만드는 데 드는 '행정비용'을 아까워해서는 안 된다.

기본소득론자는 사회적 국가가 행정비용이 많이 든다고 항상 비판한다. 예컨대 복지국가를 운영하기 위해 드는 비용(복지 공무원 임금)을 절감해야

한다는 것이다. 하지만 스웨덴이 모범을 보이고 있듯이 복지와 관련된 공공 서비스 분야에서의 고용 창출이야말로 진보적 국가가 해야 할 가장 중요한 일 중 하나가 아닌가? '행정비용 절감' 혹은 '효율성'을 근거로 기본소득론의 우수성을 주장하는 것은 비인간적이며 냉혹한 신자유주의적 논리를 따르는 것이다. 기본소득론을 주장하는 국공립대학 교수가 있다고 하자. 우리가 그 교수의 견해에 동의하지 않는다고 해서, 우리의 세금으로 지불하는 임금이 아깝다고 그를 해고하라고 말할 수 없으며, 그렇게 해서도 안 되지 않은가? 공무원연금과 국민연금에 관해 논의할 때 언급했듯이 중요한 것은 단순히 공무원을 해고하는 것이 아니라 공무원이든 비공무원이든 상관없이 복지 혜택과 소득을 가능한 한 동일한 수준으로 얻을 수 있도록 국가 시스템을 정비하는 일이다.

공무원이 실제로 문제가 많다는 것과 공무원을 없애야 한다는 것은 별개의 문제다. 그것은 모두가 고쳐나가야 할 문제이지, 그러한 이유로 국가 자체의 활동을 축소시켜야 한다는 논리가 도출되는 것은 아니다. 기본소득론자들은 국가의 개입을 최소화하고 개인적 자유를 과도하게 옹호한다는 점에서 신자유주의 이데올로기를 돕고 있다. 이러한 맥락에서 기본소득론자들은 종종 '게으를 권리' 등 공상적 사회주의자의 생각을 기본소득론의 근거로 제시하는데, 이는 하루 종일 하고 싶은 대로 행동하는 '신화'를 이야기하는 「고타강령 비판(Kritik des Gothaer Programms)」에서의 마르크스만큼이나 공상적이다.

기본소득론자들은 보편적 복지라는 사회적 국가의 의제를 '왜곡 혹은 악용'하고 있다. 보편적 복지란 모두에게 기계적 평등을 제공한다는 의미가 아니다. 그런데 기본소득론자는 오히려 사회적 국가가 추구하는 보편적 복지정책을 '선별적 복지정책'이라고 비판한다. 그럼으로써 기본소득론자들은 사민주의와 자유주의의 차이를 없애고, 한 걸음 더 나아가 마치 공산주의만이 보편적 복지를 하는 것인 양 호도한다.

또한 신자유주의적인 한국 상황에 적용될 때 기본소득론은 보편적 복지가 아니라 기계적 평등, 혹은 '절대적 자유의 환상', 혹은 '현금에 대한 욕망'을 자극하는 허구적인 이론으로 기능한다는 사실도 지적할 수 있다. 사회적 국가가 추구하는 보편적 복지는 자유주의자들이 말하는 선별적(시혜적) 복지와는 철저히 구분되지만 그렇다고 해서 극단적 평등주의에 근거하지도 않는다.

다른 한편으로 어떤 특정한 목표에 따라 청년, 노인, 실업자 등 특정 계층에게 기본소득을 제공하는 것이 사회적 국가 또는 복지국가 이념과 상충하는 것이 아니라는 점을 인식할 필요가 있다. 사회민주주의자들은 보편적 복지체계와 사회적 국가라는 틀을 유지하면서 그러한 기본소득을 제공할 수 있다. 그것은 보편적 복지체제가 수행해야 할 중요한 한 부분인 것이다. 반면 기본소득론자들은 오직 현금을 나눠주는 형태의 복지만을 불평등 해결을 위한 유일한 대안으로 생각하고 '지속 가능한' 사회적 국가 또는 복지국가 체제에 근본적으로 반대한다는 문제가 있다. 물론 상당한 수준으로 사회적 국가 체제가 갖추어진 후에는 평등한 기본소득제를 구상할 수 있을 것이다. 하지만 이미 불평등이 심각한 한국 사회에서 전 국민에게 꼭 같은 금액을 나눠주자는 제안은 현실성도 없을뿐더러, 그것이 실현된다고 하더라도 기존에 존재하는 불평등을 완화할 수는 없을 것이다.

한국의 자유주의적 공산주의, 신좌파는 지젝, 들뢰즈-네그리, 혹은 그 누구를 추종하든 상관없이 허구적인 환상을 불러일으키며 실제적으로 불가능한, 아무런 대안도 아닌 것을 대안으로 제시하고 있다. 오늘날 한국에서의 인문학(그리고 사회과학)의 과제는 외국 이론에 대한 무비판적인 사대주의적 추종과 공산주의라는 환상으로부터 벗어나 창의적이며 현실적인 인문학(그리고 사회과학)을 개척하고 이를 바탕으로 실천하는 일이다.

부록 2

정신분석적 접근: 불안◆

우리는 왜 "충분히 좋은 엄마" 또는 "사회적 국가"를 필요로 하는가

오늘날 정신분석(학)이 풀어야 할 과제는 '개인적 힐링'과 '사회적 힐링'을 어떻게 연결시키는가라는 것이다. 지그문트 프로이트(Sigmund Freud)는 정신분석을 발전시키면서 신경증 혹은 더 넓게 말하면 정신병리 현상은 단순히 개인적 문제가 아님을 역설했다. 개인과 사회의 관계는 정신분석학에서는 물론 인문학, 사회과학, 생물학 등 모든 분야에서 항상 논쟁의 핵심이 되는 문제였다. 이러한 문제는 예를 들면, 개인이 먼저인가 사회가 먼저인가? 개인이 병드는 이유는 개인의 책임인가 아니면 사회의 책임인가? 혹은 개인과 사회 중 어떤 것이 더 중요한가?라는 방식으로 제기되며, 각자는 자신의 성향과 이론적 틀, 혹은 이데올로기적 입장에 따라 나름대로의 대답을 제시한다.

프로이트는 사회문제에 대해서도 관심을 많이 가졌으므로 정신분석학은 개인을 논할 때 사회문제를 등한시하지 않을 것이라고 추측할 수 있다. 그런

◆ 이 글은 다음 기고문을 수정·보완해 재수록한 것이다. 홍준기, "우리는 왜 '충분히 좋은 국가' 혹은 '사회적 국가'를 필요로 하는가", ≪르몽드 디플로마티크≫, 2014년 9월 30일 자, 제73호.

데 공교롭게도 프로이트 이후의 정신분석가들은 주로 개인치료에 집중해왔다. 사회문제에 주로 관심을 갖는 논자들이 자주 주장하듯이 개인치료 혹은 정신분석 그 자체를 없애야 한다는 말은 물론 아니다.

분석가 중에서 병리 현상을 일으키는 환경문제에 주목하면서 프로이트 정신분석 이론과 임상을 재구성한 사람으로는 멜라니 클라인(Melanie Klein)과 윌프레드 비온(Wilfred Bion), 도널드 위니콧(Donald Winnicott) 등이 있다. 이들은 아이의 성장에서 어머니의 역할, 그리고 환경의 역할에 가장 많이 주목한 정신분석가이다(물론 이들이 모두 완전히 동일한 입장을 취하는 것은 아니며, 자세히 들여다보면 약간씩 강조점이 달라지는 것을 확인할 수 있다). 위니콧과 애증관계 속에 있었던 존 볼비(John Bowlby)라는 임상가도 아이의 성장에서 애착의 역할에 초점을 맞추어 정신분석 이론을 재구성하고자 노력했다. 라캉은 어떠한가? 라캉은 자신의 이론 구성 초기에서부터 헤겔의 욕망 이론을 참조하면서 개인과 타자의 관계에 주목한 분석가로 알려져 있지만 실제로는 좁은 의미의 개인 정신분석에 집중했다고 할 수 있다.[1]

프로이트도 그러했고, 그 이후의 탁월한 분석가들은 궁극적으로 개인과 환경, 사회의 관계에 일정 정도 관심을 가졌다. 그렇다면 무엇이 문제인가? 정신분석은 그 어떤 다른 학문도 주목하지 않았을 뿐 아니라 심지어 경멸해왔던 개인의 환상과 내밀한 무의식에 주목하며 인간 해방에 기여했다는 것은 이제 널리 알려진 사실이 되지 않았는가? 그리하여 한국에서도 '힐링' 열풍이 불고 있지 않은가?

문제는 그럼에도 불구하고 여전히 정신분석 이론은 아직도 우리의 삶과 세계를 설명하기 위해 더 많은 이론과 개념을 필요로 한다는 데에 있다. 정신분석학은 여전히 아직도 '자신의 한계'를 넘어서지 못했다. 오늘날 '각광받고 있

1 홍준기, 「라깡 신화는 어떻게 만들어졌는가」. blog.naver.com/today7007 참조.

는' 라캉도 예외는 아니다(그리고 라캉의 영향을 받았거나 그를 가혹하게 비판하는 지젝, 바디우, 들뢰즈, 네그리는 물론 많은 현대철학자들, 그리고 정신분석학과 무관한 인문·사회과학자들도 이 점에서는 마찬가지다). 단적으로 말하면, 필자의 정신분석치료 경험에 따르면 오늘날 적어도 한국 사회의 정신병리의 상당 부분은 여전히 사회적 이유로 생겨나는데(예컨대 자살, 우울증, 묻지마 범죄, 일베의 '비인간적' 행위 등), 오늘날 정신분석학에는 이러한 문제를 설명할 수 있는 개념과 이론이 여전히 부족하다. 정신분석학이 개인적 차원은 물론 사회적 맥락에서 개인을 사유하고 치료할 수 있는 개념들과 이론을 발전시킨 것은 사실이다. 하지만 문제는 사회를 이야기한다고 하더라도 그것을 좀 더 명확하고 구체적인 방식으로, 그리고 한 걸음 더 나아가 '예방적 차원'에서 다루고 있지 않다는 데 있다. 예컨대 실업을 당해도 믿을 만한 사회적 안전망이 있다면 자살이나 극단적 우울증에 빠지지는 않을 것이다. 또한 실업을 두려워하지 않으므로 직장이나 사회에서의 불의에 대해 좀 더 용기 있게 대처할 수 있을 것이다.

필자가 여기에서 염두에 두고 있는 것은, 약간 이상하게 들릴지 모르겠지만 '국가'이며 이와 관련된 정신분석 이론 및 정치철학의 구성과 정신분석의 '사회적인' 임상 실천의 필요성이다. 언급했듯이 이미 정신분석 임상에서도 좁은 의미의 가족이라는 모델을 넘어 더 넓은 의미의 환경의 중요성(교육기관, 사회, 또래 집단 등)에 주목하고 있는 것은 사실이다. 그런데 왜 또 국가를 논해야 하는가? 정신분석적 관점에서 국가의 문제를 사유해야 할 이론적·실천적 이유가 있는가?

바로 정신분석학은 여전히 개인주의적 틀 속에서 움직이고 있다는 한계 때문이다. 개인의 고통스러운 심리적 문제를 다루지 않는 치료는 존재할 수 없다는 의미에서, 치료라는 임상적 실천 그 자체를 비판하며 모든 것을 사회 문제로 환원시켜 설명하는 이론(예컨대 공산주의나 사회과학주의)은 잘못이다.

하지만 모든 개인에게 결정적인 영향을 미치는 국가라는 '컨테이너'를 완전히 무시하는 '개인주의적 정신분석학 혹은 치료 이론'도 오류라는 것이다. 정신분석학이 좀 더 혁신적인 이론 및 실천으로 기능하기 위해서는 그것이 주로 관심을 가졌던 개인적 차원에서의 치료라는 관점을 유지하면서도, 동시에 더 넓은 차원을 고려해야 한다.

그렇다면 개인과 국가를 연결시킬 수 있는 정신분석적 개념은 무엇인가? **그것은 '불안' 그리고 불안을 극복하게 해줄 '충분히 좋은 엄마'라는 개념이다.** 프로이트 이래로 정신분석은 '불안을 이해하기 위한 계속적인 노력'이라고 정의할 수 있을 만큼 불안은 개인과 사회의 병리적 현상을 이해하기 위한 출발점이다.

가장 강력한 불안은 무엇보다도 정신분열증(schizophrenia)을 발생시킨다. 프로이트 이론을 발전시켜 정신병적 불안에 대한 가장 주목할 만한 이론을 남긴 **멜라니 클라인**에 따르면 정신분열증은 '엄마의 부재'를 견딜 수 없는 어린아이가 죽음의 공포를 견딜 수 없을 때 발생한다. 클라인에 따르면 생후 초기에 아이들은 **망상-분열적 위치**(paranoid-schizoid position: PS)와 **우울적 위치**(depressive position: D)를 거친다. 망상-분열적 위치(생후 3개월 정도까지)에서 아이는 엄마를 전체적 대상이 아니라 파편화된 부분적 대상으로 인지한다. 아이는 엄마의 젖을 먹고 있을 때 엄마의 가슴을 완전한 대상으로 느끼고, 일시적으로라도 젖을 뗄 때 조금 시간이 지나면 엄마의 젖이 완전히 사라졌다고 느끼고 엄청난 불안(죽음의 공포)에 빠진다.

클라인은 이를 박해불안이라고 부른다. 엄마의 가슴(즉 젖을 주는 '좋은 가슴')의 부재라는 단순한 현상이 너무 오래 지속될 때 생겨나는 결과는 치명적이다. 부재하는 가슴이라는 심연은 아이의 환상 속에서 '아이를 조각내고 삼키는 괴물', 즉 '나쁜 가슴'으로 변화한다. 후기 클라인주의자인 **비온**은 나쁜 가슴을 좋은 가슴의 부재가 박해하는 대상의 현존으로 변화된 것으로 설명한

다. 심리적 안전망(엄마의 가슴)의 지속적인 부재는 아이에게 파멸의 불안을 야기하고 아이는 이를 방어하기 위해 대상(엄마) 혹은 타인을 공격하거나 완벽하게 이상화한다.

망상-분열적 위치에 있는 아이는 아직 엄마가 곧 돌아와서 자신에게 젖을 줄 거라는 인식과 확신을 갖고 있지 못하다. 이 때문에 어머니의 부재가 일정 시기를 넘어서면 아이는 박해망상과 죽음의 공포와 불안에 시달리는 정신분열증 환자가 되고 만다. 클라인이 발견한 망상-분열적 위치는 모든 아이들이 생의 초기에 거쳐야 하는 지극히 정상적인 과정이다. 그러나 이 정상적인 과정에서 정상적인 '좋은 엄마'가 존재하지 않을 때 이 아이는 정신분열증 환자가 되고 만다. 클라인은 망상-분열적 위치에서 우울적 위치로의 변화를 '정상적인 주체'로 성장하기 위한 필수적인 과정으로 본다.

우울적 위치란 엄마를 부분 대상으로 지각하던 아이가 엄마를 전체적 대상, 안전감을 제공하는 인격적 대상으로 지각하게 되는 시기이다. 반대로 망상-분열적 시기에서는 아이는 엄마라는 대상을 자신을 사랑하는 하나의 전체적인 인격적 대상이 아니라 하나의 사물, 예를 들면 젖가슴으로 지각한다. 그리하여 자기에게 젖을 먹이는 가슴은 좋은 대상, 그렇지 않은 가슴은 나쁜 대상으로 지각하고 치명적인 불안에 빠지는 것이다. 망상-분열적 위치에서 우울적 위치로의 변화(PS → D)는 인간 발달에서 결정적인 역할을 한다. 아이가 엄마를 전체적 대상으로 지각한다는 것은 엄마를 '신뢰'한다는 것을 의미하기 때문이다. 엄마가 자기에게 일시적으로 젖을 주지 않고 사라져도 아이는 엄마가 다시 돌아온다고 믿을 수 있기 때문에 자기에게 다시 안전감과 먹을 것, 그리고 따뜻함을 줄 엄마로 인해 치명적인 죽음의 공포와 불안으로부터 자신을 지킬 수 있다. 요컨대, 정신분열증이 발병하지 않는다는 것이다.

중요한 점은, 클라인에 따르면 아이가 이렇듯 우울적 위치로 자신의 심리적 위치를 옮길 수 있으려면 엄마가 아이를 지탱해주는 따뜻함과 안전감을

제공해줄 수 있는 "좋은 엄마"(클라인) 혹은 "충분히 좋은 엄마"(위니콧)의 역할을 반드시 수행해야만 한다는 것이다. 우울적 위치는 아이가 엄마의 부재, 즉 가슴의 부재라는 좌절을 견딜 수 있는 주체로 성장해가는 데 필수적인 과정인 것인데, 이렇듯 아이가 좌절을 견디고 홀로서기를 할 수 있는 성숙한 자아를 갖추기 위해서는 엄마의 돌봄이 반드시 필요하다. 좌절을 견디는 것, 즉 '홀로서기'는 엄마라는 안정감의 바탕 위에서만 가능한 것이다. 성인의 경우에도 정신분열증이 발병하는 이유도 바로 이 시기에 충분하게 좋은 엄마의 돌봄을 받지 못했기 때문이다.

아주 핵심적인 내용만 간단히 서술했지만 멜라니 클라인 정신분석학은 개인은 물론 사회문제를 종합적으로 고찰할 수 있는 이론적 근거를 우리에게 제공해준다. 정신분석학에서는 인간의 심리 구조를 정신병, 도착증, 신경증으로 나누는데, 도착증과 신경증은 정신병적 불안에 대한 방어로 형성되는 심리 구조이다. 물론 도착증은 여전히 정신병적 불안의 흔적을 신경증보다는 더 많이 보유하고 있는 심리 구조라고 할 수 있다. 신경증, 예컨대 강박증 역시 정신병적 불안에 대한 방어라는 관점에서 설명할 수 있다는 것이다(이 점을 강조한 것이 멜라니 클라인의 업적 중 하나이다). 강박증자가 갖고 있는 엄청난 불안의 강도를 생각해볼 때 우리는 이를 잘 이해할 수 있다. 강박증 환자가 권위자(예를 들면 아버지나 어머니, 혹은 직장 상사)에 대해 갖고 있는 엄청난 불안 – 처벌, 유기, 축출 혹은 실직 등의 불안 – 역시 초기 어린 시절, 즉 망상-분열적 위치에서 획득한 불안과 무관하지 않다. 다만 강박증자는 우울적 위치를 잘 통과했기 때문에 정신분열증자가 되는 것으로부터 보호되었지만 여전히 박해불안, 유기불안, 분리불안, 파멸의 불안 등 다양한 불안으로 인해 고통받는 주체이다. 다양한 중독 현상(게임 중독, 약물 중독, 알콜 중독 등), 청소년 비행과 범죄 혹은 폭력, 도벽, 그리고 다양한 도착적 현상(성 중독 및 성범죄 등)도 정신병적 불안을 완화시키려는 – 그러나 불행히도 '병리적인' – 노

력의 결과이다.

클라인은 또한 매우 중요한 (사회 이론으로 확대될 수 있는) 정신분석적 진리를 덧붙인다. 망상-분열적 위치를 성공적으로 통과하기 위해서는 자신을 홀로 내버려두는 엄마에 대한 망상적 증오를 극복할 수 있어야 한다는 것이다. 이는 아이가 자신의 '고독'을 받아들일 수 있어야 한다는 사실을 함축한다. 물론 이것이 가능하기 위해서는 역으로 엄마는 "좋은 엄마"여야 한다는 것이 필수적이다. 클라인은 프로이트 정신분석을 이어받아, 개인과 환경 사이의 '변증법'을 가장 이론적인 방식으로 최초로 정립한 분석가이다. 이런 클라인 이론이 갖는 임상적·사회 이론적 의미는 매우 중요하다. 개인의 자유 — 자유는 홀로 있음을 견딜 수 있을 때에만 가능하다 — 는 그 자유의 전제 조건인 (가족적·사회적) 환경 — 심리적·물질적 안정감 — 을 반드시 요청한다. 그리고 여기에서 필자는 이 엄마를 국가라는 개념으로 확대할 수 있다는 논제를 제시하려 한다.

현대사회에는 '홀로 있기를 두려워하는' 수많은 남녀들로 가득하다. 클라인 이론은 다음과 같은 사회(철학)적 함의를 갖는다. 한 개인의 성숙은 개인적 문제이지만, 그것은 동시에 환경(엄마, 그리고 사회적 안전망)의 문제다. 그 어느 것도 소홀히 할 수는 없다. 혼자 있는 시간을 견딜 수 없는 불안하고 우울한 아이와 성인은 자신을 그렇게 내버려 둔 엄마(즉 타인)를 망상 속에서 공격 혹은 파괴한다. 이는 성인도 마찬가지다. 자기를 홀로 내버려 둔 엄마를 공격한다는 것은 또한 역으로 엄마가 다시 아이 자신을 공격하고 파괴할 것이라는 박해망상을 불러일으킨다.

클라인 이론에서 주목해야 할 또 하나의 중요한 요점은 아이가 망상-분열적 위치를 빠져나와 우울적 위치에 들어갔다고 하더라도, 혼자라는 사실에서 기인하는 우울과 불안을 견딜 수 없는 아이는 다시 '망상-분열적 위치'로 퇴행한다는 것이다. 망상-분열적 단계에서는 엄마라는 대상을 이제 더 이상 전

체적 대상으로 지각하지 않으므로 타인을 파괴하고자 하는 공격성을 표출해도 더 이상 죄의식과 우울적 불안을 느끼지 않아도 되기 때문이다. 말하자면 망상-분열증 상태가 우울적 위치보다 '더 편한 상태'가 되는 것이다. 그러나 그는 여전히 불안으로부터 자유롭지 않다. 정신분열적인 최악의 박해 및 파멸의 불안을 경험하며 이는 다시금 엄마, 즉 타인을 파괴하는 공격성으로 변화되어 표출된다. 클라인이 우리에게 설득력 있게 보여주었듯이 이는 임상적으로 확증되는 사실이다. 주체가 망상-분열적 위치로부터 벗어나 우울적 위치에 도달해도 여전히 혼자라는 사실 때문에 우울적 불안에 빠진다. 이때 주체는 이를 견딜 수 없어서 '무감각한 상태'인 망상-분열적 위치로 다시 퇴행한다. 죄의식과 우울적 불안 때문에 고통받지 않아도 되는 '망상-분열적 위치'로 퇴행하는 것이다. 그러나 그 퇴행의 대가는 더 무서운 박해망상, 파멸의 불안이다. 이러한 불안으로 인해 주체는 이제 피해망상 속에서 속죄양을 찾아 엄마와 타인을 다시 공격한다. 이렇듯 망상-분열적 위치와 우울적 위치는 쉽게 교환된다는 것인데, 비온은 이를 'PS ↔ D'라고 표현한다.

바로 이것이 현재 한국 사회의 모습 아닌가? 세월호 사건, 자사고 폐지 문제, 일베의 폭식 투쟁 등을 보면서 이제 '도덕적 불감증'이라는 목소리가 나오고 있다. 어떤 누리꾼은 "한국이 드디어 망조가 들었다"고 말한다. 전적으로 공감할 수밖에 없다. 얼마 전까지 한국이 신경증적 사회였다면 이제는 '망상-분열적' 사회가 되었다. 타인에 대해 무관심한 정도를 넘어서 박해망상 속에서 타인을 조롱하고 공격하며, 나만 '좋은 엄마의 젖'을 먹겠다는 망상-분열적 사회가 되었다.

길게 논의할 여유가 없으므로 다음과 같이 정리하고 글을 마치도록 하자. 사회적 차원에서 발생하는 이러한 도덕성과 죄의식의 부재, 타인에 대한 망상-분열적 공격과 착취, 그리고 망상-분열상태에서 발생하는 극단적인 죽음의 공포와 불안을 이기기 위해서는(그리고 그것의 발생을 예방하기 위해서는)

사회적 차원에서 "(충분히) 좋은 엄마"가 필요하다. 물론 그것은 피케티가 말하는 (그리고 전후 사회민주주의가 주창했고 실천했던) 사회적 국가이다. 최근 스웨덴 총선에서 사민당의 승리는 '국민의 집', 즉 충분히 좋은 국가를 복원하려는 국민 염원의 승리가 아니겠는가? 비록 근소한 차이로 부결됐지만, 스칸디나비아의 복지국가 모델을 꿈꾸는 스코틀랜드의 독립 염원도 마찬가지로 이해할 수 있다.

오늘날 한국 사회는 아이는 물론 성인의 건강하고 행복한 삶을 보장해주는 '윤리적인 국가'를 필요로 한다. 각 개인들에게 충분하게 심리적·물질적 안정감을 확보해줌으로써 불안과 고통, 현재와 미래의 삶에 대한 불확실성, 열등감과 패배의식, 격심한 경쟁, 폭력과 공격성, 기만과 부패 등, 개인과 공동체를 파괴하는 온갖 장애물로부터 우리를 지켜주는 안전한 엄마와도 같은 국가 — "충분히 좋은 국가", "사회적 국가"(헤겔, 롤스, 피케티) — 를 절실히 요청하는 시대에 살고 있다.

여기에서 필자는 위니콧의 개념을 변형해 만든 "충분히 좋은 국가"라는 용어의 사용을 제안하고자 한다. 물론 "충분히 좋은 국가"라는 용어의 의미가 오직 클라인 또는 위니콧의 이론만으로 다 설명된다는 것을 뜻하지는 않는다. 필자는 이 개념이 지닌 정신분석학적·심리적 함의를 유지하면서도, 동시에 가족관계를 넘어서 '충분히 좋은 엄마와 같은 국가'라는 사회 이론적 의미로 확대해 사용할 수 있을 것이다. 이 개념은 특히 클라인, 그리고 비온, 프로이트의 정신분석학, 그리고 다양한 정신분석가들의 기여를 비판적으로 종합함으로써만 도출될 수 있는 새로운 '임상적-정치철학적' 개념이다. 물론 이것은 철학적 관점에서는 헤겔과 롤스의 철학과 가장 밀접하게 연관되어 있는 용어이며, 궁극적으로는 피케티가 말하는 사회적 국가에서의 실천 경험에 근거한 용어이다.

필자는 불안으로부터 출발해 충분히 좋은 국가 개념으로 논의를 확대했다.

끝으로 이러한 이론적 전개는 결코 자의적이지 않다는 사실에 대해 간략히 언급하고 논의를 마치기로 하자. 홉스로부터 시작해 로크, 루소, 칸트에 이르기까지 근대철학자들은 자연법과 사회계약론의 이름으로 국가의 존재를 설명하고자 했는데, 여기에서 불안이 핵심적인 '매개'의 역할을 한다. 잘 알려져 있듯이 홉스는 만인에 대한 만인의 투쟁을 종식시켜줄 국가를 요구했다. 홉스의 『리바이어던』에 따르면 국가는 자연 상태에서 각 개인에게 발생하는 생명과 재산의 위협, 즉 가장 근본적인 인간의 불안에 대한 대답이었다. 처절한 서로 간의 투쟁이 야기하는 죽음의 공포와 불안을 잠재우기 위해 각 개인은 국가에 자신의 주권을 양도했다.

물론 홉스는 권위적인 군주제 국가를 염두에 두었고, 이에 대한 비판으로 로크의 국가론이 나왔다. **로크의 국가론과 홉스의 국가론은 겉으로 보기보다 유사성이 훨씬 많다.** 『시민정부론(Second Treatise of Civil Government)』에서 로크는 각 개인은 불안 때문에(즉 생명과 재산을 지키기 위해) 국가를 설립하는 사회계약을 맺는다는 논제를 제시한다. 그런데 그 국가는 재산과 생명의 보호를 위해서만 최소한으로만 개입하는 자유주의 국가이다. 하지만 헤겔은 『법철학』에서 이러한 논의를 비판하면서 국가는 각 개인의 재산과 생명을 지키는 역할은 물론, 좀 더 적극적으로 개인들의 복지에 관여할 뿐만 아니라 빈부격차를 해소하는 적극적이고 윤리적으로 기능해야 한다고 역설한다(그 점에서 헤겔은 사회적 국가론의 진정한 선구자이다). 자유주의자와 공산주의자들의 오랜 비판에도 불구하고 『법철학』이 헤겔의 가장 '영향력 있는' 저작이 되었다는 것은 진정한 역설이 아닐 수 없다. (비록 지금은 많이 쇠퇴했지만 그럼에도 여전히 그 전통을 유지하고 있는) 서유럽과 북유럽의 복지국가는 헤겔이 제시한 국가 모델을 실제로 구현했기 때문이다.

'이성의 책략'은 불안을 매개로 정신분석학과 정치철학이 헤겔이 염원한 민주적인 윤리적 국가, 사회적 국가 속에서 만나고 있음을 입증한 셈이다. 이

러한 충분히 좋은 국가야말로 (신)자유주의가 야기한 파국과 불안으로 오랫동안 고통받아온 우리가 진정으로 필요로 하는 바로 그것이 아니겠는가?

| 지은이 |

홍준기

서울대학교 법과대학, 총신대 신학대학원을 졸업했고 독일 브레멘대학교와 프랑스 파리10대학에서 수학한 후 브레멘대학교에서 라깡과 알튀세르에 관한 논문으로 박사학위를 받았다. 서울시립대학교 도시인문학연구소 교수를 역임했으며, 현재 프로이트 라깡 정신분석연구소 소장으로 활동하면서 홍익대학교에 출강하고 있다. 정신분석과 현대유럽철학 연구를 바탕으로 진보적인 임상이론 및 사회 정치 이론을 제시하는 작업에 몰두하고 있다. 저서로는 『라캉과 현대철학』(1999), 『오이디푸스 콤플렉스, 남자의 성, 여자의 성』(2005), 『한국사회 정의 바로세우기』(2015, 공저), 『정신분석의 역사 속에서 다시 분석한 라깡 『에크리』와 『세미나』: 라깡, 클라인, 자아심리학』(근간) 등이 있다. 『라깡과 정신분석임상: 구조와 도착증』(2005), 『강박증: 의무의 감옥』(2007) 외 다수의 역서, 그리고 정치철학과 현대문화 및 정신분석에 관한 다수의 논문과 기고문을 발표해왔다.

블로그: 홍준기의 정치 문화 카페 blog.naver.com/today7007

한울아카데미 1896

피케티의 『21세기 자본』과 사회적 국가

분배 문제를 경제학의 중심으로

지은이 | 홍준기
펴낸이 | 김종수
펴낸곳 | 한울엠플러스(주)

편집책임 | 배유진
편집 | 양혜영

초판 1쇄 인쇄 | 2016년 5월 13일
초판 1쇄 발행 | 2016년 5월 25일

주소 | 10881 경기도 파주시 광인사길 153 한울시소빌딩 3층
전화 | 031-955-0655
팩스 | 031-955-0656
홈페이지 | www.hanulmplus.kr
등록번호 | 제406-2015-000143호

Printed in Korea.
ISBN 978-89-460-5896-5 93300 (양장)
978-89-460-6173-6 93300 (학생판)

* 책값은 겉표지에 표시되어 있습니다.
* 이 책은 강의를 위한 학생판 교재를 따로 준비했습니다.
강의 교재로 사용하실 때에는 본사로 연락해주십시오.